DER WEG DES AUTOGENEN TRAININGS

WEGE DER FORSCHUNG

BAND CIII

1968

WISSENSCHAFTLICHE BUCHGESELLSCHAFT

DARMSTADT

DER WEG
DES AUTOGENEN TRAININGS

Herausgegeben von
DIETRICH LANGEN

1968
WISSENSCHAFTLICHE BUCHGESELLSCHAFT
DARMSTADT

Bestellnummer: 3568

Schrift: Linotype Garamond, 9/11

Satz: Werk- und Feindruckerei Dr. Alexander Krebs, Weinheim (Bergstr.)

Druck: Wissenschaftliche Buchgesellschaft, Darmstadt

Einband: C. Fikentscher, Darmstadt

Printed in Germany

INHALT

VORWORT

Viele Verfahren in der Medizin ändern sich im Laufe der Zeit durch Fortschritt in anderen Bereichen des geistigen Lebens. Die Technik gibt der Chirurgie in Diagnostik und Therapie ein ständig wechselndes Aussehen, was besonders klar an der Unfallchirurgie zu belegen ist. Die Chemie variiert vor allem die medikamentöse Behandlung innerer Krankheiten. Durch die geisteswissenschaftlichen Einstellungen dagegen werden die Auffassungen zur Ätiologie und daran sich anschließend auch zur Therapie geändert. Das kann zum Beispiel an der Krisenlehre von Brown gezeigt werden. Da nach dieser herrschenden Lehre alle Krankheiten über Krisen heilten, erreichten z. B. auch alle „magnetisierten" Patienten Mesmers in der Hypnose krisenhafte Zustände, die mit hyperkinetischen subkortikalen Ausdrucksvorgängen einhergingen. Als dann kurze Zeit später die Braunsche Lehre überwunden war und gleichzeitig Puysedure an einem Patienten schlafähnliche Zustände in Hypnose beobachtete, herrschte auch bald in der Hypnotherapie die Vorstellung vor, es sei zweckmäßig, einen Schlafzustand zu erzielen. So zieht sich die Wechselbeziehung zwischen philosophisch-geistesgeschichtlichen Strömungen und naturwissenschaftlicher Kenntnis wie ein roter Faden durch die Medizin, in der ja bis heute noch so vieles unbeweisbar ist.

Auch die selbstinduzierten Versenkungsmethoden zeigen diesen Wechsel, wenn auch in viel größeren Zeiträumen. Sie lassen sich bis in die Vorgeschichte der Menschheit nachweisen. Von dem jungpaläolithischen Magier als Vorläufer des Schamanen, dem Spezialisten einer archaischen Ekstase in den ethnischen Gruppen, bis zu den Yogins in Indien, den buddhistischen Mönchen Chinas, den Zen-Mönchen Japans, den theistischen Mystikern verschiedener Schattierungen, überall finden sich Methoden einer selbst herbeigeführten Versenkung, die mit psychischen Veränderungen verbunden ist. Im Abendland lassen sich außerhalb des religiösen

Bereichs nur ganz vereinzelte Verfahren nachweisen. Sie sind noch dazu wenig durchgebildet und haben schon deshalb kaum Bestand. Hiervon ausgenommen ist das autogene Training, da es ein sorgfältig vorbereitetes, auf klaren Beobachtungen aufgebautes und schließlich gut durchgebildetes Verfahren ist. Deshalb war es eine reizvolle Aufgabe, die ursprüngliche Quelle aufzusuchen, die Wurzeln zu verfolgen und dann den langsam sich entwickelnden Weg des autogenen Trainings zu gehen und bis in die Gegenwart zu verfolgen. Um den Verlauf nachzuzeichnen, schien die chronologische Orientierung sinnvoller als die thematisch ausgerichtete. Nur zweimal wurde von dieser Richtschnur geringfügig abgewichen.

Um dem Leser den Weg des autogenen Trainings lebendiger nahezubringen, wurde zwischen den einzelnen Wiedergaben der Veröffentlichungen ein verbindender Text eingeschoben. So soll der rote Faden der Entwicklung noch deutlicher sichtbar werden, das Vorwort kann deshalb kurz sein.

D. Langen, Mainz

EINLEITUNG

Von Dietrich Langen

Eine psychiatrische Behandlungsmethode wächst nicht aus dem Nichts, sondern hat immer ihre Vorläufer; dies läßt sich mehrfach nachweisen. Die Gruppentherapie z. B. ist in allen möglichen Formen schon aus dem Altertum überliefert worden. Die wissenschaftliche Form der Gruppentherapie aber wird man wohl seit dem Erscheinen des Buches von Le Bon („Psychologie des foules" 1895) annehmen können. Ähnliches gilt von der Hypnose. Auch hier läßt sich eine vorwissenschaftliche von einer wissenschaftlichen Periode unterscheiden, wobei der Beginn des wissenschaftlichen Hypnotismus mit Franz Anton Mesmer (1734—1815) beginnt. Mit seiner Doktorarbeit De influxo planetarum (1766) gibt er den theoretischen Hintergrund zu den praktischen Beobachtungen, die er durch die Verwendung von Magneten in der ärztlichen Praxis gewinnt. Als er sich 1775 („Schreiben an einen fremden Arzt") von dem Gebrauch des Magneten löst, ordnet er seine Beobachtung der Theorie unter und verteidigt sie 1779 in seinen „Mémoires sur la découverte du magnétisme animal".

Ähnliches läßt sich beim *autogenen Training* nachweisen, dessen Weg sich in einen vorwissenschaftlichen und wissenschaftlichen Abschnitt gliedern läßt. Diese Auffassung wird nur verständlich bei einer sinnvollen Einordnung des Verfahrens. Als „übender Weg zur Autohypnose" (Schultz) gehört es zu den „aktiv-autohypnoiden Verfahren" (Langen) und damit zu einer Gruppe von Methoden, zu denen ferner zählen: *The progressiv relaxation* (E. Jakobson), *The childbirth without fear* (G. Dick-Read), die *aktive Tonusregulation* (B. Stokvis), die *Entbindung durch Psychoprophylaxe* (Velvovski, Lamaze) und die *Aktive Entspannungsbehandlung* von Faust.

Wollte man den vorwissenschaftlichen Weg von Verfahren beschreiben, die dem autogenen Training ähneln, so würde dies eine sehr umfangreiche Arbeit sein und sich inhaltlich im wesentlichen mit dem decken, was der Autor in seiner Monographie „Archaische Ekstase und asiatische Meditation“ (Stuttgart, Hippokrates 1963) beschrieben hat. Dort wurde dargelegt, daß jedes Volk entsprechend seiner Kulturstufe eine Form der *Selbstversenkung* entwickelt hat, die der Ausübung religiös-kultischer und medizinischer Handlungen dient und die aus einem gestuften Weg besteht. Sie ähneln sich trotz unter Umständen starker unterschiedlicher kultureller Hintergründe, weil ihnen die gleichen psychobiologischen Tatsachen zugrunde liegen.

Den ganzen Weg der Entwicklung hier nochmals nachzuzeichnen, wäre wenig sinnvoll. Dafür soll die Darstellung in zwei Teile gegliedert werden: Der erste Teil soll die Arbeiten umfassen, aus denen ersehen werden kann, wie es zum autogenen Training gekommen ist. Der zweite dagegen soll solche Veröffentlichungen wiedergeben, die sich mit dem autogenen Training selbst befassen und schwerer zu beschaffen sind oder besondere Details enthalten. Dabei wird es gleichzeitig möglich sein, die Weiterentwicklung zu verfolgen.

Da es unmöglich ist, alle 208 ermittelten deutschsprachigen Arbeiten wiederzugeben, muß eine Auswahl getroffen werden. Sie ist natürlich einseitig. Leitender Gesichtspunkt war, schwer erreichbare Arbeiten zu erfassen und nach Möglichkeit den Weg selbst darzustellen. Die Lücken werden durch verbindende Texte ausgefüllt.

*

Es erscheint sinnvoll, die Ausführungen mit James Braid zu beginnen, den Schultz selbst als Entdecker der wissenschaftlichen Autohypnose bezeichnet hat.

James Braid (1795—1860) war Augenarzt in Manchester, beschäftigte sich nebenbei gern mit psychologischen Problemen und besuchte deshalb am 13. November 1841 eine Vorstellung des Laienhypnotiseurs Lafontaine. Durch dessen Vorführung angeregt, begann er selbst zu experimentieren. Seine erste Veröffentlichung zu diesem Thema trägt den Titel: “Neurypnology, or the rationale of nervous sleep, considered in relation with animal magnetism. Illustrated by numerous cases of its successful application in the relief and cure of disease.” London und Edinburgh 1843. Dieses Buch wurde von A. E. WAITE neu herausgegeben unter dem Titel: BRAID: “On hypnotism. The beginning of modern hypnosis.” The Julian Press, New York 1960.

Zunächst wird eine ausführliche biographische und bibliographische Einführung gegeben, in der Leben und Werk James BRAIDS gewürdigt werden. Danach folgt eine wörtliche Wiedergabe der „Neurypnology ...“. In der Einführung erklärt BRAID die von ihm erstmalig verwandten Begriffe *„hypnotisch“*, *„Hypnose“* und *„Hypnotist“*. Da ihm die Länge des Wortes *„Neuro-hypnology“* ungeeignet schien, nahm er zwei Buchstaben heraus, so daß *„Neurypnology“* entstand. In den ersten Kapiteln seines Buches beschreibt er seine Methode:

„NEURYPNOLOGY“[1]

Von JAMES BRAID

Nun fahre ich fort, meine Art, die Phänomene herbeizuführen, genauer zu schildern. Man nehme einen glänzenden Gegenstand (ich benutze gewöhnlich mein Lanzette-Besteck) zwischen Daumen, Zeigefinger und Mittelfinger der linken Hand und halte ihn 25—45 cm von den Augen entfernt oberhalb der Stirn, so daß es der größtmöglichen Anstrengung der Augenmuskeln und der Lider zur scharfen Fixierung des Gegenstandes bedarf. Außerdem muß man dem Patienten einschärfen, daß er die Augen immer fest auf den Gegenstand gerichtet halten soll und daß auch die

[1] Neurypnology, or the rationale of nervous sleep, considered in relation with animal magnetism. Illustrated by numerous cases of its successful application in the relief and cure of disease. London/Edinburgh 1843; hier wiedergegeben nach dem Abdruck in BRAID: On hypnotism. The beginning of modern hypnosis. Hrsg. von ARTHUR EDWARD WAITE. Julian Press, New York 1960, S. 109—114, 216—217. Aus dem Englischen übersetzt von D. Langen.

Gedanken sich nur mit dem Vorhaben beschäftigen dürfen. Die erste Beobachtung, die man nun macht, ist die, daß infolge der gleichmäßigen Anstrengung der Augen die Pupillen kleiner werden; bald darauf beginnen sie sich zu erweitern, und nachdem sie sehr weit geworden sind und eine schwankende Bewegung bekommen haben, werden sich sehr wahrscheinlich, wenn man den ausgestreckten und etwas gespreizten Zeige- und Mittelfinger der rechten Hand vom Gegenstand aus den Augen nähert, die Lider mit einer zitternden Bewegung von selbst schließen. Wenn es nicht dazu kommt oder wenn der Patient die Augäpfel bewegt, so muß man ihn auffordern, von vorn anzufangen, indem man ihm einschärft, daß er die Lider schließen muß, wenn man wieder die Finger seinen Augen nähert, aber daß er die Augen in derselben Stellung ruhighalten muß und seine Gedanken nur auf den Gegenstand über seinen Augen richten darf. Meistens werden sich dann die Augen mit einer zitternden, also krampfartigen Bewegung schließen. Nach 10—15 Sekunden zeigt sich, daß der Patient die vorsichtig hochgehobenen Arme oder Beine in der Lage läßt, in die man sie gebracht hat, selbst wenn er es gern anders möchte.

Wenn dies nicht der Fall ist, soll der Patient mit gedämpfter Stimme angehalten werden, die Glieder in der eingenommenen Lage zu halten, was den Puls schnell stark beschleunigt. Nach einiger Zeit werden die Glieder starr und auch ohne eigenes Zutun fixiert. Ebenso wird die Funktion aller Sinnesorgane, ausschließlich des Sehens, aber einschließlich des Wärme- und Kältegefühles sowie der Muskelbewegung oder -spannung und bestimmte geistige Funktionen zunächst erstaunlich erhöht, ähnlich wie beim Beginn der Wirkung von Opium oder Alkohol. Nach einer gewissen Zeit aber wird diese Steigerung der Sinnestätigkeit abgelöst durch ein Nachlassen, das weitaus stärker ist als bei dem natürlichen Schlaf.

Diese Umstände sollten beachtet werden, weil die Phänomene schon in dem ersten Stadium dieser „künstlichen Hypnose“ bei der Versuchsperson ein Erstaunen hervorrufen können, verbunden mit Wissen und Einsicht. Viele meinen, daß sie nicht beeinflußt seien, während aber der beschleunigte Pulsschlag, der eigenartige Gesichtsausdruck und andere charakteristische Zeichen für den, der die Vorgänge kennt, ohne jeglichen Zweifel dafür sprechen. Ich finde es unvernünftig, schon beim ersten Versuch diese Vorgänge bis zum tiefsten Grad der Betäubung (Torpor) zu führen. Weiterhin besteht ein großer Unterschied in der Aufnahmebereitschaft für die neurohypnotischen Eindrücke. Einige Versuchspersonen erreichen den Zustand der Starrheit und Unempfindlichkeit in wenigen Minuten, während andere nur schnell in das erste Stadium geführt werden können, ohne aber bis zur tiefsten Stufe der Starrheit oder der Betäubung (torpid state) zu gelangen. Es ist von besonderer Wichtigkeit festzustellen, daß viele Fälle von bemerkenswertem und dauerhaftem Behandlungserfolg stattgefunden haben, ohne das Stadium der Bewußtlosigkeit zu erreichen.

Das Stadium der tiefgehenden Betäubung der Sinnesorgane und der tonischen Starre der Muskeln kann jederzeit zu einer normalen Beweglichkeit und Empfindlichkeit zurückgeführt werden durch die Hinleitung eines Luftstromes an das Organ oder die Organe, die zur Aktionsfähigkeit erweckt werden sollen oder an die Muskeln, die aus dem starrkrampfartigen Zustand gelöst und geschmeidig gemacht werden sollen. Durch bloße Ruhe werden die Sinne schnell wieder zur ursprünglichen Verfassung zurückgeführt. Die Wirkung des Luftzuges, der diese außergewöhnlichen Effekte erzielt, kann ich nicht erklären. Aber es fällt mir nicht schwer, die Symptome mit gleichen Mitteln immer wieder zu produzieren, ob sie nun von mir oder von anderen hervorgerufen werden und ob der Luftstrom von den Lippen, von einem Blasebalg, durch eine Handbewegung oder durch irgendein unbelebtes Objekt erzeugt wird ...

Früher forderte ich die Patienten auf, ein Objekt anzusehen, bis die Augenlider sich selbst unwillkürlich schlossen, fand aber heraus, daß dies in vielen Fällen Schmerzen in den Augäpfeln zur Folge hatte und leichte Entzündungen der Conjunctiven. Um das zu vermeiden, schließe ich nun die Augenlider [manuell], wenn die Erweiterung der Pupillen stattgefunden hat. Dieses aufschlußreiche Zeichen tritt ein, wenn die Augäpfel fixiert bleiben, und damit werden die unangenehmen Gefühle in den Augäpfeln vermieden. Will man durch die Unfähigkeit, die Augen zu öffnen, Erstaunen bei dem behandelten Patienten hervorrufen, ist die Methode des fortgesetzten Starrens besser, nach deren Durchführung die Augen gewöhnlich unmöglich geöffnet werden können. Beim [manuell] durchgeführten Augenschluß hingegen können sie längere Zeit nachher [vom Patienten selbst] geöffnet werden. Für die Behandlung ziehe ich die Methode vor, die keine Schmerzen in den Augäpfeln hervorruft.

Auf Grund aller meiner zahlreichen Experimente bin ich zu folgendem Schluß gekommen: Durch eine fortgesetzte Fixierung des geistigen und sehenden Auges auf ein Objekt, das in sich selbst nicht erregender Art ist, tritt mit absoluter Ruhe des Körpers und allgemeiner Stille eine Ermüdung ein; besonders, wenn die Patienten das Gefühl von Stupor eher begünstigen als ihm widerstehen. Dann wird der Beginn dieser Empfindung spürbar und ein Stadium der Somnolenz herbeigeführt ... Sie ist für gewöhnlich begleitet von einem Zustand des Gehirns und Nervensystems, welcher beim Patienten den hypnotischen Zustand in Erscheinung treten läßt. Da der Versuch auch bei Blinden möglich ist, betrachte ich das Phänomen nicht so sehr vom optischen, als vielmehr vom sensiblen, motorischen und sympathischen Nervensystem aus und von dem Geist, durch welchen die Eindrücke entstehen. Ich bin so völlig von dem allgemeinen Lebensgesetz überzeugt, daß ein derartiger Effekt einem solchen Zustand des Geistes und Körpers folgt, daß ich nicht zögere, es als meine Auffassung weiterzugeben, da es sich für mich um eine unbestrittene Tatsache handelt. Bezüglich der Art des Vorgehens werden wir nie in der Lage sein, es so zu berichten, daß alle Gegenargumente genügend berücksichtigt werden. Aber ebensowenig können wir sagen, warum die Erfahrung es uns lehrt. Jedoch wie unsere Unwissenheit über den Grund der Anziehungskraft der Erde uns nicht daran hindert, aus der Verbindung der bekannten Faktoren und deren Resultate Nutzen zu ziehen, so sollte unsere Unwissenheit über die gesamten Gesetze des hypnotischen Geschehens nicht dessen Studium und auch nicht die heilsame Anwendung verhindern, wenn sie in unserer Macht steht.

Ich bin überzeugt, daß die Phänomene durch Einfluß auf die

Nervenzentren zustande kommen, ferner durch die körperliche und psychische Verfassung des Patienten, nicht aber durch die Ausstrahlung eines anderen. Denn jedermann kann sich selbst hypnotisieren, wenn er sich genau an die niedergelegten einfachen Regeln hält. Nachstehend folgt ein bemerkenswertes Beispiel, das mir und zwei anderen Herren durch einen sehr geachteten Lehrer gegeben wurde. Er beobachtete, daß eine Anzahl von Schülern die Gewohnheit hatte, sich selbst zu hypnotisieren und ordnete an, dieses Tun einzustellen. Jedoch stellte er eines Tages fest, daß sich ein Mädchen selbst hpynotisiert hatte, indem sie die Wand ansah. Ihre Begleiter hatten einen Federhalter in ihre Hand gelegt, mit dem sie das Wort „Manchester“ geschrieben hatte. Sie hielt den Federhalter sehr kräftig fest. Die Finger waren kataleptisch starr. Der Lehrer sprach mit einem weichen Ton in der Stimme und rief das Mädchen an. Sie stand auf und ging auf ihn zu, und als sie erwachte, wußte sie nicht, daß er sie gerufen hatte oder was vorgegangen war.

Ich habe auch den Zustand der Patientin vor, während und nach einer Hypnose untersucht, um mich zu vergewissern, ob irgendeine Veränderung in ihrer magnetischen oder elektrischen Verfassung zu finden sei. Obwohl diese Untersuchung mit ausgezeichneten Instrumenten und großer Sorgfalt durchgeführt wurde, konnte kein bemerkenswerter Unterschied festgestellt werden. Ich habe Patienten hypnotisiert, während sie positiv oder negativ elektrisch geladen waren, ohne bemerkenswerten Unterschied der Symptome, so daß sie unabhängig von elektrischem oder magnetischem Wechsel erregt erschienen. Wiederholt habe ich auch zwei Patienten sich gegenseitig zu gleicher Zeit hypnotisieren lassen durch persönlichen Kontakt. Wie würde dies vereinbar sein mit der Theorie, daß ein spezielles übertragbares Fluidum der Grund des Zustandes sei, wobei positive und negative Ladung gleichermaßen wirksam sein sollen.

Bevor wir den ersten Teil dieser Abhandlung[2] abschließen, werde ich eine kurze Zusammenfassung der Ausführungen geben.

1. Eine fortgesetzte Fixation des geistigen und körperlichen Auges in der beschriebenen Form führt zu einem neuen Zustand, be-

[2] a. a. O., S. 216—217.

gleitet von Somnolenz. Er zeigt eine von der Art des Vorgehens abhängige Vielfalt von Phänomenen, die sich aber alle sehr vom normalen Schlaf oder Wachzustand unterscheiden.

2. Zunächst besteht ein Stadium erhöhter Erregbarkeit aller Sinnesorgane, mit Ausnahme der Sehkraft, und eine große Zunahme der Muskelkraft. Später sind die Sinne stärker betäubt als im natürlichen Schlaf.
3. Wir haben in diesem Zustand die Möglichkeit, die nervösen Energien zu dirigieren und zu konzentrieren und sie in bemerkenswertem Grade willentlich lokal oder allgemein zu erhöhen oder herabzusetzen.
4. Wir können in diesem Zustand die Stärke und Frequenz der Herzaktion und auch die Zirkulation lokal oder allgemein in einem überraschenden Umfang beschleunigen oder verlangsamen.
5. Während dieser merkwürdigen Verfassung haben wir die Fähigkeit, die Kraft und den Tonus der Muskulatur in bemerkenswerter Art und erstaunlichem Grad zu verändern.
6. Wir besitzen dann eine erstaunliche Fähigkeit zu schnellen und wichtigen Änderungen der kapillaren Zirkulation, Sekretion und Exkretion, die sich zum Teil auch chemisch nachweisen läßt.
7. Diese Fähigkeit kann für die Heilung einer Vielfalt von Krankheiten verwandt werden, welche einer gewöhnlichen Behandlung unzugänglich oder ganz unheilbar sind.
8. Diese Hilfsmittel können zur Verfügung stehen, um die Schmerzen bei chirurgischen Operationen zu vermindern oder gänzlich zu verhüten.
9. Während der Hypnose können wir durch Druck auf die Schädeldecke und das Gesicht gewisse geistige und körperliche Veränderungen, je nach dem berührten Körperteil, hervorrufen.

*

Wilhelm Thierry Preyer (1841—1897), der sich um das Bekanntwerden Braids in Deutschland durch zahlreiche Übersetzungen bemühte, schildert in seinem 1881 erschienenen Buch wie Braid dazu kam, sich mit der Hypnose zu beschäftigen.

Er beschreibt BRAIDS oben mitgeteilte Versuche und fährt dann fort in seinem Buch:

„DIE ENTDECKUNG DES HYPNOTISMUS“[1]

Von WILHELM THIERRY PREYER

Nach diesen überraschenden Erfolgen sprach BRAID seine Überzeugung dahin aus[2], daß eine Störung des Gleichgewichts der Zentren im Gehirn und Rückenmark und der Herztätigkeit und Atmung sowie der Muskeltätigkeit vorhanden sei, welche herbeigeführt werde durch anhaltendes Starren und absolute Ruhe, vor allem durch angespannte Aufmerksamkeit; die herabgesetzte Atmung gehe mit jener Anspannung der Aufmerksamkeit zusammen. Er erklärte bereits damals — Ende 1841 — bestimmt, daß alles vom physischen und psychischen Zustande des Patienten abhängt, nicht von dem Willen oder dem Streichen des Operateurs, der durchaus nicht ein magnetisches Fluidum abgebe oder irgendein mystisches Universal-Fluidum oder -Medium in Bewegung setze[3] . . .

Nachdem PREYER die BRAIDsche Methode der Einleitung der Hypnose beschrieben hat (s. S. 3 f.), fährt er fort:

„Anfangs wurde den Patienten ein Kork auf die Stirn gebunden und von ihnen angeschaut. Dieses Verfahren erwies sich als sehr wirksam bei solchen, welche mit *beiden Augen* ruhig fixieren konnten. Viele aber vermochten nicht mit beiden Augen zugleich ein so nahes Objekt zu fixieren. Solche Patienten wurden nicht hypnotisch, während die Betrachtung des etwas ferneren Gegenstandes, wenn auch nicht so schnell und so intensiv, häufiger hypnotisierend wirkte und daher allgemein adoptiert wurde. . .“

Läßt man die Patienten einen Gegenstand so lange ansehen, bis

[1] Berlin, Paetel 1881. Hier werden einige auf BRAID bezügliche Stellen abgedruckt.

[2] a. a. O. S. 8.

[3] a. a. O. S. 10—15 beschreibt der Autor dann BRAIDS Methode, die z. T. schon in dem vorhergehenden Beitrag wiedergegeben wurde.

die Augen sich unwillkürlich schließen, dann empfinden sie oft einen Schmerz in den Augäpfeln, und es kann eine leichte Entzündung der Bindehaut eintreten. Um letztere zu vermeiden, wurden daher die Augen mit den Fingern geschlossen nach eingetretener Pupillenerweiterung. In diesem Falle kann der Patient sie auch längere Zeit nachher wieder öffnen, im ersterwähnten fühlt er sich dazu nicht imstande.

In welcher Richtung der Blick fixiert gehalten wird, ist zwar für das Zustandekommen der Hypnose gleichgültig; sie tritt aber am langsamsten ein, wenn man geradeaus starrt, am schnellsten und intensivsten, wenn mit *beiden Augen zugleich nach innen und oben geblickt wird*.

Die Empfindungen, welche eintreten, wenn man irgendeinem eigenen Körperteile anhaltend seine ganze Aufmerksamkeit zuwendet, sind nicht mit denen der Hypnose zu verwechseln. Aber die Konzentration der Aufmerksamkeit allein ist, und zwar auch bei *Blinden, imstande,* Hypnose herbeizuführen, worauf Braid mit Recht großes Gewicht legte. Die Aufmerksamkeit muß nur bei geschlossenen Augen auf irgendeinen eingebildeten Gegenstand oder eine Vorstellung anhaltend gerichtet sein.

„Nachdem den schon von vornherein sehr empfänglichen Individuen die Impressionabilität eingeprägt wurde, werden sie geneigt, allein schon durch psychische Einwirkung, Glauben und Gewohnheit affiziert zu werden — d. h. sie werden hypnotisch durch irgendeinen sichtbaren Vorgang, von dem sie glauben, er habe den Zweck und das Vermögen, den Effekt hervorzubringen, oder sogar, wo gar kein Prozeß vor sich geht, wenn sie sich nur einbilden, in der Ferne geschehe etwas, sie in den Schlafzustand zu versetzen. Sie werden dann durch die bloße Kraft dieses geistigen Vorgangs und Glaubens affiziert. Hierin scheint eine große Fehlerquelle zu liegen für viele, die behaupten, sie vermöchten Patienten in der Ferne zu beeinflussen durch den bloßen Willen oder verborgenes Streichen, indem gelegentlich Koinzidenzen von ihnen zu einem positiven Gesetz erhoben werden."

Eine ungewöhnlich lange Dauer oder Wiederholung desselben Sinneseindrucks auf irgendein Sinnesorgan, außer dem Auge, kann nur dann Hypnose hervorrufen, wenn die Patienten schon vorher hypnotisiert gewesen sind. Andernfalls tritt nur gewöhnlicher Schlaf ein, wie nach dem Langeweile verursachenden bis zu einer Stunde fortgesetzten Streichen mancher Magnetiseure. Hypnose entsteht nach wenigen Minuten, im *Dunkeln* wie *bei Tage* oder *bei Gaslicht,* bei *verbundenen* oder *offenen Augen,* wenn nur die Augen in unverrückt fester Stellung bleiben, der Körper völlig ruht und die Aufmerksamkeit durch nichts anderes in Anspruch genommen wird.

Ein partielles Dehypnotisieren, eine plötzliche lokale Änderung, wie Kontraktion ruhender und Entspannung kontrahierter Muskeln, kann schon durch einen Luftzug, der gegen die zu beeinflussenden Teile gerichtet ist, herbeigeführt werden.

Ein starker *Luftzug gegen das Gesicht* aber hebt die Hypnose überhaupt auf, gleichviel von wem er, sei es durch Blasen mittels der Lippen oder mittels eines Blasebalgs, sei es durch eine Handbewegung oder wie sonst mittels unbelebter Objekte, hervorgebracht wird. Auch *Händeklatschen,* ein starker Schlag mit der Hand auf den Arm oder das Bein, ein *Druck auf die Augenlider* oder *Reiben* derselben dient zum Dehypnotisieren, welches immer dann schleunigst vorzunehmen ist, wenn die Atmung sehr erschwert, das Gesicht stark gerötet, die Muskelsteifheit exzessiv, die Herztätigkeit sehr beschleunigt und tumultuarisch geworden ist. *Unwissende dürfen daher nicht mit hypnotischen Experimenten sich unterhalten.* BRAID hat jedoch niemals Schwierigkeiten beim Erwecken seiner zahlreichen Patienten gefunden.

Bezüglich des partiellen Dehypnotisierens ist noch zu bemerken, daß zwar ein plötzlicher Schlag oder Stoß auf einen gespannten Muskel den steifen Teil dehypnotisiert, aber ein Druck auf die Nase den Geruchsinn nicht wiederherstellt, wenn er nicht sehr sanft und anhaltend ist. Ein Andrücken des Taschentuchs gegen das Ohr hebt die eingetretene Schwerhörigkeit nicht auf und sanfte Reibung der Haut macht diese nicht wieder empfindlich, stellt auch die Beweglichkeit der darunterliegenden steifen Muskeln nicht wieder her — es sei denn das Reiben sei ein Kitzeln — und dennoch bringt ein einziges Anblasen augenblicklich den ganzen Organismus in einen Zustand gesteigerter Sensibilität und Motilität.

Ebenso wie man nach dem beschriebenen Verfahren andere

hypnotisieren und wecken kann, ist es möglich, sich selbst ganz allein zu hypnotisieren und *auf Verlangen* zu dehypnotisieren, z. B. durch die Aufforderung, sich die Augen zu reiben. Jedoch ist kein Fall bekannt geworden von einem Patienten, welcher in tiefer Hypnose befindlich *ohne Assistenz* sich selbst geweckt hätte, es sei denn zufällig, indem z. B. der gegen den Kopf gerichtete Arm starr wird und einen Druck ausübt auf die Kopfhaut. Durch besondere Versuche wurde festgestellt, daß eine Verbindung zweier Patienten durch eine Schnur oder einen Kupferdraht, wenn sie sich nicht sehen können, in keiner Weise es ermöglicht, durch Einwirkung auf den einen den anderen zu beeinflussen. Es geht eben nichts über vom Operateur auf den zu Hypnotisierenden und nichts von diesem auf einen anderen.

Daß hingegen zwei Individuen sich gegenseitig zu gleicher Zeit hypnotisieren können, erscheint nach dem vorigen nicht auffallend. Ist es doch vorgekommen, daß der *Operateur* durch starres Ansehen der Augen seines Patienten *ohne es zu wissen sich selbst hypnotisierte,* während BRAID im Nebenzimmer sich befand und der Patient wach blieb.

Ähnliches kommt in Krankheiten vor, daß nämlich der Kranke, ohne es zu wollen und ohne vom Hypnotismus etwas zu wissen, sich hypnotisiert, indem er starrt.

Möglicherweise versetzten sich auch manche religiöse Enthusiasten, wie die Mönche vom Berge Athos und die Säulenheiligen, in den hypnotischen Zustand. Nachgewiesenermaßen ist es der Fall bei den Yogins in Indien.

*

Der nächste wichtige Wissenschaftler, der das autogene Training vorbereiten half, war OSKAR VOGT (1870—1959). Bevor er sich als Neuropathologe betätigte, widmete er sich mehrere Jahre dem Studium der Hypnose. Er gab vom 1. Juli 1895 ab bis 1902 die „Zeitschrift für Hypnotismus, Psychotherapie sowie andere psychologische und psychopathologische Forschungen" heraus und führte diese Zeitschrift dann 1902 über in das „Journal für Psychologie und Neurologie". SCHULTZ selbst hat immer wieder betont, von OSKAR VOGT entscheidend angeregt worden zu sein, der in seinem Aufsatz: „Die direkte psychologische Experimentalmethode in hypnotischen Bewußtseinszuständen" (Ztschr. f. Hypnotismus V, 1897, S. 7—30 und 180—218) gezeigt hat, wie kritische und besonnene Versuchspersonen sich selbst in einen Zustand von Hypnose „fallen" lassen und ihn zeitlich durch einen Weckreiz begrenzen können.

Wie bei anderen Arbeiten auch hat sein damaliger Mitarbeiter Korbinian Brodmann (1868—1918) das Vorgehen genau beschrieben: „Zur Methodik der hypnotischen Behandlung" (Ztschr. f. Hypnotismus VI, 1897, S. 1—10, 193—214; VII, 1898, S. 1—35, 228—246, 266—184; X, 1902, S. 314—379). In diesem ausführlichen Beitrag beschreibt Brodmann u. a. die nach ihm benannte „*fraktionierte Methode*" von Oskar Vogt: „Wir möchten diese Bezeichnung in Vorschlag bringen unter gleichzeitigem Hinweis auf eine analoge Nomenklatur in der Chemie, wo ein etappenmäßig abgestufter Destillationsprozeß ‚*fraktioniert*' genannt wird" (Ztschr. f. Hypnotismus VII, 1898, S. 279).

Brodmann schildert die Gestaltung einer hypnotischen Behandlung und erwähnt dabei gelegentlich die Autohypnose, so daß in diesen Mitteilungen ein Markstein für den Weg des autogenen Trainings gesehen werden kann. Aus dem letzten Teil der Arbeit soll hier das Kapitel wiedergegeben werden:

DIE GESTALTUNG EINER HYPNOTISCHEN BEHANDLUNG[1]

Von Korbinian Brodmann

Nach eingeleiteter Ersthypnose hängt die Fortführung und der Verlauf einer hypnotischen Behandlung von vornherein von einer Reihe von Faktoren ab, auf welche der Arzt keinen oder nur indirekten Einfluß hat, von der Art der Krankheit, der Individualität des Kranken, den sozialen Verhältnissen und Lebensgewohn-

[1] K. Brodmann, Zur Methode der hypnotischen Behandlung (Zeitschrift für Hypnotismus X, 1902, S. 347—358).

heiten des Kranken. In Fällen, wo eine hypnotische Dauerbehandlung in Frage kommt, können diese Momente unter Umständen für die Methodik eine entscheidende Rolle spielen. Ferner ist in den Arbeiten über Hypnotherapie viel die Rede gewesen von einer zunehmenden Abstumpfung der therapeutischen Wirksamkeit der Hypnose und von einer Verminderung der Hypnotisierbarkeit überhaupt. Dieser Auffassung können wir uns nicht anschließen. In Fällen, wo die Unterbrechung einer hypnotischen Kur angeraten erscheint, weil die erwarteten Erfolge ausbleiben, wird man bei näherer Betrachtung finden, daß nicht Abschwächung der psychischen Beeinflußbarkeit, im besonderen der Suggestibilität oder Verlust der Hypnotisierbarkeit es ist, was die Hypnosen therapeutisch unwirksamer macht, sondern irgendwelche individuell störenden, mit der Hypnose als solcher nicht zusammenhängenden Faktoren, wie Mangel an Geduld seitens der Kranken, Überdruß an der Hypnose und dadurch bedingter Widerstand, Autosuggestionen, welche den therapeutischen Fremdsuggestionen hemmend entgegenwirken u. ä. Gelingt es, solche schädlichen Momente nachzuweisen und zu beseitigen, so wird auch in derartigen Fällen die Hypnose nach wie vor wirksam bleiben.

Die therapeutische Wirksamkeit der Hypnose kann nun entweder eine direkte oder eine indirekte sein, und je nach den Indikationen wird ein Hypnosezustand bald in diesem, bald in jenem Sinne Anwendung finden. Als direktes Heilmittel kommt die Hypnose in Betracht, wenn durch den hypnotischen Schlaf als solchen eine therapeutische Wirkung ausgeübt wird, ein indirektes Heilverfahren dagegen stellt sie dar, wenn die hypnotische Bewußtseinseinengung dazu dient, entweder die psychische Beeinflußbarkeit eines Kranken zu erhöhen oder andererseits die Möglichkeit einer Psychoanalyse zu erweitern. Diese verschiedenen Anwendungsformen der Hypnose erfordern nunmehr eine getrennte Besprechung.

Die Hypnose als therapeutischer Schlaf

Als ein Zustand des Schlafes findet die Hypnose, wie mehrfach erwähnt, in dreifacher Weise therapeutische Verwendung, 1. als

Dauerschlaf, 2. als periodischer Schlaf zur Verhütung von Erschöpfung bei pathologisch gesteigerter Ermüdbarkeit und 3. als gelegentlicher Schlaf zur Verhütung drohender oder zur Unterdrückung vorhandener Anfälle (Krämpfe, Schmerzen, Gemütsbewegungen).

a) Der hypnotische Dauerschlaf und protrahierte Schlaf

Unter hypnotischem Dauerschlaf verstehen wir im Gegensatz zu Wetterstrand im allgemeinen nicht nur einen über Tage und Wochen sich hinziehenden ununterbrochenen Hypnosezustand, sondern jeden protrahierten hypnotischen Schlaf überhaupt, der sich über beliebige Stunden ausdehnt und durch wache Zwischenzeiten unterbrochen wird. Der Hauptnachdruck bei einer hypnotischen Schlafkur ist unserer Meinung nach nicht auf die anhaltende Dauer des Schlafes, sondern auf die Steigerung des Schlafquantums zu legen. Der hypnotische Dauerschlaf wird also nicht nur in Verbindung mit absoluter Bettruhe indiziert sein, wenn man z. B. ein hochgradig erschöpftes oder erregtes Nervensystem rascher kräftigen bzw. beruhigen will, als es durch einfache Bettruhe möglich wäre, sondern er kann, nach unserer Erfahrung, eine dankbare und vor allem viel häufigere Anwendung in allen den Fällen finden, wo der Nachtschlaf aus irgendwelchen Gründen nicht ausreicht. In der Praxis lassen wir solche Kranken zu uns in die Sprechstunde kommen, schläfern sie kurz ein und überlassen sie einige Zeit sich selbst; sie verfallen dann regelmäßig in einen tiefen allgemeinen Schlaf. Natürlich wirkt hier der durch Hypnose und aus der Hypnose entstandene Schlaf nicht nur dadurch, daß er einer durch Mangel an Schlaf bedingten schwereren Erschöpfung vorbeugt, sondern zugleich auch als bahnendes Mittel für den Eintritt des physiologischen Nachtschlafs. Solche Kranken lernen, nachdem sie mehrmals in der Hypnose eingeschläfert sind, sehr bald wieder spontan einzuschlafen. Es ist dies ein Ausdruck der allgemeinen psychologischen Tatsache, daß wiederholte Erregung einer Bewußtseinserscheinung die Erregbarkeit derselben steigert; wir haben es hierbei mit einer auf Wiederholung eines psychophysischen Vorganges beruhenden, als Übung und Gewohnheit bezeichneten Wirkung auf dem Gebiete des Schlafes zu tun.

Ein Beispiel eines solchen prolongierten hypnotischen Schlafes ist die bereits erwähnte Kranke H.[2]. In der ersten Sitzung trat, wie wir sahen, ein somnambules Stadium der Hypnose ein. Die weitere Behandlung gestaltete sich nun derart, daß neben Überernährung Dauerschlaf und möglichst absolute Bettruhe verordnet wurde. Die erste Zeit wurde Patientin im Bett hypnotisiert, zuerst früh 9 Uhr, nachdem sie ihr Frühstück eingenommen hatte. Der Schlaf stellte sich stets nach einigen Suggestionen oder auf die einfache Versicherung: „Sie schlafen wieder, bis Sie geweckt werden“ ein und dauerte bis zur Hauptmahlzeit um 12 Uhr. Anfangs war es nötig, daß der die hypnotische Behandlung leitende Arzt beim Aufwecken zugegen war, später genügte die Suggestion: „Sie werden um die und die Stunde von selbst aufwachen“, um das Erwachen pünktlich und ohne unerwünschte Nebenerscheinungen eintreten zu lassen. Patientin blieb eine Stunde wach, wurde dann wieder eingeschläfert, um den ganzen Nachmittag durchzuschlafen. Abends war sie etwa 2 Stunden außer Bett, dann erhielt sie für die Nacht einige Suggestionen und brachte wieder die ganze Nacht schlafend zu. Die ersten 14 Tage schon erholte sich Patientin körperlich und psychisch so erheblich, daß zweimal täglich ein zweistündiger hypnotischer Schlaf ausreichte.

Der Hypnose kommt in diesem Falle ausschließlich die Bedeutung eines therapeutischen Dauerschlafes zu. Spezielle therapeutische Suggestionen wurden zwar ab und zu erteilt, um das gelegentlich wiederkehrende Krampfgefühl im Magen momentan zu beseitigen. Im übrigen aber ist die rasche Genesung wohl größtenteils auf den günstigen Einfluß des prolongierten Schlafes zurückzuführen, wenn man auch nicht in Abrede stellen kann, daß bei dem äußerst suggestiblen Geschöpf Autosuggestionen eine therapeutische Rolle mitgespielt haben.

Eine Komplikationswirkung liegt vor, wenn ein hypnotischer Dauerschlaf zugleich zur Unterdrückung von Anfällen dient. Suggestive und autosuggestive Einflüsse sind bei solchen Kranken, wie man durch hypnotische Analyse jederzeit feststellen kann, niemals

[2] a. a. O. S. 319.

auszuschließen. Dies ist z. B. bei der früher[3] erwähnten Kranken der Fall gewesen.

Patientin wurde, nachdem einmal in oben geschilderter Weise eine tiefe Hypnose durch systematische Dressur erzielt worden war, ebenfalls einer Schlafkur unterworfen. Sie kam täglich mehrere Male in tiefen hypnotischen Schlaf; die ersten Wochen der Behandlung dauerte der Schlaf jeweils längere Zeit, je nach Umständen 1—2 Stunden, später genügte ½—1 Stunde; für die Nacht erhielt Patientin ebenfalls einige kurze Schlafsuggestionen. Schließlich wurden nur ganz kurze Hypnosen als Arbeitspausen ausfüllender Ruhezustand angewendet, und in der weiteren Folge kam Patientin ganz ohne Hypnosen aus und konnte wieder ihren Studien obliegen.

Der prolongierte hypnotische Schlaf übte nicht nur im allgemeinen einen kräftigenden Einfluß auf die Gesamtkonstitution der sehr heruntergekommenen Kranken aus, sondern er erwies sich zugleich als ein wirksames Mittel, die hysterischen Krampferscheinungen, quälenden Phobien und ängstlichen Erregungen für die Dauer des Schlafes fernzuhalten. Auf diese Weise gelang es, durch Dauerschlaf die Kranke für den größten Teil des Tages anfallsfrei zu machen. Indem sodann durch spezielle Suggestionen in der Hypnose allmählich ein posthypnotischer Einfluß auf den Wachzustand gewonnen wurde, traten mit der Zeit auch die Anfälle im Wachen zurück.

Ähnlich liegt die Sache bei den meisten Kranken, bei denen eine Indikation zum hypnotischen Dauerschlaf besteht. Das Verfahren ist dabei in der Hauptsache überall dasselbe, sofern eine Anstaltsbehandlung in Frage kommt.

Herr S., 60jähriger Beamter aus L., hat im Anschluß an eine heftige Gemütsbewegung eine Netzhautablösung erlitten und leidet seitdem an schwerer hypochondrischer Verstimmung und Schlaflosigkeit. Er hat es vollkommen verlernt einzuschlafen und wälzt sich stundenlang aufgeregt im Bett herum, ohne Schlaf zu finden; selbst der Nachmittagsschlaf, der ihm seit vielen Jahren ein Bedürfnis war, ist verlorengegangen. Ich mache auf Wunsch des Kranken und der Angehörigen einen Versuch mit Hypnose. Patient nimmt in der Sofaecke, in der er

[3] a. a. O. S. 339 ff.

gewohnheitsmäßig seinen Verdauungsschlaf zu halten pflegte, halb sitzend, halb liegend Platz; Stirnhand und kurzes Fixieren in Verbindung mit detaillierten Suggestionen. In der zweiten Hypnose tritt Augenschluß (ohne diesbezügliche Suggestion) ein, ich gebe mit gedämpfter Stimme monotone Schlafsuggestionen und verhalte mich dann 10 Minuten bei aufgelegter Stirnhand schweigend. Patient ist unterdessen tief eingeschlafen und schnarcht. Nach halbstündigem Schlaf Wecken. Er bestreitet, geschlafen zu haben, ist aber erstaunt, so lange gelegen zu haben. In der nächsten Nacht Schlaf unverändert. Zweite Sitzung am folgenden Tag. Es tritt nach wenigen Suggestionen sofort wieder tiefer allgemeiner Schlaf ein. Ich gehe leise hinaus, rufe die Angehörigen herbei und wecke den Kranken auf. Er ist nun überzeugt, geschlafen zu haben und schläft bereits die nächste Nacht leichter ein. In den folgenden Sitzungen verbinde ich mit den Schlafsuggestionen im Beginne der Hypnose regelmäßig die Eingebungen, daß sich in derselben Weise nun auch der Nachtschlaf wieder einstellen werde, es besteht aber noch etwa 2 Wochen ein großer Schlafmangel fort, den ich durch längeres Liegenlassen in der Hypnose ausgleiche. Allmählich entfalten die hypnotischen Suggestionen auch posthypnotisch ihre Wirksamkeit, das Bewußtsein, wieder einschlafen zu können, wirkt autosuggestiv bahnend auf den Schlafvorgang und nach Verlauf von Tagen stellt sich dann regelmäßig wieder der Nachtschlaf von selbst ein.

Epikritisch ist bemerkenswert, daß Patient unter den Suggestionen rasch in einen allgemeinen tiefen Schlaf mit völligem Verlust des Bewußtseins und des Rapportes verfiel. Es handelt sich also nicht um einen Hypnosezustand, sondern um einen suggestiv ausgelösten Schlaf. Dieser aus der Hypnose sich unmittelbar entwickelnde allgemeine Schlaf dauerte zwei Stunden und brachte dem Kranken die im Nachtschlaf nicht gefundene Erholung; dadurch wurde einer tiefergreifenden Erschöpfung des Nervensystems vorgebeugt, bis durch suggestive Nachwirkungen der Hypnose dem Kranken allmählich wieder das Einschlafen in physiologischer Weise gelang. In derselben Weise pflegen wir in der Praxis bei den meisten Formen von Schlaflosigkeit zu verfahren, nachdem einmal die Ersthypnosen eingeleitet sind und eine Angewöhnung an den hypnotischen Zustand eingetreten ist.

Der protrahierte hypnotische Schlaf kommt aber therapeutisch nicht nur in Betracht, wo wir Ersatz für das Fehlen des physiologischen Nachtschlafes schaffen wollen, sondern auch in den Fällen, wo zu viel oder zu stark intellektuelle Anstrengung oder lebhafte Affekte oder nervöse Krisen irgendwelcher Art zu einer Erschöpfung geführt haben oder zu führen drohen. Der Schlaf als intensivste Form der Ruhe bildet hier selbst in oberflächlichen Stadien allein schon durch das Fortfallen erschöpfend wirkender intellektueller oder emotioneller oder somatischer Erregungen das beste Prophylaktikum gegen das Umsichgreifen der Erschöpfung. Die Methodik im einzelnen und die Durchführung einer Behandlung mit protrahiertem Schlafe hat sich auch in diesen Fällen ganz an das oben geschilderte Verfahren anzuschließen, es sei nur nochmals hervorgehoben, daß je protrahierter und tiefer der Schlaf ist, desto größer auch seine therapeutische Wirksamkeit ist.

b) Der periodische hypnotische Schlaf

Die zweite Form, in der die Hypnose als ein Zustand des Schlafens therapeutische Bedeutung gewinnt, ist der periodische, Arbeitspausen ausfüllende Schlaf. Wir wenden denselben derart an, daß zwischen die Arbeitszeiten in kürzeren oder längeren Intervallen wiederholte Schlafpausen eingeschoben werden. Der therapeutische Nutzen periodischer Hypnosen beruht einesteils auf der kräftigenden Wirkung des Schlafes überhaupt, anderenteils auf der öfteren, möglichst vollkommenen Ruhigstellung des Nervensystems bei gleichzeitiger Durchführung einer Beschäftigung. Der Anwendung eines solchen Schlafes sind die weitesten Grenzen gezogen bei jeder Art von Rekonvaleszenten, ferner, in Verbindung mit Beschäftigungstherapie, überall dort, wo es Aufgabe des Arztes ist, die Lebensweise konstitutionell erschöpfter Individuen zu regeln, oder akut geschwächte und übermüdete Kranke zu einem größeren Grade von Leistungsfähigkeit zu erziehen. Dabei bleibt es in das Belieben des Arztes gestellt, wie er im einzelnen die Schlafkur durchführen will; manchmal werden, je nach den äußeren Umständen, kurze und häufige Hypnosen am Platze sein, in anderen Fällen dagegen ist es ratsamer, nur wenige, aber längere Ruhepausen mit Schlaf in die Tagesarbeit einzuschieben. Bei stärkerer Erschöpfbarkeit und sehr verminderter Leistungsfähigkeit empfiehlt es sich, wenn man trotz der Erschöpfung noch ein gewisses Maß von Arbeit leisten lassen will und nicht den protrahierten Schlaf vorzieht, den Kranken derart zu erziehen, daß er sich von Zeit zu Zeit selber in einen Schlafzustand versetzt, in dem er beliebig lange ausruht. Ein derartiges wiederholtes Schlafen in Form von suggestiv ausgelösten Autohypnosen läßt sich bei vielen Kranken auch in der Privatpraxis durchführen, namentlich wenn der Arzt nicht in der Lage ist, ständig den Patienten um sich zu haben und in seiner Tätigkeit zu überwachen.

Ein typisches Beispiel des periodischen hypnotischen Schlafes ist das folgende:

Frl. D. J., Malerin, 36 J., von jeher Neuropathin, geriet unter dem Einfluß verschiedener schädigender Momente in einen Zustand absoluter Apraxie mit den Erscheinungen einer nervösen Erschöpfung. Sie ist zur geringsten Arbeitsleistung nicht mehr imstande. Tiefe Hypnose in den ersten Sitzungen, dann zunächst Schlafkur mit Bettruhe im Sinne des Dauerschlafes, darauf erst, im Stadium der Erholung, „periodischer Schlaf". Patientin muß sich zunächst darin üben, ohne Steigerung der Ermüdungserscheinungen außer Bett zuzubringen; sie hat sich daher jedesmal sofort niederzulegen und einzuschlafen, sobald sich Anzeichen der Erschöpfung einstellen. Dies findet im Beginne der Behandlung oft schon nach ½ Stunde statt. Zu diesem Zwecke erhält Patientin in der Hypnose die Eingebung, stets von selbst einzuschlafen, sobald sie sich erschöpft fühle, sie brauche sich nur hinzulegen und langsam bis 20 zu zählen, dann werde sie mit dem Aussprechen der Zahl 20 sofort in Schlaf versinken. Das Erwachen erfolge stets ebenfalls von selbst, nachdem der Schlaf 5 Minuten gedauert habe. Dieser Vorgang der Autohypnose wird zunächst einige Tage vom Arzt überwacht, dann vollzieht er sich stets automatisch und ohne jede Störung in der gewünschten Weise. Im zweiten Stadium der Schlafkur werden nun in die schlaffreien Zwischenzeiten geringste Arbeitsleistungen eingeschoben, die zunächst nur in wenigen Pinselstrichen oder in einigen Linien an einer Zeichenskizze bestehen. Durch langsame Verkürzung der Schlafzeiten mit entsprechender Steigerung der Arbeitsleistung im Wachen, kommt Patientin in wenigen Wochen so weit, daß sie wieder im Freien nach der Natur malen kann, erst nur Bruchteile von Stunden, dann mehrere Stunden nacheinander an einem Tage. Dabei bleibt nach wie vor die Verordnung bestehen, daß Patientin in größeren Zwischenräumen, alle

1—2 Stunden einmal wie früher von selbst einschlafen solle, um das Nervensystem für Momente zur Ruhe kommen zu lassen. Patientin verhält sich hierbei folgendermaßen: sie stützt, auf ihrem Malstuhle sitzend, den Kopf auf eine Hand, schließt die Augen, zählt auf 20 und versinkt für Augenblicke in tiefen Schlaf, aus dem sie erfrischt und mit dem Gefühl der Kräftigung wieder aufwacht. Später werden auch diese kurzdauernden periodischen Schlafzustände überflüssig und Patientin kehrte wieder arbeitsfähig in ihren Beruf zurück.

Durch vorsichtige Anpassung der Schlafzeiten an das jeweilige Bedürfnis und durch entsprechende Gestaltung der Arbeit mit Rücksicht auf das vorhandene Kräftemaß erreichte diese Kranke bald eine recht beträchtliche Steigerung ihrer Leistungsfähigkeit. Diese Steigerung ist wohl hauptsächlich auf die Vermeidung resp. Verhütung stärker hemmend wirkender Ermüdungssymptome durch den stets zur rechten Zeit sich einstellenden Schlaf zurückzuführen. Natürlich übte der gehäufte Schlaf in diesem Falle nicht nur eine direkte Heilwirkung als Schlafzustand aus, sondern es verbanden sich mit ihm im Laufe der Zeit natürlicherweise starke Suggestivwirkungen und sicherlich auch Autosuggestionen. Der kurze, durch eine suggestiv ausgelöste Autosuggestion herbeigeführte Schlaf verband sich allmählich mit der Vorstellung der Erfrischung und größeren Leistungsfähigkeit und wirkte im Sinne einer affektstarken Suggestion auf die Kranke dadurch günstig, daß er deren Selbstvertrauen und Hoffnungsfreudigkeit hob.

Eine ähnliche Steigerung der Leistungsfähigkeit auf umschriebenem Gebiete habe ich bei einem anderen schweren Neuropathen beobachtet, ebenfalls unter dem Einflusse eines wiederholt am Tage herbeigeführten hypnotischen Schlafzustandes.

Herr F., 25 J. alt, chronische Neurasthenie mit dem Symptombild der Akinesia algera; Patient kann, ohne die heftigsten Schmerzen im Rücken, auf der Brust und in den Schultern zu haben, nur wenige Schritte gehen. Auch das Sitzen und selbst ruhiges Liegen auf einem Flecke verursacht ihm unerträgliche Schmerzen. Dieselben Schmerzen hat er in den Augen nach kurzem Lesen. Die Hypnose erreicht nur die leichtesten Grade psychischer Einengung. Es wird nun im Laufe der hypnotischen Behandlung, die zunächst zu keinem Erfolg geführt hatte, der gehäufte periodische Schlaf versucht. Täglich 4—5mal kurze Hypnosen mit daran anschließenden Gehübungen resp. Leseversuchen, Suggestion des Ausruhens sobald Ermüdungsschmerzen stärker werden. Deutliche Fortschritte, Spaziergänge bis zu 1/2 Stunde nach einiger Zeit.

Der die Erschöpfung verhütende wiederholte hypnotische Schlaf in Verbindung mit dem Moment der Einübung (und selbstverständlich mit den dem Schlafe assoziierten allgemeinen Heilsuggestionen) kommt auch hier darin zum Ausdruck, daß bereits nach kurzer Zeit bei einer an sich minimalen Leistungsfähigkeit relativ hohe Leistungen, allerdings auf ein enges Gebiet beschränkt, erzielt werden.

In etwas anderer Weise kam der periodische Schlaf bei folgendem Falle zur Anwendung.

Herr B., stud. jur. Nervöse Erschöpfung in Form der Cerebrasthenie infolge von Überarbeitung durch Vorbereitung zum Examen. Kopfdruck, Benommenheit, verdrießliche reizbare Stimmung, Schlafmangel, besonders quälend das völlige Versagen der geistigen Kräfte nach kürzester Arbeit (1/4stündiges Lesen). Hypnose zunächst ganz leicht, ohne das Gefühl des Beeinflußtseins, aber mit objektiven Zeichen des Hypnosezustandes; einmal täglich Hypnose von etwa 1/4 Stunde in der allgemeinen Sprechstunde. Intrahypnotische Suggestibilität mittleren Grades, posthypnotische Wirksamkeit der Suggestionen bleibt die erste Zeit ganz aus. Patient kann nicht einschlafen, weil er zu aufgeregt ist und den Schlaf gespannt erwartet. Um dieser störenden Selbstbeobachtung entgegenzutreten, und um ein öfteres spontanes Einschlafen zu ermöglichen, verfahre ich in folgender Weise. Ich rufe in der Hypnose ein oft gebrauchtes Phantasiebild hervor, auf das der Kranke seine Aufmerksamkeit zu fesseln hat; er sieht auf einer Landstraße eine Schafherde auf sich zukommen und hat nun, wie die Herde langsam an ihm vorbeizieht, die Schafe einzeln zu zählen, dabei gerät er in einen Zustand von Zerstreuung und Apathie, an die sich bald eine tiefere Ruhe und ein Zustand geistiger Trägheit mit Schläfrigkeit anschließt. Ich erteile sodann die Suggestion, daß sich Patient zu Hause in derselben Weise selber in einen Schlafzustand werde versetzen können, indem er sich zu genau bestimmter Zeit niederlege und in Gedanken an die Hypnose das eben gesehene Phantasiebild reproduziere, er werde dann bald einschlafen und auch der Nachtschlaf werde sich auf diese Weise rasch einstellen. Das Experiment gelingt nach einigen Wiederholungen in der Hypnose, Patient versetzt sich selbst 3mal täglich in eine vorher nicht gekannte angenehme Ruhe, in der er gedankenlos vor sich hinträumt und zuweilen auch duselig wird im Kopf (Somnolenz). Der kurze periodische Schlafzustand ist für ihn jedesmal ein Zustand geistiger Erholung, er kann nachher wieder mit vermehrten Kräften sich an die Arbeit setzen und hat seine Leistungsfähigkeit bald wesentlich erhöht. Nachts schläft er mit Hilfe desselben Kunstgriffs, der ihn von dem Vorgange des Einschlafens ablenkt, rascher und leichter ein. Die Hypnose an sich kommt über den ersten Grad (Hypotaxie) nicht hinaus.

Auch in diesem Falle zeigt sich bei einem erschöpften Nervensystem die günstige Wirkung des wiederholten kurzen Schlafes an der Zunahme der Arbeitsfähigkeit. Man könnte vielleicht einwenden, daß öfteres Ausruhen im Wachen dieselben Dienste leisten würde, wie diese Form der periodischen Autohypnose und des periodischen hypnotischen Schlafes. Zugestanden, doch wird niemand leugnen wollen, daß dem Schlafe graduell ein tieferer Ruhezustand der Nervenzentren entspricht und demnach auch ein höherer Grad der Restaurierung der Nervenkräfte zukommt, als dem einfachen körperlichen Ausruhen. Dazu kommt, daß erschöpfte Kranke, Neurastheniker, Hypochonder, vielfach nicht die nötige Ruhe und Selbstbeherrschung besitzen, um längere Zeit ruhig zu liegen, wenn sie nicht einschlafen. Wir ziehen also, wo es aus äußeren Gründen angängig ist, und wo ein hinreichender Grad von Beeinflußbarkeit besteht, dem einfachen körperlichen Ausruhen den periodischen hypnotischen Schlaf vor.

c) Der prophylaktische hypnotische Schlaf

Prophylaktisch kommt die Hypnose in Betracht als ein Schlafzustand bei drohenden oder bereits in Ausbildung begriffenen Anfällen, sei es zur Verhütung von Krampfanfällen, Schmerzparoxymen etc., sei es zur Vorbeugung von nervösen Aufregungszuständen. Je nach der Art dieser Anfälle kann ein mehr oder weniger protrahierter Schlaf oder auch ein periodischer Schlaf indiziert sein. Der hypnotische Dauerschlaf ist z. B. angezeigt, wenn die Anfälle sehr gehäuft sind und in ganz kurzen Zwischenräumen auftreten. Wir haben ihn Hysterischen verordnet, bei denen im

Wachsein durch jeden ungewohnten Sinneseindruck Krämpfe ausgelöst werden, oder wo an sich dauernde Anfälle irgendwelcher Art bestehen. Die Durchführung ist dieselbe wie bei dem Dauerschlaf aus anderen Indikationen; derartige Kranke werden isoliert und schlafen bei absoluter Bettruhe, mit kurzen Pausen für die Nahrungsaufnahme und andere körperliche Verrichtungen, den ganzen Tag durch. Den periodischen prolongierten Schlaf verwenden wir prophylaktisch, wenn die Anfälle in längeren Pausen und serienweise sich zeigen. Eine gelegentliche prophylaktische Hypnose kommt bei seltenen und vereinzelten Anfällen, sofern dieselben ein deutliches Prodromalstadium haben, in Frage. Oft gelingt es, einen solchen Anfall entweder ganz zu verhüten oder ihn wenigstens wesentlich abzuschwächen. Ein Beispiel einer prophylaktischen Dauerhypnose ist das folgende:

Fr. Pr., seit dem 12. J. Krämpfe, bald als Hysterie, bald als Epilepsie behandelt; täglich zahllose kleine Anfälle: stürzt ohne Bewußtseinsverlust einen Moment zu Boden, knickt zusammen, ferner myoklonische Erscheinungen: Schleudern der Arme, Zucken des Kopfes; daneben seltener große epileptiforme Anfälle. Dauerhypnose 6 Wochen mit Isolierung und Bettruhe; in der ersten Sitzung Somnambulhypnose mit absoluter Amnesie, täglich dreimaliges Hypnotisieren durch kurzes Handauflegen und Suggestion des Einschlafens. Dauerschlaf mit 3 kurzen Unterbrechungen von je einer Stunde für die Hauptmahlzeiten. Im Schlaf anfallsfrei, beim Aufstehen und während des Essens häufige Zuckungen. Langsame Besserung, die Anfälle werden seltener; von der sechsten Woche ab ohne Anfall. Nunmehr zunächst Verkürzung des hypnotischen Schlafes. Patientin bringt einige Stunden außer Bett zu, nimmt an den gemeinsamen Mahlzeiten teil, dann Verminderung der Hypnosen, erst zwei, dann eine Hypnotisierung mit jeweiligen Heilsuggestionen; Übergang zu leichter Beschäftigung. Beendigung der hypnotischen Kur nach vier Monaten.

Bei periodisch wiederkehrenden Krankheitszuständen, z. B. Migräneanfällen, nervösen Erregungen auf menstrueller Basis, Angstparoxysmen, periodischen Dämmerzuständen kann man die prophylaktische hypnotische Behandlung dem jeweiligen Charakter des Anfalles anpassen. Die Dauer und Häufigkeit des hypnotischen Schlafes richtet sich natürlich ganz nach der Art des Leidens. Wir hypnotisieren die Kranken, sobald sich die ersten Vorläufer melden und lassen sie dann entweder während des ganzen Anfalls durchschlafen oder bei mehrtägiger Dauer des Zustandes wird der Kranke täglich mehrmals in einen protrahierten Schlaf versetzt, in dem er zwei und mehr Stunden liegenbleibt. Wir hatten bei dieser Form der periodischen Hypnose oft noch Erfolge, wo eine längere hypnotische Suggestivbehandlung versagt hatte.

Fr. C. Typische Migräneanfälle in regelmäßigen 8tägigen Pausen von mehreren Stunden Dauer, seit den Mädchenjahren. Hypnotische Suggestivbehandlung ohne wesentlichen Einfluß. Patientin wird beim Herannahen des nächsten Anfalls, mit den ersten Prodromalerscheinungen, hypnotisiert; mehrstündiger Hypnosezustand leichten Grades, der Anfall kommt nicht zur Entwicklung, es bleibt bei den Abortiverscheinungen; der nächste Anfall, der in acht Tagen fällig war, bleibt ganz aus, die folgenden Anfälle können durch protrahierten hypnotischen Schlaf stets kupiert werden. In der Zwischenzeit keine Hypnosen.

Der gelegentliche prolongierte Schlaf wirkte hier zweifellos prophylaktisch, während posthypnotische Suggestionen das Entstehen eines Anfalls nicht hatten verhindern können. Denselben prophylaktischen Erfolg erreichen wir bei vielen Kranken durch gelegentliche Autohypnosen. Wir wenden dieselben jedoch nur dann an, wenn die äußeren Verhältnisse ein jedesmaliges persönliches Eingreifen des Arztes selbst nicht gestatten, wie es häufig in der Praxis der Fall ist. Man erteilt in der Hypnose, eventuell in Verbindung mit larvierten Suggestivmitteln die Suggestion, daß Patient, sobald er den Anfall herannahen fühlt, sich selbst in Schlaf versetzen und dadurch den Anfall unterdrücken könne. Methodologisch hat man dabei zu beachten, daß alle Einzelheiten des Selbsteinschläferns, die Art des Einschlafens, die Dauer, Tiefe und Wirkung des Schlafes möglichst detailliert suggeriert werden. Vielfach verbinden wir mit den Verbalsuggestionen irgendeine Form bahnender Dressur. Eine solche Form der gelegentlichen Autohypnose zu prophylaktischen Zwecken wurde bei folgender Patientin eingeübt.

Frl. v. R., 30 J., seit der Kindheit Migräne, schwere Neuropathin. Hypnotische Suggestivbehandlung seit 2 Jahren mit Unterbrechungen, Hypnose 2mal wöchentlich etwa 1/2 Stunde. Vertiefung des Schlafes in der Hypnose durch folgenden suggestiv eingeübten Automatismus. Der Zeigefinger der rechten Hand wird nach eingeleiteter Hypnose unter suggestiven Impulsen gegen die Nasenspitze hochgezogen; mit diesem Vorgang verbindet sich die Suggestion, daß, sobald die Fingerspitze die Nase berührt habe, allgemeines körperliches Behagen und ein tieferer Schlafzustand eintreten werde. Diese Suggestionen realisieren sich in jeder Hypnose. Um nun die unter dem Einfluß von Gemütsbewegungen wieder verstärkt auftretenden Fälle zu kupieren, übe ich der Patientin eine Art Autohypnose ein. Ich gebe ihr die Suggestion, daß sie sich zu Hause, sobald sie einen Migräneanfall befürchtet, in Gedanken an die Hypnose und mit der Vorstellung des Einschlafens niederlegen solle, dann werde sie sich intensiv darauf konzentrieren, wie in der Hypnose jeweils ihr Finger von selbst und ohne ihr Zutun nach der Nasenspitze zu gezogen werde, sie werde dann bald im Finger und im Arm ein Gefühl der Muskelspannung bekommen, der Finger werde sich kontrahieren und wie in der Hypnose langsam nach der Nase zu sich bewegen. Die Berührung des Fingers löse sofort einen richtigen hypnotischen Schlaf aus, der 1—2 Stunden anhalte und den drohenden Anfall zurückdränge, bezüglicherweise die vorhandenen Erscheinungen beseitige. Der Versuch gelingt nach einiger Einübung vollkommen und die gelegentliche Autohypnose erweist sich in der Folge gegenüber den Migräneanfällen als viel wirksamer als die posthypnotischen Suggestionen.

Statt einer einmaligen längerdauernden Autohypnose kann man zur Unterdrückung häufiger Anfälle auch einen wiederholten autosuggestiven Schlaf mit kurzen Intervallen in der Form des periodischen Schlafes einüben, wie wir es bei Frl. D. J. zur Ausfüllung von Arbeitsintervallen gesehen haben. Folgendes Beispiel ist typisch hierfür.

Frl. R. J. Anfälle von hysterischem Zittern mit Angst und innerer Unruhe öfters am Tage. Somnambulhypnose in der zweiten Sitzung, posthypnotisches Haften der Suggestionen nicht ausreichend zur Unterdrückung der Anfälle. Nunmehr greife ich zu dem Hilfsmittel der prophylaktischen Autohypnose. Der Nachtschlaf wurde stets durch die intrahypnotische Suggestion herbeigeführt, daß Patientin einschlafen werde, wenn sie vor dem Zubettgehen einen Schluck Wasser nehme und sich an die Worte des Arztes erinnere. Derselbe Mechanismus wird nun auch für das Selbsteinschläfern zur Unterdrückung des Tremors suggeriert. Patientin nimmt einen Schluck Wasser, wenn sie anfängt, unruhig zu werden und den Zitteranfall befürchtet, legt sich auf das Sofa, reproduziert sich die Worte des Arztes und schläft dann regelmäßig für bestimmte Zeit ein. Diesen Vorgang des Selbsteinschläferns wiederholt sie täglich 2—3mal und bringt die Anfälle auf diese Weise zum Schwinden. Dadurch lernt sie allmählich, das Zittern im Entstehen willkürlich zu unterdrücken, sie bekommt eine größere Sicherheit und ein größeres Selbstvertrauen gegenüber den drohenden Krankheitssymptomen und gewinnt wieder die Herrschaft über sich selbst. Genesung nach 6 Wochen.

Weitere Gestaltungsmöglichkeiten des prophylaktischen hypnotischen Schlafes ergeben sich aus den individuellen Krankheitsfällen von selbst.

*

Um den Beginn des 20. Jahrhunderts werden dann eine Reihe von Verfahren beschrieben, denen allen im wesentlichen gemeinsam ist: eine passive Vergegenwärtigung eines monotonen Sinnesreizes oder die Einstellung auf eng begrenzte gedankliche Inhalte. Diese Verfahren lassen sich am besten als *„passiv-autohypnoide Methoden“* (Stokvis und Langen) bezeichnen. Hierzu zählen:

1. Die Methode von P. Lévy (1889),
2. Die Methode von E. Coué (um 1910),
3. Die Autohypnose von G. Bonnets (1910),
4. Die Elementar-Autanalyse von Bezzola (1918),
5. Die Methode von Ch. Baudouin (1922),
6. Die Methode von E. Jolowicz (1925),
7. Die Methode von E. Décsi (1925),
8. Die Methode von R. Baerwald (1927).

Eine Zusammenstellung der passiv-autohypnoiden Verfahren an dieser Stelle erscheint sinnvoll, wenn auch die Zusammenordnung mit den nachher zu besprechenden Veröffentlichungen nicht immer ganz der zeitlichen Reihenfolge entspricht.

Ein Auszug aus dem in norwegischer Sprache erschienenen Buch von D. Langen und R. Alnaes „Avspenning ved Konsentrasjon“, 1964, soll hier in deutscher Übersetzung wiedergegeben werden. Die in diesem Werk geschilderten Verfahren greifen in bezug auf die jetzt anzuführenden Methoden gleichzeitig zurück auf das Buch von B. Stokvis und E. Wiesenhütter „Der Mensch in der Entspannung", Stuttgart, Hippokrates Verlag 1961, 2. Aufl. 1963. In dem Buch von LANGEN und ALNAES werden die Originalarbeiten zu den einzelnen Methoden in der Literaturübersicht aufgeführt, während sie hier nur als Fußnoten bei der Darstellung der einzelnen Verfahren wiedergegeben werden. Die Originalarbeiten selbst hier abzudrucken, erscheint nicht sinnvoll, da die passivautohypnoiden Versenkungsmethoden zwar zum Problemkreis gehören, den Weg des autogenen Trainings aber nur am Rande berühren.

PASSIV-AUTOHYPNOIDE METHODEN DER VERSENKUNG[1]

Von DIETRICH LANGEN

1. Methode von Paul-Emil LÉVY (1898)[2]

Der Patient soll zweimal täglich im Liegen üben, und zwar nach dem Aufwachen und vor dem Einschlafen. Nach Augenschluß soll der Übende sich Landschaften vorstellen oder von 1 bis 1000 zählen, bzw. Zeitwörter konjugieren oder auf die Atmung achten. „Er soll sich voll und ganz in einen Winkel von sich selbst zurückziehen" (STOKVIS und WIESENHÜTTER, S. 125). Dann entsteht eine rein „kontemplative Aufmerksamkeit". LÉVY sprach von einem „recueillement", LIEBEAULT von „charme", PAYOT von „réflexion méditative". In diesem Zustand psychischer Veränderung, dem heutigen Sprachgebrauch entsprechend als „hypnoider Zustand" bezeichnet, wird dann bei LÉVY eine „Gewissenserforschung" durchgeführt. Ebenso trachtet er: „zu vergessen, daß ich denke. Langsam stirbt aller Lärm in mir ab, undeutlich werde ich mir bewußt, daß mein Denken verschwindet. Dies dauert einige Minuten. Dann fühle ich mich wie in einer Leere". (Zit. nach STOKVIS und WIESENHÜTTER, S. 127.)

[1] D. LANGEN und R. ALNAES, Avspennung ved konsentrasjon. Oslo, Fabritius & Sønners, 1964, S. 13—16. Deutsche Fassung von D. Langen.

[2] LÉVY, P. E.: L'éducation rationelle de la volonté, son emploi therapeutique. Paris 1898.

2. *Die Methode von E. Coué (um 1910)*[3]

Sie ist am bekanntesten geworden, wohl weniger wegen der Besonderheit des Verfahrens als vor allem wegen des Enthusiasmus, mit dem sie vorgetragen und verbreitet wurde. Schließlich dürfte die gruppenweise Durchführung der Übungen — die bisher besprochenen Methoden wurden nur einzeln praktiziert —, bei denen der Leiter mit beschwörenden Formen Gruppenhypnosen erzielte, für die Verbreitung beigetragen haben.

Zunächst pflegte Coué die „Macht der Gedanken" an kleinen Experimenten, wie dem „Pendelversuch" von Chevreuil, dem „Armhebeversuch" von Jolowicz oder dem „Stuhlexperiment" von Baudouin, zu demonstrieren. Dann veranlaßte er die Patienten, sich ruhig hinzusetzen, die Augen zu schließen und alles nachzusprechen, was vorgesagt wurde. Auch wenn Coué dies manchmal bestritt, dann wieder gelten ließ, erzielte er bei den Hörern einen hypnoiden Zustand. Anschließend ging er zu allgemeinen Suggestionen über und beendete die Sitzung mit dem sehr bekanntgewordenen Satz: „Tous les jours, à tous points du vue, je vais de mieux en mieux" (Es geht mir jeden Tag in jeder Hinsicht besser und besser). „Bei der Formulierung seiner Suggestionen hat Coué niemals auf die Art der Leiden seiner Patienten Rücksicht genommen. Das war auch nicht nötig, da sich alle untereinander gleich fühlten und bei dem milden Vater des Wunders teilhaftig wurden." (Stokvis und Wiesenhütter, S. 84.)

Weitere Anregungen von Coué sind: Alle Patienten müssen, ob einzeln oder in Gruppen, ganz schnell hintereinander die Worte wiederholen: „ça passe, ça passe", so daß ein Geräusch einer summenden Biene entsteht. Schließlich legte Coué Wert darauf, daß der Patient in sich selbst das Werkzeug zur Heilung fühle. Zur Ergänzung soll eine Schnur mit 20 Knoten monoton durch die Finger gezogen und bei jedem Knoten eines der Schlagworte ausgesprochen werden.

Neben dem zwanghaften Zermoniell läßt sich bei Coué und

[3] Coué, E.: Ce que j'ai fait. Nancy 1926; ders.: Ce que je dis. Nancy 1926.

seinen Schülern der Glaube an eine geradezu magische Kraft des Wortes nachweisen (Schultz spricht von einer „Wortrauschmethode"). Auch bei der Selbstversenkung wird ein hypnoider Zustand, hier durch das monotone, schnelle Wiederholen von Wortreihen, erzielt (interessant sind die Zusammenhänge mit bestimmten Formen der islamischen und der jüdischen Mystik — Kabbalah —, bei der auch in schneller Folge lange Wortreihen ständig wiederholt werden).

Im ganzen ist zu sagen: „Heilung wird erreicht, indem ein Zwangszustand eingetauscht wird. Geistreich hat Décsi bemerkt, daß — wenn der Patient vor der Behandlung an einer autosuggestiven Krankheit gelitten haben sollte — er sich hiernach in einem suggerierten Gesundheitszustand befindet" (Stokvis und Wiesenhütter, S. 94).

Im Gegensatz zu den anderen bisher besprochenen passiv-autosuggestiven Verfahren benutzt Coué die monotone Wiederholung schneller, akustischer Reize und Bewegungsstereotypen zur Erzielung eines hypnoiden Zustandes.

3. *Die Methode der Autohypnose von G. Bonnet (1910)*[4]

Die Patienten werden angewiesen, auf einen langsam sinkenden Flüssigkeitsspiegel in einem Trichter zu starren. Gleichzeitig soll auf die Atmung geachtet werden. Dann läßt Bonnet die autosuggestive Formel im Rhythmus der Ein- und Ausatmung aufsagen.

4. *Elementar-Autoanalyse von O. Bezzola (1918)*[5]

Der Kranke soll sich in einem ruhigen, leicht abgedunkelten Raum mit dem Rücken auf das Bett legen und seine Muskeln entspannen. So gerät der Patient bald in einen hypnoiden Zustand.

[4] G. Bonnet: Précis d'autosuggestion volontaire. Paris 1910.

[5] Bezzola, O.: Elementare Autoanalyse (Zbl. ges. Neurol. Psychiat. 1918, 43, S. 27).

Im Gegensatz zu den meisten anderen Verfahren sitzt hier der Arzt bei dem Patienten von ihm abgewandt und läßt sich die im Zustand der völligen Gelöstheit auftretenden Erlebnisse schildern. Dabei kommt es dann zur „Wahrnehmung indifferenter Sensationen" (STOKVIS und WIESENHÜTTER, S. 134) und schließlich zu einem Schlafzustand. Nach 20 Minuten wird die Übung beendet. Später übt der Patient allein. Nach gewisser Zeit ist er in der Lage, „die für ihn mit affektiven Vorstellungen verbundenen Ereignisse auf einem sachlichen, indifferenten Niveau zu betrachten" (STOKVIS u. WIESENHÜTTER, S. 134). So lernt der Patient, auf seine Handlungen und sein Verhalten besser zu achten, bis er es dann auch besser beeinflussen kann.

5. *Die Methode von* CH. BAUDOUIN *(1922)*[6]

BAUDOUIN schildert zwei Wege, sich in Selbsthypnose zu versetzen: Der wichtigere von beiden ist die Fixationsmethode: Patient soll einen glänzenden Gegenstand, z. B. brennende Kerze, scharf und lange anschauen. Dann kommt es nach kurzer Zeit zu einem hypnotischen Zustand. Derselbe kann auch ausgelöst werden durch monoton-rhythmische akustische Reize, wie sie vom Ticken einer Uhr, vom Rauschen der Meereswellen, vom rhythmischen Gesang oder den Synkopen einer Jazzmusik ausgehen. Ebenso kann man ohne äußere Hilfsmittel durch Zählen und durch Aufsagen des Alphabets und bei ständiger Wiederholung immer schneller diesen hypnoiden Zustand erreichen. Durch längeres Üben gelingt dem Patienten die Erreichung des gewünschten Versenkungszustandes. Schließlich kommt es BAUDOUIN darauf an, die morgens und abends wiederholte Übung zu einer festen Gewohnheit sich einschleifen zu lassen.

[6] BAUDOUIN, CH.: Suggestion und Autosuggestion. Dresden 1923.

6. *Die Methode von E. Jolowicz (1925)*[7]

Er behandelte statt 100 höchstens 30 Patienten in einer Gruppe, stellte zunächst vor der Behandlung eine Diagnose und entwickelte klare Indikationen.

Dann ließ J. die Patienten alle gleichzeitig Atemübungen machen mit langsamer Inspiration, Anhalten des Atems und explosionsartiger Exspiration. Dann wurden Anweisungen zur Muskelentspannung gegeben, woraufhin die Patienten in einen leichten hypnotischen Zustand kamen. Neben den allgemein laut gesprochenen Suggestionen flüsterte er die einzelnen speziellen therapeutischen Suggestionen dem Patienten einzeln ins Ohr. Ferner riet er den Patienten, sich Formeln zu bilden, die ihrem Leiden angepaßt waren. Diese sollten in eine kurze Schlagzeile zusammengefaßt werden.

7. *Die Methode von E. Décsi (1925)*[8]

Er empfiehlt Konzentration auf einen indifferenten Text oder Betrachtung der Erlebnisse des vergangenen Tages. Zunächst übt der Patient $^1/_4$ bis 1 Stunde ein- bis zweimal täglich. Dann muß der Patient lernen, die therapeutischen Suggestionen so schnell wie möglich nachzusprechen, wobei prägnante Formulierungen gewählt werden.

Nach einigen Tagen konsequenten Übens wird der Vorgang abgekürzt. Statt im Liegen wird im Sitzen geübt. Dabei hat der Patient nun genau auf das Ein- und Ausatmen zu achten. Dann gibt er sich die Suggestionen und beendet die Übung.

Einige Zeit später läßt sich der Übungsvorgang noch weiter verkürzen, so daß der Patient seine Übungen unauffällig machen kann, „indem er das Gesicht mit beiden Händen bedeckt, als ob er gähnen

[7] Jolowicz, E.: Die Suggestivtherapie. In: K. Birnbaum: Die psychischen Heilmethoden. Leipzig 1927, S. 59.

[8] Décsi, E.: Über Autosuggestionsbehandlung, insbesondere die Lehre von Coué und ihr Verhältnis zur Medizin und zur Kurpfuscherei. (Klin. Schr. Seelenforsch. H. 4, 1925.)

müßte und nun, während er seine Hände langsam von der Stirn zum Kinn bewegt, einmal tief Atem holt und die Suggestion ein- bis zweimal tonlos hersagt" (STOKVIS u. WIESENHÜTTER, S. 132).

8. *Die Methode von R. Baerwald (1927)*[9]

Im Zustand des Halbschlafes soll sich der Patient systematisch „Glaubenssuggestionen" (gemeint sind Autosuggestionen) geben durch Vorsprechen des „todsicheren" Erfolges, auf den er felsenfest baut. Auch soll eine „positive Vorstellungsökonomie" die negative ersetzen.

Das Übereinstimmende all dieser passiv autosuggestiven Verfahren ist, daß zunächst durch die passive Hingabe an den Therapeuten ein hypnoider Zustand erzeugt wird. Wird er regelmäßig erreicht, so kann der Patient die Versenkung selbst erzielen und die therapeutisch wirkende Autosuggestion sich vergegenwärtigen. Bei manchen Methoden wird von vornherein die Selbstübung stärker intendiert durch passive Vergegenwärtigung rhythmisch monotoner Reize und Bewegungen oder durch forcierte Fixierung eines Gegenstandes mit den Augen, bzw. durch Konzentration auf die Atmung. Die Ablenkung und Einengung des Bewußtseinsfeldes, d. h. des Monoideismus (J. BRAID), spielt bei all diesen Verfahren eine große Rolle. Gegenüber den Gemeinsamkeiten sind die Unterschiede dagegen nur von untergeordneter Bedeutung.

*

Der Weg des Begründers des autogenen Trainings, JOHANNES HEINRICH SCHULTZ (geb. 1884), war von Anfang an stärker durch die Arbeit von OSKAR VOGT beeinflußt als von den mit der zweiten Schule von Nancy zusammenhängenden Methoden der

[9] BAERWALD, R.: Psychologie der Selbstverteidigung in Kampf-, Not- und Krankheitszeiten, Autosuggestion (Couéismus) und Willenstraining. Leipzig 1927.

passiven Autohypnose. Dies wurde bereits hervorgehoben und ist besonders aus einer Arbeit zu ersehen, auf die SCHULTZ selber immer wieder als Ursprung für sein Verfahren hinweist:

ÜBER SCHICHTENBILDUNG IM HYPNOTISCHEN SELBSTBEOBACHTEN[1]

Von JOHANNES HEINRICH SCHULTZ

Für psychologische Selbstbeobachtungen im hypnotischen Zustande gelten alle kritischen Gesichtspunkte, deren Entwicklung wir den an die Leistungspsychologie anschließenden Methoden systematischer Selbstbeobachtung im Wachzustande verdanken. Besonders die Vorarbeit der lange unter KÜLPES Führung stehenden Würzburger Schule ist hier von Bedeutung; KÜLPE, ACH, BÜHLER, MARBE, MESSER, SCHULTZE und ihre Mitarbeiter haben festgestellt, daß auch bei zahlreichen Untersuchungen der rein experimentellen Richtung vorbereitende und mitarbeitende Faktoren der Selbstbeobachtung, determinierende Tendenzen der Aufgabesituation als solcher, unanschauliche Entwicklungen von „Bewußtheiten" und „Bewußtseinslagen" eine überragende und für den Sinn des anscheinend rein „objektiv messenden" Versuches entscheidende Rolle spielen. Von anderer Seite brachte die den philosophischen Psychologismus bekämpfende phänomenologische Arbeitsweise von HUSSERL und seinen Mitarbeitern nachdrückliche Anregung zur Systematisierung und Vertiefung der Selbstbeobachtung.

Hypnotische Zustände benutzte von diesen Autoren, soweit mir bekannt nur ACH, der in und außer Hypnose Additionsversuche anstellte und eine Mehrleistung in Hypnose beschrieb. Seine Versuche, die bei GEORG ELIAS MÜLLER-Göttingen angestellt wurden, unterstanden also Fragestellungen der Leistungspsychologie.

Die ärztlichen Selbstbeobachter in Hypnose (OBERSTEINER, FOREL, BLEULER, MARCINOWSKY, VOGT, WUNDT u. a.) haben über-

[1] Monatsschrift für Psychiatrie 49, 1920, S. 137—143.

wiegend versucht, in der Selbstbeobachtung Einblick in die Eigenart des hypnotischen Zustandes als solchen zu gewinnen und dadurch die schildernde Verbalsuggestionsmethode auszubauen, da jeder Einblick in das hypnotische Selbsterlebnis die Einfühlung für die Leitung der Hypnose erleichtert.

Die Gewinnung allgemeinpsychologischen Materials an Hypnotisierten erfordert besondere Kritik: WUNDT meint:[2] „Dieser letztere Zustand partieller Hypnose mit einseitig gerichteter Aufmerksamkeit ist zugleich der einzige, bei dem möglicherweise eine direkte psychologische Verwertung der Hypnose auf Grund der in diesem Zustande durch experimentelle Reizeinwirkungen ausgelösten Selbstbeobachtungen der Hypnotisierten in Frage kommen kann. Die sorgfältig zu vermeidende Klippe solcher Selbstbeobachtungen im partiell hypnotischen Zustand wird aber freilich immer darin bestehen, daß täuschende Fremdsuggestionen und Autosuggestionen stattfinden." Zweifellos trifft dies Bedenken in weitestem Maße zu, wenn irgendein Reiz, wie WUNDT betont, an den Hypnotisierten herangebracht und die Reaktion nach irgendeiner Richtung oder überhaupt nur eine Reaktion als einer bestimmten Fragestellung entsprechend erwartet wird; so ist es wohl verständlich, daß z. B. die fleißigen Untersuchungen SCHAFFERS über „Suggestion und Reflex"[3] sehr kritisch aufgenommen wurden. Auch die eingehenden und an geistvollen Fragestellungen reichen Untersuchungen eines der exaktesten und kritischsten Erforscher der Hypnose, O. VOGT, blieben nicht unwidersprochen; er suchte mit Hilfe verfeinerter Selbstbeobachtung in dem nach seiner fraktionierten Methode geschaffenen systematischen partiellen Wachsein die Qualitäten der Gefühle zu klären und kam entgegen seiner Ausgangsmeinung zu einer Bestätigung der WUNDTschen Ansicht qualitativ trennbarer Gefühlspaare, die ihm seine Versuchspersonen entgegenbrachten. Ich verweise hinsichtlich dieser und verwandter Arbeiten auf die sachliche und sachverständige Kritik von MOLL[4], neben der namentlich noch die von der modernen Psycho-

[2] Grundriß der Pypchologie. 12. Aufl. Leipzig 1914, S. 339.

[3] Jena, Fischer, 1895.

[4] Hypnotismus. 4. Aufl. Berlin 1907.

logie herausgestellten Fälschungen durch Einstellung, Aufgabe usw. zu nennen sind.

Ganz neuerdings ist Kohnstamm in der Heranziehung hypnotischer Mechanismen für allgemein psychologische Fragen sehr eigenartige Wege gegangen[5], indem er von ethisch einwandfreien hysterischen („schizothymen") Versuchspersonen eingehende, in „hypnotischer Selbstbesinnung" gewonnene Schilderungen ihrer Selbstbeobachtungen und Ansichten über psychophysische und psychopathologische Grenzfragen einholte, deren aus unterbewußten Tiefen geschöpfte Ergebnisse er über jede Kritik stellt und für frei von suggestiven Fälschungen hält. So anregend die von ihm diskutierten Schilderungen sind, der kritische Leser wird bei aller Verehrung für den um die Psychotherapie und Neurosentherapie so hochverdienten und scharfsinnigen Forscher ein gewisses bängliches Gefühl über die Verwandtschaft solcher Darstellungen mit Kerners Bild der Seherin von Prevorst nicht los.

Über keinerlei derartig schwierige letzte Fragen soll hier berichtet werden, nicht einmal über irgendwelche Reiz- und Reaktionsversuche im weitesten Sinne, sondern über völlig spontane Angaben Hypnotisierter, die sich mir in jahrelanger Beobachtung in der Psychotherapie ergaben. Bei dem Bestreben, die Psychogenese nervöser Störungen zu klären, hat sich mir neben ausgiebigen gebundenen Selbstschilderungen, Reaktions- und Assoziationsversuchen, Analyse beruflicher und außerberuflicher künstlerischer und rationaler Produkte, Beobachtung der Ausdrucksfunktionen aller Gebiete usw. besonders auch das freie Assoziieren bewährt. Zum Teil angeregt durch die psychokathartischen Arbeiten besonders in der L. Frankschen Technik[6], benutze ich seit Jahren gern die Methode, Kranke von überwiegend oder mindestens gut gemischtem optischen Typ anzuleiten, sich auf die subjektiven Erscheinungen des „Gesichtfeldes" bei geschlossenen Augen einzustellen und ganz un-

[5] „Das Unterbewußte und die Methode der hypnotischen Selbstbesinnung." Journ. f. Psychol. u. Neurol. XXIII, Ergänzungsheft 1, 1918, 209.

[6] „Affektstörungen." Springer, 1913. (Foerster-Wilmanns Monographien 4.)

beeinflußt zu berichten, was sie beobachten. Diese ganz allgemeine Einstellung nur auf einen genauen Bericht über das „Was", nicht auf das „Wie", wurde auch gegeben, wenn das Material in Hypnose gewonnen wurde, und von den verständnispsychologisch und inhaltlich erwartenden Kranken selbstverständlich innegehalten. Um so reiner und spontaner traten an dem Material allgemein psychologische Momente hervor, die nicht den Inhalt, sondern die Art des Erscheinens betrafen. Daß schon in der Erziehung der Kranken zur objektiven Selbstbeobachtung ein wesentliches Stück Psychotherapie liegt, habe ich verschiedentlich betont[7]; es sei hier nur beiläufig erwähnt. Die Untersuchungen geschahen am liegenden Patienten in halb oder ganz verdunkeltem Zimmer.

Das Material wurde von allen Kranken meiner Beobachtung in drei verschiedenen Formen geschildert, die sich zeitlich hintereinander meist mit parallel tieferer Hypnose zeigten.

Als *Erstmaterial* traten oft die bekannten ungeformten Farben- und Helldunkelmaterialien, Flecke, Schleier, Linien, Halbschatten, Gitter, Ringe usw. auf; sie wurden „ins Auge" oder „in den Sehraum" verlegt und oft spontan mit Nachbildern verglichen, „als ob ich in Farben, in die Sonne gesehen hätte" u. dergl. Gelegentlich hatten schon diese Ersterscheinungen eigentümliche Eigenheiten; so schildert ein 34jähriger Physiker und Mathematiker: „Ich sehe wie in einen großen schwarzen Trichter hinein, der sich vor meiner Stirn auftut, sich allmählich stark verengt und ganz hinten einen hellen Abschluß hat" oder „sich ganz im dunkeln verliert." „Sobald ich denke, schießen leuchtende Strahlen die Trichterwände entlang in die Öffnung." Pat. fügte nach der Sitzung dem Protokoll bei: „Hier lernte ich einen Teil expressionistischer Malerei verstehen" („amorphe Schicht"). Dem Stadium des Rohmaterials folgt eine ausgesprochene *Denkvisualisierung;* oft ist die Rohmaterialzeit so kurz oder der Kranke so auf Inhaltliches eingestellt, daß er sie bei der Spontanprotokollierung nicht erwähnt und erst später bei Suggestion ausschließenden Fragen, „ob den ‚Bildern' etwas vorangegangen sei", erwähnt. Die visualisierten

[7] Zeitschr. f. Psychotherapie VII, 5, 1919; Seelische Krankenbehandlung, 2. Auflage. Fischer, Jena 1920.

Denkabläufe traten bei der Mehrzahl der Selbstbeobachter als „Bilder“ fertig auf; auch sie werden meist ins Sehfeld verlegt, jedenfalls stets als *Produkt* erlebt. In Ausnahmefällen schießen sie aus Elementen zusammen. Die hypnotische Selbstbeobachtung wird hierbei z. B. so geschildert: „Hier ein Kopf, da ein Stück eines Tisches, dort eine Fensterscheibe, alles wahllos im Raume verteilt, bis es sich zu einem deutlichen Bilde zusammenfindet.“ Mehrfach wird von den Versuchspersonen an Vorwürfe zu kubistischen Bildern erinnert. Sind die Bilder einmal geschlossen, so laufen sie filmartig ab; die Versuchsperson behält das Gefühl des Beschauers; die Bilder entsprechen geschauten Erzählungen verschiedenster Episoden und werden durchaus als Produkt und zur Persönlichkeit gehörig erlebt, wenn sie auch oft inhaltlich überraschend sind und erst nach einigem Besinnen rekognosziert werden. Eigenartig sind in vielen Fällen lokalisatorische Erlebnisse überwiegend optischer Versuchspersonen, indem sie z. B. einen Baumstamm im Parke *hinter ihrem Kopfe sehen*, die Rinde und jede Einzelheit angeben können, aber das Bild *hinter* sich, im „Sehraum“ haben. Es liegt dabei keine Verwechslung mit einfachen Urteilsmomenten vor, indem etwa die ganze räumliche Situation bildhaft in das Wahrnehmungssehfeld gerückt wird, sondern manche Kranke erleben plötzlich eine Umschaltung und sagen: „Jetzt hat das Objekt den Platz gewechselt, jetzt steht es vor mir.“ Alle diese Angaben erfolgten ohne Suggestivfragen: bei dem „Sehen“ hinten im „Sehraum“ werden oft Verbindungen ins eigentliche Sehfeld, z. B. Straßenzüge, Wege, Mauern, Zäune u. dergl. angegeben.

Ein vollkommen anderes Erleben entwickelt sich häufig aus dem bisher geschilderten: plötzlich tauchen *Objekte mit Leibhaftigkeitscharakter* im Sinne von Jaspers — in dieser Beziehung verwandt der ersten Schicht, wie z. B. Jaspers' Ausführungen über Nachbilder lehren[8] —, aber *absolut persönlichkeitsfremder Art* auf, von oft phantastischen Formen und Umfängen, mit eigenartigen Farberlebnissen und ohne jeden zunächst verständlichen Charakter. Zweifellos liegt in dieser *dritten Schicht* Material vor, das in

[8] Zeitschr. f. ges. Neurol. u. Psychiatrie VI, 4, 1911. Allgemeine Psychopathologie.

manchen pathologischen Fällen Halluzinationsmaterial bildet, und seine Schilderung hilft uns, einzusehen, warum viele Schilderungen von Sinnestäuschungen so schwer einfühlbar sind. Es werden „riesenhafte braune Zylinder" geschildert; „ich liege im Wasser, ganz im Wasser, kann aber heraussehen ...; über mir liegt ein scheußlicher magerer Körper" ...; „ich weiß, wie ich liege, aber mein Körper hat sich um 90° gedreht" ...; „es ist ein tiefes Loch in meiner Brust ..., aus dem Loch kommt ein langer Hals, wie ein Gänsehals, mit einem faustgroßen kleinen Kopfe ..., der Rumpf mit dem Lochkopf dreht sich aus meinem Körper heraus ..., ich habe Angst" (Primitivschicht).

Es ist nicht beabsichtigt, hier auf Einzelheiten des Materials einzugehen oder die zahlreichen verlockenden Verbindungen mit der Psychopathologie aufzuzeigen.

Es sollte nur an dem einfachen Beispiele der optischen Einstellung aufgezeigt werden, wieviel Wesentliches rein beobachtend und ohne die Objektivität gefährdende Fragestellungen aus der kritischen Leitung hypnotischer Selbstbeobachtung zu gewinnen ist, rein „botanisierend" im Sinne von ZIEHEN. Beim Einstellen der Versuchspersonen auf ganz unbeeinflußtes optisches Selbstbeobachten in Hypnose scheiden sich jedenfalls ohne jede Deutung drei Schichten:

1. optisches Vormaterial: formloses (amorphe Schicht)
2. visualisiertes Denken: intellektualisiertes

} *Eigenerleben*

3. plastischleibhaftige *Fremderlebnisse* (Primitivschicht).

Während auch in der zweiten Schicht Materialien auftreten, die nicht ohne weiteres identifiziert werden können („unterbewußt"), ergeben sich in der dritten Schicht eigentliche Fremderlebnisse („unbewußt"); es ist bemerkenswert, daß vielfach auch die dritte Schicht erreicht werden kann, ohne daß Amnesie beim Erwachen eintritt. Dieser Punkt ist für die Einteilung hypnotischer Zustände von Bedeutung. Die Vermutung, daß dem Erleben der dritten Schicht hirnphysiologisch erheblich veränderte Zustände entsprechen (REICHARDT, O. VOGT) ist gerechtfertigt; meistens sind die sonstigen Sinnesleistungen beim Erleben der dritten Schicht stark herabgesetzt (Analgesie, Hyperakusis für Geräusche). Der allgemeinpsychologisch wesentlichen Frage, ob man bei dem Erleben der dritten Schicht noch berechtigt ist, von „Vorstellungen" zu sprechen, möchte ich auf Grund meines bisherigen Materials noch nicht nähertreten. Sicher scheint mir, daß sich ein großer Teil der normalen Nachtträume in Schicht 2 abspielen, insbesondere die zusammenhängenden episodenhaften Träume des Leichtschlafes; erreicht das Normalschlafleben die dritte Schicht, die bereits der selbstbeobachtende Hypnotisierte nur sehr schwer wiederzugeben vermag, so dürfte eine Schilderung nach dem Erwachen in den meisten Fällen kaum durchführbar sein, wenn nicht der Schläfer mit der festen Einstellung der Traumbeobachtung in den Schlaf übergegangen ist. Daß suggestiv eine wesentliche Schichtverschiebung und -durchmischung möglich ist, bedarf keiner besonderen Darlegung. Es schien mir wesentlich, die prinzipiellen Gesichtspunkte dieser Untersuchungen hier mitzuteilen; will doch jeder wissenschaftlich vorgebildete und interessierte Arzt nicht nur den praktischen und sozialen Forderungen seines Berufes gerecht werden, sondern seine Arbeit auch wissenschaftlich fruchtbar machen. Für diese Frage ist in der Psychotherapie trotz fast überzahlreicher geistvollster Spekulationen noch sehr viel unbearbeitet und von kritischer, methodologisch einwandfreier Arbeit noch mancher Aufschluß zu erwarten.

*

Die oben abgedruckte Arbeit ist die letzte auf dem Wege des autogenen Trainings, die im Zusammenhang mit den Hypnose- bzw. passiv-autohypnoiden Verfahren hier anzuführen wäre.

Im Jahre 1924 erfolgte mit der Veröffentlichung einer Arbeit von Edmund Jacobson in den USA der Schritt zu einem aktiv-autohypnoiden Verfahren, das er *Progressive Relaxation* nannte. Da es sich bei dieser Arbeit um die erste Mitteilung handelt und Schultz in seinem Buch „Das autogene Training" schon in der ersten Auflage auf das Verfahren eingeht, erscheint die Wiedergabe hier gerechtfertigt. Diese Veröffentlichung Jacobsons ist die erste, in der er sein Verfahren schildert. Da es sich um eine sehr umfangreiche Arbeit handelt, soll sie hier auszugsweise in Übersetzung wiedergegeben werden. Sie ist aber im deutschen Schrifttum so weitgehend unbekannt geblieben, daß sie hier gebührend erwähnt werden soll.

DIE TECHNIK DER „PROGRESSIVE RELAXATION“[1]

Von Edmund Jacobson

„‚Progressive Relaxation‘ ist eine neue Methode, um das Nervensystem und den Geist zur Ruhe zu bringen. Sie wurde während der letzten 6 Jahre bei über 60 Patienten klinisch angewandt und erprobt. Sie ist auf physiologischen Prinzipien aufgebaut und fußt auf zahlreichen experimentellen Untersuchungen an der Universität von Chicago ...“

Anschließend schildert der Autor die motorischen Reaktionen nervöser Menschen auf plötzliche Reize. Der Muskeltonus erfahre neuerdings durch die Physiologen eine zunehmende Beachtung, wobei auch die afferenten Impulse gewürdigt werden. „Die propriozeptiven Impulse verstärken die Reflexe und den Reflextonus, die einen Großteil der Aktivität des lebenden Organismus ausmachen ... Ebenso konnte gezeigt werden, wie auch afferente Impulse durch eine zunehmende allgemeine Entspannung verringert werden und die Gedanken sich entsprechend beruhigen. Falls dieser Vorgang sich weit genug fortsetzen läßt, hört die Untersuchungsperson ganz auf zu denken oder anderweitig aktiv zu sein und fällt in Schlaf.“

Dann schildert Jacobson bei der Technik zunächst die Mitarbeit des Patienten, bzw. der Versuchsperson, und hebt hierbei immer wieder die Notwendigkeit einer engen Zusammenarbeit hervor. „Falls die Mitarbeit etwas zweifelhaft erscheint, können einige einleitende Erklärungen notwendig werden. Zur Vermeidung einer Voreingenommenheit ist es am besten, der Versuchs-

[1] The technic of progressive relaxation. (The Journal of nervous and mental disease, 60, 1924, S. 568—578.) Auszüge, aus dem Englischen übersetzt von D. Langen.

person im voraus so wenig wie möglich zu sagen. Falls sich die Hände der Versuchsperson nervös bewegen, die Augenbrauen sich ängstlich zusammenziehen oder die Beine ruhelos sind, sollen diese Spannungen als Zeichen einer Nervosität erklärt werden. Häufig nämlich weiß der Patient nichts vom Zusammenhang zwischen Spannung und nervöser Erregbarkeit oder entsprechend zwischen Entspannung und nervöser Ruhe. Ohne eine derartige Vorbereitung ist bei einer solchen Versuchsperson eine Muskelentspannungsübung absurd und nicht sinnvoll."

Nachdem der Versuchsperson das Grundsätzliche des Verfahrens erklärt und mit ihr eine Arbeitsgemeinschaft aufgebaut wurde, muß sie zunächst dazu gebracht werden, „den Zustand einer muskulären Spannung zu erkennen, gleichgültig, wie gering er ist. Nachdem der Patient berichtet, daß er Spannungen in einer Muskelgruppe wahrnimmt, wird ihm gezeigt, wie sie soweit wie möglich zu lösen sind. Dies wird dann nacheinander mit fast allen Muskelgruppen des gesamten Körpers geübt. So lernt die Versuchsperson, Kontraktionen in den verschiedenen Teilen des Körpers in einer gewissen Reihenfolge zu erkennen. Die großen Muskelgruppen werden zuerst geübt, da hier die Erlebnisse meist am deutlichsten sind. Während der Entspannung einer bestimmten Muskelgruppe werden gleichzeitig alle die Muskeln entspannt, die vorher die Übung durchgemacht haben. Die Reihenfolge, die meist benutzt wird, ist: linker Bizeps, linker Trizeps, linke Handbeuge, linke Handstrecker, rechter Bizeps, rechter Trizeps, rechte Handbeuge, rechte Handstrecker, linke Wade, linke Fußextensoren, linke Beinstrecker, linke Oberarmbeuger, linker Oberschenkel, die anderen Muskeln des linken Beines, dann die Muskeln des rechten Beines, Atemmuskulatur, Rückenstrecker, linke Pectoralisgruppe (Vorwärtsstrecken der Arme), linke Skapulargruppe (Rückwärtsbewegung der Schultern), rechte Pectoralisgruppe, rechte Skapulargruppe, Schultern, Schulterheben, Kopfwenden nach rechts, dann nach links, dann vorwärts und rückwärts, Aufrechthalten des Kopfes, Augenbrauen zusammenziehen, Augenlider fest schließen, mit leicht geschlossenen Augenlidern die Augen nach rechts, links, aufwärts, abwärts und geradeaus schauen lassen, lachen, Rundung der Lippen wie um O zu sagen, Hervorstrecken der Zunge, Zurückziehen der Zunge, Schließen des Unterkiefers und von 1 bis 10 zählen und schlucken“.

„Alle auch geringfügigen Beobachtungen sollen schriftlich fixiert werden auf einem Formblatt.“ (Es wird eine entsprechende Tabelle wiedergegeben.)

Während sich beim Beginn der Übung der Versuchsleiter noch bei der Übungsperson befindet, kann er sie dann allein lassen, wenn sie ruhig mit geschlossenen Augen liegt und entspannt erscheint.

Immer wieder betont JACOBSON in seinen Ausführungen, daß es sich bei allen Maßnahmen nicht um Suggestion handle.

Als objektive Möglichkeiten, sich vom Zustand der Spannung bzw. Entspannung der Muskulatur ein Urteil zu bilden, werden angeführt: die Palpation der Muskelgruppe, die passive Bewegung des Körperteils, die Beobachtung der Regelmäßigkeit und die Stärke der Atmung, die visuelle Beobachtung der Weichheit der Muskelgruppe oder auch die Abwesenheit von Bewegungen oder Kontraktionen in irgendeinem Teil der Muskeln. Schließlich kann man an dem schläfrigen Aussehen der Versuchsperson die erfolgreiche Entspannung erkennen. Offengehaltene Augen haben dann z. B. einen leeren Ausdruck, während die Gesichtsmuskulatur vollkommen schlaff und entspannt wirkt und dadurch ausdruckslos erscheint. Unter Umständen kann zur objektiven Registrierung auch eine schriftliche Aufzeichnung von Atempuls und Augenbewegungen erfolgen.

„Der Patient übte zu Hause für eine oder zwei Stunden täglich, nachdem er gelernt hat, worauf es ankommt. Er braucht dabei aber nicht alle vorher gelernten Spannungen und Entspannungen durchzuführen, wenn er allein ist ... Wiederholung ist der Grundsatz der ganzen Methode der ‚Progressive Relaxation‘ ... Es ist gerade das Nichtstun, das verlangt wird, und jeder ist in der Lage, dies zu tun, denn jeder, der z. B. seinen Arm erheben kann, ist ebenfalls in der Lage, ihn nicht zu heben.“

Im großen und ganzen muß der Patient demnach das Kontrasterlebnis zwischen gespannter und entspannter Muskulatur in sich wahrnehmen und dabei dann mehr und mehr eine ‚Laisser-faire-Haltung‘ annehmen.

Sind alle Muskelgruppen gut durchgeübt, so wird zum Schluß noch eine Entspannung der Augen trainiert. „Die Möglichkeit, die Augen zu entspannen, einschließlich der Augenbrauen und der Lider, ist eine wichtige Erkenntnis. Es ist sehr leicht für die meisten Personen, Entspannung zu erkennen, während sie die Stirn furchen. Sie werden dann gebeten, sie etwa zehn Minuten oder mehr zu glätten, bis dies erfolgreich geschehen ist. Das gleiche gilt für das Zusammenziehen der Augenbrauen. Als nächstes werden die Augenlider geschlossen, und zwar eng geschlossen, und die Spannung festgestellt. Nach einer Zeit der Entspannung schaut die Versuchsperson nach rechts, ohne den Kopf zu bewegen, während sie die Augenspannung feststellt, dann nach links, aufwärts, abwärts, geradeaus und vorwärts. Jede Bewegung wird wiederholt, bis die Erfahrung klarliegt. Dann wird die Versuchsperson angewiesen, die Augen vollkommen zu entspannen, genauso wie sie es vorher mit den anderen Körpermuskeln getan hat. Sie soll nicht in eine bestimmte Richtung schauen."

Ist die Augenentspannung gut erreicht, wird schließlich noch eine Fixation des Zeigefingers des Versuchsleiters geübt und auch hierbei wird die wechselnde muskuläre Einstellung der Augen der Versuchsperson dargelegt.

Zum Schluß regt Jacobson eine Entspannung der geistigen Tätigkeit an. Die Versuchsperson wird gebeten, sich mit geschlossenen Augen ein vorbeifahrendes Auto vorzustellen und ihre Erfahrungen zu berichten. „Häufig kann der Arzt eine schnelle Bewegung der Augen unterhalb der Lider beobachten. Der Patient mag dann vielleicht berichten, daß er das Auto in seiner Vorstellung sehe und daß er Spannung empfunden habe während die Augen bewegt wurden, um dem Wagen zu folgen. Das gleiche wird getan mit anderen einfachen beweglichen oder unbeweglichen Dingen, wie vorbeifahrende Züge, ein fliegender Vogel, eine sich im Wind bewegende Blume, ein Grashalm, ein Ball auf der Erde, ein Segelboot in der Entfernung. Je mehr es möglich ist, die leichten okularen Spannungen zu bemerken, desto komplexer können die Erlebnisse gestaltet werden. Schließlich ist es auch möglich, einfache mathematische Probleme oder bestimmte gesellschaftliche bzw. geschäftliche Dinge zu konzentrieren. In jedem Falle sollte die Versuchsperson aber angeregt werden, optisch faßbare Bilder zu imaginieren.“

Auch hier werden noch weitere Einzelheiten mitgeteilt, wie z. B. „die Versuchsperson möge sich vorstellen, daß sie einen Kellner bitte, ein Essen zu bringen, oder einen Schaffner, sie aus dem Zug aussteigen zu lassen. Hierbei berichten die Versuchspersonen nicht selten, daß sie leichte Spannungen in der Zunge, in den Lippen oder in der Kehle haben. Ebenso wird die Vorstellung von Lauten begleitet durch Spannungen im Bereich des Kehlkopfes. Alle diese Spannungen sollen dann durch bewußte Entspannungen wieder ausgeglichen werden. Weitere fortgeschrittene Formen der Methode sollen später beschrieben werden.“

*

Im Jahre 1925 ließ Edmund Jacobson eine zweite Arbeit folgen, in der er seine Methode zusammengefaßter darstellte. Da diese zweite Fassung einige Abweichungen gegenüber der aus dem Jahre 1924 hat, sollen hier einige Passagen aus der Arbeit in Übersetzung wiedergegeben werden.

„PROGRESSIVE RELAXATION“[1]

Von Edmund Jacobson

Während der letzten 6 Jahre wurde bei mehr als 60 Patienten eine neue Methode in der Klinik angewandt, um Ruhe (quiet) in das Nervensystem zu bringen. Die Methode empfahl sich selbst zuerst durch einen unfreiwilligen Beginn während einiger Experimente, die 1908 an der Harvard-Universität durchgeführt wurden. Ähnliche Studien wurden später an der Cornell-Universität fortgeführt und kürzlich, dank der Unterstützung von Professor Carr, an der Universität von Chicago. Weder die Experimente noch

[1] American Journal of Psychology, 36, 1925, S. 73—87. Auszüge, aus dem Englischen übersetzt von D. Langen.

deren Methode sollen in dieser Schrift herausgestellt werden, sondern nur gewisse Beobachtungen über die Beruhigung psychischer Aktivität. Die klinischen Daten wurden für jede Einzelheit fixiert und das Interesse mehr auf die Untersuchung selbst als auf die Behandlung zentriert. 10 geeignete Versuchspersonen erhielten eine besondere verlängerte Ausbildung in psychologischer Eigenbeobachtung. Ihre Berichte wurden dann 1922 und 1923 vervollständigt mit Hilfe von 13 Versuchspersonen im psychologischen Labor und 2 Versuchspersonen im physiologischen Labor.

Das Problem der verminderten Gehirnaktivität dürfte für jede psychologische Schule von Interesse sein. So werden Studenten den Zweck der gegenwärtigen Untersuchung anders beschreiben als Kliniker, die darin ein Beruhigungsmittel für eine vorhandene Überaktivität des cerebrospinalen und autonomen Nervensystems sehen oder eine Möglichkeit, die Reizbarkeit und Aufregung zu verringern. Andere wieder mögen sagen, es handle sich um ein körperliches Verfahren, das die psychischen Vorgänge eines Menschen zu einem bestimmten Zeitpunkt oder für eine bestimmte Zeitdauer vermindert. Hierbei handelt es sich um ähnliche Erscheinungen, die JAMES den „Strom des Bewußtseins", WUNDT und TITCHENER den „Zustand der Aufmerksamkeit", den Prozeß geistiger Bildvorstellung oder den der Kinästhesie genannt haben, bzw. was MARBE, ACH und WATT als die „Denkprozesse" oder was WATSON und die Behavioristen als die „unterschwellige Sprache" (subvokale speach) bezeichnet hatten und was jedermann als *Gemütsbewegung* kennt. Alle diese verschiedenen Ausdrucksweisen stimmen ganz oder teilweise in einem Punkt überein.

Jeder Autor sieht das Vorhandensein der wesentlichen psychologischen Begleiterscheinungen. Es kann daher möglich sein, unter solchen verschiedenen physiologischen Begleiterscheinungen einen Bestandteil zu finden, welcher vermindert oder augenblicklich ausgeschaltet ist, um den analogen psychologischen Effekt zu erzielen. Ohne Zweifel wird ein Studium der nachfolgend dargestellten Ergebnisse das Problem, je nach der Auffassung des Lesers, noch klarer und offener für eine Deutung in Erscheinung treten lassen. . .

Technik der „Progressive Relaxation“

Nachdem eine Beschreibung der Methode kürzlich veröffentlicht wurde[2], wird hier nur eine Zusammenfassung gegeben. Es ist nicht nötig zu erwähnen, daß die Methode besser durch persönliche Erfahrung erlernt wird als aus Veröffentlichungen. In dieser Hinsicht ähnelt sie anscheinend jeder anderen labortechnischen oder klinischen Methode.

Die Versuchsperson muß lernen, die wichtigsten Muskelgruppen des Körpers bis zu einem extremen Ausmaß zu entspannen. Dies bewirkt eine Verringerung von Impulsen an den motorischen Teilen des Nervensystems, da — wie von Physiologen im allgemeinen angenommen — speziell hemmende Fasern am quergestreiften Muskel nicht nachzuweisen sind.

Die Entspannung ist in dreierlei Hinsicht „progressiv“:

1. Die Versuchsperson entspannt eine Gruppe von Muskeln, z. B. die Flexoren des rechten Vorderarmes, mehr und mehr in jeder Minute.
2. Die Versuchsperson lernt in bestimmter Weise die Hauptmuskelgruppen ihres gesamten Körpers kennen. Mit jeder neuen Muskelgruppe entspannt sie gleichzeitig die Teile des Körpers, die sie schon vorher geübt hatte.
3. Da die Versuchsperson täglich übt, nimmt die Ruhehaltung zu. So entsteht ein Zustand, in dem sich augenblicklich eine Ruhe (quiet) einstellt. Dies darf nicht mit der bisher bekannten sogenannten „Entspannung“ verwechselt werden . . .

Einführende Anleitungen

Die einführenden Anleitungen, die 1923 an der Universität von Chicago gegeben wurden, lauteten: Die Versuchsperson wurde einfach instruiert, daß sie bis zu einem extremen Grad sich entspannen lernen wird. Deshalb war es nützlich, ihr zuerst zu zeigen, was Spannung ist. Mit geschlossenen Augen liegend bringt die

[2] Vgl. die oben auszugsweise abgedruckte Arbeit des Verfassers.

Versuchsperson ihren rechten oder linken Vorderarm in Spannung, während der Versuchsleiter ihn festhält, um die Kontraktion deutlicher zu machen. Die Versuchsperson soll dann zum Ausdruck bringen, ob und wo sie das Gefühl der Spannung wahrnimmt. Im Erfolgsfalle wird ihr dann mitgeteilt, diese Wahrnehmung sollte nun im gegenseitigen Einvernehmen als „Spannung" oder „Angespanntsein" (tenseness) bezeichnet werden. Immer wenn diese gleiche Sensation oder Empfindung in diesem oder jenem Teil des Körpers auftritt, so soll sie „angespannt sein" heißen. Wenn die Versuchsperson den Körperteil kontrahiert, wird ihr gesagt: „Sie sind es, der dies tut. Was wir jetzt wollen, ist das Gegenteil — es einfach nicht tun." Es ist von großer Wichtigkeit, die Versuchsperson zu unterrichten, daß sie keine Anstrengungen machen, sondern sich ausruhen solle, denn wenn man eine Anstrengung macht, ist man angespannt und wird daher nicht ausruhen.

Da eine Diskussion vermieden werden soll, werden nur wenige Worte zwischen Versuchsleiter und Versuchsperson gewechselt. Von Zeit zu Zeit, wenn der Versuchsleiter in das Zimmer zurückkehrt, werden die Anweisungen so aufgelockert wie möglich gegeben. Niemals wird der Versuchsperson suggestiv gesagt, was sich gerade ereignet oder ereignen sollte, und der Versuchsleiter vermeidet Suggestionen. Z. B. wird nicht gesagt „jetzt wird Ihr Arm schlaff werden".

Unsere Erfahrungen zeigen, daß die Anwesenheit des Versuchsleiters oft Unruhe hervorruft und daß es nötig ist, der Versuchsperson zu sagen, sich nicht um das Kommen und Gehen des anderen zu kümmern, sondern fortzufahren, sich zu entspannen oder sogar noch intensiver sich zu entspannen, wenn auf die eine oder andere Art eine Störung auftritt . . .

Die Kultivierung des Muskelsinnes

Um dem Menschen bei der bewußten Entspannung Hilfestellung zu geben, haben wir versucht, das „Muskelgefühl" als eine Art der Kinästhesie auszubilden. Wenn eine Muskelgruppe ersten praktischen Übungen unterzogen wird, soll die Versuchsperson sie kontrahieren und dann über die Empfindungen berichten . . .

Die Methode der Kultivierung des Muskelsinnes, die auch die Wahrnehmung kleinster Spannungen und ihre korrekte Lokalisierung ermöglicht, ist bereits früher beschrieben worden. Versuchspersonen, die schon einige Erfahrung besitzen, haben im Vergleich zu Anfängern eine viel ausgeprägtere Empfindung bei der Muskelkontraktion und können die betroffenen Muskeln besser lokalisieren. Während der Betätigung und auch bei teilweiser Entspannung ist sich der Betreffende kaleidoskopartig bewußt, wo er gespannt ist, und seine Angaben können durch objektive Beobachtungen überprüft werden.

Die objektive Beurteilung von Kontraktion und Entspannung

Auch über dieses Thema ist bereits gesprochen worden. Es umfaßt Palpation, passive Bewegung, Beobachtung der Atmung, scheinbare Schlaffheit, Fehlen von Bewegung oder Kontraktion, graphische Registrierung, Röntgenaufnahmen, den charakteristischen „leeren“ Gesichtsausdruck mit offenen Augen bei Entspannung und noch weitere Tests . . .

Diskussion

Die ersten Beobachtungen an einer Versuchsperson muß man möglicherweise außer acht lassen. *Nur durch Wiederholung wird die Sensation der Muskelkontraktion leicht wahrnehmbar.* Anfänglich mag eine Versuchsperson, die ihren Bizeps anspannt, sich kaum einer von diesem großen Muskel ausgehenden Empfindung bewußt sein; aber mit zunehmender Erfahrung wird es ihr zur Selbstverständlichkeit. Eine schwierigere Aufgabe ist es, geringfügige Bewegungen oder eine leichte Schielstellung der Augen wahrzunehmen. Auch hier werden durch Wiederholung die Ergebnisse verbessert und schließlich nimmt die erfahrene Versuchsperson jede Spannung wahr. Wenn das Stadium der visuellen Vorstellung erreicht ist, kann es auch hier vorkommen, daß die Versuchsperson anfänglich nicht über die Wahrnehmung einer Muskelanspannung berichtet. Aber auch hier erlebt letztlich jede Versuchsperson bei der Wiederholung einer Bildvorstellung die Spannung spontan.

Unsere Schlußfolgerungen sind allerdings einigen Einschränkungen unterworfen:

1. Die übereinstimmende Ansicht unserer Versuchsperson, daß die Wahrnehmung einer Muskelkontraktion von einem geistigen Bild begleitet ist, erlaubt uns nicht die Ableitung, daß eine physiologische Kontraktion tatsächlich stattfindet, wenn nicht noch andere, objektive Beweise dafür vorliegen. Objektivierende Untersuchungen sind z. Z. in Vorbereitung.
2. Es besteht die Möglichkeit, daß die Versuchspersonen sich geirrt haben. Es wäre denkbar, daß sie eine Voreingenommenheit hatten oder die Gewohnheit erwarben, über Spannungen zu berichten. Jedoch scheinen derartige Irrtümer nicht wahrscheinlich zu sein.
   a) Unsere Versuchspersonen waren meist recht kritische Menschen.
   b) Der untersuchende Arzt hatte Vorkehrungen getroffen, um beeinflussende Fragen oder Hinweise zu vermeiden und die Versuchsperson wußte nicht, auf welchen Komplex sich der Arzt gerade konzentrierte.
   c) Die Versuchspersonen, die in der Kunst sich zu entspannen und bei der Berichterstattung über die Lokalisierung der Kontraktionen am meisten Geschicklichkeit gezeigt hatten, bedürfen nicht so vieler Wiederholungen wie andere. Bei der ersten Sitzung berichten sie gewöhnlich über eine Spannung während der geistigen Vorstellung.
   d) Versuchspersonen, deren Technik bei progressiver Relaxation der Augenbewegungen noch etwas zu wünschen übrig ließ, berichteten nicht über ein Verschwinden der geistigen Vorstellungen.
   e) Jede versierte Versuchsperson bat um progressive Relaxation, wollte aber gleichzeitig eine geistige Vorstellung haben. Einige ärgerten sich über ihr Unvermögen, das zu erreichen, und versuchten es noch einmal. In jedem Fall wurde die Kombination schließlich als unmöglich empfunden.

f) Wir versuchten, die unter Frage b) erwähnte Irrtumsmöglichkeit auszuschließen, indem wir eine verhältnismäßig große Zahl von Versuchspersonen verwandten, und zwar unabhängig voneinander, im Verlauf eines ganzen Jahres. Alle Beobachtungen waren übereinstimmend.

Es scheint noch zusätzliche Gründe für die Annahme zu geben, daß die Wahrnehmung von Kontraktionen die geistige Vorstellung begleitet. Ein völlig entspannter Mensch hat das beschriebene charakteristische Aussehen; er sieht nicht so aus oder handelt nicht so wie eine Person, die sich etwas vorstellt oder denkt; er berichtet später, daß er geistig untätig gewesen sei; er gibt keine Anhaltspunkte für einen stattgehabten gedanklichen Vorgang und schläft häufig ein.

Die Beseitigung restlicher Spannungen in den kleinen Muskeln der Sinnesorgane ist eine schwierige Angelegenheit, die einiger Praxis bedarf. Alle Versuchspersonen waren übereinstimmend der Ansicht, daß in dem gleichen Umfang, in dem dieses Stadium erreicht wird, das geistige Bild an Bedeutung verliert und vielleicht ganz verschwindet. Das Gesicht eines solchermaßen entspannten Menschen macht auf den Betrachter einen unvergeßlichen Eindruck: Die Augen, falls sie offen sind, haben keinerlei Ausdruck, sie scheinen nicht zu sehen. Das ganze Gesicht ist ausdruckslos. Ein Student, der Zeuge war, als der Direktor einen so entspannten Zustand vorführte, meinte anschließend, das Gesicht habe ausgesehen, „als ob es dem Menschen unmöglich sei zu denken". Die Wahrheit der These, daß die progressive Relaxation eine Ausschaltung des Denkvorganges mit sich bringt, ist dem Entspannten buchstäblich ins Gesicht geschrieben. Diese These stimmt auch mit den Wahrnehmungen aller Versuchspersonen und Patienten überein, die es für unmöglich hielten, gleichzeitig völlig entspannt zu sein und dabei geistige Vorstellungen zu haben. Mit dem Eintreten des einen Zustandes muß der andere notwendigerweise aufhören.

Wir können also feststellen, daß die Wahrnehmung einer Muskelspannung eine Voraussetzung ist für Vorstellung, Aufmerksamkeit und Denkprozesse. Dies ist nicht so sonderbar wie es zuerst den Anschein hat; denn jeder wird zugeben, daß bei Betätigung eines Sinnesorganes, z. B. der Augen, auch die Muskeln tätig sind, durch die sie bewegt werden. Die Bewegung, die von den tätigen Muskeln ausgeht, spielt daher offensichtlich eine nützliche Rolle im Sehvorgang. In ähnlicher Weise scheint es folgerichtig zu sein, daß, wenn die ursprüngliche visuelle Wahrnehmung rein gedanklich wiederholt wird, sich auch die begleitende Muskelwahrnehmung wiederholt. In dieser Weise kann ein Mensch zweifellos bis zu einem gewissen Grade seine geistigen Vorstellungen und gedanklichen Vorgänge selbst lenken. Die Erziehung zu einer bewußten Ausnutzung dieser Fähigkeit ist in klinischer Arbeit zur Bekämpfung unerwünschter oder übermäßiger geistiger Aktivität angewendet worden.

*

Schultz selber hat sich im Jahre 1926 erstmalig im Rahmen einer Veröffentlichung zu dem *autogenen Training* geäußert. Die erste Arbeit, in der er das Verfahren erwähnt, trägt folgenden Titel:

ÜBER NARKOLYSE UND AUTOGENE ORGANÜBUNGEN ZWEI NEUE PSYCHOTHERAPEUTISCHE METHODEN[1]

Von Johannes Heinrich Schultz

Die Methode der *autogenen Organübungen* knüpft an die grundlegenden Feststellungen von Oskar Vogt an, daß geeignete Versuchspersonen durch Anleitung zur Autohypnose weitgehendst gefördert werden können; Oskar Vogt betonte schon vor 30 Jahren, daß derartig geschulte Versuchspersonen sich in prophylaktischen Ruhepausen erholen können, daß sie in der Lage sind,

[1] Vortrag in der Medizinischen Gesellschaft vom 3. März 1926. (Medizinische Klinik, 22, 1926, S. 952—954.) Zunächst geht Schultz auf die Narkoanalyse ein, die er mit Skopolamin, Laudanon-Skopolamin-Äther und Chloraethyl an 42 Kranken erprobt hat. Im zweiten Teil der Arbeit, die wir hier abdrucken, werden dann die „autogenen Organübungen" erwähnt.

Symptome zu beherrschen und Innenklärungen über die Psychogenese ihrer Reaktionen („Selbstanalyse") zu erreichen. Im Gegensatz zu mancherlei allzu theoretisch-psychologischen Auffassungen des Suggestionsproblems, wie etwa der jüngsten von E. STRAUSS, gegen die sich auch SCHILDER in seinem mit KANDERS herausgegebenen kleinen Lehrbuch der Hypnose (Springer 1926) mit Recht wendet, *erscheint die übungsmäßige Erlernung eines empfänglichen („autohypnotischen"*, O. VOGT) *Zustandes für die Darstellung echter autosuggestiver Erlebnisse bei den meisten Menschen unseres Kulturkreises unerläßlich.* Sehr viele Versuchspersonen sind nicht in der Lage, einfachem „Einreden" gegenüber zu reagieren, wenn auch vereinzelte „autosuggestive Wunderkinder" vorkommen mögen. Bei der Mehrzahl kritischer und gebildeter Versuchspersonen erreicht ein solches Verfahren, ein „Selbsteinreden", nur die Peripherie, wie bei ihnen auch die Persuasion im Sinne von DUBOIS wirkungslos bleibt, so groß ihr Einfluß bei entsprechendem Menschenmaterial auch sei.

Vergegenwärtigen wir uns die *Eigenheiten,* durch die eine *Hypnose alten Stils sich vom Wachzustand unterscheidet,* so treten in den Selbstschilderungen kritischer Autoren (BLEULER, OBERSTEINER u. a.) besonders Körpererlebnisse der „Schwere" und „Wärme" hervor. Objektiv sehen wir bei glatten Durchschnittshypnosen außerordentlich häufig die „initiale Hypotonie" (J. H. SCHULTZ) und den Ausdruck wohliger Behaglichkeit. Es ist die *Entspannung des Muskel- und Gefäßsystems,* die sich vor allem dem naiven Beobachter aufdrängt. Andererseits ist von jeher die außerordentliche Zugänglichkeit vieler, dem bewußten Wachwillen entzogenen Funktionssysteme als charakteristisch bezeichnet worden. Eine einfache Überlegung schien mir schon im Beginn meiner Beschäftigung mit diesen Problemen vor 17 Jahren hier einen tieferen Zusammenhang sehen zu lassen. Es dürfte kaum einem Widerspruche begegnen, wenn wir die Entwicklung eines Zentralnervensystems in der *Phylogenese* mit der Entwicklung einer noch so schatten- und traumhaften Persönlichkeitszentralisierung in Beziehung setzen; Vorbedingung solcher Zentralisierung ist eine Peripherisierung und Automatisierung vieler Funktionen, die früher mehr einheitlich instanziert waren; es ist, bildlich gesprochen, *mit der geistigen Beseelung eine körperliche Entseelung verbunden, je höher die Zentralisierung sich entwickelt. Ist der hypnotische Zustand, wie die Mehrzahl der Autoren anerkennt, durch eine Herabsetzung der zentralen Funktionen* (Kritik, Realorientierung, Selbstbestimmung usw.) *und eine „Psychisierung" sonst automatischer Funktionen gekennzeichnet, so liegt sein Wesen,* hierin hysterischen Reaktionen vergleichbar, *in einer phylogenetischen Regression.*

Stellen wir uns das bewußte Ich *physiologisch* als Kreismittelpunkt oder Kugelkern vor, indem wir die verführerischen Gefahren optischer Symbolisierungen klar in Beachtung behalten, so reicht seine Wirkungssphäre eben gerade in ein Funktionssystem, in die „willkürliche" Muskulatur, obwohl auch diese erst erobert werden muß (Übung). Sehr deutliche Beziehungen läßt noch überall das Vasomotorium (einschließlich Herz) zum bewußten Ich erkennen, schon entferntere zur Sphäre glattmuskulöser und sezernierender Organe und zu der Haut, die fernsten zum Knochen- und Stützsystem. Ein rohes Schema möge das verdeutlichen.

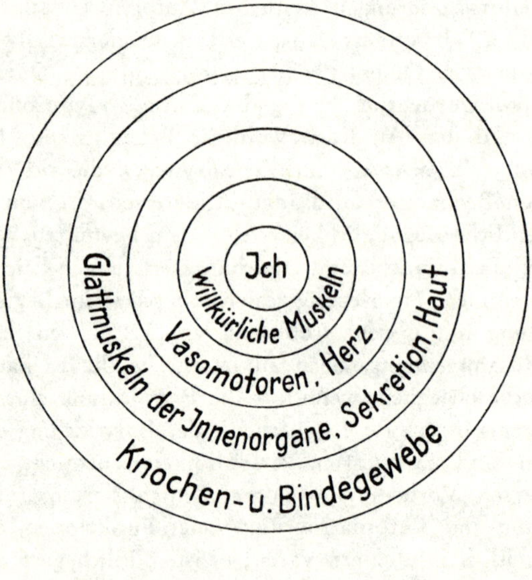

Sinkt der Mensch entspannend-erlebend schrittweise in dieses Funktionssystem, „psychisiert" er durch passiv „versenktes" Erleben diese Sphären, so ergibt sich ein ganz eigenartiges „Entrücktsein", er gelangt schrittweise zur „Versenkung" und ist nun in der Lage, echte autosuggestive Erlebnisse darzustellen.

Atemübungen, besonders Atemstillstandübungen und Fixationsübungen, die beide leicht zu Trancierungen führen, bleiben bei diesem Vorgehen ausgeschlossen, da jede eigentliche Bewußtseinsumschaltung vermieden werden soll. Wir leiten unsere Versuchspersonen lediglich dazu an, in konsequenten Übungen erst die „willkürliche" Muskulatur und dann das Vasomotorium zu entspannen und diese Umstellungen bis zu momentaner Beherrschung zu disziplinieren.

Psychologisch sind dabei zwei Einstellungen für den Ausgang richtunggebend, „Ruhe" und „Entspannung". Wir haben Grund zu der Annahme, daß die *lediglich* willensspannende, „zusammennehmende" europäische Erziehung mit ihren tausend „du sollst", „du mußt", „du darfst nicht", „streng dich an", die in ihrem innersten Wesen *Spannungserziehung* ist, wesentliche Seiten und Fähigkeiten unentwickelt läßt, durch deren natürliche Entwicklung sie in keiner Weise in ihrem höchsten Werte geschmälert, aber außerordentlich bereichert und ergänzt werden kann. Die tiefe Bedeutung der „Entspannung" im künstlerischen, religiösen (Starbuck) und körperbildenden Wirken und Ausbilden sei hier nur im Vorübergehen erwähnt.

Hier setzen nun schon erheblich individuelle Differenzen ein; es ist daher für die meisten Menschen unmöglich, ein Training dieser Art aus Lektüre zu entnehmen, sondern nur ein praktisches Arbeiten mit einem erfahrenen Sachverständigen kann gute Resultate geben, wie bei jeder Sondertechnik. Einzelheiten über Typen und Individualreaktionen zu geben, ist hier nicht der Ort und muß später ausführlicher Darstellung vorbehalten werden; über die *Technik* sei nur einiges Prinzipielle mitgeteilt. Es wird zunächst nach dem *Prinzip der Generalisierung* gearbeitet; die Übungen beginnen mit der Muskulatur eines (möglichst ichnahen, also beim Rechtshänder des rechten) Armes, der bei geschlossenen Augen in physiologischer Ruhelage in passiver Hingegebenheit entspannt „schwer" erlebt wird, während ein Innenzustand der Ruhe erst als Wort, dann als Gedanke, „Vorstellung", dann „fühlend", dann zustandhaft, endlich als letzte universelle Einstellung dargestellt wird, also auch gewissermaßen in einer rückläufigen, „regredienten" Bewegung. Die Versuchsperson beobachtet bei konsequentem Üben nun bald ein Mitentspannen des anderen Armes oder (selten!) des gleichseitigen Beines, endlich nach 4 Tagen bis 3 Wochen des täglichen kurzen Übens mit aktiv spannendem „Zurückkehren" ein Totalabsinken des ganzen Körpers in tiefe Entspannung. Nun werden die Vasomotoren in derselben systematischen Weise so entspannt, daß bei durchlaufendem Training ein Zustand tiefströmender Wärme des Körpers und der Extremitäten bei kühlem Kopfe momentan etabliert werden kann. Parallel mit diesen Fortschritten vertieft sich die Versenkung, was sehr dafür spricht, daß unsere Annahme eines innergesetzlichen Zusammenhanges zwischen beiden Abläufen zutrifft; das Ich sickert sozusagen in peripherere Schichten. Nun ist jederzeit gefahrlos eine „Versenkung" darstellbar und die Grundlage für echtes autosuggestives Arbeiten gegeben, dessen psychologische Technik ja altbekannt ist; je nach Indikationen können dann, analog den hypnotischen Erfahrungen, noch andere Funktionssysteme herangezogen und in den Bereich *„autogener Organübungen"* genommen werden, die ich absichtlich nicht psychogene Organübungen genannt habe, weil der Terminus „psychogen" zu sehr mit anderen Inhalten belastet ist. Psychologisch ist besonders noch ein Resultat solcher Arbeit von Belang: die selbsttätige Entspannung so wesentlicher Ausdruckssysteme wie Muskel und Vasomotoren nimmt vielen Affekten wesentliche Anteile ihrer Substanz; die Zorneswelle, die ohne Außenspannung psychisch steht oder schwebt, bleibt irgendwie blutlos, unlebendig. Ohne der James-Langeschen oder verwandten Theorien der Affekte völlig beizutreten, die in „dem Körperlichen" „das Entscheidende" am Affektvorgang sehen wollen — solche Auffassungen widersprechen meines Erachtens der biologischen Einheitlichkeit —, ist es theoretisch einleuchtend und mir durch ausgedehnte praktische Arbeit erwiesen, daß der in diesem Sinne durchtrainierte Mensch störenden Affekten gegenüber durch Entspannung der Ausdrucksphären eine weitgehende

„Resonanzdämpfung“ erzielen kann, ein wesentliches und nicht entfernt erkanntes, geschweige denn ausgeschöpftes Prinzip.

Besonders wesentlich waren mir Erfahrungen an Normalpersonen; schon seit Jahren habe ich einzelne trainiert, in größerem Umfange wurde es mir erst durch das Entgegenkommen des Leiters der Lessing-Hochschule Dr. L. Lewin möglich, wo ich über 300 Versuchspersonen persönlich bearbeiten und bei zahlreichen von ihnen sehr gute Resultate, zunächst im Sinne der bekannten autosuggestiven Leistungen (prophylaktische Erholung, Ruhigstellung, Zeitautomatisierung, Gedächtniserweiterung, Schmerzabstellung usw.), bei Fortgeschrittenen auch im Sinne produktiver Innenschau und Persönlichkeitserkennung und -entwicklung, erzielen konnte. Die Auswahl der Versuchspersonen erfolgte hierbei dadurch, daß die Übungen für leitende Persönlichkeiten in verantwortlicher Stellung angemeldet wurden und Personen mit ausgesprochen nervösen Störungen die Teilnahme untersagt wurde.

Die *erste experimentelle Kontrolle* der Arbeit ist zunächst hinsichtlich der *Wärmestrahlung der menschlichen Haut* erfolgt, die in weiten Grenzen selbsttätig umgestellt werden kann, wenn das Training durchgeführt ist. Über diese mit dem nach Mechau bei Zeiss konstruierten Wärmestrahlungsmesser gemeinsam mit dem Erfinder angestellten Versuche wird anderen Ortes mit Protokollen Mitteilung erfolgen (D. M. W.).

Das prinzipiell Neue an dem Verfahren ist die systematische, physio-psychologisch-rationelle, übende Darstellung der selbsttätigen Umstellung sonst automatischer Funktionen und — meines Erachtens hiermit wesensgleich — die gefahrlose Darstellung autosuggestiv-echt-produktiver Versenkung. Als Schlagwort läßt sich die Arbeit nach der Richtung des „Fakirismus“ charakterisieren.

Selbstverständlich harren noch eine Unzahl Fragen in diesem ganzen Zusammenhange der Bearbeitung, die entsprechend der Allgemeinheit der in Frage stehenden Abläufe ebensosehr physiologische wie psychologische Methoden jeder Art erfordern.

*

Der erste ausführliche Bericht über die „autogenen Organübungen" erfolgte dann auf dem zweiten allgemein ärztlichen Kongreß für Psychotherapie in Bad Nauheim vom 27. bis 30. 4. 1927. Er enthält nun erstmalig in großen Zügen die bereits jahrelangen Erfahrungen von SCHULTZ über das von ihm neuentwickelte Verfahren.

ÜBER RATIONALISIERTES AUTOSUGGESTIVES TRAINING (AUTOGENE ORGANÜBUNGEN)[1]

Von JOHANNES HEINRICH SCHULTZ

Die vom Verfasser unter dem Stichwort der *„autogenen Organübungen"* gekennzeichnete und ausgearbeitete Methode stellt *im Prinzip* den Versuch dar, in einer *Umkehr des Ausdrucksgesetzes nicht die durch Erlebnis und Innenverlauf gesetzten Haltungsänderungen zu analysieren, sondern durch bewußte systematisch übend herbeigeführte Haltungsänderung die Eigenart des Erlebens gestaltend zu beeinflussen.*

Analogien zu solchem Vorgehen sind in der *völkerpsychologischen* Beobachtung wohlbekannt, wenn auch in ihrer äußeren Erscheinungsform sehr abweichend von der Methode des Vortragenden. Wenn wir etwa den Schilderungen von STOLL (Suggestion und Hypnotismus in der Völkerpsychologie, 2. Aufl., Leipzig-Veit, 1904) folgen, so sehen wir bei den Zauberriten der sibirischen Schamanen, bei den chinesischen Hellsehern, bei der autosuggestiven Ekstase der Pawang auf den Fidjiinseln und bei den Buginesen und Alfuren von Hammahera bis hinüber zu Volksgebräuchen in Zentralamerika, den heulenden Derwischen in Asien und den heilenden Teufelstänzen der Kaffern, um nur einige Materialien aus der Gegenwart zu nennen, die außerordentliche

[1] Bericht über den 2. allgemeinen ärztlichen Kongreß der Psychotherapie in Bad Nauheim 27.—30. 4. 1927. Leipzig, S. Hirzel 1927, S. 289—296.

Bedeutung von teils rauschartigen Bewegungsstürmen, teils entrückter Bewegungsstarre zur Produktion von Ausnahmezuständen. Die kunstvollste Ausbildung haben derartige Gebräuche bekanntlich in der indischen Yoga-Technik gefunden, derentwegen besonders auf die englische Yoga-Spezialzeitschrift „Yoga-Mimansa" verwiesen sei, die von S'Rimat Kuvalayananda (Kalkutta) seit 1924 herausgegeben wird.

In der gegenwärtigen europäischen Welt sind namentlich zahlreiche Berührungspunkte mit einzelnen Fragestellungen und Ergebnissen *gymnastischer* Forschung und Arbeit und mit vielerlei Problemen der *Atemtechnik* und Atemgymnastik gegeben. Ganz besonders enge mit dem Versuche von Joseph Rutz über „Menschheitstypen und Kunst" und den erweiterten Bestrebungen rhythmischer Stilforschung von Sievers-*Leipzig.*

Von besonderer Bedeutung sind hier die nachweislich richtigen Ortes und bei richtiger Begrenzung erfolgreichen Bemühungen von Joseph Rutz, durch willkürliche Annahme eines bestimmten Haltungstypus das künstlerische Erlebnis zu lösen und zu vertiefen, ja unter entsprechenden Bedingungen überhaupt in seiner Eigenart erst zu ermöglichen. Hier liegt ein ganz *klarer Fall umgekehrter Ausdrucksgesetzlichkeit* vor, in dem systematisch und bewußt gestaltete Haltung Vermittler, Keim und Träger der Erlebnisfärbung wird.

Wie alle großen Möglichkeiten ist auch die hier vorliegende alltägliche Banalität. Die Erziehung alten Stiles und die jetzt oft zu unrecht in ihrem Wert verkannte Heereserziehung haben zweifellos durch die systematische, wenn auch oft vielleicht etwas zu disziplinhafte Anleitung zu „strammer Haltung" viel weitgehender Menschenformung erreicht, als eine Betrachtung nur von außen annehmen läßt. Nicht umsonst war es für ein bestimmtes Publikum durchaus einleuchtend, wenn in einem bekannten Einakter lediglich das einem Offizier zugerufene Wort „Haltung!" sofortige Situationsbeherrschung bewirkte.

So sehr die Methode des Verfasser in allgemeinste Fragen ausmündet, auf die z. T. noch zurückzukommen sein wird, nachdem hier das Grundproblem „*Erlebnis und Haltung*" bezeichnet ist, so klar nahm sie ihren Ausgangspunkt von ganz umschriebenen und umgrenzten Einzelerfahrungen und so sicher kann trotz der vielen allgemeinen Bezüge die Methode als solche nur in einem umschränkten Verwendungskreise und bei völlig kritischer Beurteilung ihrer Leistungsfähigkeit richtig eingeschätzt und zweckmäßig verwendet werden; sie beansprucht selbstverständlich nicht im mindesten irgendwie die Bedeutung einer Panazee.

Die *Methode der autogenen Organübungen* hat sich bekanntlich konsequent aus den Erfahrungen des *alten Hypnotismus* abgeleitet. Während in begreiflicher Ablehnung magnetistischer Phantastereien die wissenschaftliche Erforschung des Hypnotismus mit ganz geringen Ausnahmen sich lediglich *rein* psychologischen Fragestellungen zuwandte und je nach Stellung des Autors assoziationspsychologische, voluntaristische oder rational geklärte alltagspsychologische Gesichtspunkte an die Probleme herantrug, wobei alle „körperlichen" Erscheinungen zu Begleitphänomenen oder psychisch sinnvollen Ausdrucks- oder Komplexmerkmalen oder Symbolauswirkungen analytischen oder weiteren Sinnes wurden, erfordert die heute mehr und mehr siegreiche Hinwendung psychologischen und biologischen Forschens und Denkens auf das *lebendige Ganze* eine *Neuorientierung*.

In diesem Sinne erschienen Beobachtungen von Belang, die sich bereits in der alten magnetistischen Literatur finden und im hypnotischen Versuche jederzeit bestätigt werden können. Werden Versuchspersonen durch ein ganz elektives Verfahren, etwa im Sinne der Monotonoidation von Sidis oder durch reine Fixation in Hypnose überführt und nun, etwa bei des Verfassers Studien über „Schichtenbildung in hypnotischem Selbstbeobachten", um eine Schilderung ihres Zustandes gebeten, so erhält der Versuchsleiter mit völliger Konstanz die Angabe eines eigentümlichen *Schweregefühles* im Körper der Versuchsperson mit einem eigentümlichen begleitenden *Wärmegefühl*.

Gewiß unterliegt es keinem Zweifel, daß entscheidende Faktoren bei Entstehung und Gestaltung des hypnotischen Ausnahmezustandes rein psychische Momente sind, insbesondere Art und Inhalt der verwendeten Suggestion, der „Rapport", der psychologische Typus der Versuchsperson und die rein psychologische Eigenart des Geschehens, möge sie nun als Gläubigkeit, als Suggestibilität, als Ideoplasie oder im Sinne einer der geläufigen Theorien des Unbewußten als Setzung einer masochistischen Übertragung oder einer Vater- oder Mutteridentifikation bezeichnet werden oder nach modernsten Versuchen mit dem Gemeinschaftserlebnis der Massenpsychologie zu zweien oder der Schaffung eines besonderen Wir-Erlebnis angedeutet werden. Dadurch bleibt unberührt, daß die rätselvolle Eigenart des hypnotischen Zustandes im Sinne jeder Ganzheitsauffassung auch *wesentlich* „körperliche" Eigenheiten, mindestens im Sinne einer *ganz bestimmten Haltung* in sich bergen muß. *„Schwere"* und *„Wärme"*, als Ausdruck von *Muskel-* und *Gefäßentspannung* erkannt, wurden Anregungen zu systematischen Versuchen des Verfassers, wieweit es möglich sei, durch übende, systematische Darstellung entsprechender Verhaltungsweisen Zustände zu schaffen, die in so weitem Maße wesentliche Gemeinsamkeit mit dem Zustand des Hypnotisierten boten, daß nun ein suggestives Arbeiten im eigentlichen Sinne im Gegensatze zu einer Selbstpersuasion möglich wurde.

Die Wichtigkeit dieser Unterscheidung ist bekanntlich vor 30 Jahren von Oskar Vogt hervorgehoben, der kritische Versuchspersonen von entsprechendem Niveau zur Selbstdarstellung hypnotischer Zustände, zu *„Autohypnosen"* anleitete und sie dadurch instand setzte, die bekannten Sonderleistungen des alten Hypnotismus selbst darzustellen: weitgehende Organbeeinflussung, Gedächtniserweiterung mit eventueller Selbstanalyse, prophylaktische Erholung, Schmerzabstellung, Automatisierung von Vorsätzen usw.

Mit Schilder und Kauders und allen kritisch erfahrenen Führern des Hypnotismus können wir gleichfalls nicht damit einverstanden sein, daß die Sonderheit des hypnotischen Zustandes in allzu allgemein abstrakte und dem Bereiche des Biologischen allzusehr entrückte allgemeinpsychologische Formeln verflüchtigt wird, so selbstverständlich vertiefter, verstehend-psychologischer und menschenkundlicher Erschließung einzelner Fragestellung aus dem Gesamtbereich entscheidender Wert bleibt, wie etwa in der schönen, aber etwas sehr weitgreifenden Studie von Erwin Strauss (1925). Auch neuere Erfahrungen über die Hypnose bei Tieren, besonders von Erhard (1924), mahnen hier zur Vorsicht.

Nach diesen Überlegungen durfte es aussichtsreich erscheinen, auf dem Wege systematischer Übung die Darstellung eines Zustandes anzustreben der hinsichtlich charakteristischer „Haltung“ dem der Hypnose glich. Bekanntlich gelingt es auf diesem Wege, in der Tat einen Zustand eigenartiger *„Entrücktheit“* und vertiefter harmonischer Innenschau darzustellen, der am besten mit dem Stichwort der *„Versenkung“* gekennzeichnet wird (Med. Klinik, 1926, Nr. 24).

Entsprechend früheren Darlegungen des Verfassers ist die Technik des Verfahrens dadurch gekennzeichnet, daß zunächst das ichnächste Muskelgebiet auf dem Wege direkter innerer Einstellung im Sinne des Schwereerlebnisses völlig entspannt und diese Haltung assoziativ mit dem Erlebnis innerer Ruhe verbunden wird. Im Gegensatz zu teilweise verwandten amerikanischen Bestrebungen, etwa denen von JACOBSON („progressive Relaxation“), wo ähnlich dem Vorgehen vieler Atemübungen und Stimmschulungen zunächst eine völlige Entspannung der Mund- und Sprachmuskulatur versucht wird, ist bei den autogenen Organübungen die typische Versuchsanordnung derart, daß zunächst mit dem ichnächsten Arme trainiert wird. Schon dieser erste, äußerlich außerordentlich einfache Versuch enthält, wie das ganze Verfahren überhaupt, eine Fülle von Problemen. Nicht umsonst hat GAFTER eine Typologie nach Muskeltonus versucht und die motorische Seite der Persönlichkeit (BAERWALD, 1910, F. H. LEVY, 1924, O. LÖWENSTEIN, 1924, HOMBURGER, 1924, GUREWITSCH-OSERETZKY, SCUCHAREWA, KIEBLER, 1925 u. v. a.) in jüngster Zeit so rege Bearbeitung gefunden, die namentlich auch von rein physiologischen Fragestellungen her, besonders hinsichtlich etwaiger sympathischer Innervationen der Skelettmuskeln wesentlichste Anregung erfuhr. Der außerordentlichen Kompliziertheit der Probleme entsprechend, begegnet schon die Darstellung des ersten konzentrativen Schwereerlebnisses in der Praxis oft großen Schwierigkeiten, die *nur durch praktische gemeinsame Arbeit mit beobachtender sachverständiger Kontrolle, niemals etwa durch katechismushafte allgemeine Anleitung zu überwinden sind,* wenn es auch hier, wie auf allen technisch-gymnastischen Gebieten, vereinzelte wunderkinderhafte Begabungen gibt. Dauernd *verkrampfte* Menschentypen, bei denen das Schwereerlebnis erst durch vorhergehende Kontrastübungen gymnastischer Art darstellbar ist, *abnorm muskelschlaffe* ohne wesentliches Differenzerlebnis zur Durchschnittshaltung erschweren schon diesen ersten Schritt der gemeinsamen Arbeit ebenso, wie ihn die nach meinen Erfahrungen relativ seltenen Menschen mit einem *dauernd plastischen,* andeutungsweise rigorhaften Muskeltonus fast unmöglich machen. Vermutungen nach konstitutionellen Unterschieden hinsichtlich der Wertigkeit extrapyramidaler Mechanismen liegen hier ebenso verlockend nahe, wie in anderen Fällen der sichere Nachweis rheumatischer, neuralgischer oder allgemein konstitutiver Anomalien erst eine Regulierung nach dieser Richtung erfordert.

Hat die Versuchsperson in gemeinsamem Üben die Selbstdarstellung einer objektiv ausreichenden konzentrativen Entspannung des ichnäheren Armes erreicht, so ergibt sich doch noch bei einer relativ allerdings kleinen Anzahl von Versuchspersonen die Schwierigkeit, daß infolge mangelnder Vertrautheit mit dem Eigenerleben der Muskulatur oder aus einstweilen dunklen konstitutionellen Gründen die objektiv erfolgreiche Entspannung subjektiv nicht erlebt wird. Durchschnittlich wird beides relativ bald erreicht, und nun erhält die Versuchsperson die Anweisung, liegend oder sitzend in einer Körperhaltung, die mittlere Muskeldehnung gewährleistet, selbständig weiter zu üben, wobei sie zunächst auf den ichnäheren Arm eingestellt bleibt. Entsprechend der „*Generalisierungstendenz*“ erleben nun die Versuchspersonen das spontane Auftreten analoger Entspannungserlebnisse durchschnittlich zuerst symmetrisch im anderen Arme, ausnahmsweise im gleichseitigen Beine. Sind die Übungen so weit erfolgreich, daß die Versuchsperson momentan selbsttätig weitgehendste Entspannung aller Extremitäten darstellen kann, so hat sie sich wieder vorzustellen und erhält nun zunächst gleichfalls am ichnäheren Arme die Anleitung zur Selbstdarstellung von Gefäßentspannung, die an und für sich schon lange gesicherter Besitzstand experimentell psychologischer Erfahrungen ist, ohne daß bisher die Bedeutung ihrer selbsttätigen Übungsfähigkeit wirklich erkannt, geschweige denn praktisch gewürdigt worden wäre. Kontrollierende Messung an trainierten Versuchspersonen mit dem Zeissschen

Wärmestrahlungsmesser nach MECHAU wurden vom Verfasser mitgeteilt (Deutsche Medizinische Wochenschrift, 1926).

Es sei beiläufig kurz erwähnt, daß auch die Darstellung *kataleptischer* Erscheinungen mühelos gelingt, ohne daß den in keiner Weise tiefer bewußtseinsveränderten Versuchspersonen auch nur im entferntesten deutlich würde, welch enorme Muskelleistungen hier vielfach hervortreten.

Die *Bedeutung der autogenen Organübungen* ist neben der *gefahrlosen, ohne Bewußtseinsumschaltung verlaufenden Darstellung einer zu echten suggestiven Leistungen befähigenden „Versenkung"* darin gegeben, daß durch die weitgehende *abstellende Beherrschung des Muskel- und Gefäßsystems,* also wesentlichster Teile der *„Ausdruckssphäre"* die *Körperwelle störender Affekte aufgehoben wird und damit eine „Resonanzdämpfung" geschaffen werden kann.* Bemerkenswert ist neben der Erreichung ganz außerordentlicher innerer Ruhestellung die Leichtigkeit, mit der viele Versuchspersonen bei entsprechender Anleitung völlig autosuggestive *Schmerzlosigkeit* darstellen können, eine Technik, die bei chronischen schmerzhaften Affektionen begreiflicherweise versagt oder nur gewisse Milderungen schaffen kann, bei vorübergehenden Schmerzerlebnissen dagegen, wie etwa bei zahnärztlichen und ähnlichen Eingriffen, Ausgezeichnetes leisten kann.

In Analogie zur „hypnotischen Hypermnesie" und zahlreichen Erfahrungen aus dem Gebiet der Psychokatharsis vermittelt der autogen dargestellte Versenkungszustand bei geeigneten Versuchspersonen wesentliche Hilfen zu *vertiefter Selbstschau,* zu *Innenklärung,* oft symbolhafter Erfassung von Innenvorgängen und zur Aufhebung von reproduktiven Gedächtnishemmungen. Hier liegende allgemeine Möglichkeiten sind ärztlich bisher nur von GRAETER erfaßt; teilweise bestehen Berührungspunkte mit den Bemühungen BEZZOLAS um eine mehr oder weniger elementare *Psychautoanalyse.*

Das Material des Verfassers, der seit seiner Kenntnisnahme der Arbeiten von OSKAR VOGT (1905) um die Ausbildung der Methode bemüht ist, besteht z. Z. aus etwa 500 Normalpersonen, die zu einem großen Teile durch die *Lessinghochschule-Berlin* (Dr. LUDWIG LEWIN) erfaßt werden konnten, und über 1000 Patienten verschiedenster Art.

Durchaus in Übereinstimmung mit der durch die Einwirkung und Ausbildung gegebenen Auffassung der Methode als eines in besonderer Fühlungnahme mit physiologischen Zusammenhängen gestalteten Übungsverfahrens ergab sich praktisch, daß der „normale Mensch" in mittlerer körperlicher und seelischer Gleichgewichtslage ausnahmslos befähigt ist, sich die Technik anzueignen. Allerdings treten auch in dieser Breite die oben erwähnten, für die Frage der Muskelentspannung näher angedeuteten typologischen Unterschiede und Schwierigkeiten hervor, doch wurde in der Durchschnittsbreite die Erfahrung immer wieder bestätigt, daß etwa bei Versuchspersonen mit ausbleibendem subjektivem Schwereerlebnis, trotz guter objektiver Entspannung (Muskelpalpation, Tonusprüfung) oder bei den außerordentlich seltenen Fällen von anscheinend konstitutionell bedingtem „plastischem Muskeltonus" die eingehende Bearbeitung der Gefäßentspannung eine ausreichende Grundlage lieferte, um den Versuchspersonen Selbstbeherrschung der in Frage stehenden Mechanismen zu vermitteln. Zahlreiche „Normalpersonen" brachten erfreulicherweise die Konsequenz auf, durch Monate und Jahre regelmäßig täglich zu trainieren, zu „Schultzen", wie, in scherzhafter Analogie zum „Müllern", namentlich von vielen Berliner Versuchspersonen gesagt wurde, und gaben mir oft noch lange Zeit nach der einführenden Trainierung außerordentlich instruktive Selbstschilderungen über selbständig dargestellte Schmerzabstellungen, mühelose langfristige Darstellung schwieriger und quälender Körperhaltungen bei Röntgenbestrahlungen, Beseitigung störender vasomotorischer Empfindlichkeiten nicht nur gegenüber physikalischen, sondern auch gegenüber chemischen Schädigungen, Kupierung belastender, oft die Berufstätigkeit gefährdender Affektschwankungen und namentlich auch sehr bemerkenswerte Schilderungen vertiefter Innenschau und Selbstklärung.

Der entspannt versenkte Mensch hat in der Technik der autogenen Organübungen eine Möglichkeit außerordentlicher Erlebnissteigerung, so daß etwa ein Kunstwissenschaftler vor Betrachtung eines neuen Kunstwerkes mit geschlossenen Augen versenkend abstellt und nun versenkt die Augen öffnend dem Erlebnis des vor ihm stehenden Kunstwerkes störungsfreier und mit merklich gesteigerter Intensität gegenübersteht. Stark optisch veranlagte Versuchspersonen führt die Versenkung in ein Zauberreich beglückender optischer Phantasie, die in nicht wenig Fällen zu einem wesentlichen Teil der Glücksbilanz im Sinne von ANTON werden; stark motorisch Disponierte entwickeln nicht selten eigentümliche, wohl den induzierten Bewegungen GOLDSTEINS und den halbspontanen Phänomenen von ALRUTZ nahestehende, meist rhythmische, motorische Erscheinungen mit kosmischen Entrücktheitserlebnissen, überwiegend akustisch Konstituierte Klang- und Worterlebnisse oft dichterischen Charakters. Echt religiöse Naturen entsprechender Disposition beleben diese Phänomene in jenseitiger Weise, nicht im Sinne hysterifizierter, unechter Frömmelei, sondern im Sinne einer Innensteigerung durch Vertiefung und Abkehr.

Von sehr vielen Seiten wurde die alte Erfahrung suggestiver Reproduktionserleichterung auf dem Gedächtnisgebiet als wertvoll hervorgehoben, sowie endlich die beim Abschluß jedes Training als Hilfe für die Praxis an die Hand gegebene Anleitung, durch Teilentspannung des Nacken-Schulter-Feldes die wesentlichen Anteile des Gesamterlebnisses der „Abstellung" in kritischen Situationen unmerklich darzustellen, als außerordentliche Sicherung im Kampf des Alltags bestätigt.

Während so für „Normalmenschen" das Arbeiten mit autogenen Organübungen bis hinüber zu selbsttätiger Einstellung der Herztätigkeit oder anderer sonst dem bewußten Ich entzogenen Funktionen („Psychisierung der Automatismen") ein meist sehr schnell erfolgreiches und für die Trainierten schnell wertvolles Arbeiten bedeutet, stellt das Arbeiten mit Patienten erheblich größere Anforderungen an die Erfahrung des Arztes und die Geduld beider Beteiligten. Es kann im allgemeinen die Sachlage dahin gekennzeichnet werden, daß je mehr die nervösen Störungen, derentwegen uns der Kranke aufsucht, in einer sonst im Gleichgewicht befindlichen Persönlichkeit „peripher" liegen, je mehr es sich um sekundäre funktionell nervöse Störungen bei körperlich Kranken oder um athyme Mechanismen im Sinne von H. W. MAIER handelt, die für die Methode notwendige Aufnahme- und Leistungsfähigkeit der Versuchspersonen zur Verfügung und berechtigte Aussicht auf Erfolg bleibt. Wie schwierig die Entscheidung über diese Verhältnisse in jedem einzelnen Fall sein kann, wie häufig sich etwa, um ein ganz grobes Beispiel zu nennen, hinter einem ganz unauffälligen Einzelsymptom eine beginnende Schizophrenie oder eine schwere Persönlichkeitsverbildung psychopathischer Art verbirgt, kann und braucht ja hier nicht näher ausgeführt zu werden. Die relativ geringen Opfer an Zeit und Mühe, die bei genügender Erfahrung des Arztes ein Versuch mit autogenen Organübungen fordert, lassen es berechtigt erscheinen, die Methode an einem relativ großen Krankenmaterial mindestens zu versuchen, wobei ein völliges Versagen der Versuchspersonen entweder beim Erlernen der Technik oder bei ihrer Anwendung auf die vorliegende Einzelstörung als Hinweis darauf gewertet werden darf, daß hier das Verfahren durch tieferliegende Störungen blockiert wird und eine speziellere Psychotherapie entsprechender Form unerläßlich ist.

Bestehen nur kurze Lern- oder Verwendungshemmungen, so können im Sinne der Schwellenreiztherapie (MONA) somatische Hilfen (Beruhigungsmittel, Entspannungspräparate, äußere Wärmeanwendung, usw.) oder einzelne fremdsuggestive Hilfen, insbesondere eingelegte unterstützende Hypnotisierungen herangezogen werden, so daß wir uns dann technisch wieder den Ausgangserfahrungen von OSKAR VOGT nähern.

Nicht selten macht *ein* Teil des Trainings typische Schwierigkeiten, die Darstellung isolierter leichter und sympathischer Kühlstellung des Stirn-Kopf-Gebietes bei gleichzeitiger völliger tiefentspannter Schwere und Wärmeeinstellung des Gesamtkörpergebietes. Schroffe Reize autogener oder exogener Art sind dabei zu vermeiden, da sie häufig zu sehr unangenehmen, oft tagelang dauernden angiospastischen Erscheinungen an den Extremitäten oder zu Schwindel- und Ohnmachtsanfällen Anlaß geben können. Es ist überhaupt nachdrücklich zu betonen, daß im Gegensatz zu der durchaus unbedenklichen und nur mit dem Risiko der Erfolglosigkeit arbeitenden Muskelentspannungsübung die Gefäßentspannung ein durchaus differentes Verfahren bedeutet, wobei jedes brüske Vorgehen unbedingt vermieden werden muß. So beobachtete ich bei einem 53jährigen Kollegen beim ersten Versuche einer autogenen Gefäßentspannung einen bedrohlich ausgehenden Kollapszustand, der erst nach einer halben Stunde Ruhe überwunden war, bei einer 27jährigen Arztgattin, die entgegen meinem dringenden Hinweise selbständige Versuche mit der Darstellung von Gefäßspannungen durch Kälteerlebnisse in einem Arm gemacht hatte, eine mehrere Tage lang dauernde angiospastische Veränderung des ganzen Unterarmes. Analoge Erfahrungen sind aus der Suggestivbehandlung vasomotorischer Erkrankungen etwa der klimakteriellen Wallungen bekannt; ich erinnere mich persönlich einer Reihe von Fällen, wo die fremdsuggestive Darstellung zu intensiver Kälteerlebnisse des kongestionierten Gesichts zu tagelangem Frösteln am ganzen Körper und sehr erheblichen unangenehmen Allgemeinempfindungen führte, so daß ich auch im fremdsuggestiven Arbeiten auf diesem Gebiete jetzt seit Jahren die Darstellung ausgesprochener und schroffer Kälteerlebnisse ganz vermeide und nur leichte Kühlerlebnisse, „wie bei kühlendem Sommerwinde“, „wie bei Bestreichen mit Kölnisch Wasser“ und dergleichen, verwende. Daß alle diese Gesichtspunkte bei irgendwie stigmatisierten Versuchspersonen besondere Beachtung verlangen, ist wohl ohne weiteres einleuchtend; es darf in diesem Zusammenhange kurz erwähnt werden, daß der oben geschilderte Fall ungewollter Selbsterzeugung einer angiospastischen Armneurose eine Versuchsperson mit Basedowoid betraf.

Dabei stellen gerade Kranke mit organneurotischen Manifestationen, möge die Einwirkung der Störung mehr aus dem Physiologischen gewachsen oder mehr ausdrücklich Symptome weitesten Sinnes irgendwie abnormer Persönlichkeit sein, neben den Fehlreaktionen allgemeiner Art (Schlaf, Leistungsfähigkeit, Gedächtnis, Konzentration usw.) allgemein Nervöser die dankbarsten Aufgaben für autogene Organübungen. Ist die Affektivität weitesten Sinnes aktuell stärker debalanziert oder bestehen latente, situativ vorbrechende schwere Affektladungen, so werden autogene Organübungen nur in seltenen Fällen ausreichen; im Rahmen vertiefter Psychotherapie schwer verbildeter Persönlichkeiten können sie begreiflicherweise nur die Rolle einer bescheidenen Außenhilfe und Anpassungsförderung beanspruchen und sind auch zu dieser Leistung erst befähigt, wenn durch allgemein umbildende Psychotherapie tieferer Art das nötige Maß von Selbstbestimmung gewährleistet ist.

Intellektuell Defekte jeder Art sind selbstverständlich für ein derartiges, selbständiges Üben erforderndes Verfahren völlig und dauernd ungeeignet.

Eine ausführliche Mitteilung der Methodik in all ihren Einzelheiten, ihrer genauen Indikationsstellung und der bisher erzielten Resultate wird erst etwa in zwei Jahren zu geben möglich sein, obwohl die Erfahrungen des Verfassers bis ins Jahr 1905 zurückgehen. Hier sollte nur versucht werden, durch eine gesamt-anschauliche Kennzeichnung des Verfahrens, seinen Ort im System der Psychotherapie zu bestimmen, und bei ausdrücklicher Betonung der klaren Grenzen des Verfahrens seine praktische und theoretische Bedeutung festzulegen, die bisher in der wissenschaftlichen Literatur im wesentlichen nur von JOLOWICZ *(Birnbaums Handbuch)* erkannt worden ist. Wenn dem Verfasser von geschätzter Seite entgegengehalten wurde, daß Begründung und Darstellung der autogenen Organübungen einen Rückfall in überwundene Versuche einer „physiologischen Theorie der Hypnose" bedeuteten, so darf demgegenüber betont werden, daß die Theorie der autogenen Organübungen in keiner Weise ein Primat der physiologischen Reihe behauptet, sondern nur ihrer Vernachlässigung im Rahmen der Ganzheitsauffassung entgegentreten will.

Daß die in den autogenen Organübungen vorliegenden Abläufe auch in psychoanalytischer Terminologie ausgedrückt werden können und gegenüber dieser Persönlichkeitstiefenforschung ein rationales Übungsverfahren darstellen, ist selbstverständlich; es besteht daher kein Grund, zwischen einer psychoanalytischen Darstellung des Verfahrens, wie sie DEUTSCH im Anschluß an einen Vortrag des Verfassers in Wien, Herbst 1926, gab, und dem hier Dargelegten irgendeine wesentlichere Meinungsverschiedenheit zu sehen.

*

Die Bezeichnung „autogenes Training" taucht dann zumindest in der Überschrift erstmalig in einem Beitrag auf, der in der Deutschen Medizinischen Wochenschrift abgedruckt ist:

ÜBER AUTOGENES TRAINING[1]

Von JOHANNES HEINRICH SCHULTZ

Auf Anregung der Schriftleitung und mit Rücksicht auf verschiedene Anfragen möchte ich hier kurz das Wesen meiner autogenen Organübungen klarlegen.

Die Methode schließt an die Erfahrungen von OSCAR VOGT über „Selbsthypnose" (Autohypnose) aus den 90er Jahren des vorigen Jahrhunderts an. OSCAR VOGT teilte damals bekanntlich in der Zeitschrift für Hypnotismus mit, daß kritische und gebildete Versuchspersonen, die längere Erfahrung in der Hypnotisierung haben, es lernen können, sich selbst durch eine gewisse innere Umschaltung in diesen Zustand zu versetzen und dadurch die bekannten Vorteile eines echten suggestiven Zustandes zu erreichen (Erholung, Möglichkeit echter Autosuggestionen, Gedächtnis- und Übungserweiterung, Beeinflussung sonst automatischer Funktionen).

Im Zusammenhang mit meinen Untersuchungen über die Schichtenbildung im hypnotischen Selbstbeobachten drängte sich mir die alte, schon in der magnetischen Literatur des 18. Jahrhunderts hervorgehobene Tatsache auf, daß die Selbstschilderung der Versuchspersonen immer bestimmte Erlebnisse in den Vordergrund stellte. Sie schilderten unabhängig von der Art der Hypnotisierung ein eigentümliches Schwere- und Wärmegefühl des ganzen Körpers.

Als der alte Hypnotismus und Magnetismus wirklich wissenschaftlicher Bearbeitung unterzogen wurden, klaffte zwischen Seele und Körper in der wissenschaftlichen Auffassung noch ein Gegensatz. Man glaubte, die Tatsache des Hypnotismus in dem Sinne „rein psychologisch" erklären zu müssen, daß die Erlebnisse des Hypnotisierten, wie es etwa in vorbildlicher Weise durch MOLL geschah, zu seelischen Erscheinungen des täglichen Lebens und der normalen Psychologie in Beziehung gebracht wurden. Man wollte damit sehr berechtigterweise der primitiven Laienauffassung ent-

[1] Deutsche Medizinische Wochenschrift, 54, 1928, S. 1200—1201.

gegentreten, als sei die Hypnose Ausdruck irgendeiner okkulten Kraft oder einer sonstigen mystischen Fähigkeit des Hypnotisierenden.

Inzwischen hat die Normalpsychologie von der einen Seite ebenso wie die Medizin von der anderen Seite diesen Gegensatz verschwinden lassen. Wir wissen jetzt, daß hier wie dort nur die Erfassung des Ganzen, Lebendigen dem wirklichen Tatbestand gerecht wird. Damit gewannen die oben erwähnten Beobachtungen anderes Gewicht. Sie erschienen nicht mehr als irgendwie zufällige, nebengeordnete und unwesentliche Begleiterscheinungen eines „rein seelisch" aufzufassenden Vorganges, sondern wurden Ausdruck der Gesamtumstellung des „Organismus", der „Person" des Kranken im eigentlichen suggestiven Zustande. Damit gewannen sie andere Bedeutung, und es ergab sich die Frage, wie weit es möglich sei, diese scheinbar zufälligen Beobachtungen in einem tieferen Sinne zu verstehen. Physiologisch betrachtet, bedeutet Schwere und Wärme Entspannung der Muskeln und Blutgefäße, und damit ergab sich die Frage, wie weit es möglich ist, durch eine systematische Entspannung dieser Körpersysteme eine *Umstellung* herbeizuführen, die der echten suggestiven entspricht.

Ausgedehnte Erfahrung an mehreren hundert normalen Versuchspersonen und einem sehr ausgedehnten Krankenmaterial bestätigte die Überlegungen. Es zeigte sich, daß bei systematischer Anleitung zur Selbstentspannung der Muskeln und Gefäße ein eigenartig veränderter Zustand einsetzt, der am besten als *„Versenkung"* bezeichnet wird und die Vorteile des echten Suggestivzustandes bietet, wie sie oben kurz dargestellt sind.

Während die Versuchspersonen von Oscar Vogt eine gewisse, ihnen selbst nicht ganz klare Umschaltung vornahmen, um in den hypnotischen Zustand zu kommen, führt das autogene Organtraining schrittweise und systematisch unter klarer eigener Leitung zum Ziele. Die Technik kann hier nur im Prinzip angedeutet werden. Sie besteht darin, daß die Versuchsperson unter ärztlicher Anleitung zunächst nur einen Arm (Rechtshänder rechts und Linkshänder links) durch innere Konzentration entspannt, wobei Verlauf und Resultat vom Arzt kontrolliert wird. Ist die Entspannung objektiv und in vielen Fällen auch subjektiv (Schweregefühl) eingetreten, wobei die Versuchsperson innerlich Ruhehaltung einnimmt, so verweilt die Versuchsperson nur einige Sekunden in der Entspannung und kehrt durch aktive Gymnastik wieder in den durchschnittlichen Zustand zurück. Dieselbe Übung führt sie in den nächsten Tagen ohne ärztliche Aufsicht weiter durch und beobachtet dann, daß mit dem weiteren Fortschreiten der Übungen der übrige Körper sich im Sinn der Mitbewegungen spontan anschließt (Generalisationsprinzip).

Ist so die Fähigkeit erlangt, durch Selbstumschaltung (autogen) die gesamte Muskulatur zu entspannen, so wird in der nächsten ärztlich kontrollierten Übung durch systematische Darstellung von Wärmeerlebnissen eine Gefäßentspannung erzielt, deren objektiver Charakter von mir durch Wärmestrahlungsmessungen nach MECHAU (Dt. Med. Wochenschrift 1926) erwiesen wurde. Auch diese Übung beschränkt sich zunächst auf den ichnäheren Arm und breitet sich ebenso aus, wie bei der Muskelentspannung beschrieben.

Die Stirn wird autosuggestiv kühl gestellt.

Beherrscht die Versuchsperson diesen Mechanismus vollständig, so gleitet sie spontan in den Zustand leichter Versenkung hinüber, dessen Wesen und Bedeutung oben gekennzeichnet wurde.

Neuartig an der Verwendung dieser Technik ist besonders die Möglichkeit, durch selbsttätige (autogene) völlige Entspannung der Muskeln und Blutgefäße Affektwellen abzustellen (*„Resonanzdämpfung der Gefühle“*). So einfach die Technik im Prinzip erscheint, ist ihre erfolgreiche Anwendung von der Erfahrung des Arztes und der Auswahl der Versuchsperson abhängig. Schwer Neurotische sind erst nach allgemein psychotherapeutischer Durcharbeitung geeignet. Selbstverständlich kann die Fülle der bei der Allgemeinheit des Verfahrens angeschnittenen Probleme und technischen Fragen hier auch nicht annähernd angedeutet werden. Die vorliegenden Ausführungen verfolgen nur den Zweck, dem Leser ein prinzipielles Bild von diesen Bestrebungen zu geben, die ohne wissenschaftliche Systematisierung schon in der alten Tradition des Fakirismus Vorläufer haben, so daß man in gewissem Sinne von einem physiologisch-rationalen Fakirismus sprechen kann.

*

Eine besonders ausführliche Darstellung, die sich nun nicht nur mit den einfacheren Übungen, sondern schon mit „gehobenen Aufgabestufen" beschäftigt, ist wieder aus dem Bericht über den IV. allgemeinen ärztlichen Kongreß für Psychotherapie in Bad Nauheim vom 11.—14. April 1929 zu entnehmen.

GEHOBENE AUFGABESTUFEN IM AUTOGENEN TRAINING[1]

Von JOHANNES HEINRICH SCHULTZ

In der Psychotherapie unserer Tage ist vielerorts eine gewisse Abwendung vom Methodischen zu bemerken. Allgemein menschliche, philosophisch-psychologische, menschenkundliche und last not least populär-psychologische Gesichtspunkte, die bei universeller Betrachtung richtigen Ortes sicher ihre Bedeutsamkeit besitzen, werden von vielen Seiten so stark in den Vordergrund gerückt, daß der oft gewiß mißverständliche Eindruck entstehen muß, als ließe sich das Wesentliche im psychotherapeutischen Arbeiten irgendwie und in irgendeinem letzten Rätsel der Persönlichkeit und ihrer Wirkung fassen. Es ist nicht ohne Reiz, die historische Stufenfolge solcher nur in sehr beschränktem Maße gerechtfertigter, oft direkt pseudokritischer Stellungnahme zu verfolgen und etwa zu sehen, wie einstmals die rationale Therapie eines DUBOIS in gleichem Sinne und mit gleicher Verkennung die Suggestivtherapie kritisierte, wie es beiden Richtungen von psychoanalytischer Seite, der Psychoanalyse wieder durch Vertreter der Individualpsychologie und beiden durch „Menschenkundler" geschah.

So mag manchem die intensive, trockene und geduldsprüfende Arbeit am Methodischen fast als eine Art von freundlichem Atavismus erscheinen. Auf dem rein psychologischen Gebiet hat u. E. KARL BÜHLER in seiner Querschnittsmonographie von der

[1] Bericht über den 4. allgemeinen ärztlichen Kongreß für Psychotherapie in Bad Nauheim 11.—14. April 1929. Leipzig, S. Hirzel, 1929, S. 106—113.

Krise der Psychologie (Fischer, Jena 1927) unter voller Anerkennung zentraler und allgemeiner Problemstellung den unschätzbaren Wert rein methodischer Arbeit überzeugend dargelegt. Ähnlich wie in der Vieleinheit des Teilganzen Organisch-Lebendigem nur das unauflösliche strukturelle Ineinander von Einzelsystem und Ganzheit Lebens- und Betrachtungsmöglichkeit gibt, wird wirklich organischer Aufbau der Psychotherapie nur möglich sein bei vollem Respekt vor Forderungen methodischer wie allgemeiner Art.

Das darf nun gewiß nicht so mißverstanden werden, als vergesse der Psychotherapeut im allgemeinen modern wissenschaftlichen Sinne über der Methodik irgendeiner Art Weite und Reichtum und Lebendigkeit des Ganzen, zu warnen ist nur vor ziel- und systemlosem allgemeinen Herumpraktizieren und unnötig „intuitivem" künstlerhaften Bequemlichkeitsverfahren.

Wir glauben, mit diesen kurzen Vorbemerkungen die wesentlichsten Gesichtspunkte gegeben zu haben, die immer wieder in der Kritik irgendeines methodischen, z. B. des psychoanalytischen Verfahrens verfehlt werden und geben, ehe wir uns zum engeren Thema, zu den gehobenen Aufgabestufen im autogenen Training wenden, zunächst eine kurze *Erinnerung an das eigentliche Wesen dieser Arbeitsweise.*

Wie auf dem II. Kongreß für Psychotherapie (Nauheim 1927) näher ausgeführt wurde, stellt das vom Verfasser unter dem Stichwort autogenes Training („autogene Organübungen") gekennzeichnete und ausgearbeitete Verfahren im Prinzip den Versuch dar, in einer Umkehr des Ausdrucksgesetzes nicht die durch Erlebnis und Innenverlauf gesetzten Haltungsänderungen zu analysieren, sondern durch bewußte, systematisch übend herbeigeführte Haltungsänderung die Eigenart des Erlebens gestaltend zu beeinflussen. Im Sinne einer Ganzheitserfassung des hypnotischen Erlebnisses wurde die besonders bei den Studien über Schichtenbildung im hypnotischen Selbstbeobachten immer wiederkehrende Angabe gebildeter hypnotisierter Versuchspersonen über Schwere- und Wärmeerlebnisse des Körpers nicht als körperliche „Begleiterscheinung", „Hypophänomen" mißdeutet, sondern als wesentlich betrachtet. Der Versuch physiologischer Deutung ließ analog der 1916 beschriebenen „initialen Hypotonie" in dem Schwereerlebnis Muskel-, in dem Wärmeerlebnis Gefäßentspannung vermuten und damit die Frage gestellt sein, ob es gelingt, durch eine geeignete systematische Entspannungstechnik erst der Muskeln, dann der Gefäße die eigenartige Umstellung herbeizuführen, durch die hypnotische Zustände eigentlichen Sinnes charakterisiert sind. Dabei wurde von der den psychologischen Transferphänomenen (Charles Bray, J. of exper. Psychol. 11, 1928) entsprechenden „Generalisierungstendenz" Gebrauch gemacht und der Übungsansatz mit der ichnächsten Extremität gemacht, so daß Rechtshänder mit dem rechten, Linkshänder mit dem linken Arm zunächst Muskelentspannung (Schwere) in passiver geistiger Konzentration darstellten und durch ruckhafte Willkürbewegung wieder aufhoben. Die auf diese Weise in einer Extremität dargestellte Entspannungs-Spannungspolarität transferierte nun bei weiteren Übungen automatisch nach typologischen Gesetzmäßigkeiten verteilt in den übrigen Organismus, überwiegend im Sinne symmetrischer Miteinstellung, so daß bei durchschnittlichem Verlauf nach einer Reihe von Übungstagen momentan einsetzende Absolutentspannung der gesamten Bewegungsmuskulatur erreichbar ist. Ordnen wir dem groben Schema, das ich 1924 in der Medizinischen Klinik gab, die physiologischen Hauptsysteme nach ihrer Ichnähe, so würde das hypothetische Ich nur mit der Quermuskulatur in bestimmendem direkten Kontakt zu denken sein, ihm nahe verbunden, aber nicht selbsttätig erreichbar, würde das Vasomotorium folgen, noch etwas entfernter das Vegetativum (Glattmuskulatur, Sekretionen) und endlich am ichfernsten die mechanischen Stützgewebe (Knochen, Knorpel, Bindegewebe).

Im Sinne dieses rohen Schemas wird zunächst die konzentrative Totalbeherrschung des innersten Kreises verlangt, ehe in derselben methodischen Weise an die selbsttätige Umstellung des zweiten, des Vasomotorismus, gegangen werden darf, die physiologisch wohl den überraschendsten Teil der ganzen Arbeit darstellt, da sich an zur Zeit 700 Normalpersonen und einer weit größeren Zahl von Patienten die Lernfähigkeit selbsttätiger Beeinflussung ergab.

In der Durchführung dieser Übungen vollzieht sich bei den Versuchspersonen spontan eine innere Umstellung, es entwickelt sich ein Zustand von Außen-, Gegenwarts- und Wirklichkeitsabwendung mit Steigerung von Innenerlebnissen, der am besten als „Versenkung" bezeichnet wird. Interessante Kontrollversuche am Psychologischen Institut der Universität Münster (Prof. GOLDSCHMIDT) 1928 zeigten, daß der Eintritt dieser Umschaltung in keiner Weise an ein Wissen um das Verfahren gebunden ist. Kollege GOLDSCHMIDT hatte die Liebenswürdigkeit, mir eine Reihe psychologisch durchgebildeter Versuchspersonen seines Laboratoriums und Arbeitskreises zur Verfügung zu stellen, die nachweislich von meiner Methode überhaupt nie, von meiner Person nur zum geringsten Teile gehört hatten. Ohne irgendeine Erwartungseinstellung, lediglich rein mechanisch auf die Übungstechnik als eine „Muskelentspannung" eingestellt, beobachteten sie ausnahmslos unter den selbstverständlichen methodischen Kontrollen der experimentellen Psychologie zum überwiegenden Teile sehr zu ihrem Erstauen das Eintreten der Versenkung.

Ausgedehnte physiologische klinische Kontrollen wurden teils von mir, teils von H. BINSWANGER (Klinik v. BERGMANNS) angestellt und werden fortgesetzt. Sie zeigen das Ausmaß physiologischer Schwankungen bei dem Verfahren.

Als *Grenzen des autogenen Trainings* dürfen im Prinzip die echten suggestiven Leistungen eigentlichen Sinnes bezeichnet werden: — Eroberung sonst autonomer Körperfunktionen, Ruhigstellung („Resonanzdämpfung der Affekte"), Übungssteigerung, Gedächtniserweiterung, Hyp- und Analgesie, vertiefte Selbstschau.

Welche *gehobenen Aufgabestufen sind nun mit dieser Technik erreichbar?* Im *Prinzip* können hier *zwei verschiedene Wege* eingeschlagen werden, indem die *an und für sich primitiven technischen Leistungen in allgemeine Fragestellungen eingebaut werden* oder *das Verfahren selbst differenziert wird.* Wir geben zunächst einige Hauptgesichtspunkte für den ersten Fall, *den Einbau an und für sich primitiver Leistungen in allgemeine Fragestellungen.* An erster Stelle ist hier die Eliminierung persönlichkeitsstörender Ermüdungsunruhe zu nennen. In der Bearbeitung der konstitutionellen Nervosität in BUMKES Handbuch der Geisteskrankheiten (Band V, I 1928) wurde auf die „Ermüdungsverzweiflung" als typisches konstitutionell nervös bedingtes Symptom besonders hingewiesen. Wie OSCAR VOGT schon vor 30 Jahren richtig erkannte, finden sich nicht selten namentlich vegetativ stigmatisierte konstitutionell Nervöse, bei denen ein gestreckter Leistungsverlauf zu Fehlreaktionen allgemeiner oder isoliert funktioneller Art führt, und vorbeugende Einschaltungen von Autohypnosen, wie sie OSCAR VOGT empfahl oder Tiefenentspannungen durch das autogene Training die Wirkung einer Ruheprophylaxe haben. Begreiflicherweise wurden diese Erfahrungen zunächst besonders an Patienten mit sehr augenfälligen, oft anfallsweise auftretenden Organmanifestationen deutlich (Migräne, Asthma, Pruritus usw.), eingehende klinische Beobachtung lehrt aber, daß auch allgemeine Reaktionen oft überwiegend psychologischer Form (Reizbarkeit, Verstimmung, Insuffizienzgefühle, Konzentrationsschwäche usw.) auf demselben Wege ausgeschaltet werden können. Es bedarf hier keiner näheren Erörterung, daß auf diesem Wege Störungsmomente wesentlichster Art für Persönlichkeit und Umwelt ausgeschaltet werden können.

An zweiter Stelle ist die Erreichung allgemein wesentlichen Gedächtnismaterials rein mechanischer Art zu nennen. In völliger Analogie zur hypnotischen Hypermnesie ist es auch mit Hilfe des autogenen Trainings möglich, Gedächtnismaterialien zur Reproduktion zu bringen, die sich sonst entziehen, so daß unsere Methode die Möglichkeit vermittelt, fehlendes Material heraufzuholen oder unsicheres zu kontrollieren (Daten, Namen, Texte usw.).

Drittens bedeutet es im Verlaufe vieler psychotherapeutischer Arbeiten ein wesentliches Moment, wenn es demonstrativ gelingt, hypochondrisch mißverstandene Organfunktionsschwankungen abzustellen, gleichgültig, ob es sich um normale oder veränderte Organe handelt. Bei genügender Konsequenz der Versuchspersonen ist es in jedem Falle erreichbar, die vasomotorischen Erscheinungen und die Herztätigkeit deutlich unter selbsttätigem Einfluß umzustellen, so daß nicht nur psychogene, insbesondere affektiv bedingte, sondern auch exogene oder endogene toxische Schwankungen leichteren bis mittleren Grades aufgehoben werden können. Der Kranke erlebt hier im Selbstversuch, daß Störungen, die ihn als solche oder in ihrer psychischen Verarbeitung oft in schwerstem

Maße belästigen, durch unsere Technik zu beherrschbaren und damit unwesentlichen Erscheinungen werden, ein Schritt auf dem Wege zur Entwertung und Objektivierung des Symptomes. Entsprechende Beobachtung klinischer Art besitze ich auf den verschiedensten Organgebieten.

Viertens ist hier kurz auf das Problem der Resonanzdämpfung der Affekte hinzuweisen. Das autogene Training arbeitet mit Organsystemen, die allernächste Beziehungen zum Ausdrucksgeschehen haben und erlaubt dem Durchtrainierten eine Selbstabstellung dieser gesamten Apparate, die unter entsprechenden allgemeinen Bedingungen sowohl bei störenden physiologischen als pathologischen Affekterscheinungen benutzt werden kann und so einen in vielen Fällen ausgezeichneten Weg zu gewissen, dem stoischen Ideal verwandten Lebenshaltungen führt. Hier ist selbstverständlich eine ganz universelle und kritische Indikationsstellung unbedingtes Erfordernis.

An fünfter Stelle sind die Analogien zur sog. posthypnotischen Suggestion zu nennen. Man spricht nach meiner Auffassung im autogenen Training besser von einer konzentrativ schematischen (formelhaften) Vorsatzbildung. Diese kann sowohl produktiv als besonders zur Korrektur allgemein störender Einzelverhaltungsweisen benutzt werden. Dabei sind psychologisch außerordentlich interessante Abläufe zu beobachten, indem oft die ersten Tage völlig reaktionslos verlaufen, dann eine zunehmende allgemeine Unruhe und Aufladung hervortreten, an die sich dann oft durchaus im Charakter des Automatischen der Einzel- oder Dauervollzug schließt. Besonders gute Indikationen nach dieser Richtung ergeben Gewohnheiten, die an und für sich rein mechanisch mitgeschleppt, Kristallisationspunkte für Innen- und Umweltstörungen bilden. Gerade an solchen Phänomenen ist oft besonders deutlich die ergänzende Wirkung einer unterminierenden psychoanalytischen Behandlung und einer umstellenden Vorsatzbildung zu beobachten. Nach der Erfahrung des Arztes und den Resultaten psychologischer Untersuchung muß vermieden werden, an ein mehr äußerliches Adnexsymptom unverhältnismäßige psychoanalytische Aufwendung zu verschwenden oder ein äußerlich unscheinbares aber im eigentlichen Sinne persönlichkeitsverbundenes Tiefensymptom sozusagen chirurgisch anzugehen oder etwa gar lebenswichtige Ventile abzudrosseln.

An letzter Stelle in naher Beziehung mit dem eben erwähnten Punkte ist die demonstrative Durchbrechung „unüberwindlicher" Gewöhnungen und Süchtigkeiten zu nennen. Hier verfüge ich zum Teil über ausgezeichnete Resultate mit mehrjähriger Nachkontrolle bei Alkohol- und Nikotingewöhnung, ganz vereinzelte entsprechende Erfahrung bei Kokainsucht, während ich bei Morphinisten niemals einen Erfolg sah, was zum Teil damit zusammenhängen mag, daß es sich nur um ganz desolate, schon vielfachen Entziehungskuren unterworfene Kranke handelte, da ich unter anderen Umständen die klinische Entziehung zur Voraussetzung für die psychische Behandlung mache, so daß die Fälle für die Bewertung des autogenen Trainings nicht rein anzurechnen sind, während es sich in den vorerwähnten Beobachtungen um ambulante Behandlung handelte. Die nahen Beziehungen zu zentralen Persönlichkeitsproblemen brauchen hier nicht näher ausgeführt zu werden.

Bietet so schon die Verwendung des an und für sich primitiven Verfahrens im Rahmen allgemeiner Fragestellungen vielerlei Wesentliches, so führt die *eigentliche Differenzierung des Verfahrens an sich* noch bedeutend weiter.

An erster Stelle ist hier die Entdeckung der psychischen Repräsentanz von Organerlebnissen zu nennen. Derartige Untersuchungen sind theoretisch von erheblichem Interesse, weil sie uns zeigen, daß anscheinend „seelenstumme" Organerlebnisse im Training weitgehend vergegenwärtigt werden können, wodurch für viele Beobachtungen aus der pathologischen und normalen Psychologie Material zu gewinnen ist; insbesondere überbrücken diese Forschungen die Lücke, die im unfiltrierten Alltagserleben auf der psychischen Seite gegenüber weiten Bereichen des Körpergeschehens klafft, es lösen sich aus den dumpfen „Allgemeingefühlen" durchaus differenzierte und persönlichem Erleben zugängliche Phänomene, die ihrerseits wieder unter entsprechenden Umständen dazu dienen, das Organerlebnis von der psychischen Seite hier in Gang zu setzen. So ist z. B. das normalerweise nicht gefühlte Herz bei entsprechender versenkter Tiefeneinstellung für die Mehrzahl normaler Versuchspersonen erreichbar von dumpfen Erschütterungserlebnissen des Brustraumes über allgemeine Pulsationsempfindungen bis zu eigenartigen, schwer in Worten schilderbaren Arbeitserlebnissen des Herzens. Älteste Erfahrungen der Fremdsuggestion haben erwiesen, daß gerade an der richtigen Verwertung und Darstellung dieser Organrepräsentanz, an der „Redaktion der Suggestion“, wie man im alten Schema sagte, sehr häufig die Möglichkeit erfolgreichen Experimentierens hängt, so daß gerade diesem Teil der Arbeit wesentlichste praktische Bedeutung zukommt. An Schilders hier dicht benachbarte Forschung über das „Körperschema“ sei nur im Vorübergehen erinnert.

Die Körperbeseelung, mit dem eben Erwähnten in nächster Fühlung stehend, ist hier an zweiter Stelle zu nennen. Es ist darunter nicht nur das übungsmäßige Erwerben selbsttätiger Beherrschung sonst autonomer Körperfunktionen zu verstehen, sondern von einem weniger technischen, mehr allgemeinen Standpunkt aus die persönliche Vertiefung des Menschen in sein körperliches Ich. Bezzola hat in seiner elementaren Psychautanalyse ohne Zuhilfenahme einer Tiefentechnik ähnliche allgemeine Ziele verfolgt, und ganz weite Strecken der hier berührten Probleme gehen, wenn auch unterschiedlichen Weges, in den Bereich von Persönlichkeit und Gymnastik über, wie es etwa in Gieses Monographie „Körperseele“ (München, Delphinverlag), in Heyers jüngsten Ausführungen über Gymnastik und Psychotherapie und den zahlreichen Ausführungen führender Gymnasten behandelt wird. Man kann gerade diesen Teil des autogenen Trainings am besten unter dem Schlagwort einer *„inneren Gymnastik“* verdeutlichen, wobei eben diese allgemeinen Beziehungen zur Persönlichkeit besonders gemeint sind. Die Ehrfurcht jedes wahren Naturforschers von der Natur ist besonders für viele unkörperlich und lebensfremd eingestellte Psychopathen auf diesem Wege zu erlangen und stellt als wesentliche Erweiterung des Erlebens einen oft bedeutsamen Wirkungsfaktor dar.

Ganz besonders interessante Aufgaben zweigen aus diesem Punkt der Arbeit für diejenigen Versuchspersonen ab, denen der Körper als künstlerisches Werkzeug dient und durch das Training Beseelung gewinnt.

Aber nicht nur die körperlichen Abläufe können Gegenstand, Inhalt und Aufgabe (und zu gleicher Zeit Träger!) des Trainings werden, sondern, das ist hier drittens zu nennen, auch andere Erlebnisse können mit Hilfe des Trainings objektiviert und distanziert werden. Hier sind auch im Rahmen des Trainings selbst verschiedene Wege offen; Sinneserlebnisse, namentlich beruflich wesentlicher Art, können durch konzentrative Zuwendung intensiviert und einer Gestaltung zugeführt werden, so daß etwa ein Kunstkritiker vor einem Bilde sich zunächst mit geschlossenen Augen versenkt und dann in versenktem Zustand, die Augen öffnend, gleichsam somnambul eine Unio mystica mit dem Objekt feiert. Hierher reichen auch Nachwirkungen der affektiven Resonanzdämpfung, hierher Wirkungen eines schauenden Vergegenwärtigens vielfachster Phänomene, die nicht nur klarer, vollständiger, sachlicher und gefügter werden, sondern auf diesem Wege im Verlaufe sehr verschieden gestalteter Gewöhnungsvorgänge der Persönlichkeit eingearbeitet werden, wie ich es in meiner „Schicksalsstunde der Psychotherapie" als Teilmechanismus des psychoanalytischen Erlebnisses aufgewiesen habe. Wege zur kontemplativen Weltanschauung sind hier deutlich.

Bedeutet diese dritte Differenzierung unseres Verfahrens mehr eine Hilfe nach außen, so ist endlich als letzter umfangreicher Aufgabenkreis die vertiefte Selbstschau zu nennen. Hier steht an erster Stelle, vergleichbar der Haltung eines Medizinstudierenden, der beginnt, durchs Mikroskop zu schauen, die Sammlung von spontanem Material, das ausgesprochen traumähnliche Hinuntersinken in eine Bilderwelt, das bei genügender Technik nicht Vorrecht überwiegend optischer oder gar eidetischer Versuchspersonen ist, sondern, dem natürlichen Nachttraum vergleichbar, auch von Menschen erreicht werden kann, die in ihrer gewöhnlichen Haltung ausgesprochen optisch minderbegabt sind. Die Analogie zu der Bedeutung des anschaulichen Denkens in der psychoanalytischen Arbeit, auf die SCHULTZ-HENKE in seiner schönen „Einführung in die Psychoanalyse" (Fischer, Jena 1928) mit Recht verwies und zu Grenzzuständen mechanisierter Assoziations- und Reaktionsversuche, liegt auf der Hand, es ist ein „freies Assozieren" im allereigentlichsten und häufig schöpferischen Sinne.

Die Eigenart unserer Technik erlaubt uns jedoch, darüber hinauszugehen und im versenkten Zustande in das Gewirr ziehender Bilder Fragestellungen hineinzunehmen, entweder so, daß sie von einem Versuchsleiter bei Gruppenexperimenten oder Einzelversuchen überraschend eingebracht werden, oder vorsatzhaft von der Versuchsperson in die Umstellung mitgenommen werden. Hier ergeben sich überaus interessante symbolhafte „Antworten aus dem Unbewußten". Es sei besonders betont, daß hier die Fehlerquellen einer hypnotischen Selbstbesinnung, wie sie KOHNSTAMM versuchte, streng zu meiden sind; aber selbst bei durchaus kritischer, zurückhaltender und vorsichtiger Bearbeitung ergeben sich gerade bei dieser Technik außerordentlich reiche und wertvolle Materialien.

Ein weiterer Punkt dieser speziellen Arbeit betrifft die Selbstkontrolle der Innenstruktur. Versenkt-abgestellt, ihren Innenerlebnissen ablenkungslos zugewandt und mehr und mehr traumhaften Schichten zuwandelnd, offenbart die Versuchsperson in der Eigenart ihrer Erlebnisse Wesentliches. Form und Gliederung der entwickelten Materialien, Fülle, Lebendigkeit und Reichtum auf der einen Seite, Trockenheit und Armut auf der anderen, bunte Anschaulichkeit aller Sinnessphären oder formelhaft-schematisch abstraktes Reagieren, wirrer Kleinkram oder großlinig Strukturiertes, Chaos oder Rhythmus, Vorwärts- oder Rückwärtsneigung usw., alle diese Sonderheiten weisen hinüber zu anscheinend typologischen Elementarphänomenen, entwickeln sich in günstiger Entfaltung. Hier sind besonders nahe Beziehungen zu den Feststellungen, die der RORSCHACH-RÖMER-Test erlaubt.

Eine Vereinigung der drei bisher erwähnten Sonderverfahren der vertieften Selbstschau gestattet in einem gewissen Rahmen eine Autopsychokatharsis, ja bei entsprechender Schulung, Eignung und Selbständigkeit der Versuchsperson eine Autopsychoanalyse oft bis zu überraschender Tiefe. Diese Beobachtungen sind zweifellos für eine wirklich umfassende und eingehende Bearbeitung des Widerstandsphänomens in der Psychoanalyse von erheblichem Belang, ohne daß hier auf diese weitverzweigte theoretische Frage näher eingegangen werden könnte.

Eine ganz spezifische, nur an einzelnen Stellen der älteren

Hypnotherapie, so etwa in der Dreamtherapie von HABERMANN (New York) und in manchen Versuchen von GRAETER ähnlich versuchte Leistung der Versenkungstechnik ist in der Darstellung von Nirwanaerlebnissen gegeben. Mit Recht hat für diesen einen Punkt LUDWIG BINSWANGER auf die Gefahr eines autistischen Mißbrauchs hingewiesen, nur muß man mit großer Sorgfalt den Nachdruck auf das Wort *Mißbrauch* legen. Kritische und sinngemäße Verwendung dieser Erlebnisse kann in der Psychotherapie Dienste leisten, die meines Wissens keine andere Methode zu vermitteln imstande ist. Menschen, die das autogene Training so völlig beherrschen, daß ihnen der Weg in eine selbst anregbare, aber doch beglückende und produktive Bilderwelt offen ist, können sich so, wie ich jetzt durch jahrelange, sorgfältige Beobachtung entsprechender Persönlichkeiten festgestellt habe, einen wirksamen und produktiven Ausgleich sonst negativer Lebensbilanz schaffen. Selbstverständlich werden wir nicht Versuchspersonen diesen Weg führen, die im Gegensatz zu ihrem sachlich betrachteten Schicksal lebensflüchtig, wirklichkeitsscheu oder irgendwie tagesfeige sind, aber ich glaube, im Kreise erfahrener Psychotherapeuten keinem Widerspruch zu begegnen, wenn ich sage, daß die Zahl solcher Kranker, deren Realbilanz unabänderlich negativ bleiben muß, und bei denen irgendeine reale Lösungsmöglichkeit völlig fehlt, doch nicht allzu klein ist. Handelt es sich um Persönlichkeiten, denen menschliches Maß eigen ist, und die frei sind von Tendenzen minderwertigen neurotischen Mißbrauchs, dann sind wir in vollem Widerspruch zur verzweifelten Erbarmungslosigkeit des Wirklichen mit Hilfe unserer Methode in der Lage, Beglückung zu vermitteln, die wichtiger Lebensbestandteil werden kann.

Selbstverständlich konnte in diesen aphoristischen Andeutungen nur eine flüchtige Skizze der gehobenen Aufgabestufen des autogenen Trainings gegeben werden; daß kein kritischer Psychotherapeut den Wert einer Einzelmethode überschätzen wird, bedarf in diesem Kreise nicht näherer Ausführung.

*

Im Jahre 1929 folgte noch eine weitere, für die Darstellung der Entwicklung des autogenen Trainings wesentliche Arbeit in der Zeitschrift „Die medizinische Welt“. In dieser Arbeit werden erstmalig genauer einige somatische Befunde geschildert. Ferner erfolgt die Darstellung einiger psychologischer Befunde, die an einem psychologischen Institut erarbeitet wurden. Aus diesem Grunde erscheint die Veröffentlichung gerade dieser Arbeit wesentlich.

AUTOGENES TRAINING[1]

Von Johannes Heinrich Schultz

Das „*autogene Training*“ hat sich unmittelbar im Anschluß an die Erfahrungen der Hypnose entwickelt. Richtunggebend waren dabei besonders zwei Tatsachen, erstens die guten Erfolge von Oskar Vogt in den 90er Jahren des vorigen Jahrhunderts mit „*Autohypnose*“. Vogt ging so vor, daß er gebildete und kritische Versuchspersonen, die ihm durch längere hypnotische Behandlungen genau vertraut waren, dazu anleitete, sich durch eine gewisse ruckhafte Umschaltung selbst in hypnotischen Zustand zu versetzen. Er konnte dabei feststellen, daß es auf diese Weise gelang, den Versuchspersonen die bekannten Vorteile echt suggestiven Arbeitens in weitem Maße zu vermitteln. Insbesondere waren die von Vogt geschulten Menschen in der Lage, in der selbst dargestellten Hypnose sich nähere Rechenschaft über die seelischen Zusammenhänge zu geben, die zu ihrer Erkrankung geführt hatten. Besonders interessant ist in dieser Beziehung ein von Vogt angestelles, oft zitiertes Experiment. Eine besonders suggestible, mit dem Ehepaar Vogt befreundete Versuchsperson war an einem Sommernachmittage zu Besuch und befand sich mit dem Ehepaar Vogt und anderen Gästen auf der Veranda. Es wurde Obst gereicht, das die betreffende Versuchsperson immer gerne aß. Vogt hypnotisierte nun die Versuchsperson und ließ sie in tiefer Hypnose erleben, sie äße eine Pflaume und beiße auf eine Made. Es

[1] Die medizinische Welt, 3, 1929, S. 1686—1688.

wurde dann Amnesie gesetzt und geweckt, und es zeigte sich, daß die Versuchsperson nun jeden Genuß von Obst ablehnte, indem sie erklärte, sie habe schon genug, sie habe jetzt keine Lust und dergleichen. Von VOGT zu autohypnotischer Selbstbeobachtung angeleitet, durchschaute sie bald den Zusammenhang und nahm nun ungestört an der Mahlzeit weiter teil.

Die zweite Erfahrung, die der Ausbildung unseres Verfahrens zugrunde liegt, ergab sich bei meinen Untersuchungen über *„Schichtenbildung im hypnotischen Selbsterleben“*. Leitet man gebildete und kritische Versuchspersonen in einer durchschnittlichen Hypnose zu einem möglichst lückenlosen Berichte über ihre spontanen Selbstbeobachtungen an, so erhält man außerordentlich häufig sehr eingehende und bemerkenswerte Schilderungen. Irgendwelche Suggestivfragen sind bei einer derartigen Untersuchung natürlich zu vermeiden, man beschränkt sich vielmehr lediglich auf das ganz von selbst Mitgeteilte. Im Verlauf dieser Arbeit, die zu rein theoretischen Zwecken angestellt wurde, ergab sich nun in einer Beziehung eine sehr auffallende Übereinstimmung aller Berichte. Die Versuchspersonen nahmen sämtlich, ganz unabhängig von der Art des hypnotischen Vorgehens, eigenartige Veränderungen ihrer Körperlichkeit wahr, besonders das Auftreten von charakteristischen Schwere- und Wärmeempfindungen. Wenn man im Sinne der modernen Medizin gelernt hat, alle Reaktionen seiner Kranken als Ausdruck des Gesamtverhaltens anzusehen, wird man geneigt sein, derartige Beobachtungen nicht als irgendwelche zufällige Begleiterscheinungen anzusehen, sondern ihnen irgendwie wesentliche Bedeutung beizumessen. Physiologisch betrachtet legten diese Angaben den Gedanken nahe, daß die Schwereempfindung mit einer Muskelentspannung, die Wärmeempfindung mit Gefäßerweiterung in Beziehung zu setzen sei, und es ergab sich dadurch die Auffassung, daß ähnlich den verwandten Erscheinungen beim Nachtschlaf für die eigentliche und spezifische hypnotische Umstellung eben derartige Entspannungsvorgänge charakteristisch seien.

In Umkehr dieser Beobachtungen wurde nun systematisch versucht, auf dem Wege ärztlich kontrollierter Übung bei Versuchspersonen eine Selbstentspannung des Muskel- und Gefäßsystems herzustellen und zu kontrollieren, ob im Verfolge solcher Übungen tatsächlich eine hypnoseähnliche allgemeine Umstellung erfolgt.

Die Erfahrung hat gezeigt, daß diese Überlegungen richtig waren. Es gelingt in der Tat, durch Anleitung zu bestimmten systematischen „körperlichen" Entspannungen eine Veränderung des Allgemeinzustandes herbeizuführen, die im Anschluß an ähnliche allgemein-psychologische Erfahrungen am besten als „*Versenkung*" bezeichnet wird. Die Versuchspersonen bemerken eine gesteigerte Wendung nach innen, ein Absinken der Außenreize, vielfach außer den selbst dargestellten Schwere- und Wärmeerlebnissen auch sonstige eigenartige Änderungen des Körpergefühls, wobei bald Fremdwerden des Körpers, bald schwebende oder unräumliche Gefühle hervortreten, wie wir sie namentlich aus religionspsychologischen Studien kennen. Insbesondere wird häufig mit großer Deutlichkeit jenes eigentümliche „Schweben im Kosmos" erlebt, das uns in der mystischen Literatur als Levitation bekannt ist.

Experimentelle Kontrollen wurden an den sehr zahlreichen (mehrere Hundert) normalen Versuchspersonen nach verschiedenen Richtungen angestellt. So konnte ich schon 1926 nachweisen, daß systematische Messungen der Wärmestrahlung bei der Ausbildung der Wärmeerlebnisse deutliche physikalische Schwankungen erkennen ließen. Eingehende physiologisch-klinische Messungen nahm dann besonders mein Mitarbeiter, HERBERT BINSWANGER, an der II. Medizinischen Klinik (Prof. VON BERGMANN) vor, worüber er in dem „Nervenarzt" Anfang dieses Jahres berichtete. BINSWANGER konnte feststellen, daß einer Reihe von bei diesem Verfahren dargestellten Muskelphänomenen eigenartige myelektrische Befunde zugehören, konnte in weiteren exakten Messungen Wärmestrahlungsschwankungen bis 1,1 Grad Celsius und namentlich Selbstumschaltungen der Pulsfrequenz nachweisen. Einem seit vielen Jahren von mir trainierten Ingenieur war es z. B. möglich, seinen normalerweise 76 betragenden Puls auf 44 zu verlangsamen oder auf 144 zu beschleunigen, ohne daß dabei irgendwelche Gefühlserlebnisse eingeschaltet werden, sondern lediglich durch eine direkte Selbsteinstellung auf die Herzarbeit.

Das psychologische Experimentum crucis stellte ich unter freundlicher Unterstützung von Professor GOLDSCHMIDT im Sommer

1928 im Psychologischen Institut der Universität Münster an. Goldschmidt stellte mir eine Reihe allgemein-psychologisch und besonders in der Selbstbeobachtung geschulte Versuchspersonen zur Verfügung, die von meinen Arbeiten und meiner Person keinerlei Kenntnis hatten. Es wurde ihnen über den Sinn des Verfahrens überhaupt nichts mitgeteilt, sondern lediglich gesagt, daß sie an gewissen Selbstbeobachtungen über Muskel- und Gefäßentspannung teilnehmen möchten. Rein technisch, also ausdrücklich ohne irgendwelche „suggestive" Hinweisung, wurden diese Versuchspersonen zur Vornahme der typischen Übungen angeleitet, und es zeigte sich, daß sie ausnahmslos, zum Teil sehr zu ihrem eigenen Erstaunen, in den typischen „versenkten" Ausnahmezustand kamen.

An dieser Stelle ist eine kurze Bemerkung über die jetzige Lage des Suggestionsproblems notwendig. Im Anschluß an die ältere kritische Suggestionsforschung hat sich jetzt namentlich durch die Arbeiten von P. Häberlin und E. Straus eine Klärung des Suggestionsbegriffes dahin vollzogen, daß als Suggestion die ganz allgemeine wirksame Verbindung zwischen Menschen aufgefaßt wird, deren wesentliches Kennzeichen darin liegt, daß aus den beiden Menschen eine Gemeinschaft wird, in der sich das Erleben in typischer Weise ändert. Aus den beiden getrennten „Ich" wird ein „Wir", es entsteht eine „Wirbildung" und die dadurch gesetzte Erlebnisgemeinsamkeit bedingt, allgemein psychologisch betrachtet, die oft gekennzeichneten eigenartigen allgemein-psychischen Erscheinungen des Suggestionsgebietes.

Gegenüber dieser durchaus klaren und verwertbaren allgemeinen Auffassung des Suggestionsbegriffes bedeuten die hier geschilderten Versuche etwas prinzipiell anderes. Sie streben ausdrücklich an, die Vorteile und Besonderheiten eines Ausnahmezustandes zu benutzen, über dessen Wert nach ganz banalen Erfahrungen der alten Hypnose kein Zweifel bestehen kann.

In der Tat zeigt sich, daß eine solche Schulung selbsttätiger *„Konzentration"* zu Sonderleistungen führen kann, und es ist deshalb empfehlenswert, das autogene Training als spezifische, zur Versenkung führende Konzentrationstechnik vom allgemeinen Suggestionsbegriff abzutrennen. Selbstverständlich kann in der

Praxis auch diese Technik eigentlich fremdsuggestiven Techniken dienstbar gemacht werden, ja, es kann darüber hinaus die Darstellung des konzentrativen Versenkungszustandes durch Fremdsuggestion im Sinne der Hypnotisierung erleichtert werden. Wichtig ist nur, sich im Prinzip darüber klar zu bleiben, daß das eigentliche Wesen der hier geschilderten Arbeitsweise mit dem allgemeinen Begriff der Suggestion nicht erfaßt wird, sondern daß es sich viel eher um ein rationelles Übungsverfahren handelt, so daß man zur Schnellverständigung von einem *„rationalen Fakirismus“* sprechen kann.

Für die technische Seite des Verfahrens können hier nur einige kurze Hinweise gegeben werden. Es handelt sich darum, mit einer durchaus spannungsfreien Konzentration zunächst das Muskel- und dann das Gefäßsystem so zu entspannen, daß der gewünschte Zustand der Versenkung eintritt. Dabei wird das Prinzip der „Generalisierung“ benutzt, das in den neurologischen Erscheinungen der Mitbewegung und in dem psychologischen Transferphänomen Analoga hat. Unter letzterem wird psychologisch die Erscheinung verstanden, daß eine einer einzelnen zugewendete Übungsarbeit nicht auf diese Extremität beschränkt bleibt, sondern sich bei weiterem Üben automatisch über den ganzen Körper verbreitet. Besonders neuere amerikanische Untersuchungen haben diese zuerst von FECHNER beschriebenen Erscheinungen näher aufgeklärt; es zeigte sich z. B., daß bei einer Übungsverfeinerung von Spitzen-Unterschieden an der rechten Hand eine gleichlaufende Verfeinerung an der anderen Hand und z. T. auch am gleichseitigen Fuße beobachtet wird. Die Theorie dieser Erscheinungen muß notwendigerweise sehr zentrale Mechanismen berücksichtigen und darf nicht zu sehr in körperhaften peripheren Anschauungen steckenbleiben. Wir können sie hier nicht näher verfolgen, sondern wollen mit diesem kurzen Hinweis nur die Verbindung des autogenen Trainings mit gesicherten allgemeinen Erfahrungen dartun. Praktisch geht man in diesem Sinne so vor, daß die Versuchspersonen angeleitet werden, zunächst nur in einem Arme, und zwar beim Rechtshänder im rechten, beim Linkshänder im linken Arme, durch konzentrative Vergegenwärtigung des Schwereerlebnisses vollkommene Entspannung darzustellen. Die Versuchsperson bleibt bei diesen ersten Übungen nur auf den Übungsarm eingestellt und bemerkt bei durchschnittlichem Verlaufe, daß in der Mehrzahl der Fälle im andern Arme, bei etwa 1/10 der Fälle im gleichseitigen Beine, dieselben Veränderungen spontan auftreten. Gerade dieser Faktor des spontanen und automatischen Sichausbreitens der Entspannung ist nach meinen Erfahrungen von besonderer Bedeutung für erfolgreichen Verlauf. Es ist ein Fehler, Menschen zu einer diffusen Gesamtentspannung des Körpers anleiten zu wollen, da das Objekt für eine wirklich gesammelte Selbstbeeinflussung viel zu weit ist und nur in ganz seltenen Ausnahmefällen ein wirkliches Resultat erzielt werden kann. Ferner ist zweifellos gerade das Erlebnis der selbsttätigen Ausbreitung der Umstellung im Organismus von erheblichem Werte, lernt doch der Kranke, gerade auf diese Weise die in sich widerspruchsvolle Aufgabe zu erfüllen, spannungsfrei und doch konzentriert sich einer bestimmten Aufgabe zuzuwenden.

Bei durchschnittlichem Verlaufe wird in etwa 8 bis 10 Tagen regelmäßigen Übens die Darstellung der Gesamtentspannung des Körpers erreicht. Da die Arbeit in den ersten Sitzungen besonders der Umschaltung dient, müssen die Übungssitzungen im Anfang sehr kurz gehalten werden, weil sonst Spannungsmomente in die Übungen einfließen, die den Sinn des Verfahrens aufheben. Man läßt deshalb in der ersten Zeit zwei- bis dreimal täglich 1/2 bis eine Minute üben, wobei auch bestimmte Körperhaltungen zu beachten sind, die im Prinzip mechanisch gesetzte Spannungen ausschalten. (Sitz- und Liegehaltung.)

Ist die universelle Selbstentspannung der Muskeln erreicht, so wird durch vorsichtiges Einführen selbstgesetzter, zunächst auch wieder auf den Übungsarm beschränkter Wärmeerlebnisse die Gefäßentspannung herbeigeführt, und endlich, wenn auch hier Erfolg eingetreten ist, ein Selbst-Kühlstellen der Stirn-Kopfpartie beigefügt.

Damit hat der Kranke das eigentliche Werkzeug der Selbstentspannung und Selbstversenkung in der Hand. Während bei den Muskelübungen kein anderes Risiko besteht, als daß aus irgendeinem Grunde die Übung nicht gelingt, was durch besondere Untersuchung zu kontrollieren ist, stellt die Gefäßentspannung einen durchaus differenten Eingriff dar, so daß z. B. ein älterer

Kollege von außerhalb, der mich zur Erlernung der Technik aufsuchte, auf die erste Gefäßentspannung mit einer halbstündigen Ohnmacht reagierte. Angeborene und erworbene Eigenarten der Körperreaktion komplizieren das Verfahren in der Praxis weiter, so daß dringend empfohlen werden muß, mit der Methode nur zu arbeiten, wenn man sich von einem Sachkenner in ihre Technik und Gefahren hat einführen lassen. Ist doch hier wie bei jeder Übungsarbeit theoretische Mitteilung nur bei sehr eingehender Erörterung möglich, da die Praxis dauernd neue und besondere technische Fragen stellt. Sowie der Patient durch die Übungstechnik die Möglichkeit bekommt, selbsttätig einen erheblichen Einfluß auf seine vasomotorischen Regulationen auszuüben, gelingt es nun, besonders mit Unterstützung des Versenkungszustandes, auch Beeinflussungen anderer sonst dem Willen entzogener Mechanismen übend zu erreichen, so daß Funktionsschwankungen innerer Organe weitgehend experimentell dargestellt oder bei Vorliegen von Störungen abgeändert werden können. Es liegt hier nach meiner Auffassung das Prinzip des Erlernens von Körperfunktionen überhaupt zutage, und es zeigt sich, daß der schematische Unterschied zwischen quergestreifter sogenannter willkürlicher Muskulatur und anderen Systemen nicht in der Eigenart der Organe, sondern darin liegt, daß wir in einer sehr frühen, uns nicht mehr erinnerbaren Zeit das System der Bewegungsmuskeln so weitgehend bis zum automatischen Stil lernend erobert haben, daß uns jetzt das Phänomen der Willkür vorgetäuscht wird. In der Tat zeigt jede neue und ungewohnte Bewegungsaufgabe ebenso, wie viele nervöse Funktionsschwankungen der Bewegungsmuskulatur, daß in Wirklichkeit auch dieser Apparat in keiner Weise einfach willkürlich uns gehorcht.

Das autogene Training erlaubt alle diejenigen Leistungen, die aus der Hypnosebehandlung bekannt sind: Ruhigstellung, Empfindungs- und Gedächtnissteigerung, Vorsatzfassung (posthypnotische Suggestion), Beeinflussung sonst unzugänglicher Organfunktionen und Vertiefung der Selbsterkenntnis durch systematische Selbstbeobachtung. Die Verwendung ist demnach dieselbe wie die der kritischen Hypnotherapie. Daneben bestehen zwei für die Methode spezifische Sonderleistungen; durchtrainierte Versuchspersonen können durch Selbstabstellung vollkommene Selbstberuhigung gewinnen und damit störende Affekte abstellen (Resonanzdämpfung der Affekte), werden doch durch das autogene Training gerade die Körpersysteme entspannt, in denen sonst durch Affekte besondere Spannungen hervortreten. Ferner kann bei Menschen in ganz verzweifelter Lebenslage, wo von keiner Seite her irgendeine Möglichkeit einer Hilfe besteht, durch Anleitung zu tiefen Versenkungszuständen eine ausgleichende und beglükkende Traumwelt geschaffen werden, die solchen Unglücklichen das Leben erträglich macht (Nirwana-Therapie). Selbstverständlich steht diese letzte spezifische Anwendung der Methode im Prinzip durchaus gleich mit der Darreichung schmerzlindernder Betäubungsmittel und darf nur in wirklich verzweifelten Fällen verwendet werden.

*

Immer noch vor Erscheinen seiner bekannten Monographie „Das autogene Training“ im Jahre 1932 hat J. H. Schultz auf dem VI. Kongreß der allgemeinen ärztlichen Gesellschaft für Psychotherapie im Jahre 1931 einen Vortrag über das von ihm entwickelte Verfahren gehalten. Hier geht er besonders ausführlich auf die Probleme des Schlafes und der Muskelentspannung ein.

AUTOGENES TRAINING[1]

Von Johannes Heinrich Schultz

„Die Behandlung des Seelischen vom Körper aus“ scheint keine sehr glückliche Fassung, enthält sie doch unvermeidlich implizite die Anerkennung einer dualistischen Auffassung und ist daher geeignet, zu Mißverständnissen zu führen. Daß Heyer selbst einem solchen nicht unterliegt, bedarf nicht näherer Ausführungen. Wenn

[1] Referat, gehalten auf dem 6. allgemeinen ärztlichen Kongreß für Psychotherapie in Dresden vom 14.—17. Mai 1931 (Archiv für Psychiatrie und Nervenkrankheiten, 96, 1932, S. 288—294).

im folgenden einige kurze Bemerkungen zur Frage des autogenen Trainings von dem Standpunkt aus gemacht werden sollen, wie weit hier anscheinend „körperliche“ Maßnahmen „Seelisches“ umzustellen geeignet sind, so möchten wir zunächst ein paar Worte über physiologische Zusammenhänge in der Methode sagen, dann einige Bemerkungen über Beziehungen zu aktuellen psychiatrischen Fragestellungen beibringen und endlich kurz ein paar prinzipielle Gesichtspunkte festlegen.

Für die Physiologie des autogenen Trainings ist allgemein entscheidend die moderne Schlafphysiologie, auf Grund deren wir den Schlaf als einen zentral an bestimmte Apparate gebundenen Umschaltungsvorgang bezeichnen dürfen, bei dem tonische Haltungen, Körpereinstellungen und Funktionswandel bis zur Reflexumkehr, sowie archaische Züge vielerlei Art besonders hervortreten; durch diese letzten sind gewisse Einstellungen während des Schlafes primitiveren ontogenetisch oder phylogenetisch vorgeschichtlichen Verhaltungsweisen ähnlich (PÖTZL). Normalschlaf ist nicht universelle Nullspannung, sondern Herabsinken auf ein tieferes Ruheniveau (EBBECKE), Ausdruck einer biologischen Urfähigkeit jeder lebendigen Substanz eigen, Ruhestände einzugehen. Besonders vegetative Schaltungen ändern sich grundlegend, wenn auch ihre Gruppierung hierbei, etwa nach dem Gesichtspunkt Sympathicus-Parasympathicus (W. R. HESS, MESSERLE, FISCHER u. a.) durchaus noch nicht völlig durchsichtig erscheint. Darüber aber besteht, besonders mit Rücksicht auf die modernen Feststellungen über Kreislauf, Muskelverhalten, Säure-Basengleichgewicht usw. kein Zweifel, daß wir es bei der in Frage stehenden Umschaltung mit einer tiefgreifenden Veränderung des Gesamtverhaltens des Organismus zu tun haben.

Betrachten wir einige charakteristische Punkte der Technik des autogenen Trainings, so möchten hier besonders zwei Übungsphasen in ihrer physiologischen Wertigkeit kurz beleuchtet werden, der Schwere- und der Wärmeversuch. ALLERS und SCHMINZKY verdanken wir die letzten, sehr sorgfältigen Untersuchungen über Muskelerlebnisse bei Gedankenvorgängen. Sie prüften in über 200 Versuchen an 7 Versuchspersonen die Aktionsströme der Muskeln bei motorischen Vorstellungen und verwandten Vorgängen. Die

Instruktionen waren: 1. Faust ballen, 2. Vorstellung der geballten Faust, 3. inneres Sprechen: „Jetzt will ich die Faust ballen", 4. Vorstellung der Kniebeuge, 5. inneres Sprechen: „Jetzt will ich das Knie beugen." Es zeigt sich, daß die Vorstellung solcher Vollzüge bei der großen Mehrzahl der Versuchspersonen zu myelektrischen Erscheinungen führte. Entscheidend war für das Gelingen die Intensität der Vergegenwärtigung, wobei vielfach worthafte Momente Bedeutung gewannen.

Durchaus übereinstimmend sehen wir beim autogenen Training durch die Setzung des Schwereerlebnisses fortschreitende Entspannungen auftreten, die ihrerseits nicht nur als Allgemeinerlebnis, sondern auch speziell physiologisch belangvoll erscheinen. Ergeben sich doch so Ausgleiche gewisser motorischer Typen, die (Löwenstein, F. H. Lewy, Gurewitsch, Oseretzky u. a.) in ihrer Gestaltung von Übung, Training, Beruf, Rasse, Kultur und Geschlecht abhängig sind. Untersuchungen über das Verhalten der Chronaxie in den verschiedenen Phasen des Trainings durch F. H. Lewy und mich sind noch nicht abgeschlossen. Besonders verwiesen sei hier auf die Beziehungen dieser Muskelentspannung zur allgemeinen Kreislauflage, zeigen doch neuere Studien aus modernen Kliniken (Eppinger, v. Bergmann u. a.) wie bedeutsam für den Gesamtkreislauf die Einstellung der Peripherie ist. In diesem Sinne empfiehlt z. B. Eppinger bei bestimmten Kreislaufstörungen Diathermie der Extremitäten.

Weiter ist auf die nahen Beziehungen zwischen Schlaf- und Tonusstörungen bei pathologischen Prozessen zu verweisen. Wir stimmen Schilder und Weissmann zu, daß es sich hier um außerordentlich komplizierte Verbindungen handelt, und möchten annehmen, daß hier Bewußtseins- und Tonussteuerungen von komplizierten kortikalen Regulationen bis zu massiven Steuerapparaten in der Hirntiefe gestaffelt angeordnet sind.

Wie eingreifend die konzentrativ gewonnenen Umschaltungen der Vasomotoren wirksam werden können, wird, wie ich schon mehrfach warnend hervorhob, besonders bei fehlerhaften Experimenten mit Kälteerlebnissen deutlich, die zu langdauernden, sehr quälenden Angiospasmen führen können. Von prinzipieller physiologischer Bedeutung ist der durch das autogene Training gelieferte

Nachweis, daß die schon vordem bekannte psychische vasomotorische Umstellungsreaktion durch Übung erworben und gesteigert werden kann. Ihre Auswirkung verrät sich vor allen Dingen in der zuerst von mir nachgewiesenen, von meinem damaligen Mitarbeiter H. BINSWANGER quantitativ bestätigten Zunahme der physikalischen Wärmestrahlung bei Darstellung von Wärmeerlebnissen. Es ergeben sich hier Temperaturunterschiede von mehr als 1° C.

Als weiteren physiologisch wichtigen Punkt von prinzipieller Bedeutung nenne ich den durch das autogene Training geführten Nachweis, daß es dem durchschnittlichen Menschen bei Einhaltung der richtigen Technik möglich ist, „unwillkürliche" Abläufe zu selbsttätiger Verfügung zu erobern. Die Selbstumschaltung des Pulses, und zwar im Sinne meiner prinzipiellen Einteilung konzentrativer Leistungen nicht über Affekte (indirekt) und nicht über andere Körperfunktionen, etwa die Atmung (sekundär), sondern ganz unmittelbar als direkte konzentrative Einstellung gehört zur regelmäßig durch die durchschnittliche Technik zu erarbeitenden Funktionserlernung und muß von jeder trainierten Versuchsperson gefordert werden. Damit entfällt, wie ich schon mehrfach hervorhob, der prinzipielle Gegensatz willkürlicher und unwillkürlicher Funktionen; ich möchte nur kurz darauf verweisen, daß im Anschluß an eine entsprechende Darlegung von mir auf der Tagung Deutscher Nervenärzte in Hamburg 1928 OTFRIED FOERSTER meinem Vorschlage beitrat, die irreführende Bezeichnung „willkürliche Muskulatur" ganz aus dem medizinischen Sprachgebrauche auszuschalten.

Psychopathologisch und medizinisch-psychologisch sind erwähnenswert die Beziehungen der im autogenen Training hervortretenden psychischen Veränderungen zu den jetzt so viel studierten Vorgängen des Einschlaferlebens (C. G. JUNG, BUMKE, C. SCHNEIDER, BEHRINGER u. a.). Besonders hinweisen möchte ich auf die Ausführung von MAYER-GROSS auf den Versammlungen südwestdeutscher Psychiater 1926 und 1928, in denen die in Frage stehenden Erscheinungen sehr sorgfältig und unter Beibringung genauer Eigenbeobachtungen analysiert werden. Für unsere Arbeit ist wesentlich, daß MAYER-GROSS beim normalen Einschlafen die sonst übliche Annahme von Affektlosigkeit und Gefühlsschwächung (CLAPARÈDE, TRÖMNER, C. SCHNEIDER u. a.) durchaus nicht bestätigen konnte, sondern nur eine Richtungsänderung der Gefühle, nicht ein Matterwerden oder Schwinden der Affektivität feststellte. Auch eine allgemeine Beziehungslosigkeit darf nicht angenommen werden. Ebensowenig kann man allgemein von Hemmungen sprechen, es besteht hier vielmehr häufig der Eindruck einer Enthemmung. Hierbei berührt sich MAYER-GROSS mit SCHILDER, ANGYAL und anderen, besonders mit der von KÜPPERS vertretenen Auffassung des narkotischen Rausches als Steigerung der Vitalität oder des Lebensgefühles mit Herabsetzung der Reizansprechbarkeit.

Alle diese Gesichtspunkte bestätigen sich in weitestem Maße in den Erfahrungen des autogenen Trainings, wie sie ja auch vielfach bei hypnotischen und kataleptischen Studien bemerkt wurden. Neben diesen „Einschlafphänomenen" sind psycho-pathologisch interessant die Beobachtungen über deutliches Auftreten von charakteristischen Phantomgliedern. Die Erfahrungen des autogenen Trainings lehren, daß diese zuerst bei peripheren und zentralen organischen Störungen festgestellten interessanten psychischen Gebilde, auch im autogenen Training sehr deutlich in Erscheinung treten können. C. SCHNEIDER ist daher im Irrtum, wenn er in seiner schönen Studie über Sinnentrug annimmt, es sei eine organische Störung nötig, die das Normalerlebnis eines Körperteils verändere oder verdecke, um ein Phantomgefühl zu ermöglichen. Im autogenen Training sehen wir als Zeichen eines veränderten Erregungsbildes im Sinne der Konzeption v. WEIZSÄCKERS die gemeinte Erscheinung als Auswirkung allgemeinen Funktionswandels hervortreten.

Diese kurzen Bemerkungen sollen nur andeuten, in welcher Richtung und in welchen Grenzen sich die Umschaltungserscheinungen bewegen, die wir durch das autogene Training in Gang setzen und auf dem Wege systematischer Übung unseren Versuchspersonen zur Verfügung stellen. Die allgemeinen psychischen Auswirkungen des Trainings habe ich oft genug auch an dieser Stelle ausgeführt. Erst jetzt konnte ich feststellen, daß ein von mir vielfach hervorgehobener Gesichtspunkt, die „affektive Resonanzdämpfung", unabhängig von mir auch von JACOBSON in seiner Monographie über progressive Relaxation erkannt worden ist. Allerdings gilt die Arbeit von JACOBSON ausgesprochen physiologisch-experimentell-psychologisch lediglich der Muskulatur und wird von JACOBSON in prinzipiellen Gegensatz zu jeder Art von „Suggestion“ gesetzt, sie ist in ausgesprochenerem Maße eine aus Muskelbeherrschung erwachsende allgemeine Entspannungstechnik, nicht eine konzentrativ, auf Selbstumschaltung und Darstellung von Versenkungszuständen angesetzte Technik.

Betrachten wir das autogene Training allgemein im Rahmen des Oberthemas, so erscheint, schematisch gesehen, „der Körper“ als Werkzeug einer Selbstumschaltung. Man würde besser sagen: wie bei jeder systematischen Funktionserlernung muß auch die Umschaltungserlernung des autogenen Trainings mit einfachsten Ansätzen beginnend zu immer organisch wachsender Vervollkommnung ausgestaltet werden. Nicht „der Körper“ wird zum Werkzeug „der Seele“, sondern der lebende Mensch gewinnt Möglichkeit einer Erfassung und eines Ansatzes für gestaltende übende Auswirkung mit sicherer Aussicht auf Erfolg, immer nur am einfachsten Funktionsmodell. Daher der Beginn unserer Technik mit der so unscheinbaren und doch theoretisch so ungeheuer schwer erschöpfend zu behandelnden örtlichen Gliedumschaltung.

Versuchen wir, uns ein Bild des physiologischen Gesamtvorganges zu machen, der bei der konzentrativen Umschaltung des autogenen Trainings vor sich geht, so ist an erster Stelle die Hirnumschaltung zu nennen. Sie wird gelegentlich von Versuchspersonen anschaulich geschildert. So protokolliert ein 50jähriger Frauenarzt: „Etwa 1/2 bis 3/4 Min. nach Schließen der Augen steigt es wie etwas Schweres von der Mitte des Schädelinnern zur knöchernen Schädeldecke hinauf. Kurz darauf beginnt eine Schwere im rechten Unterarm und unmittelbar danach wird auch der linke Unterarm von der Hand aus schwer.“ Andere Versuchspersonen sprechen von Schwindel, Gleichgewichtsstörungen, Tendenz zum Fallen und dergleichen mehr. Besonders aufdringlich melden sich oft allgemeine Umweltentfremdungen oder Fremdheitserlebnisse der Versuchsextremität.

Erinnern wir uns an die interessanten Versuche von WIERSMA, der bei totalem Radialis Ausfall auf zentralen Streckimpuls myelektrisch Antagonistenerschlaffung nachweisen und damit den Beweis führen konnte, daß die Synergistenkoppelung von SHERRINGTON zentral gesteuert wird. So werden wir auch den Ansatz des Trainings als überwiegend kortikalen, mindestens zentralen Vorgang anzusehen haben. Im weiteren Übungsverlaufe aber wird das Ineinanderwirken zentraler und peripherer Vorgänge völlig unentwirrbar; es gewinnt nicht nur durch die anschließenden, scheinbar isolierten Übungsvorgänge das Zentralnervensystem „Gelegenheitsapparate“ (BLEULER), in denen zentrale Funktionen das Verhalten des Organismus regulieren, sondern umgekehrt gestaltet auch „periphere“ Aktion als Anteil lebendigen Gesamtvollzuges das Zentralnervensystem, so daß eben nun in ihm die angedeuteten Apparaturen entwickelt werden. Hierbei werden zentrifugale Fasern afferenter Systeme (MONAKOW, O. FOERSTER, BIEMOND) von Bedeutung sein. Auch die Frage sympathischer Skeletmuskeln ist hier von Belang.

Über diese neurodynamische Einheitlichkeit hinaus sind aber nun die durch das Training gesetzten Entspannungsvorgänge des Organismus nicht ohne Rückwirkung auf die Situation und das Verhalten des Zentralnervensystems. Durchaus analog der entspannend einschläfernden Wirkung des warmen Bades, durch das wohl Müdigkeitsempfindung, nicht aber Ermüdung gesetzt werden (BUSCH und PLAUT), bedingt der Spannungsnachlaß im Organismus ein Absinken der Außenaktivität. Diese Zusammenhänge erlauben uns eine nähere Vorstellung von der Physiologie der Versenkung.

Hinsichtlich der klinischen Anwendung möchte ich besonders auf die ausführliche Mitteilung des von mir ausgebildeten Kollegen Nervenarzt Dr. BODEK hinweisen. Er bearbeitete 100 Fälle von negativer Neurose internklinisch durch Prüfung des vegetativen Nervensystems und allgemein. Hiernach ergaben sich drei Gruppen von Patienten:

1. rein vegetative Neurosen ohne organischen Befund,
2. vegetative Neurosen bei organischer Erkrankung,
3. organische Erkrankungen mit Symptomen, die sich nicht mit Sicherheit auf das Vorhandensein einer vegetativen Neurose beziehen ließen.

Symptomatisch fanden sich Bilder aller Art, Angina pectoris, Enuresis, Hypertonie, Magen-, Klimax-, Menstrual-, Haut- und Sexualneurosen. BODEK konnte feststellen, daß für alle Fälle dieser Art das autogene Training Therapie der Wahl ist; es zeigt sich „ganz allgemein, daß rein vegetative Neurosen meist erstaunlich schnell und dauerhaft zu beeinflussen sind, wenn die Intelligenz der Patienten dem Gang der Behandlung zu folgen versteht, wenn ferner die Beschwerden nicht so überstark sind, daß sie eine besonders eilige Hilfe verlangen". Bei schweren Krisen war zunächst medikamentöse oder physikalische Therapie unentbehrlich. BODEK weist mit Recht darauf hin, daß gerade das Wesen der Methode als eines rationellen Übungsverfahrens Sicherheit und Unabhängigkeit der Patienten gewährleistet, wenn sie die Übungsarbeit gewissenhaft durchführen.

An einem Material von über 1000 Normalpersonen und klinischen Fällen der allerverschiedensten Art kann ich den Erfahrungen von BODEK durchaus beipflichten.

Näherer theoretischer Unterlegungen wegen sowie für alle Einzelheiten der unerläßlich wichtigen genauen Technik mit ihren sehr vielfachen kleinen Schwierigkeiten verweise ich auf meine demnächst erscheinende klinische Monographie.

*

Am Ende des Referats verweist SCHULTZ auf seine „demnächst" erscheinende klinische Monographie „Das autogene Training, konzentrative Selbstentspannung, Versuch einer klinisch praktischen Darstellung", Verlag Georg Thieme, Leipzig 1932.

Verfolgt man die Entwicklung dieses Buches, so läßt sich schon daraus die große Bedeutung, die das Verfahren des autogenen Training erhielt, ablesen: 1. Auflage 1932, 2. Auflage 1934, 3. Auflage 1937, 4. Auflage 1940, 5. Auflage 1942, 6. Auflage 1950, 7. Auflage 1952, 8. Auflage 1953, 9. Auflage 1956, 10. Auflage 1960, 11. Auflage 1964, 12. Auflage 1966. Durchschnittlich alle 2—3 Jahre waren also Neuauflagen erforderlich. 1954 wurde eine spanische Übersetzung veröffentlicht, der 1962 eine zweite Auflage folgte. 1958 erschien eine französische Übersetzung, 1959 eine englische Fassung gemeinsam mit W. LUTHE unter dem Titel „The autogenic training“ bei Grune and Stratton, New York/London. 1965 wurde eine japanische Übersetzung angefertigt.

Die einzelnen Auflagen der deutschen Fassungen wurden nicht entscheidend verändert, aber von Mal zu Mal erweitert, so daß jeweils die neuesten klinischen Erfahrungen verwertet werden konnten.

Die nachfolgende, auszugsweise zum Abdruck gebrachte Arbeit ist vor allem historisch gesehen deshalb bedeutungsvoll, weil es sich bei ihr — soweit der Herausgeber feststellen konnte — um die erste wissenschaftliche Veröffentlichung handelt, die von einem Schüler des Begründers des Verfahrens stammt. Der zweite Grund, weshalb diese Arbeit, leicht gekürzt, wiedergegeben wird, liegt darin zu zeigen, wie hier schon sehr früh (1933) eine klare, kompendienhafte Übersicht über die Grundzüge des Verfahrens gegeben wird. Diese kann als bis heute gültig und verbindlich angesehen werden.

ÜBER DAS AUTOGENE TRAINING[1]

Von EUGEN HEUN

Das *autogene Training* will nach den Worten seines Begründers, Prof. Dr. J. H. SCHULTZ[2], „*durch bestimmte physiologisch-rationale Übungen eine allgemeine Umschaltung der Versuchsperson herbeiführen*, die in Analogie zu den älteren fremdhypnotischen Feststellungen alle Leistungen erlaubt, die den echten suggestiven Zuständen eigentümlich sind“. Eine notwendige Beziehung zwischen dem autogenen Training und der *Suggestion* besteht nach SCHULTZ allerdings in keiner Weise; gleichwohl kann es praktisch

[1] Zeitschrift für ärztliche Fortbildung, 33, 1933, S. 574—578.

[2] „Das autogene Training“ (konzentrative Selbstentspannung), Versuch einer klinisch-praktischen Darstellung, Verlag Thieme, Leipzig, 1932.

nicht selten von Vorteil sein, beide Methoden zu kombinieren — entweder gleichzeitig oder nacheinander . . .

In komplizierteren Fällen von Psychoneurosen und Charakterkonflikten empfiehlt es sich, dem autogenen Training eine *psychoanalytische Prüfung* vorangehen zu lassen. Ferner sind unter Umständen auch diese beiden Methoden gleichzeitig zu kombinieren, da einerseits die Psychoanalyse Hinweise geben kann für den Inhalt der im autogenen Training zu vergegenwärtigenden Formeln, andererseits auch hemmende Komplexe dabei auszuschalten sind. Weiterhin ist das autogene Training sehr geeignet, um Materialproduktionen (Phantasien, gefühlsbetonte Vorstellungen u. dgl.) anzuregen, die alsdann psychoanalytisch zu bearbeiten sind.

Das *autogene Training* hat als „konzentrative innere Gymnastik" („Psychogymnastik") Beziehungen zur *äußeren Bewegungsgymnastik,* deckt sich aber mit ihr nur teilweise in Arbeit und Resultat. Selbstregulierung, Selbstruhigstellung sonst autonomer Funktionen, Schmerzabstellung, reproduktive Gedächtnissteigerung und Selbstschau sind Möglichkeiten, die äußerer Bewegungsgymnastik durchschnittlich verschlossen bleiben.

Mit der *mystischen Versenkung* hat das *autogene Training* die Momente der „inneren Hinwendung" (Introversion), der Passivität und Entspannung gemeinsam. Während aber bei der mystischen Versenkung die bewußte und willkürliche Konzentration auf religiöse Inhalte oder ideale Werte maßgebend ist, das mystische Grunderlebnis also immer irgendwie auf einer Abwendung von der Welt im Sinne einer asketischen Tendenz beruht, ist das autogene Training „nicht nur ungebunden hinsichtlich weltanschaulicher Haltung" (SCHULTZ), sondern es dient auch lediglich der „Selbstverwirklichung des Patienten".

In dem wesentlichen Moment des „Funktionserwerbs", welches darin besteht, daß „normale und pathologische Versuchspersonen in einem überraschenden Maße fähig sind, selbsttätige Verfügung über vordem als unwillkürlich und dem Selbsteinfluß entzogen angesehene Funktionen zu erwerben", trifft sich das *autogene Training* mit dem indischen *Yoga.*

Als den *Sinn des autogenen Trainings* bezeichnet J. H. SCHULTZ „nicht Versinken in eine trügerisch beglückende Traumwelt", wovon allerdings die spezielle Anwendung des autogenen Trainings in der sogenannten „Nirwanatherapie“ eine Ausnahme macht, „nicht Flucht vor den Härten der Wirklichkeit, sondern Vertiefung der Erholungspausen — im Sinne der ‚schöpferischen Pause‘ (KLATT) —, Steigerung harmonisch gesteuerter Selbstbeherrschung krampfloser Form und — worin allerdings doch wieder weltanschauliche Hintergründe anklingen (Verf.) — Wachhalten des Geistes für die unverlierbaren Tiefen des Menschenlebens“.

Im *autogenen Training* unterscheidet J. H. SCHULTZ eine *Unterstufe* und eine *Oberstufe*, was sich einerseits zeitlich aus dem methodischen Vorgehen ergibt, andererseits zu verschiedenen Leistungen führt, die sich gleichsam in verschiedenen Schichten des körper-seelischen bzw. seelisch-geistigen Erlebens abspielen. Die Ordnung: Unterstufe-Oberstufe ist auch darum methodisch streng einzuhalten, weil die Erlangung der Oberstufe eine vollständige, sichere und prompte Beherrschung der Unterstufe voraussetzt.

Die Unterstufe des autogenen Trainings besteht aus folgenden *Hauptphasen:* 1. die Haltung, 2. der Augenschluß, 3. die Ruhetönung, 4. der Schwereversuch, 5. der Wärmeversuch, 6. die Vervollständigung des durchschnittlichen Übungsverlaufes: a) Herzruhigstellung, b) Atmung, c) Abdomen, d) Stirnkühlung.

Bei der Gestaltung der allgemeinen Umgebung ist die *Außenreizverarmung* von zentraler Bedeutung. Die *spezielle Körperhaltung* soll die Etablierung eines passiven Zustandes erleichtern. SCHULTZ empfiehlt 1. die *passive Sitzhaltung* auf einem bequemen Lehnstuhl. Als zweite Haltung wird die *Droschkenkutscherhaltung* empfohlen (Näheres muß in der Monographie von SCHULTZ nachgelesen werden); 3. als *Liegehaltung* empfiehlt SCHULTZ die übliche Horizontallagerung, wobei dem speziellen Körperbau Rechnung zu tragen ist, eventuell durch Polsterung, Kissen usw.

Nach Einnahme einer der genannten Körperhaltungen *schließt der Übende die Augen,* um auch optische Reizeinwirkungen auf ein Minimum zu reduzieren. Alsdann stelle man sich auf die *allgemeine Stimmungsformel* ein, wie etwa „ich bin ganz ruhig“. Dies muß man sich so eindrücklich wie möglich vergegenwärtigen.

Ist die Ruhepause genügend etabliert, so geht man zum *Schwere-*

versuch über. Das Erlebnis der „Schwere“ stellt sich manchmal schon parallel mit der „Ruhe“ ein. Ist dies nicht der Fall, so vergegenwärtige man sich intensiv: „der Arm ist ganz schwer“. Es handelt sich hierbei lediglich um eine „abstrakte Gedankenarbeit“.

Im weiteren Übungsverlaufe treten nun auch, und zwar ohne bewußte, selbsttätige Einstellung, *Schwereerlebnisse in anderen Extremitäten* auf, welchen Vorgang SCHULTZ als *„Generalisierung“* bezeichnet. *Das Schwereerlebnis hat einschläfernde Wirkung,* „die Glieder lösen sich im Schlaf“, „Bettschwere“. Die muskuläre Entspannung ist aber ein Teilphänomen der Ruhigstellung, Innenwendung und Passivierung. Es handelt sich um sehr komplexe körper-seelische Erscheinungen, die im autogenen Training auf dem Wege von außen (der Peripherie) nach innen (zum Zentrum) verwirklicht werden; dies zum Unterschied gegenüber anderen Methoden, die — wie Suggestion und Hypnose — am Zentrum (der gefühlsbetonten Vorstellung) ansetzen.

Im Schwereversuch soll der Übende zunächst nur kurz verharren, da sich nach den Protokollen von SCHULTZ leicht und des öfteren allerlei unangenehme Allgemeinerlebnisse einstellen, so Schwindelsensationen, Umweltentfremdung, geistige Abwesenheit usw. Das Schwereerlebnis greift schon gleichsam in verhältnismäßig tiefe Schichten der psychophysischen Organisation ein; das autogene Training ist darum auch — zum mindesten schon auf dieser Stufe — keine indifferente Methode, die man ohne weiteres dem Laien überlassen könnte. Ähnlich wie bei der Psychoanalyse ist in den ersten Monaten des Übens die Führung durch den Fachmann unerläßlich.

Aus den geschilderten Gründen muß beim Schwereversuch — wenigstens in den ersten Wochen des Trainings — der *Auftrag „zurückgenommen“* werden. Dies geschieht auf folgende Weise: 1. den Versuchsarm kräftig mehrfach mit schnellem Ruck im Ellenbogen beugen und strecken, 2. tief atmen und 3. die Augen öffnen. Die „zurücknehmende“ Aktion muß in jedem Falle genau und gewissenhaft durchgeführt werden, da sonst leicht allerlei störende Empfindungen bestehen bleiben können — ähnlich den posthypnotischen Beschwerden.

Als nächste Phase des autogenen Trainings ergibt sich das

Wärmeerlebnis; dieses tritt mitunter schon als Begleitphänomen des Schwereerlebnisses ein. Es muß aber in jedem Falle das Wärmeerlebnis für sich geübt werden. Wiederum lebhafte Vergegenwärtigung: „Körper ganz warm“[3].

Die *charakteristischen Leistungen,* welche nach SCHULTZ in 1½—2 monatiger Übung erreicht werden können, sind die *Selbstruhigstellung* im Sinne einer „Resonanzdämpfung der Affekte“, die *Entspannung* von Muskeln und Gefäßapparat, konzentrative *Schmerzfreiheit* (Analgesie) und die reproduktive *Gedächtniserweiterung.* Darüber hinaus aber treffen sich Psychoanalyse, analytische Psychologie, sowie eigenartige mystische Erfahrungen mit den Ergebnissen des autogenen Trainings im „Grundphänomen einer bildhaft anschaulichen, aus den Tiefen der menschlichen Persönlichkeit flutenden Produktivität“.

In der *Selbstschau* (Introversion) erlebt der Übende „beglükkende oder bestürzende Bereicherungen aus seiner Unterwelt“. Damit nähern wir uns der *Oberstufe des autogenen Trainings,* an deren Schwelle der Übende in der Lage sein muß, „durch einen kürzesten Akt innerer Konzentration schlagartig die spezifische Umschaltung zu vollziehen, so daß der Körper als schwere, warme, ruhende Masse, von gleichmäßigem Pulse und ruhig fließender Atmung erfüllt, von dem kühl abkonzentrierten Kopf gewissermaßen getrennt erlebt wird“. Es müssen also die Hauptphasen der Unterstufe (Haltung, Augenschluß, Ruhetönung, Schwereversuch, Wärmeversuch, Herzruhigstellung, Atmung, Abdomen, Stirnkühlung) nicht der Reihe nach, sondern „in einem Schlage“, in einem Totalerlebnis verwirklicht werden.

Durch willkürliche Drehung beider Augäpfel nach innen-oben (nach der Stirnmitte sehen) ergibt sich — bei sonst versenkt-entspanntem Zustand — eine „vielfach ruckhaft einsetzende überwältigende *Vertiefung der Selbstumschaltung“*. Alsdann werden schon beträchtlichere Leistungen möglich; so berichtet SCHULTZ von einem trainingsmäßig dargestellten Fall von Tiefenanalgesie,

[3] Es folgt dann in der Originalpublikation die Schilderung der *„Herzruhigstellung“*, der *Atmungsumstellung,* der *Abdominalübung* und die der *„Stirnkühlung“*.

wobei durch eine brennende Zigarette auf dem Handrücken eine Verbrennung dritten Grades hervorgerufen wurde, ohne daß die Versuchsperson den geringsten Schmerz apperzipierte.

In der *Oberstufe des autogenen Trainings* haben sich J. H. SCHULTZ folgende Phasen als nutzbringend erwiesen.

Zunächst stelle man sich die Aufgabe, „in tiefgetriebener Versenkung irgendeine gleichförmige *Farbe vor dem geistigen Auge erscheinen zu lassen*". Dieser Versuch erfordert nach SCHULTZ ein 1/2—1stündiges Verweilen in versenktem Zustande, eine Leistung, die einer Versuchsperson nur dann zugemutet werden darf, wenn mindestens ein halbes, besser ein ganzes Jahr trainiert wurde. Es handelt sich nun darum, die *„Eigenfarbe"* zu finden. Ist die „Eigenfarbe" gefunden und wurde sie genügend oft und intensiv vergegenwärtigt, so empfiehlt es sich, *bestimmte vom Versuchsleiter gewählte Farben* zum Erlebnis zu bringen.

Nach einigermaßen sicherer Erarbeitung der Farberlebnisse gehe man dazu über, *„bestimmte Objekte innerlich erscheinen zu lassen"*. Falls Schwierigkeiten bestehen, bestimmte konkrete Objekte zur Vergegenwärtigung zu bringen, kann auch mit der Einstellung *allgemeiner Objekterwartung* gearbeitet werden. Man stelle sich vollkommen passiv in versenktem Zustande, lediglich „innerlich schauend" darauf ein, daß ein Objekt erscheint.

Bei weiterem Fortschritt wird dazu übergegangen, *„abstrakte Gegenstände zu schauen"*. Als entsprechende Einstellungen ergaben sich z. B. solche auf „Gerechtigkeit", „Gesundheit", „Glück" usw. Auch hierbei sind in hohem Maße typologische Differenzen maßgebend, so z. B. wortgebundene Begriffsmenschen, gefühlshaft reagierende, besonders beim weiblichen Geschlecht häufige Individuen, Akustiker, Motoriker, Visuelle u. a. Die sich auf dieser Stufe ergebenden Materialien sind unter Umständen psychotherapeutisch hochbedeutsam — sei es, daß sich ein mehr inhaltloses Abreagieren im Sinne der Psychokatharsis oder ein Verstehen unbewußter unter Umständen verdrängter Inhalte und Motive — eine Sinnanalyse ergibt. Das autogene Training ist so ein Weg, um zu vernachlässigten Seiten des menschlichen Wesens vorzudringen, die menschliches Erleben und Erkennen in manchmal ungeahnter Weise bereichern.

Als weitere Aufgabe ergibt sich, zum Gegenstand der Innenschau ein *Erlebnis* zu wählen, das *Ausdruck* und *Sinnbild des intensivsten und erwünschtesten Gefühlszustandes* ist. Damit werden zunehmend subjektivere Zusammenhänge intendiert. Analog der „Eigenfarbe" spricht SCHULTZ von „Eigengefühl". Typische Unterschiede zeigten sich zwischen den mehr realistischen und den mehr idealistischen Versuchspersonen, indem die ersteren Einzelerlebnisse aus der Vergangenheit oder Zukunft, letztere allgemeinbildhafte Gestaltungen bevorzugen.

Auch das *Bild eines bestimmten anderen Menschen* können wir im versenkten Zustande in uns wachrufen und sich auswirken lassen. Damit ergibt sich eine Prüfung der Einfühlungsfähigkeit bzw. auch der entgegengesetzten Erlebnisrichtung, die man mit E. JAENSCH als „Zufühlung" bezeichnen kann. Dabei ist keineswegs eine positive Affektbeziehung immer förderlich, eher noch eine negative, als Optimum aber eine mehr indifferente Haltung. Bei der Vergegenwärtigung einer Fremdperson kommt es in erster Linie auf die *eigene Gefühlsreaktion* an, d. h. auf die innere Affektbeziehung zu dem betreffenden Menschen. Hier sind Analogien zu derjenigen Erscheinung gegeben, die man in der Psychoanalyse als „Übertragung" bezeichnet. Es können auf dieser Stufe des autogenen Trainings subjektive Fehleinstellungen, Vorurteile u. dgl. behoben werden, was unter Umständen von größter Bedeutung für die soziologischen Beziehungen des Menschen (Ehe, Arbeitsgemeinschaft u. a.) sein kann.

Nach einer genügenden Schulung in den genannten Stufen des autogenen Trainings kann man auch *mit fragender Einstellung in die Versenkung* gehen und sich gewissermaßen eine *Antwort aus dem Unbewußten* geben lassen. Die Fragen können mehr praktischen Inhaltes sein, wie etwa: „Was mache ich falsch?", sie können sich aber auch auf allgemein menschliche Dinge beziehen.

Entsprechend dem von SCHULTZ angegebenen Schichtenbau von *Existentialwerten*[4] und dem sechsfachen Stufenbau diesbezüglicher Probleme erreicht die Oberstufe des autogenen Trainings

[4] „Seelische Krankenbehandlung" 4. Aufl. S. 234, Verlag von Fischer, Jena 1930.

ihre Vollendung, indem man durch „Fragen an das Unbewußte" zu *Klärungserlebnissen* in diesen Lebensbereichen gelangt. Als formelhafte Fragestellungen empfehlen sich etwa: „Ist Körperkrankheit größtes Unglück?", „Sinn der Arbeit", „Glück oder Recht", „Einsamkeit oder Gemeinschaft", „Ewigkeit", „Unsterblichkeit", „Sinn des Lebens" u. dgl. In dieser Weise sollen die Stufen der Existentialwerte durch innere Bilderschau lebendig gemacht werden, wobei SCHULTZ auf strenges *Individualisieren* hinweist. Alsdann ergibt sich die Aufgabe; „eine der vorliegenden Persönlichkeit nach ihrem innersten Wesen entsprechende Formel zu entwickeln". Damit tritt die formelhafte Vergegenwärtigung an zentralster Stelle in ihr Recht.

Zur *praktisch-klinischen Verwendung* des autogenen Trainings eignen sich eine große Reihe von *Organfunktionsstörungen:* Herzneurosen, Angina pectoris vera und nervosa, Bronchialasthma, essentielle Hypertonie, Magen-, Darmneurosen, Schlafstörungen sowie sonstige funktionelle Disharmonien. Im Sinne der von J. H. SCHULTZ gegebenen Neuroseneinteilung („Seelische Krankenbehandlung" Fischer, Jena) eignen sich für das autogene Training zunächst die sogenannten *„Randneurosen"*, deren Entstehung als „physiogen", der Physis entwachsen, gekennzeichnet werden kann. Bei den mehr affektiv begründeten Störungen, den sogenannten *„Schichtneurosen"*, ist das autogene Training unter Umständen in Kombination mit Psychoanalyse — vorher oder begleitend — anzuwenden. Es handelt sich hier um die Psychoneurosen im eigentlichen Sinne. Bei tieferen Persönlichkeitsveränderungen, charakterogenen Anomalien, den sogenannten *„Kernneurosen"* nimmt die Erfolgsmöglichkeit des autogenen Trainings stark ab, wie das aber auch für jede Art psychischer Beeinflussung, insbesondere für alle von außen herantretenden Methoden gilt. Nichtsdestoweniger können auch in solchen Fällen vom Zentrum der Persönlichkeit relativ unabhängige Organfunktionsstörungen mit dem autogenen Training erfolgreich behandelt werden.

Die *Indikation zum autogenen Training* will J. H. SCHULTZ mit Recht sehr breit gestellt wissen — einmal, um eine praktische Auslese zu schaffen, kann doch auch bei richtiger Anwendung nicht geschadet werden — und ferner, da es bei Versagen dieser

Methode unbenommen bleibt, tiefergehende Behandlung einzuschlagen. Der in jedem Falle aber gegebene psychodiagnostische Wert des autogenen Trainings macht dieses auch zur Einleitung tiefenpsychologischer Verfahren sehr geeignet. Man sollte auch nicht — was gegenüber einseitigen Vertretern der Psychoanalyse betont werden muß — „mit Kanonen nach Spatzen schießen", wenn mit der relativ einfachen Waffe des autogenen Trainings ein Sieg zu erfechten ist. Über die genannten klinischen Indikationen hinaus aber kommt dem autogenen Training eine *universelle psychohygienische Bedeutung* zu, weshalb es — selbstverständlich unter fachmännischer Leitung — eine allgemeinere Verbreitung verdient.

*

Die nächste, uns besonders wichtig erscheinende Arbeit von Schultz über „Übung und Schulung" wurde in diese Reihe aus mehreren Gründen aufgenommen, auch wenn sie nur in loser Beziehung zum Verfahren des autogenen Trainings steht:

1. Schon der Name „autogenes *Training*" enthält den Begriff der „Übung". Deshalb schien es dem Herausgeber wichtig, die aus dem Jahre 1937 stammenden Gedanken von Schultz über die Bedeutung der Übung dem heutigen Leser zu vermitteln.
2. In der modernen Psychotherapie spielen die Aspekte des Lernens, des Neulernens, des Umlernens und damit des Umübens auch vom lerntheoretischen Gesichtspunkt aus eine große Rolle.
3. Der Mensch als das instinktschwache Wesen bringt, gemessen an den anderen Lebewesen, eine viel größere Voraussetzung für die Erlernung neuer Reaktionsweisen mit. Vollzieht der Leser die in dem nachfolgenden Aufsatz geäußerten Gedanken von Schultz nach, so wird er die große Bedeutung der „erlernten Reaktionen" erfassen. Dieser Begriff wird ihm dann mehr besagen als die verschwommene und zum Schlagwort gewordene Bezeichnung „bedingter Reflex".

ÜBUNG UND SCHULUNG ALS BIOLOGISCHE GRUNDPRINZIPIEN DER PSYCHOTHERAPIE[1]

Von Johannes Heinrich Schultz

Auch für die Psychotherapie gilt das schöne Wort von Ebbinghaus über die Psychologie, sie „habe eine lange Vergangenheit, aber eine kurze Geschichte"; und trotzdem ist es nicht ganz ohne Reiz und Wert, das Thema „Übung und Schulung als biologische Grundprinzipien der Psychotherapie" auch historisch einzuordnen. Die Blütenträume einer begeisterten Outsiderschar reiner Hypnotisten, die am ersten Anfang eigentlich charakterisierter Psychotherapie standen — ihre Tätigkeit ließ vielfach den mystisch-magnetopathischen Wurzelboden wohl erkennen! —, wurden vom Maifroste rationalistischer psychischer Orthopädie abgetötet. Die Begrenzung reiner „Willens- und Vernunfterziehung" wurde später durch die unmittelbar aus dem Hypnotismus sich entwickelnde Tiefenpsychotherapie gesprengt, mag es sich um die Erkennung und Bearbeitung von Fehlhaltungen aus Störungen früh vitaler Trieb- und Schicksalsdynamismen und die Erkämpfung selbsttäuschungsgereinigter, persönlichkeitsgerechter Wirklichkeitsfindung, mag es sich um die Dialektik des Seins und der Gemeinschaftserrichtung oder um die kosmischen Rückfindungen der Menschheitswerdung handeln.

Mußte man im ersten, rein hypnotischen Zeitalter — nicht immer grundlos! — besorgen, daß unbekümmertes Helfertum mit symptomatischer Zielsetzung und oft ohne die bei allen therapeutischen Arbeiten so dringliche Besinnung und Prüfung zu Fehlgriff und Entartung führe, mußte man im zweiten, im rationalistisch-psychagogen Abschnitt befürchten, daß allzu schnelle und gefällige Glättung und Systematisierung einer sterilisierenden Erstarrung zuneige, so scheint in der *aktuellen Lage der Psychotherapie* ein neues Gefahrenmoment nicht immer klar genug erfaßt. Niemand, der sich unvoreingenommen, ernstlich, gründlich und in zureichen-

[1] Zeitschrift für die gesamte Neurologie und Psychiatrie, 158, 1937, S. 384—402 (Auszüge).

der empirischer Erprobung an Kranken mit der Tiefenpsychologie der letzten 30 Jahre auseinandergesetzt hat, wird ihre entscheidende Bedeutung für Verständnis und Gestaltung der menschlichen Persönlichkeit, besonders in ihren Lebensfehlhaltungen, verkennen; *ohne Beherrschung der Tiefenpsychologie ist Psychotherapie heute undenkbar.* Aber praktische Erfahrung an Kranken, ebensosehr wie Diskussionen und Literaturstudium weisen in den letzten Jahrzehnten darauf hin, daß gegenläufig, wie einst aktiven Suggestoren jedes Verständnis für die Komplexion seelischen Geschehens abging, nun die übersteigerte Beachtung komplizierter, zentraler und „tiefer" seelischer Gegebenheiten dazu verführt, vergleichsweise einfachere, aber deshalb nur um so wichtigere seelische Abläufe zu unterschätzen oder ganz zu übersehen. Welch schwere Bedenken sich daraus ergeben, braucht nicht näher ausgeführt zu werden; grundsätzlich betreffen sie die Stellung des Arztes zur eigenen Heilarbeit und ihren realen Wirkungskoeffizienten, die Verfehlung sorgfältiger, individueller und kategorialer Indikationsstellung und, damit verbunden, therapeutische Erfolgsstörungen oder Energieverschwendungen. . . .

Das *Üben als aktive Leistungssteigerung* bietet seinem Wesen nach besonders günstige Bedingungen für eine exakte wissenschaftliche Bearbeitung und ist daher seit Jahrzehnten sehr gründlich erforscht. Dabei hat sich, namentlich in der Beobachtung von Lernverläufen, gezeigt, daß der Übungsprozeß einen *Übungseffekt* zeitigt, der grundsätzlich in *vier Verbesserungen der Leistung* erkennbar ist. Kern hat in seinem Werke über „Wirkungsformen der Übung" die durch eigene Feststellungen bereicherten Ergebnisse der Übungsanalyse dahin zusammengefaßt, daß

1. eine *Verfeinerung* der Leistung eintritt, so daß schwächere Reize und geringere Reizunterschiede wahrgenommen werden,

2. eine *Beschleunigung* des zeitlichen Verlaufes der übenden Tätigkeit entsteht,

3. eine *Erweiterung* des Leistungsumfanges und

4. eine zunehmende *Ökonomie* der Leistung sich entwickeln; ökonomisch verläuft eine Leistung, die „korrekter", müheloser, mit geringerem Kraftaufwand und unter einer weitgehenden Abschaltung der bewußten Zuwendung erfolgt (Automatisierung). Die

durch Übung verbesserte Leistung, mag sie Einzel- oder Gesamtleistung sein, ist mithin grundsätzlich umgestaltet und nicht minder ihr Träger.

Wie besondere Sport- und Kunstleistungsbeobachtungen zeigen, hat in praxi die Übung eine *Wirkungsgrenze;* es kann nur ein „Übungsmaximum" (MEUMANN) erlangt werden; sehr bemerkenswerterweise wurde aber *selbst in monatelangen wissenschaftlichen Experimenten diese Grenze nie erreicht!* Grund genug, in praktischen Übungsarbeiten vorschnelle aprioristische Abgrenzungen streng zu meiden. Es darf weiter im Sinne bekannter biologischer Grundsätze über „das Gedächtnis der lebenden Substanz" (HERING) allem Lebendigen Übungsfähigkeit zugesprochen werden; jede Lebensfunktion ist übbar, die *Übungspotenz* (KERN) ist Wesensanteil des Lebendigen. Unter welch schweren Bedingungen diese Grundpotenz erhalten bleibt, zeigt in unserem Bereich z. B. die bekannte Erfahrung, daß selbst bei schweren Zustandsbildern von KORSAKOFF Lernfähigkeit besteht und die Farbleistungen angeborener Farbschwacher durch Übung erheblich gebessert werden können.

Die bisherige kurze Erinnerung an die wichtigsten und bekanntesten Grundtatsachen wissenschaftlicher Übungsforschung wäre aber sehr unvollständig, würde nicht noch eines Faktors gedacht, der schon in der oben angedeuteten Scheidung von Übung und Gewöhnung berührt wurde: Übung enthält bewußte Zielsetzung; sie verlangt neben der Fähigkeit (Übungspotenz) auch Willigkeit; es muß eine Triebkraft hinter dem mechanischen Übungsverlaufe stehen, ein *„Übungswillen"* (KERN), der die aufmerkende Zuwendung erhöht und einen *Zieloptimismus* schafft. Der Einfluß des Übungswillens ist altbekannt (MEUMANN, THORNDIKE) und sehr weitgehend; so leisten auch im „lebensfernen" Laboratoriumsversuche viele Versuchspersonen beim Massen- und Gruppenversuch wesentlich Besseres, weil die Situation des Wettbewerbes und der Kameradschaft den Übungswillen belebt, eine exakt meßbare Experimentalerfahrung, deren Kerngehalt bis in die Höhengestaltung des Gemeinschaftslebens reicht. Gerade durch die Bedeutung des Willensfaktors rückt das scheinbar so mechanische Übungsexperiment in nächste Beziehung zu zentralen Persönlichkeitseinstellungen; praktisch gesprochen wird *Üben und Lernen so betrachtet zur Charakterfrage.* Wissenschaftlich erhebt sich damit eine Fülle von Problemen, die zum Teil in höchst bedeutsamer Weise durch tiefenpsychologische Erkenntnis gefördert wurden; sie dürfen hier als bekannt vorausgesetzt werden. Nicht genügend beachtet scheinen dagegen die jahrelangen exakten Untersuchungen von Ach und seinen Mitarbeitern, die gerade in der umfassenden Monographie von Ach über die „Analyse des Willens“ 1935 (Wien und Leipzig: Urban & Schwarzenberg) im Zusammenhalt mit einer Kritik der letzten 30 Jahre Forschungsarbeit abschließende Gestaltung fanden. Es kann jedem Arzt, der sich mit der Willensproblematik praktisch oder theoretisch beschäftigt, sorgfältigste Durcharbeitung des Werkes ans Herz gelegt werden. Umfang und Charakter der Achschen Monographie verbieten ein näheres Eingehen; es sei nur für die hier in Frage stehenden Probleme besonders auf die Darstellung der fortlaufenden Leistungen verwiesen. Während die experimentelle Psychologie sich schrittweise in den Rätselwald des Willensphänomens sichere Pfade erarbeitet, haben Vertreter gestaltpsychologischer Forschung mehr eine Flugzeugbetrachtung des Geländes „von oben“ vorgenommen. Sie betonen, daß Übungserwerb durch „Veränderung des Machtbereiches“ beglückt; das Subjekt liegt beim Eintritt in die Leistung in einem Spannungsverhältnis zu Objekt und Aufgabe, die zu Angriffshaltungen führt; diese weichen bei gutem Fortgang lösender Entspannung. Mit zunehmender übender Wiederholung wird im Anfang die Angriffsspannung sinken, wenn nicht besondere Widerstände zunächst steigernd wirken, ja bei unlösbaren Aufgaben bis zu völliger Ablehnung führen. Für die triebhafte Aneignungs- und Einverseelungstendenz ist die Frage des „Interesses“ besonders wesentlich. Am Übungsverlauf lassen sich eine Reihe typischer Erlebnisse aufzeigen; so wird das Übungsobjekt oder die Übungsaufgabe in „Felder“ verschiedener Funktionen gegliedert, es wird „probiert“ und ökonomisch „kondensiert“, es wird immer freier „gezielt“, etwa beim Lernen des Laubsägens erst nur auf die Säge, dann mehr und mehr auf den Arbeitsweg gesehen; Stereotypisieren, Schaffen von Gelegenheitsapparaten und Automatisierung schließen an. Es wird direkt von einer Art „seelischen Reifens" im Übungsverlauf gesprochen. *Was besagen diese wissenschaftlichen Ergebnisse der Analyse aktiv leistungssteigernden Übens für die Psychotherapie?*

An erster Stelle sei auf das Hauptresultat des Werkes von Kern verwiesen; seine Untersuchungen gelten neben allgemeinen Fragen besonders einer Schwesterdisziplin der Psychotherapie, der Psychotechnik. Es sollte festgestellt werden, in welchen Grenzen eine geringe Zahl von Testmessungen, oder gar eine einzige, zu einem Leistungsurteil berechtigt, wie es etwa die Begabungsprüfung fordert; dabei ergab sich, daß eine psychotechnische Untersuchung, die in diesem Sinne vorgeht, nur zu einer allergröbsten Aussonderung völlig Un- oder Schwachbegabter ausreicht, während die Rangbildung feinerer „Begabungsunterschiede" völlig verfehlt wird. Kern erwähnt als sehr anschauliches Beispiel eine Untersuchung an Kindern über Treffsicherheit bei einfachem Ballwerfen, die erst nach 88tägiger Übungsperiode die Rangreihe richtig erkennen ließ, während die Resultate etwa am 2. Tage gänzlich trügerisch waren. Die (sehr komplexe!) „*Eigenschaft*" der „Geschicklichkeit" liefert also erst nach einer Prüfungs- und Übungsdauer von fast 1/4 Jahr verwertbare Resultate! Was hier in (relativ) einfachen, quantitativer Messung zugänglichen Verhältnissen feststellbar ist, die plastische Lebendigkeit als „Fähigkeit" manifestierter „Anlagen", steht als ein Problem voll schwerster Verantwortung vor (und zum Teil zwischen) Psychiatern und Psychotherapeuten. Der Psychiater ist für Diagnose, Prognose und Begutachtung auf die Setzung und Bewertung von „Eigenschaften" angewiesen, nicht minder der Erbbiologe; dem Psychotherapeuten ist Bildsamkeit und dynamische Plastizität der Lebensreaktionen unentbehrliche Voraussetzung schöpferischen Erfassens und Gestaltens. Nicht fruchtloser Prinzipienstreit irgendeines begrenzten Radikalismus, sondern nur unermüdliche, möglichst gemeinsame empirische Erprobung kann hier den für den Arzt und die Kranken gleich lebenswichtigen Fortschritt bringen. Es sei an Stumpfls grundlegende Erbforschungen erinnert, die vielen Psychopathen den Erbort außerhalb der psychosentragenden Sippen im Bereich charakterologischer Anomalie weisen; wieweit ist beim „Charakter" die Vererbungslagerung Schicksal? Eine Frage, die wissenschaftlich, praktisch und nicht zum wenigsten menschlich alle Tiefen und alle Höhen aufrührt.

An zweiter Stelle sei ein Ergebnis der Übungsforschung erwähnt, das gleichfalls in grundsätzlicher Beziehung Modellwert hat. Die Analyse des Übungsprozesses hat schon vor Jahren erkennen lassen, daß Unterbrechungen der Übungsarbeit durchaus nicht immer eine Verschlechterung zur Folge haben; im Gegenteil; nach Pausen ergaben sich unter Umständen wesentlich verbesserte Leistungen. Wohl mag manchmal „die Seele überfüttert" sein (EBBINGHAUS), so daß eine „psychische Friktion" (KERN) eintritt. In anderen Fällen ist aber das Leistungswachstum in „schöpferischen" Pausen so erheblich und so differenziert, daß schon EBERT und MEUMANN 1905 von einer *„latenten Fortbildung"* sprachen, der „Contamination" WUNDTS in gewissem Maße verwandt. W. F. BOOK, der eine der letzten größeren Studien über diese Frage anstellte, spricht von „einer *Art nervösen Wachstums*" in der übungslosen Zwischenzeit und KERN steht nicht an, gerade in diesem Geschehen wahrscheinlich „die wesentlichsten Bestandteile der Ursachengruppe zu erblicken, auf deren Konto man die eigentlich *übende* Wirkung langer Übungsfolgen zu setzen hat". Hier liefert die experimentelle Psychologie ein *anschauliches und meßbares Beispiel produktiver Leistung im Unbewußten.*

An dritter Stelle erscheint wesentlich, auf das Moment von aktiv *leistungssteigernder Übung in der speziellen Psychotherapie außerhalb der Übungstherapie engeren Sinnes* hinzuweisen. Am deutlichsten liegt es in der *Wach-Psychotherapie und Psychagogik* zutage, um so mehr, je sinnfälliger eine solche Arbeit „erzieherischen" Charakter trägt; es genügt, in diesem Kreise die so segensreiche Arbeit der Volksnervenheilstätten und die Beschäftigungstherapie in den Anstalten zu nennen. Während hier die wesentliche Beteiligung echter übender Faktoren selbstverständlich ist, besteht bei einer Reihe von typischen psychotherapeutischen Abläufen die Gefahr, ihren Einfluß zu übersehen. Jede psychotherapeutische Behandlung ist an eine eingehende *Selbstdarstellung des Kranken* gebunden, deren rein emotionale und kognitive Gehalte oft und gründlich bearbeitet sind. Außerdem bedeutet aber diese Seite psychotherapeutischer Arbeit auch eine sehr beachtliche

Übungsleistung, die namentlich nach zwei Richtungen erfolgt: der Kranke „lernt“:

1. innere seelische Vorgänge und Inhalte scharf zu erfassen,
2. über diese Erfahrungen verwertbar zu berichten.

Das seelische „Sehenlernen“ ist für den Arzt am besten mit der Erarbeitung mikroskopischen Sehens zu vergleichen. Wie hier für den Anfänger nur farblose, wirre Konturen oder ungestaltete Farbmotive vorhanden sind, die erst bei ausreichender lernender Wiederholung zu Gestalten zusammenschießen und zu komplexen Gebilden verschmelzen, so bringt für die große Mehrzahl der psychotherapeutischen Patienten der Blick ins eigene Innere, in das „seelische Mikroskop“, um den glücklichen Ausdruck von O. Vogt zu benutzen, zuerst nur gestaltlos-unscharfe, farbig-wirre oder ungreifbar flüchtige Eindrücke; erst immer wiederholtes Schauen nach Innen mit bewußtem Verbesserungswillen bringt Fortschritt, läßt Kosmos aus Chaos werden. Fruchtbar kann dies nur geschehen, wenn völlige Sachlichkeit unerbittlich gefordert und durchgeführt wird. So macht in jeder ernsthaften Psychotherapie der Kranke geradezu eine „*Übung der Selbstbeobachtung*“ durch. Er übt nicht nur, nach innen zu sehen, sondern er verbindet dieses Üben mit dem persönlichkeitsbildenden Grundprinzip der *Sachlichkeit* zu einer *Schulung* eigentlichen Sinnes. Selbstkontrolle solcher Art hat nicht das Mindeste mit Hypochondrie oder Egozentrizität zu tun; ganz im Gegenteil; sie führt zur Versachlichung, zum Abstande. Mit zunehmendem Übungseffekt wird auch die Selbstbeobachtung verfeinert, beschleunigt, erweitert und ökonomisiert, die „Felder“ des Innenerlebnisses gliedern sich und das Erlebnis vermittelt einer Persönlichkeitssicherung durch Eigenklärung, die schrittweise die Überwältigung durch „dunkle Mächte“ aufhebt.

Wer diese Abläufe aus Erfahrung und Beobachtung kennt, wird ihre Schwierigkeiten ebensowenig unterschätzen — sie gehören wesentlich der phänomenologischen und „denkpsychologischen“ Schulung zu — wie die der zweiten hier vorliegenden Aufgabe, der *Berichterstattung*. Kann nur geschulte Selbstbeobachtung die große und unerläßliche Sachlichkeitsforderung erfüllen, so verlangt die Berichterstattung Vollständigkeit und Klarheit. Unbeschadet aller einfachen und komplexen Wirkungen der „Aussprache“ jeder

Form liegt hier wieder ein spezifischer Übungsverlauf vor, die Erlernung der „Verwortung seelischen Erlebens"; mit der gekennzeichneten grundsätzlichen Forderung entwickelt sich hierbei eine *Schulung klarer und vollständiger Berichtgabe*. Der Wert dieser beiden Schulungsvorgänge *ist ein sehr erheblicher, zumal sie auch nach Abschluß der Gesundungsarbeit* lebendiger Besitz des Behandelten bleiben.

Aber nicht nur die Selbsterfassung, Selbstklärung und Berichtgabe in der Psychotherapie enthalten Momente der Übung bis hinauf zur eigentlichen Schulung. Auch die *Aneignung* irgendwelchen neuen seelischen Gutes ist in der großen Mehrzahl der Fälle an übendes und schulendes Erfahren gebunden.

Aktiv leistungssteigerndes und passiv selbstfestigendes Üben kann theoretisch zunächst auf einen Funktionsvollzug eingestellt sein; je mehr der Neuerwerb durch Aneignung („Übungsfestigkeit") Persönlichkeitsbesitz, ja Anteil der Persönlichkeit wird, um so mehr entwickeln sich dauerhafte *Haltungs-* und *Einstellungs*modifikationen; so kann von Funktionsübung und -schulung und in ihrem Fortgange von Haltungs- und Einstellungsschulung gesprochen werden. Praktisch klinisch kann schon nach diesen Umbildungen Symptombefreiung, in günstigen Fällen von Schichtneurosen und bei allen Randneurosen eine Selbstheilung der Gesamtpersönlichkeit eintreten. Schwierigere Fälle von Schichtneurosen und alle Kernneurosen müssen darüber hinaus durch *Lebensschulung* „leben lernen"[2].

Nicht nur „Symptom" und „Krankheit" sind übend-schulendem Zugriff erreichbar. *Grundsätzlich wichtig ist die Erkenntnis, daß jedes ernsthafte Üben und Schulen den ganzen Menschen erfaßt und umbildet.* Noch immer scheint uns das eindrucksvollste Paradigma für mnemische Menschenbildung in einer psychologischen Tatsache gegeben, die als *„erworbener Vollzugszwang im normalen Seelenleben"* bezeichnet wurde[3]. Ein Mensch, der Buchstaben lesen gelernt hat, verbindet mit einem bestimmten Buchstabenbilde das entsprechende Buchstabenerlebnis. Er liest z. B.

[2] Zbl. Psychother. 8, 1935, 304.

[3] Z. Neur. 133, 1931, 665.

„E". Hat er dieses Lesen zu voller Geläufigkeit erworben, so tritt damit in seiner Psyche eine entscheidende Veränderung ein; wenn er jetzt nämlich das Zeichen „E" sieht, so *muß* er es lesen, *muß* „E" erleben. Aus Erlerntem ist ihm ein Gesetz geworden, das völlig bindend und so zwingend ist, wie irgendeine angeborene Funktion; wer lernt, erwirbt außer dem seelischen Besitze einen Vollzugszwang. Der zugehörigen theoretischen Fragen wegen sei auf die Originalarbeit verwiesen. Trotz mancher Diskussion mit Psychologen, die sich der „Ganzheits"- oder „Gestalt"-betrachtung allzusehr verschworen haben, darf die Auffassung als unwiderlegt gelten, daß im erworbenen signifikativen (ACH) Vollzugszwange der Grundmechanismus der Assoziation subjektiv erlebbar wird, dessen wissenschaftlicher Kredit deswegen durch Jahrzehnte allzu sehr gelitten hat, weil er von illegalen Debitoren überzogen wurde. „Wissen" und „Können" macht nicht nur „frei", sondern es bindet auch unauflöslich; der Mensch wird ein anderer, ebenso unwiederbringlich, wie der Erwachsene das Kindsein verliert, mag er auch in Mußestunden das Licht seiner Träume spielerisch genießen. Entwicklung und übende Schulung schaffen Wandlungen der Reifung und „Umlebung", sie können leisten, was in allen schwereren Fällen noch so heftiges verkrampftes Wollen nicht erreicht, „ein anderer Mensch zu werden". Für die Einwertung sachlicher und *zielgerechter Psychotherapie und ihrer Möglichkeit* ist diese Feststellung fundamental. Um so mehr, als hier tiefste, jedem Arzt eindringliche biologische Grundgesetze zutage liegen.

Es ist im Rahmen einer Übersicht, wie der hier versuchten, unmöglich, die *technischen Wege* auch nur skizzenhaft anzudeuten; so sei mehr im Sinne einer Illustration einiges aus dem Gebiet des *autogenen Trainings* erwähnt. Bekanntlich soll in den ersten Wochen des Verfahrens nur dreimal täglich eine ganz kurze Übungssitzung von $1/2$—1 Min. gemacht werden, um die Entwicklung einer rein entspannten Haltung zu sichern. Die Kürze dieser Anfangssitzungen wurde nun gelegentlich irrtümlicherweise als Beweis dafür angesehen, daß überwiegend suggestive Faktoren wirksam seien. Es ist wichtig, zu betonen, daß eine der ältesten und sichersten psychologischen Übungsregeln, die 1907 von JOST entdeckt und experimentell erhärtet werden, genau das Gegenteil beweist. JOST konnte in ausgedehnten Lernbereichen folgendes feststellen[4]: Ein Lernstoff, der etwa 24 Wiederholungen zur Bewältigung braucht, kann so verteilt werden, daß an 1 Tage 24mal, an 2 Tagen 12mal, an 3 Tagen 8mal usw. bis zu 2mal an 12 oder 1mal an 24 Tagen gelernt wird. Dabei zeigte sich die souveräne Überlegenheit einer Lernarbeit von 2mal an 12 Tagen. Es ist also die Wiederholungshäufung in kurzen Zeiträumen ein durchaus ungünstiges Verfahren, während regelmäßiges Üben über längere Zeitstrecken optimale Resultate liefert. Gerade dieses Vorgehen kennzeichnet aber den regelrechten Erwerb des autogenen Trainings.

Sehr interessante, noch unveröffentlichte Beobachtungen konnte G. KÜHNEL, Berlin, mit dem autogenen Training an psychopathischen Jugendlichen machen. Bei der Herstellung eines pädagogischen Bezuges, der Voraussetzung für die Bearbeitung der psychopathischen Jugendlichen ist, findet man eine Gruppe wenig Zugänglicher und Ablehnender. Setzt man derartige Jugendliche in eine größere, allgemeine trainingsbereite Gruppe, so bekommen sie aus ihrer Ablehnung heraus ein psychisches Erfüllungserlebnis, das ihnen ihren Widerstand, ihre „innerpsychische Verhärtung" zum erstenmal als Anteil ihres eigenen Wesens und als innere Unzulänglichkeit erlebnismäßig faßbar macht. Von dem Erlebnis werden die Jungen aufgeschlossen und für psychotherapeutische Bewirkung zugänglich. Psychopathologisch handelt es sich weniger um schizoid Gesperrte oder depressiv Gehemmte, sondern um verkrampfte Stheniker, die eine besonders unangenehme Gruppe jugendlich Verwahrloster mit Neigung zu aktiver Kriminalität darstellen; es ist für diese Typen etwas völlig Neues, statt wirklichen oder vermeintlichen Umweltfeinden verteidigend gegenüberzutreten, sich der eigenen Person zuzuwenden und deren Problematik (Unzulänglichkeit) zu erleben. Die Begegnung mit dem eigenen Selbst in dem meist sehr schwierigen ersten Versuche kon-

[4] MÜLLER-PILTZECKER, EBERT-MEUMANN, KIRBY, TYON konnten JOSTS Feststellungen an sinnlosem Material bestätigen, AUSTIN auch an sinnvollem (KERN).

zentrativer Innenwendung des autogenen Trainings wirkt bei diesen Typen gewissermaßen katalytisch.

Inzwischen war Gelegenheit, mit dem Begründer der „*Progressive Relaxation*", E. Jacobson, Chicago, praktisch gemeinsam zu arbeiten. Jacobson verwendet bekanntlich von muskelphysiologischen, besonders myelektrischen Untersuchungen ausgehend, eine mehr gymnastische Relaxation des Muskelsystems. Dabei werden besonders auch die sinnesphysiologisch höchstwertigen, z. B. die Augenmuskeln entspannt (Näheres vgl. in der Monographie des autogenen Trainings, Kap. XII). Jacobson hat hierbei sehr bemerkenswerte Beobachtungen über weitgehende Allgemeinumstellungen auch bei psychopathischen Zuständen gemacht; dies erscheint grundsätzlich wichtig als Beitrag zu der zur Zeit noch zu wenig in Angriff genommenen Umbildung der Persönlichkeit durch Haltungsänderungen. Es ist kein Zweifel, daß die hier und in der Unterstufe des autogenen Trainings dargestellten, stark der Sphäre der physiologischen zugehörenden Totalumschaltungen sehr viele Wandlungen der Persönlichkeit begleiten, die in der Tiefenpsychotherapie rein verstehend psychologisch erfaßt und geschildert sind.

Hier und überall in der Psychotherapie den biologischen und wissenschaftlich psychologischen Wurzelboden im Auge zu behalten, ist eine ernste Forderung des heutigen Tages. Geisteswissenschaftliche Methoden und Materialien werden in der eigentlichen Psychotherapie als einer *ärztlichen Heilbehandlung* mit seelischen Mitteln immer nur Gastrecht genießen dürfen. Ohne genaueste Fühlung mit der gesamten Medizin, insbesondere der Psychiatrie und Erbbiologie, ohne eine klare und grundsätzliche Zentrierung um den „Bios" als letzte Gegebenheit, behält Psychotherapie weder Eigenwert noch Eigenrecht; anderenfalls tritt eine hoffnungslose Vermengung mit den mehrfach gekennzeichneten, allgemein menschlich so überaus wertvollen Nachbargebieten ein. *Nur eine lebensgesetzlich zentrierte, nur eine bionome Psychotherapie hat Aussicht auf Bestand und gesunde Entwicklung.*

Schlußsätze:

1. Um *neben* anderen Grundprinzipien die der Übung und Schulung in der Psychotherapie abzugrenzen, ist zunächst eine *Umschreibung* von *„Übung"* und *„Schulung"* zu *versuchen*. Beide werden als Ganzerlebnis des beseelten Organismus angesehen.

2. Unter *„Üben"* soll eine mit bewußter Zielsetzung auf Verbesserung wiederholte psychophysische Verhaltungsweise umschriebener oder allgemeiner Art, unter *„Schulung"* das gleiche mit zusätzlicher Zielsetzung der Persönlichkeitsbildung verstanden sein.

3. Üben mit dem Ziel der *aktiven Leistungssteigerung* führt zu Verfeinerung, Beschleunigung, Umfangserweiterung und zunehmender Ökonomie der Leistung, wobei die Wirkungsgrenze („Übungsmaximum" MEUMANN) durch Übungspotenz und Übungswillen (KERN) bestimmt ist. Das Problem des Leistungswillens hat in der Psychotherapie besondere Bedeutung; gerade hier erscheinen neben den bekannten tiefenpsychologischen Auffassungen die fundamentalen Studien von ACH und seinen Mitarbeitern sowie auch gestaltspsychologische Betrachtungsweisen aufschlußreich (Spannungsverhältnisse, Felderklärung usw.). Das Anwachsen der Leistung in Übungspausen („schöpferischer Pause") ist ein anschauliches und meßbares Beispiel produktiver Leistung im Unbewußten (W. T. BOOK: eine Art „nervösen Wachstums"; EBERT und MEUMANN: „latente Fortbildung"). In der speziellen Psychotherapie außerhalb der Übungstherapie engeren Sinnes spielt leistungssteigerndes Üben eine größere Rolle, als nach den üblichen theoretischen Darstellungen anzunehmen ist, die im allgemeinen zu sehr auf die Kategorien reiner Einsicht oder emotionaler Abläufe abgestellt sind. Unbeschadet dieser wichtigen Faktoren darf nicht übersehen werden, daß z. B. *„Aneignung" wichtiger Selbsterkenntnisse* in allen ernsteren Fällen ganz anders erfolgt, als etwa die Übernahme der Lösung einer mathematischen Aufgabe. Immer wieder in unzähligen einfachen Erlebnisschemata des Alltags, der Kindheit, des Traumes usw. muß der Kranke die Selbsterkenntnis erlebend „üben"; während ein rein „pädagogischer" Hinweis auf seine Fehlreaktionen mit der Aufforderung „sich zu ändern", in allen ernsteren Fällen fruchtlos, ja schädlich ist. Weiß doch der

Kranke meistens selbst, daß sein Aktualverhalten irrig ist, und hat sich oft genug selbst „pädagogisch" traktiert; erfährt er gleiches vom Arzt, so wird bestenfalls Gleichgültigkeit, oft genug Trotz, Auflehnung, Verzweiflung die Folge sein. Üben als biologisches Geschehen ist an ausreichendes Zeitmaß gebunden und gleichbedeutend mit *Umleben* („Übungsfestigkeit"). Es kann im Einzelfall einmal die Entscheidung zwischen einer durch Wegräumen von Hemmungen einsetzenden Entwicklung und einem Übungsverlauf Schwierigkeiten machen; es handelt sich dann meistens um Mischverläufe, die beides enthalten (s. auch 4), ist doch „Hemmungsbeseitigung" nur selten ohne übende oder entübende Maßnahmen möglich.

Jede ernsthafte Psychotherapie bringt eine *Schulung des Kranken* in *scharfer, sachlicher Selbstschau* und *klarer, vollständiger Berichtgabe* mit sich.

4. Üben mit dem Ziel *passiver Selbstbefestigung* (Abhärtung, Entwöhnung usw.) ist unerläßlicher Anteil jeder „Ermutigung, Disziplinierung"; hart sein können gegenüber Lust und Unlust, wenn es der Sinn des Lebens fordert, muß erarbeitet, übend erworben werden. Die dabei mitwirkenden Willensabläufe sind vorbildlich von Ach[5] bearbeitet.

5. Leistungsüben beginnt schon als *Funktionsschulung*, Selbstbeherrschungsüben bringt *Haltungs-* und *Einstellungsschulung*. In einfachen Fällen setzt ein Selbstheilungsvorgang ein, wenn Leistungs- und Selbstbeherrschungsüben erfolgreich waren. In schweren Fällen muß der Kranke eigentlichen Sinnes „leben lernen", er muß eine Lebensschulung erarbeiten.

6. Übend vertiefte Selbst- und Fremderfahrung und Lebensschulung folgen dem *erworbenen Vollzugszwang im normalen* Seelenleben[6].

7. Das Jostsche Lerngesetz findet in den Erfahrungen des autogenen Trainings volle Bestätigung.

8. *Psychotherapie* als *ärztliche* Heilbehandlung durch seelische Mittel hat nur Eigenwert und Eigenrecht, *wenn sie stets mit den*

[5] Ach: Analyse des Willens, 1935, S. 196.

[6] Z. Neur. 133, 1931, 665.

biologischen und wissenschaftlich-psychologischen Grundlagen in engster Wurzelverbindung bleibt und geisteswissenschaftliche Methoden und Materialien nur als Hilfmittel heranzieht. Nur eine in diesem Sinne *bionome Psychotherapie* hat Aussicht auf Bestand und gesunde Entwicklung.

*

Nach dieser Veröffentlichung folgt, wie aus der Bibliographie zu ersehen, eine lange Pause, die im wesentlichen durch den Zweiten Weltkrieg bedingt ist. Erst danach sind in der Literatur wieder Arbeiten zum Thema zu finden, für die vor allem SCHULTZ selber als Autor zeichnet.

Die hier folgende Arbeit von WEGSCHEIDER wird aufgenommen, weil es nach dem Zweiten Weltkrieg die erste ist, die schon im Titel den Bezug zum autogenen Training erkennen läßt. Sie ist gleichzeitig eine der ersten deutschsprachigen Veröffentlichungen, die sich mit der Gruppentherapie beschäftigt. Damit wiederholt sich im Bereich des autogenen Trainings, was in der Geschichte der Gruppentherapie immer wieder hervorgehoben wird: Gruppentherapeutische Gesichtspunkte waren vor allem im Umkreis der Hypnotherapie immer wieder zu beobachten, während sonst nur die Einzelbehandlung das Feld beherrschte.

GRUPPENBEHANDLUNG MIT DEM AUTOGENEN TRAINING[1]

Von KLAUS WEGSCHEIDER

In der Psychotherapie kommt dem Zeitfaktor eine wesentliche Bedeutung zu und zwar in doppelter Hinsicht. Für den Kranken geht es in erster Linie darum, ob seine Behandlung Wochen, Monate oder Jahre dauert. Für den Psychotherapeuten besonders geht es aber auch darum, wie viele Kranke er innerhalb seiner ihm zur

[1] Bericht über den Kongreß für Neurologie und Psychiatrie. Hrsg. von Ernst Kretschmer. Tübingen, Alma Mater Verlag 1948, S. 27—32.

Verfügung stehenden Zeit behandeln kann. Es kommt deshalb 1. auf eine genaue und strenge Indikationsstellung für die Auswahl der anzuwendenden Behandlungsmethode an. Das wird oft genug nur auf Grund einer sehr eingehenden psychodiagnostischen Beschäftigung mit dem Kranken möglich sein, die allein schon eine Reihe von Explorationsstunden erfordern, gleichzeitig aber die erste wichtige Behandlungsphase darstellen kann. 2. fordert der Zeitfaktor in der Psychotherapie in jedem Fall eine vorurteilslose, aber gewissenhafte Prüfung der Frage, wieweit evtl. verschiedene Methoden der Behandlung miteinander kombiniert werden können, und schließlich 3. die Prüfung der Frage, wieweit dabei Gruppenbehandlungen anwendbar sind.

Als kleiner Beitrag besonders zur Frage spezieller Gruppenpsychotherapie, ihres Einbaus in die nervenärztliche Praxis und ihrer Technik diene der nachfolgende Bericht, der sich auf Erfahrungen der Friedenspraxis und der Kriegsarbeit stützt, wie ich sie — in letzterer zusammen mit H. Wiegmann — bei der Behandlung von Kranken mit psychogenen Störungen gewinnen konnte.

Vor allem führten wir auch im Kriege Gruppenbehandlungen mit dem autogenen Training durch. Zu diesem Zweck faßten wir jeweils 10—20 geeignete Kranke in Übungsgruppen zusammen, die ein- bis zweimal wöchentlich ihre ärztlichen Unterweisungen erhielten. Diese Gruppenunterweisungen wurden stets durch einen Vortrag eingeleitet, wie er natürlich auch bei Einzelunterweisungen notwendig ist, aus Zeitgründen aber leicht zu knapp ausfällt.

In solchen, im Laufe eines Trainingskursus gehaltenen Vorträgen wurde über Suggestion und ihre Grundgesetze gesprochen. Sodann wurde das Wesen der Hypnose erläutert und der hypnotische Vorgang verständlich gemacht. Im Sinne einer psychischen Vorbereitung und Aufklärung scheuten wir dabei nicht, die Hypnose ihres ihr für ärztliche Behandlungszwecke störend anhaftenden magischen Nimbus zu entkleiden. Anhand der Hypnose wurde sodann Entwicklung und Zweck des autogenen Trainings dargelegt. Es wurde gezeigt, wie es bei beiden Verfahren auf die Herbeiführung der sogenannten „suggestiven Umschaltung" ankommt, die in der Hypnose fremdsuggestiv, im autogenen Training konzentrativ bedingt wird. Es wurden anschauliche Beispiele aus der Reichweite des Seelischen und aus den leib-seelischen Zusammenhängen gebracht, ferner Beispiele vor allem für das, was durch Übung erreichbar ist.

Eine derartige relativ breite Einführung ist praktisch wichtig, weil so die Patienten neben dem Erwerb bloßer Trainingstechnik auch ein Verständnis für diese Arbeit gewinnen.

Einleitend wurde ferner der bekannte und zur Einführung sehr empfehlenswerte Pendelversuch demonstriert, um daran entsprechend SCHULTZscher Anweisung plastisch zu zeigen, wie „reines Denken" wirksam im Körpergeschehen ist, daß auch jeder „Normale" gesetzmäßig Reaktionen liefert, die seiner bewußten Kontrolle entzogen sind, und daß eben diese unbewußten, unwillkürlichen Reaktionen durch geistige Konzentration lenkbar sind. Ferner demonstrierten wir, einer neueren Anregung von J. H. SCHULTZ folgend, den bisher weniger bekannten SPIEGELschen *Kastenversuch*, der im Berliner Psychologischen Institut entwickelt wurde. Es handelt sich dabei um einen kleinen Schweretäuschungsversuch. Zu seiner Ausführung werden zwei gleichlange und gleichbreite Kästchen benötigt, von denen das eine doppelt so hoch wie das andere ist. Das höhere Kästchen bleibt leer, das niedrigere wird mit Blei gefüllt. Stellt man nun den kleineren auf den größeren Kasten und läßt beide zusammen vorsichtig anheben und wieder absetzen und nun anschließend nur den kleineren anheben, so wirkt dieser subjektiv schwerer, als vorher beide zusammen. Diese Täuschung wird u. a. daraus erklärt, daß man nach Absetzen der beiden Kästen beim Anheben des oberen unwillkürlich die Innervationsintensität drittelt, so daß der kleinere Kasten viel schwerer erscheint. Dieser Kastenversuch stellt also auch eine Demonstration unbewußter Einstellung dar.

Nach solchen Vorbereitungen begann das praktische Gruppenüben. Bereits in der ersten Übungsstunde gelang in jedem Kurs die Vermittlung eines Arm-Teilschwereerlebnisses bei wenigstens etwa einem Drittel, in meiner Friedenspraxis mit ihrem anders zusammengesetzten Krankengut bei über der Hälfte bis zwei Drittel der Kursteilnehmer. Diese wurden dann zum näheren Bericht darüber aufgefordert und damit zu einem Ansporn für die übrigen. An ihnen oder an bereits Vortrainierten wurde weiterhin bereits in der ersten Stunde die Armschwere plastisch demonstriert, indem alle Teilnehmer an einem solchen übenden Patienten vorbeigingen und seinen rechten, wie vergleichsweise auch seinen linken Arm abtasteten, leicht anhoben und niedersinken ließen. Beim positiven Schwereerlebnis sinkt, besser fällt der entspannte Arm im deutlichen Gegensatz zum anderen Arm geradezu augenfällig herab und weist bei einfacher Betastung schon eine deutliche muskuläre Veränderung auf. Er „wiegt" auch auf der Hand fühlbar schwerer, so daß dieses Prüfungserlebnis beim anschließenden Selbstüben die konzentrative Schwereeinstellung vorstellungsmäßig erleichtert. Dieser nur in der Gruppenbehandlung mögliche Versuch ist in der Tat so eindrucksvoll, daß man damit ohne weiteres die Skepsis der Kranken dem Verfahren gegenüber überwindet und den Übungseifer steigert. Noch frappanter wirkt oft der Katalepsie-Versuch an einem Eintrainierten, der auch nur im Kollektiv einer Übungsgruppe zu einem späteren Zeitpunkt demonstrabel ist. Die Versuchsanordnung beim Katalepsie-Versuch ist — wiederum nach J. H. Schultz — am zweckmäßigsten folgende: Der zur Demonstration ausgewählte Übungsteilnehmer, der durch mehrwöchiges Üben bereits über eine gute Realisierung des Schwereerlebnisses verfügen muß, wird, nachdem er sich auf Schwere eingestellt und den Schwereeintritt durch ein verabredetes Zeichen kundgetan hat, angehalten, in der gleichen sitzenden Entspannungshaltung nun die Formel: „der Arm ist steif" zu konzentrieren, ohne selbst irgendeinen Spannungsimpuls zu geben. Wenn man dann durch einige andere Kursteilnehmer versuchen läßt, den Arm zu beugen oder zu heben, so findet sich alsbald ein Widerstand so intensiver Art, daß die Armbeugung oft einem kräftigen Mann kaum gelingt. Selbstverständlich muß dabei jedes ruckhafte Reißen und jedes Abweichen von der natürlichen Gelenkführung vermieden werden. Wird nach dem Versuch die Übungsperson aufgefordert, willkürlich einen gleichstarken Druck zu überwinden, der ihr von den Kontrollpersonen entgegengesetzt wird, so ist immer wieder festzustellen, daß der Übende nachträglich sich überhaupt nicht vorstellen kann, eine solche Kraftleistung produziert zu haben, und dies durch ein unverkennbares Erstaunen bezeugt.

Natürlich fallen immer einzelne Gruppenteilnehmer bald im Üben aus. Liegt der Grund darin, daß ihnen jeglicher Wille zur aktiven Mitarbeit und Gesundung fehlt, dann läßt man sie ruhig fallen und ersetzt sie möglichst durch willigere, vorher einzeln trainierte Anfänger, um die Gruppenzahl zu halten. Bei späteren Ausfällen ist das allerdings nicht mehr möglich, oder man muß zwei Restgruppen zusammenfassen.

Einzelne Teilnehmer pflegen aber besondere Schwierigkeiten in der Erarbeitung des Schwereerlebnisses zu haben, andere wieder später bei der Wärmerealisierung. Solchen Kranken gaben wir „Nachhilfeunterricht", indem wir sie zwecks Bahnung einige Male in leichter Hypnose das Schwere- bzw. Wärmeerlebnis fremdsuggestiv erleben ließen, nicht immer allerdings mit gleichem Erfolg. Immerhin empfiehlt sich bei Refraktären eine solche Kombinationsbehandlung, die sich im übrigen auch so gestalten läßt, daß man überhaupt zunächst begonnene Hypnosebehandlungen in Trainingsbehandlungen überleitet.

Um unsere Patienten außerhalb der Unterweisungsstunden, die natürlich auch der Übungskontrolle und Fehlerkorrektur dienen, zu einem regelmäßigen Selbstüben wenigstens zweimal täglich zu bringen, setzten wir auch hierzu feste gemeinsame Übungszeiten ein. Das geht natürlich nicht in ambulanter Praxis, sondern nur, wenn man über eine zusammenwohnende Krankengemeinschaft verfügt, z. B. auch innerhalb eines Sanatoriums- oder Klinikrahmens. Es muß zu diesen Zeiten für einen ruhigen Raum gesorgt werden. Die Gruppen versammeln sich im Übungsraum und üben — jeder einzelne zwanglos für sich — in der sitzenden Entspannungshaltung.

Mehr aus äußeren Gründen beschränkten wir im Kriege unsere Gruppenbehandlungen im autogenen Training auf die Grundübungen der Schwere- und Wärmedarstellung, um nur, wo entsprechende Indikation und Voraussetzung besonders gegeben war, in Einzelunterweisungen auch Herz-, Atmungs-, Leib- und Kopfübung, also die gesamte Unterstufe des autogenen Trainings weiter erarbeiten zu lassen. In meiner Friedenspraxis habe ich aber auch die Gruppenbehandlung auf alle Übungen der Unterstufe ausgedehnt, und zwar innerhalb von 6—8 Wochen.

Ich muß aus Zeitmangel hier auf die Darstellung aller Einzelheiten aus den Gruppenerfahrungen mit dem autogenen Training verzichten, möchte aber wenigstens darauf hinweisen, daß gerade diese Trainingsarbeit wesentlich zur positiven Prägung und Festigung einer therapeutischen Atmosphäre innerhalb der Krankengemeinschaft beiträgt. Diese Form der Gemeinschaftstherapie nimmt nach unseren Kriegserfahrungen den spezialärztlichen Maßnahmen den Beigeschmack des Absonderlichen und durchbricht vor allem durch das gemeinsame Üben die Möglichkeit, daß der einzelne Patient sich uns Ärzten gegenüber anders zeigt als im Freundes- oder Kameradenkreise, in dem sonst leicht die Neigung entsteht, sich von uns zu emanzipieren, unsere Maßnahmen zu glossieren und sich im Widerstand stark zu machen.

Große Mühe gaben wir uns, die Patienten so früh wie möglich zu veranlassen, das im Training Erarbeitete im praktischen Leben anzuwenden, so etwa den Stotterer, sich vor der Antwort zu entspannen.

Bei unserer Stottererbehandlung im Kriege führte WIEGMANN neben dem autogenen Training in kleinen Rahmen auch Gruppenhypnosen mit gutem Erfolg durch. So nahm er eine Gruppe von sechs Stotterern zusammen, brachte sie in einen leicht hypnotischen Zustand und suggerierte verschiedene Situationen, in denen sich die Stotterer wie Kameraden unterhielten, Telefonate erledigten u. a. mehr.

Im allgemeinen wird zwar in der Praxis die Einzelhypnose der Gruppenhypnose vorzuziehen sein. Die naheliegenden Gründe hierfür verlieren jedoch an Bedeutung, wenn die Hypnosebehandlung folgerichtig aus der autogenen Trainingsarbeit im Sinne der gestuften aktiven Hypnoseübungen KRETSCHMERS gestaltet wird. Auf jeden Fall bleibt es ein besonderer Vorzug des autogenen Trainings, daß die Arbeit in Gruppen der Einzelarbeit überlegen ist.

In unserer nervenärztlichen Kriegsarbeit war die Gruppen-Behandlung mit dem autogenen Training noch eingebaut in einen breiteren gruppenpsychotherapeutischen Rahmen. Kam es uns doch darauf an, eine Krankengemeinschaft psychotherapeutisch zu einer Einheit zu gestalten, deren Eigenleben schon Heilfaktoren ergab.

Dieser Zielsetzung entsprechend bauten wir auch einen Gemeinschaftssportbetrieb im Sinne rationeller Gruppenpsychotherapie aus. Dabei ließen wir z. B. — einem Vorbild J. v. HATTINGBERGS folgend — bei jedem Neuankömmling sofort und nach 6 Wochen eine kurze Sportleistungsprüfung im 100-Meter-Lauf, Kugelstoßen und Weitsprung abnehmen, um durch den leicht objektivierbaren Leistungszuwachs der Vorstellung eigener Leistungsunfähigkeit beim Kranken zu begegnen.

Dieser breite aktiv-gruppenpsychotherapeutische Rahmen erwies sich als unerläßliche Voraussetzung, besonders um auch den sonst jeder Therapie trotzenden „iatrogen chronifizierten Neurosen" (SCHULTZ-HENCKE) beizukommen, d. h. sie wieder behandlungsfähig zu machen. Im Kriege waren das die Kranken, die in einem ewigen circulus vitiosus von einem Arzt und einem Lazarett zum anderen und von einer Einheit zur anderen abgeschoben wurden.

Es ist hier nicht mehr der Platz, ausführlicher über die Behandlungsergebnisse der psychotherapeutischen Kriegsarbeit zu berichten. Diese stützten sich auch weitgehend auf ein kombiniertes Vorgehen, nämlich in der Regel auf einleitende kurze Einzelbehandlungen und zum Teil nebeneinanderlaufende Gruppenbehandlungen innerhalb eines entsprechenden Rahmens, so daß also auch der Einzelanteil des autogenen Trainings sich nicht statistisch herausdifferenzieren läßt.

Da aber die Gruppenarbeit mit dem autogenen Training sich schon auf vielfache Friedenserfahrungen in Kassen- und Ambulatoriumspraxis, wie auch in der klinischen Psychotherapie stützt, läßt sich immerhin zusammenfassend sagen, daß sie bei leichten Neurosen mitunter als hauptsächliche Heilmaßnahme, bei der Behandlung schwerer Neurosen als unterstützende Maßnahme dienen und in Kombination mit anderen Methoden der Psychotherapie die Gesamtbehandlungsdauer abzukürzen helfen kann. Dabei soll jedoch nicht, wie vor allem SCHULTZ-HENCKE zu bedenken gegeben hat, die Gefahr verkannt werden, daß bei der Kombination mehrerer Behandlungsverfahren die Psychotherapie überhaupt ins Schwimmen geraten kann, und daß schließlich auch z. B. alleinige analytische Behandlungen kurz, Behandlungen mit dem autogenen Training, wie mit Hypnose mitunter recht langandauernd sein können. In jedem Falle muß also eine sorgfältige Indikationsstellung für die Wahl der anzuwendenden evtl. kombinierten Behandlungsmethodik angestrebt werden.

*

Die vorige Arbeit wurde in die Reihe aufgenommen, weil sie die Verbindung von autogenem Training und Gruppentherapie zeigte. Die Wiedergabe des Beitrages von KÜHNEL erfolgte vor allem wegen der Darstellung der Kombination von autogenem Training und Analyse, da hier die moderne Entwicklung der Psychotherapie aufgezeigt wird, die in der Überwindung der ultimativen Forderung des *entweder* Analyse *oder* autogenes Training bzw. Hypnose liegt. Hier kann in der Arbeit von KÜHNEL ein früher Beleg für diese Entwicklung beigebracht werden.

VERBINDUNG VON AUTOGENEM TRAINING UND PSYCHOANALYSE[1]

Von GOTTFRIED KÜHNEL

Eine schulgemäße analytische Psychotherapie fordert von Arzt und Patient einen ungeheuren Zeitaufwand. Es ist durch irgendeine Kurztherapie nicht möglich, den in die Tiefe greifenden Charakterwandel zu erzielen, wie ihn die Behandlung einer Kernneurose verlangt. Seelische Orthopädie ist eine Wachstumskorrektur. Die Zeit ist also ein unabdingbarer Faktor. Aus diesem notwendigen Zeitaufwand erwächst die praktische und soziale Ablehnung der Analyse als Methode. Aus Geld- und Zeitgründen kommt es nur zu häufig, sobald das Symptom schwindet, zum Abbruch der Behandlung und damit vom neurotischen Charakter aus gesehen zu einem Behandlungstorso, zu einem Mißerfolg oder bestens zu einer Symptomverschiebung. Mit analytischen Worten

[1] Prof. KRETSCHMER zum 60. Geburtstag. In: Der Nervenarzt, 20, 1949, S. 77—81, gekürzt.

gesprochen ist der Abbruch jeder Analyse vor Auflösung der Übertragungssituation ein Kunstfehler. Welcher Chirurg würde bei einer Laparotomie nach der Entfernung des Tumors den Schluß der Bauchhöhle der Selbstheilung überlassen und die Mißerfolge dann dem chirurgischen Eingriff an sich zur Last legen. Für die große analytische Psychotherapie will dieser Vergleich mit vollem Inhalt ernst genommen sein.

Wir sind in einer Notlage. Für unsere tiefenpsychologischen Erkenntnisse fehlt uns noch die sozial tragbare Methode der Anwendung. In Amerika laufen Versuche über Kollektivbehandlung und Selbstanalyse. Die Arbeiten der Tübinger Schule KRETSCHMERS mit den gestuften aktiven Hypnoseübungen haben neben ihrem wissenschaftlichen Wert auch ein methodisches Ziel. Meine vorliegenden Ausführungen mache ich als praktischen Beitrag. Sie gründen sich auf Erfahrungen, die größtenteils aus der Zeit vor dem letzten Weltkrieg stammen. Es handelt sich um eine besondere Anwendung des autogenen Trainings nach J. H. SCHULTZ. Meine Versuche, das autogene Training mit echter analytischer Therapie zum Ziel der Einschränkung des Zeitaufwandes zu verbinden, gingen von einer etwas abseits liegenden Erfahrung aus.

In der Fürsorgeerziehung gibt es für den Psychiater eine besondere Gruppe von Jugendlichen, der man erzieherisch fast machtlos gegenübersteht. Das sind die sog. Haltlosen, meist asthenisch gebaute, empfindsam-selbstunsichere Jugendliche von guter Intelligenz. Ihre Verwahrlosung ist vorwiegend Herumbummeln, Weglaufen, Gelegenheitsdiebstähle, hemmungslose Onanie und homosexuelle Prostitution. Sobald ihnen unangenehme Anforderungen entgegentreten, gehen sie „aus dem Felde". Sie wählen die passiven, verantwortungslosen und anstrengungslosen Wege ins Leben. Diese Jugendlichen bieten dem Erzieher keinen Einsatzpunkt für seine Erziehungsarbeit. Im Augenblick versprechen sie alles, aber sie halten nichts. Deshalb werden sie in den Heimen eigentlich nur beaufsichtigt und nicht erzogen und man erhofft sich von ihrer körperlichen Ausreifung eine allgemeine charakterliche Festigung.

Solche Kinder gibt es in jedem öffentlichen Heim reichlich. Ich suchte mir aus ihnen eine Gruppe von 12 schulentlassenen Jungen zusammen und begann, mit ihnen zu trainieren, in der Hoffnung, sie vom Training aus innerlich disziplinieren zu können. Es war ein Versuch.

Der Erwachsene steht in einem Erziehungsheim außerhalb der kompakten, durch unausgesprochene, aber um so festere innere Bindungen geschlossenen Jungengruppe. Der Psychiater hat noch zusätzlich eine Sonderstellung, weil er nicht den ganzen Tageslauf mit den Jungen gemeinsam erlebt und weil ihm als Arzt Machtbefugnisse besonderer Art zustehen.

Ich befand mich also einer äußerst mißtrauisch abwartenden Gruppe von 12 Jungen gegenüber. Die Erklärung des Zieles des Trainings beseitigte dieses Mißtrauen keineswegs. Fünf Sitzungen blieben ohne Erfolg. Die Jungen kamen zu keiner Ruhehaltung. Sie konnten sich nicht konzentrieren. Ihre Gedanken sprangen zwischen Tagesresten hin und her. Ich suchte mir nun 2 ruhige und zuverlässige, charakterlich gesunde Jungen aus. Diese Jungen waren, allein genommen, nach der 6. Sitzung bis zur Wärmedarstellung gebracht. Diese beiden Jungen nahm ich in die Gruppe der 12 haltlosen und sprengte dadurch diese Gruppe. Sieben von den haltlosen Jungen konnte ich auf diese Weise zur inneren Übernahme der Trainingssituation bringen. Mit diesen 7 Jungen trainierte ich weiter. Sie führten, wie das beim Training üblich ist, über die Trainingszeiten und die Art, wie sich Schwere, Wärme usw. darstellt, eine Liste. Als Selbstbeobachtungen kamen zunächst Fremdheitsgefühle. Es sei so komisch in dieser künstlichen Ruhe. Es sei nicht wie sonst im täglichen Leben. Aber das Auffällige war, daß die Jungen mich nach dem Training mit Fragen überfielen, mit Fragen, die alle ihre tatsächlichen Lebensprobleme berührten, über das Geldverdienen, warum der Vater die Mutter verlassen hat und über die schwangere Schwester. Dabei zeigten sie eine geringere Gehemmtheit und hatten in den Fragen etwas Dranghaftes. Diese Fragen unterschieden sich durch ihre Ernsthaftigkeit und Persönlichkeitsnähe vollkommen von den Gesprächen, die man mit diesen Jungen führen kann, wenn man längere Zeit unter ihnen sitzt, mit ihnen spielt und sich unterhält, oder wenn man sie als Arzt zu sich kommen läßt, sich bemüht, ihnen näher zu kommen. Die anschließenden Aussprachen wurden für die Jungen immer mehr das Wesentliche. Mit fortschreitendem Training wurde mir klar, daß hier eine tiefgreifende Änderung im Verhalten der Jungen eingetreten war.

Diese aus ungünstigen Arbeiterverhältnissen stammenden Jungen hatten bisher eine einzige seelische Verhaltungsweise ausgebaut. Das war der Kampf, die Verteidigung gegen die übermächtige Umwelt. Jetzt auf einmal erlebten sie in der inneren Entspannung durch das Training etwas wie ein persönliches Innenleben. Die künstlich erzeugte Ruhehaltung brachte sie in seelische Bereiche, die sie noch nie kennengelernt hatten. Sie konnten das nicht ausdrücken. Aber sie waren aus ihren bisherigen Angeln gehoben und erschüttert.

Solche spontane Durchbrüche neuer seelischer Bereiche schildert J. H. Schultz als häufig im Training in der Oberstufe. Ihr Eintreten bei diesen Jungen im Beginn der Unterstufe mag seinen Grund darin haben, daß bei ihnen diese Bereiche bereit lagen, nur in ihrem Auftreten durch äußere soziale Zwänge behindert.

Ich hatte diesen Versuch begonnen mit dem Ziel, durch das Training einen disziplinierenden Einfluß auf die Jungen zu bekommen und das Gegenteil gewissermaßen war eingetreten. Es waren seelische Schichten bei den Jungen zum Durchbruch gekommen, die man ruhig als tiefenpsychologische Bereiche bezeichnen kann.

Es traten nun, wenn auch in lockerer Weise, alle die Mechanismen auf, die wir aus einer vollen Tiefenanalyse kennen. Zunächst eine starke Übertragung. Ich trainierte über 6 Wochen weiter mit den Jungen, wöchentlich 2mal, und anschließend unterhielten wir uns regelmäßig 1 Stunde. Sie erlebten ihre seelische Unselbständigkeit und ihre nur umweltbezogene Triebhaftigkeit. Sie erlaubten sich, über alles selbständig nachzudenken, ein Erfolg, der den Erziehern im Heim das Leben zunächst nicht erleichterte. Es gelang auch leidlich, die Übertragung zu lösen und die Jungen zu verselbständigen. Ich verfolgte sie noch über 1 Jahr in ihrer Entwicklung. Der charakterliche Wandel war unverkennbar. Vom erzieherischen Blickpunkt aus gesehen, stellte er sich vor allem darin dar, daß die Erzieher des Heimes und die Anforderungen des Heimlebens, hinter denen ja die Anforderungen des freien Lebens stehen, von den Jungen nicht kurzweg als Feind und sinnlose Beeinträchtigung genommen wurden, sondern daß die Jungen zu überlegen und abzuwägen begonnen hatten, bereit wurden, einen Rat der Umwelt wirklich prüfend in sich aufzunehmen.

Bei diesem zweifellos echten psychotherapeutischen Vorgang schienen mir folgende Punkte besonders wesentlich:

1. hatte man durch den scheinbar neutralen, unverdächtigen Eingriff des autogenen Trainings einen Zutritt zu seelischen Bereichen erlangt, die sonst nur nach langwieriger Widerstandsüberwindung irgendwelcher Art zugänglich werden;

2. hatte man von dem Augenblick der Eröffnung neuer seelischer Bereiche die aktive Mitarbeit der Jungen, die jedesmal mit Fragen angefüllt zum Training kamen, herausgeholt. Dadurch war es

3. möglich gewesen, die ärztliche Mitwirkung an diesem seelischen Wandlungsprozeß auf ein zeitmäßig tragbares Maß einzuschränken, indem die ärztliche Tätigkeit zu einer Art erzieherischer Hilfsstellung, einer aufklärenden Beratung wurde.

Meine Hoffnungen, diese Erfahrungen breit in die Psychotherapie der ärztlichen Sprechstunde hineintragen zu können, wurden nicht voll befriedigt. Das ist bereits erklärlich durch die Verschiedenheit des Materials. Im Erziehungsheim wird die seelische Lage der Jungen ganz beherrscht von einem groben sozialen Konflikt, aus dem heraus sie eben ins Heim kamen, um hier erneut schwierige soziale Strukturen vorzufinden. So einseitig gelagerte Konfliktsituationen sehen wir bei Neurotikern in der Praxis selten. Ich habe aber so viel Erleichterungen und Zeiteinsparungen durch die kombinierte Anwendung von autogenem Training und psychotherapeutischer Beratung gefunden, daß ich hierüber berichten möchte[2].

Diese Darstellung will zeigen, daß es durch das Training möglich ist, sich einen Zugang zu den tiefenpsychologischen Schichten der Persönlichkeit zu verschaffen. Zweifelsohne hat diese Art der Behandlung viele Beziehungen zur Psychokatharsis. Das Dranghafte im Auftreten des unterbewußten Materials nahm oft einen

[2] Es folgt in der Originalpublikation eine Falldarstellung.

fast somnambulen Charakter an. Diese aufsteigenden Bilder trugen viel von der Symbolik in sich, die uns C. G. JUNG erschlossen hat. Bei unvoreingenommener Betrachtung dieses ganz spontan kommenden Materials läßt sich aber nicht übersehen, daß ein wesentlicher Teil der hier sich darstellenden Energien aus dem Triebbereich fließt. So hatte auch die ganze Umwandlung, die der Patient durchmachte, einen triebhaften und weniger erkenntnismäßigen Charakter.

Die kombinierte Behandlungsmethode hat den Vorteil, daß sie den Patienten zu einer regelmäßigen Beschäftigung mit sich selbst verpflichtet, die als durchaus ernste Arbeit empfunden wird. Der Patient arbeitet von Anfang an aktiv mit und lernt immer mehr, sich selbst um Klarheit zu bemühen. Der Psychotherapeut steht als Hilfsperson mehr neben diesem oft höchst dramatischen Geschehen als in ihm, wie wir es in den oft endlos zeitraubenden Widerstands- und Übertragungsanalysen orthodoxer Art sehen.

Allerdings ist gerade bei dieser Art der ärztlichen Führung eines seelischen Heilungsverlaufes unbedingt erforderlich, daß der Arzt ein sicheres tiefenpsychologisches Verständnis besitzt. Der Arzt muß in jeder Behandlungsphase genau überblicken, in welchem inneren Auseinandersetzungsbereich sich der Patient gerade befindet. Kann der Arzt nicht an ernsten Punkten die erforderlichen Hilfen geben oder gibt er sie falsch, so verläuft sich der Patient in seinen eigenen unterbewußten Bereichen. Denn trotz aller elementaren Mitarbeit des Patienten hat der Arzt bei dieser kombinierten Behandlung oft sehr aktive Arbeit zu leisten. Diese Art der Behandlung bietet aber einen praktischen Vorteil.

Wir wissen aus den rite durchgeführten großen Analysen, daß es die günstigste Situation ist, wenn der Patient möglichst täglich eine Stunde zum Arzt kommt. Bei größeren Pausen, etwa bei 3 Wochenstunden, häuft sich das Material, und die Einfälle des Patienten verlieren ihre darstellbare Bezogenheit zu konkreten Tageserlebnissen.

Bei der geschilderten Behandlungsart arbeitet der Patient mit und der Arzt kann ihn in Phasen, wo die innere Auseinandersetzung für den Patienten im Flusse ist, ohne Gefahr mehr sich selbst überlassen.

In 19 Monaten brauchte ich 104 Stunden. Eine orthodoxe Analyse mit 5 Wochenstunden hätte 380 Stunden ergeben. Sechs Stunden im Monat kann Patient wie Arzt leichter tragen als 22. Dann kann die Psychotherapie auch für wenig Begüterte, vielleicht sogar über die Krankenkasse, zugänglich gemacht werden und trotzdem 2 Jahre dauern. Denn um die Zeit, die solche tiefenpsychologischen Umwandlungen erfordern, kommen wir wohl nicht herum. Von Kurzbehandlungen habe ich bisher noch nie einen grundsätzlichen Charakterwandel gesehen.

Versuche ich nun nach meinen bisherigen Erfahrungen zu überblicken, welche Fälle sich für diese Behandlungsart eignen, so scheint mir die wesentliche Voraussetzung zu sein, daß die Patienten ansprechbar, in der analytischen Sprache übertragungsbereit sind, d. h., der Widerstand darf zunächst das Zustandsbild nicht beherrschen. Damit fallen alle narzistisch-verspielten oder eindeutig masochistischen Neurotiker weg, auch Fälle, deren Symptomatik weitab von jeder zunächst zugänglichen Auseinandersetzungsmöglichkeit liegt, seien es nun ganz isoliert stehende Organsymptome oder seien es in ihr Symptom verliebte Hysteriker. Hier muß man erst in der üblichen mühsamen Kleinarbeit den Patienten behandlungsreif machen. Eine echte Zwangsneurose habe ich noch nicht in dieser Art zu behandeln versucht. Bei meinen 5 Fällen, bei denen diese kombinierte Behandlungsart sehr gut anschlug, handelte es sich durchgehend um tiefsitzende Charakterkonflikte, so bei einem Patienten psychische Impotenz, Arbeitshemmung und Trunksucht. Bei allen Patienten dauerte die Behandlung länger als 9 Monate. Sie forderte aber bei keinem mehr als 2 Stunden wöchentlich im Durchschnitt. Sie verlief stets wellenförmig in Stauungen und mit dramatischen Durchbrüchen. Durch die von Anfang an bestehende Mitarbeit des Patienten, die in kritischen Zeiten immer wieder an das neutrale Training gebunden werden konnte, machte mir der Widerstand und die Übertragungsauflösung nicht die üblichen Schwierigkeiten. Die innere Entspannung im Training erlaubt dem Patienten in der dauernden Konfrontierung eine schnellere Distanzgewinnung zu den aufsteigenden Erinnerungen wie zum Analytiker.

*

Die *Arbeiten über speziellere Probleme* sollen mit dem Asthma bronchiale begonnen werden. SCHULTZ selber hat in dem „Lebensbilderbuch eines Nervenarztes“ (1964) berichtet, wie für ihn persönlich das autogene Training hilfreich war bei der Überwindung seiner Atemstörung. So erscheint die Wiedergabe der folgenden, meines Wissens ältesten Arbeit, die sich ganz speziell mit dem autogenen Training und Asthma bronchiale beschäftigt, besonders gerechtfertigt.

DAS AUTOGENE TRAINING IN DER BEHANDLUNG DES ASTHMA BRONCHIALE[1]

Von HERBERT TRAUTWEIN

Das Asthma bronchiale zeigt meist ein vielgliedriges Ursachenspektrum. Pathogenetisch und ätiologisch spielen dabei das vegetative Nervensystem in seinem peripheren und zentralen Anteil, gleichzeitig aber auch psychische Faktoren eine wesentliche Rolle. Die Psychotherapie ist deshalb ein notwendiger Bestandteil jeder Asthmabehandlung. Um den Asthmatiker sowohl von psychischer wie somatischer Seite zu beeinflussen, wurde das autogene Training nach J. H. SCHULTZ, kombiniert mit Atem- und Lockerungsübungen und Entspannungsmassage, herangezogen. Im autogenen Training wird eine umstimmende, gewissermaßen desensibilisierende Behandlung gesehen. Bei 40 Patienten konnte damit in 95% eine deutliche Besserung, davon in 50% ein völliges Verschwinden des Asthmas erzielt werden.

Über die Pathogenese des Asthma bronchiale bestehen auch heute noch zahlreiche Theorien. Dementsprechend sind auch die Wege, die die Therapie gegangen ist, sehr mannigfaltig. Viele Asthmatiker haben die verschiedensten therapeutischen Versuche über sich ergehen lassen. Ein endgültiger Erfolg blieb trotzdem versagt. So gehört die Behandlung des Asthma bronchiale zu den schwierigsten Aufgaben, die dem Arzt gestellt werden. Unser Stre-

[1] Vortrag, gehalten in der Sitzung vom 10. 2. 1949 der Medizinischen Gesellschaft Marburg. In: Ärztliche Forschung, 3, 1949, S. 489 bis 492, gekürzt.

ben muß sein, Mittel und Wege zu finden, die uns hier zum Wohl der schwer geprüften Kranken weiterbringen. Wenn wir uns mit der Behandlung des Asthma bronchiale befassen wollen, erscheint es mir notwendig, zunächst erst kurz auf die Pathogenese und Ätiologie des Asthma bronchiale einzugehen[2].

Bei länger bestehendem Asthma spielen außerdem psychogene Reaktionen stets eine ganz wesentliche Rolle. So ist die Psychotherapie ein unbedingt notwendiger Bestandteil der Asthmabehandlung. Auch durch sie werden wir eine Beeinflussung der vegetativen Zentren bewirken. Nehmen wir gar mit STURM an, daß jedes Asthma ein diencephaler Vorgang ist, so gewinnt die Psychotherapie weiterhin an Bedeutung, da wir damit auf die vegetativen Zentren im Diencephalon einwirken können. Die große Psychotherapie in Form der Hypnose hat auch häufiger verblüffende Erfolge erzielt. Auch durch die Hypnose wird die Erregbarkeit des vegetativen Nervensystems herabgesetzt. Gleichzeitig dürfte es aber zur Unwirksammachung und Zerstörung von Bedingungsreflexen kommen, die wir beim Asthma annehmen können. Im Zusammenhang mit der Psychotherapie sind ein weiteres wirksames Hilfsmittel systematische Atemübungen. So kombiniert LAUDENHEIMER die hypnotische und mechanische Therapie des Asthmas, indem er in leichter Hypnose dem Patienten eine völlig entspannte und verlangsamte Atmung beibringt. Ich glaube, daß damit die beiden wesentlichsten Momente in der Asthmabehandlung vereint sind, die Dämpfung der Erregbarkeit des vegetativen Nervensystems und die so wichtige richtige Atemtechnik. Zu diesem Zweck haben wir auf ein Verfahren zurückgegriffen, das J. H. SCHULTZ ausgearbeitet hat und als *autogenes Training* bezeichnet. Wir haben es stets kombiniert mit Atem- und Lockerungsübungen und Entspannungsmassage, die durch eine Krankengymnastin unter Aufsicht des Arztes ausgeführt werden. Der Urheber des autogenen Trainings hat es selbst auch beim Asthma mit gutem Erfolg angewandt. Diese Methode der konzentrativen Selbstentspannung soll den Übenden befähigen, spezifische suggestive Umschal-

[2] Dann folgen in der Originalpublikation Ausführungen, die in diesem Zusammenhang nicht interessieren.

tungen vorzunehmen. Es ist eine von außen nach innen, von der willkürlichen Muskulatur auf das vegetative System übergreifende, sinnvoll gestufte Entspannungsbehandlung. Im Gegensatz zur Hypnose, die eine fremdsuggestive Methode darstellt, handelt es sich hier um eine gewissermaßen eigensuggestive, wenn ich auch betonen muß, daß die Methode eigentlich außerhalb suggestiver Maßnahmen steht und ein Üben im konzentrativen Arbeiten ist. Gerade darin dürfte ein großer Vorteil des autogenen Trainings gegenüber der Hypnose in bezug auf die Behandlung des Asthma bronchiale liegen. Der Kranke erhält dadurch die Möglichkeit, sein Leiden selbst zu beherrschen.

Er gewinnt Vertrauen zu sich und seinem Körper, das besonders auch dazu beiträgt, die Angst vor dem Asthmaanfall, die häufig erst zur Auslösung desselben führt, zu beseitigen. Der Kranke erkennt, daß er durch die geistige Schulung das gesamte Verhalten seines Organismus beeinflussen kann. Wenn man sieht, wie man nur durch Suggestion von Ruhe und gleichmäßig tiefer Atmung einen schweren Asthmaanfall in kurzer Zeit beenden kann, nachdem vorher mehrere Tage die verschiedensten vagusdämpfenden Mittel ohne jeden Erfolg angewendet wurden, wird man unbedingt dazu geführt, daß der Kranke nach entsprechender Schulung durch Herbeiführen von Ruhe und tiefer Atmung sein Asthma selbst beherrschen lernen kann.

Wie ich schon sagte, beruht die Methode in einem konzentrativen Arbeiten. Das autogene Training verlangt also unbedingten und ausdauernden Einsatz der inneren Sammlung. Es braucht nicht etwa den bewußten, mit aktiver Spannung arbeitenden Willen, sondern eine innere Hingabe an bestimmte Übungseinbildungen. Es verlangt ein volles Sichhingeben in diese. Damit handelt es sich um ein inneres Einwilligen in naturhafte Verläufe erwünschter Richtung, nicht um ein irgendwie spannendes oder verkrampftes Wollen. Die konzentrative Selbstentspannung des autogenen Trainings hat den Sinn, mit genau vorgeschriebenen Übungen sich immer mehr innerlich zu lösen und zu versenken. Dadurch wird aber eine von innen kommende Umschaltung des gesamten Organismus erreicht, diese erlaubt es schließlich, Gesundes zu stärken, aber Ungesundes zu mindern und letzten Endes abzustellen. So wird es auch beim Asthma bronchiale möglich sein, das Ungesunde, die Verkrampfung innerhalb der Luftwege herabzusetzen oder auszuschalten. Die durch die Sensibilisierung und Psychifizierung bedingte Übererregbarkeit des vegetativen Nervensystems, des wichtigsten Teiles des Asthmaapparates, wird gedämpft. Das vegetative Nervensystem wird wieder normal erregbar. Die notwendige Hingabe hat andererseits zur Voraussetzung, daß der Kranke natürlich guten Willens ist, die nötige Ausdauer zeigt, da wir nur dadurch eine Leistungssteigerung erreichen, die erst zum Erfolg führen kann. Es ist deshalb einmal eine gewisse Intelligenz beim Kranken notwendig, damit er überhaupt die Einsicht gewinnen kann, was erreicht werden soll. Weiter ist ein wichtiger Punkt, daß die Möglichkeit zur Konzentration nicht durch bestimmte Vorstellungen verhindert wird. Im Verlauf unserer Behandlung war dies besonders bei ehemaligen Wehrmachtsangehörigen zu erkennen, deren Asthma als Wehrdienstbeschädigung anerkannt war. Bei einigen von ihnen trat immer wieder die Frage hervor, die Beseitigung ihres Asthmas durch ihre eigene Mithilfe könnte dieses als „Einbildung" entlarven und damit die verdiente Rente entschwinden. Sind solche Gedankengänge beim Kranken nicht zu beseitigen, dann sind alle Versuche, zu einer konzentrativen Entspannung zu kommen, umsonst. Die notwendige ausschlaggebende Mitarbeit des Kranken, die in diesem Fall fehlt, macht die Anwendung somit unmöglich, während allein das Beherrschenlernen ihres eigenen Körpers und damit auch des Asthmas bei anderen einen wesentlichen Teil des Erfolges ausmacht.

Ich kann hier nicht den Übungsweg des autogenen Trainings im einzelnen aufzeigen. Die konzentrative Entspannung sucht man in bekannten Gebieten zu erarbeiten und wählt im allgemeinen den Weg über die Muskeln, Blutgefäße, das Herz, die Atmung, die Leiborgane und den Kopf. Selbstverständlich kann aber auch ein anderer Weg eingeschlagen werden. Aber gerade die Muskelentspannung ist nach Erfahrung in der Hypnose besonders schnell und deutlich zu erreichen. Es wird deshalb am besten damit begonnen. Gerade für die Behandlung des Asthma bronchiale können wir bereits in den ersten Übungen schon Wesentliches erreichen. Der Weg entspannter Körperhaltung, Ruhetönung und Schwereübung, d. h. Muskelentspannung, kann bereits zu einer solchen Selbstruhigstellung durch Resonanzdämpfung des Affektes führen. Durch die Generalisierung der Entspannung ist schon eine Beeinflussung des Asthmas infolge Lösung des Krampfzustandes zu erreichen. Es wird die Angst vor dem Anfall genommen, die Verkrampfung, die bei den meisten Asthmatikern schon bei dem leisesten Gedanken an ihre Krankheit und ihr Wiederauftreten eintritt, wird beseitigt. Es ist das Wesentliche, daß der Asthmatiker bei dem Fühlen eines kommenden Anfalls sich in seiner Angst in Unruhe und Erregung steigert. Er stemmt sich eventuell mit Gewalt unter Anspannung sämtlicher Muskeln dagegen. Dadurch wird aber die Spannung, die Übererregbarkeit des vegetativen Nervensystems nur gefördert. Der Asthmatiker trägt so erst zur endgültigen Auslösung des Anfalls bei. Das ist der erste Punkt, an dem unsere Behandlung einzusetzen hat. Wir müssen den Asthmatiker zur völligen Ruhe trotz der Drohung des kommenden Anfalls, eben zur Entspannung, erziehen. Deshalb kommt es auch oft schon im Beginn des autogenen Trainings durch die Entspannungsübung und Ruhetönung zu einem Erfolg. Man muß immer wieder von alten Asthmatikern hören: „Daß ich entspannen soll, ist mir noch nicht gesagt worden." Um so erstaunter sind die Patienten über den Erfolg der Übungsbehandlung. Mit dem Fortschreiten der Übungen und der Möglichkeit der Lösung wird der Kranke in einen Zustand versetzt, das Asthma überhaupt zu verhindern oder zumindest es weitgehend zu mildern. Die Kranken sind oft seit Jahren das erste Mal wieder frei, sie können frei atmen, gewinnen eine gewisse Leistungsfähigkeit wieder. Dies alles durch ihre eigene Kraft!

Das autogene Training ist beim Asthma bronchiale eine umstimmende, letzten Endes eine desensibilisierende Behandlung, wie wir sie sonst durch spezifische oder unspezifische Umstimmung mit Hilfe der spezifischen Antigene oder der Fieberbehandlung und Röntgenbestrahlung zu erreichen versuchen. Das autogene Training hat aber diesen gegenüber neben vielen anderen den großen Vorteil, daß die Methode jederzeit einsetzbar ist und vom Kranken selbst durchgeführt wird. Es wird damit vor allem auch eine Umstimmung des ganzen Menschen erreicht. Der Kranke gewinnt eine andere Stellung zu seiner Umgebung. Er zeigt eine andere Reaktionslage dem Leben gegenüber. Dadurch werden psychische Einflüsse, die bei jedem Asthma wesentlich sein können und die früher zur Auslösung eines Anfalls geführt hätten, für den Kranken bedeutungslos. Das autogene Training ist zur kleinen Psychotherapie zu rechnen. Wir müssen es durch Aussprache, Belehrung und auch eventuell gezielte Suggestion ergänzen. Es gibt selbstverständlich auch Asthmakranke, bei denen eine große Psychotherapie, Tiefenanalyse, notwendig wird, um zu einem Erfolg zukommen. Im allgemeinen ist darauf zu verzichten. Schon der Begründer der Methode, SCHULTZ, als auch BERBERICH, wie neuerdings KIBLER und SCHWÖBEL haben über Erfolge mit dieser Behandlung berichtet. Wir haben in 40 Fällen eines Asthma bronchiale wie auch asthmatischer Zustände bei anderen Erkrankungen der Atemwege, z. B. Tuberkulose, in etwa 95% eine deutliche Beeinflussung und Besserung erzielt. Ein völliges Verschwinden des Asthmas oder asthmatischen Zustandes war bei längeren Beobachtungen in etwa 50% festzustellen. Ich muß dabei betonen, daß es sich meist um Patienten handelte, die bereits viele Jahre, ja Jahrzehnte, an ihrem Asthma litten und dementsprechend auch mehr oder weniger alle Formen der Asthmabehandlung an sich erprobt hatten. Frauen bringen meist bessere Erfolge als Männer, da sie häufiger das notwendige Gemisch von Disziplin, Energie und Geduld aufbringen, um sehr konsequent und genau zu üben. Nur durch absolut systematische folgerichtige Übungsarbeit sind die falschen asthmatischen Haltungen und Reaktionen zu beseitigen. Dann aber kann das autogene Training bessere Resultate als jede andere Therapie bringen, besonders, da eine spezifische Desensibilisierung nur in den wenigsten Fällen der Krankheit möglich ist. Die Methode verdient jedenfalls eine viel breitere Anwendung. Sie stellt zwar an Arzt und Kranken größere Anforderungen und benötigt vor allem Geduld, denn wir brauchen viele Wochen und Monate, vereinzelt ein halbes Jahr und länger, aber die oft schönen und auffallenden Erfolge bei Kranken, die bereits das ganze Register der Asthmabehandlung erfolglos hinter sich haben, lohnen diese Mühe bei weitem.

*

Das im Bereich innerer Krankheiten besonders wichtige Anwendungsgebiet des autogenen Trainings sind die vegetativen Funktionsstörungen. Der — soweit zu sehen — in der historischen Entwicklung erste, der sich ausführlich mit dieser Therapie beschäftigte, war Laberke, der in der nachfolgenden Arbeit sich zunächst mit den Bedingungen und Ursachen der sog. „vegetativen Neurosen" beschäftigt — was hier übergangen werden kann — und dann die Therapie würdigt.

DIE VEGETATIVEN NEUROSEN UND DAS AUTOGENE TRAINING IN DER KLINISCHEN MEDIZIN[1]

(Erfahrungsbericht)

Von Johannes A. Laberke

Bei unseren klinischen Visiten und der fachärztlich-internen Gutachtertätigkeit mehren sich besonders in den Nachkriegsjahren fortlaufend die Fälle *überwiegend funktioneller Gesundheitsstörungen*, bei denen wir mit den diagnostischen Hilfsmitteln der modernen Klinik und auch am anatomischen Substrat einen organischen Befund nicht nachweisen können oder der geringe Befund in einem Mißverhältnis zu den hartnäckig geäußerten Beschwerden steht. Wir sprechen von vegetativer Neurose, neurozirkulatorischer Dystonie oder psychogener Überlagerung. Manchmal scheinen endokrine Fehlsteuerungen damit verbunden. Etwa 1/4 aller Männer und 1/3 aller Frauen unserer großen inneren Abteilung gehören in diese Gruppe. In der Ambulanz ist der Prozentsatz größer. Die Organprojektion der Beschwerden verteilt sich beim männlichen Geschlecht etwas anders als beim weiblichen. Alle Gesellschaftsschichten sind betroffen. Es handelt sich meist um die berufstätigen Altersklassen.

Zur *„Basisbehandlung"* bedienen wir uns der Methode des *auto-*

[1] Therapie der Gegenwart, 89, 1950, S. 4—11, gekürzt.

genen Trainings nach J. H. SCHULTZ, das sich im Bedarfsfall zwanglos modifizieren läßt. Die früher durchgeführten Einzelübungen konnten wir bei dem großen Krankengut aus Zeitmangel nicht fortsetzen. Wir fassen nun bei den Visiten je 12—18 Patienten mit den oben angedeuteten Symptomen zusammen.

Zu den festgelegten Übungsstunden (2mal wöchentlich bei regelmäßigen Abständen je 40—70 Minuten) versammeln wir uns in einem ruhigen Krankensaal mit übersichtlicher Bettenanordnung, dessen Belegschaft (Genesende und Gutachten-Pat.), soweit sie nicht selbst beteiligt ist, für die angegebene Zeit im Tagesraum untergebracht wird. Die Übenden legen sich auf Kopfkissen und Decke, die sie von ihrem eigenen Bett mitbringen, nieder. Einengende Kleidung muß gelockert werden. Zur Abstellung der äußeren Reize werden die Fenster geschlossen und grelle Lichteinstrahlung vermieden. Oberflächliche Bauchatmung erleichtert die primäre Entspannung. Der Augenschluß erfolgt auf die Weisung: Oberlider der Schwere nach nach unten, Augäpfel leicht noch oben hinten fallen lassen, nicht pressen. Wir prüfen nun die Lage und den Grad der Entspannung jedes einzelnen durch leichtes Anheben und Fallenlassen der Gliedmaßen. Nun brechen wir die Vorübungen mit tiefer Brustatmung ab und besprechen die Art der bildhaften Vorstellung zur 1. Formel: *ich bin ganz ruhig.* Jeder fixiert in seiner Erinnerung ein bestimmtes erlebtes Bild (visuell oder akustisch) mit Stille und ruhig-fließend-pendelndem Wellenrhythmus (Blick auf die Wellenbewegung eines Sees — auf ein weites, in leisem Winde wogendes Getreidefeld — ruhig tropfenden Regen hörend — liegend im leise rauschenden Laubwald o. ä.). Jeder nennt zu seinem Bilde Ort, Stimmung und Zeit des erinnerten Erlebniszusammenhangs, und nun folgt nach Wiederholung der Vorübungen die Ruheeinstellung, wobei der Übungsleiter zunächst suggestive Intensität einsetzt; sie mündet oft in das Gefühl leicht abwesenden Schwebens. Vom Gelingen der bildhaften Ruhevorstellung, die nicht sehr schwer ist, hängt bei den Patienten die Entwicklung eines individuell unterschiedlichen, gläubig-dankbaren Kontaktes ab, der für das weitere Gelingen von größter Bedeutung ist. Sie staunen oft über das prompt einsetzende, angenehm empfundene Ruhegefühl, und einzelne erzählen uns nach dem „Wecken“, an das sich jeweils eine von allen Hemmungen freie Besprechung der Eindrücke und Empfindungen während des Trainings anschließt, wie sie sich seit langem vergebens allabendlich um eine Selbstberuhigung bemüht, und daß sie nun endlich die langgesuchte Methode gefunden hätten.

Wir arbeiten zunächst mit der suggestiven Übertragung, der in der „Arbeitsgemeinschaft zwischen Arzt und Patient“ (v. Weizsäcker) die selbständige Beherrschung der Übungen und das Bewußtsein der Selbstführung folgt. Die erste Sitzung schließt mit dem Hinweis, daß jeder der beteiligten Patienten, der eine persönliche Frage hat, täglich zu einer bestimmten Stunde den übungsleitenden Arzt allein sprechen kann. Diese Möglichkeit wird reichlich wahrgenommen. In vertiefter psychokathartischer Entlastung helfen wir dann bei der endgültigen Verarbeitung der Erlebnisse zu bewußtseinsnaher Angstüberwindung mit. Wir müssen dann und wann auch mit Rat und Hilfe beistehen zur Bahnung eines Ausweges aus augenblicklicher seelischer und materieller Not.

In der 2. und 3. Sitzung folgen nach Wiederholung des Erlernten zusätzlich die Übungen der *Schwere* und der *Wärme* zur bewußten Entspannung von Muskulatur und Gefäßsystem. Immer werden dabei die bildhaften Vorstellungen zunächst suggestiv gepflegt; wir besprechen ihre Gestaltwirkung mit jedem Patienten bis ins einzelne, um die Bilder — je nach der eidetischen Veranlagung und der berufs- und anderweitig umweltbedingten Aufnahmefähigkeit — auch in den Gruppen individuell anzupassen, damit sie sicher, genügend tief und heilsam wirken. Nur selten leiten wir aus der Schwereübung zu einem hypnotischen Rapport über; hier schalten wir gern positive, auf die Beschwerden bezogene formelhafte Vorsatzbildungen ein.

Die Wärmeübung kann bei den vegetativ erethischen Pseudoplethorikern, die ohnehin unter heißem Kopf und heißen Gliedmaßen leiden, unangenehme Sensationen auslösen, ebenso wie der Ruhevorsatz von den Schizothymen, die sich bei zu starker kortikaler Anspannung nicht ausreichend lösen und hingeben können, manchmal mit Zuckungen beantwortet wird. Diese Fehlleistungen lassen sich meist durch geringere Betonung der jeweiligen Übung und Passivschaltung der Patienten im Sinne der „konzentrativen

Selbstentspannung" überwinden. Zwischen den gemeinsamen Übungsstunden muß jeder Patient immer wieder selbständig trainieren.

Mit den folgenden Übungen und deren Modifikationen gehen wir immer mehr auf die organfixierten Störungen ein: bei peripheren Gefäßspasmen leiten wir maximale Wärmesuggestion in Füße und Hände; beim Ulcus und anderen krampfartigen Bauchbeschwerden lassen wir bald die *fließende Wärme* im „Sonnengeflecht" folgen und immer wieder durchziehen, am besten mit aufgelegter Hand; bei Obstipation verbunden mit Bauchatmungsbewegungen über dem Colonrahmen.

Bei Tachycardien meiden wir anfangs die Herzübung; später lassen wir *„Herz schlägt ruhig und kräftig"* dominieren; Voraussetzung ist, daß die Sinne zunächst das Herzklopfen genau wahrnehmen. Das gilt auch bei der Angina pectoris, wo wir mit der Formel „Herz schlägt ruhig und *leicht*" behandeln.

Beim Asthma pflegen wir besonders die passive Bauchatmung: *es atmet mich ruhig und leicht* hin und her, wobei die Bildvorstellung: liegend im Boot bei leichtem Wellengang — den kontinuierlichen Rhythmus leitet, der beim Gehen dann durch leise singendes Summen abgelöst werden kann. Die Übung *„Stirn angenehm kühl"* ist oft entbehrlich; sie wird in Einzelfällen unangenehm empfunden, bei manchen Kopfschmerzformen — selten bei der echten Migräne — und bei essentiellem Hochdruck gelobt.

Wir beobachten immer wieder, daß der erst suggestive, dann spontane Effekt in der *Gruppe* besser gelingt als bei den Einzelübungen, weil die gehemmten Patienten sich hier nicht so isoliert vorkommen, weniger kritisch sind und in einen gewissen unbewußten Wettstreit eintreten. Mit 10 Sitzungen sind die Grundübungen abgeschlossen. Jeder kennt im Training seine „Dominante", die das von der Neurose betroffene Organ betont anspricht und neben den Grundübungen besonders gepflegt werden muß. Die meisten Patienten sind in der Zwischenzeit aus der stationären Behandlung entlassen worden; sie können 2mal wöchentlich zu den festgesetzten Stunden weiterhin ambulant kommen, wenn sie wollen; Unkosten entstehen nicht; nur ganz selten fehlt einer. *Daheim* sollen sie 1—2mal täglich *weiterüben.* Die berufliche Arbeit kann bald wieder aufgenommen werden, was oft zunächst Überwindung erfordert, dann aber Befriedigung bringt. Von der 11. Sitzung ab kommt die Mehrzahl nur noch alle 2—4 Wochen zur Kontrolle, bei der dann auch im Sitzen geübt wird, bis die Restbeschwerden leicht beherrscht werden und die Behandlung abgeschlossen erscheint (Gesamtzeit 1/4—1 Jahr). Fast alle üben darüber hinaus weiter, wenn auch nicht mehr so regelmäßig, besonders zum Einschlafen.

Die Erfolge sind oft erstaunlich. Viele dieser Menschen erleben dankbar die Reifung eines neuen individuellen Bewußtseins. Natürlich bleiben auch bei dieser Behandlungsmethode Enttäuschungen nicht aus, wenn die Wirkung der Übungen den Erwartungen nicht entspricht. Oft erreichen wir dann aber mit viel Geduld doch noch unser Ziel. Unter den sogenannten organischen Krankheiten möchten wir besonders auf die Magengeschwüre hinweisen: wir sahen große Nischen, die bei der üblichen diätetischen Behandlung nur wenig Rückbildungstendenz zeigten, im autogenen Training schnell schwinden. Wir hoffen bei regelmäßigem Training auf eine wesentliche Verlängerung der rezidivfreien Intervalle.

Voraussetzung zum Gelingen der Übungen ist ihre vollständige Beherrschung durch den Übungsleiter selbst, der geradezu reflektorisch die angesagten Entspannungen miterleben muß, um den Grad der suggestiven Dringlichkeit in der Prägung der bildhaften Vorstellungen während des Übungsablaufs abwägen zu können. Unter starker Kaffee- oder Teewirkung oder bei vollem Magen erscheint bei uns selbst manchmal das Mitschwingen im Training oberflächlicher als sonst, was sich in der Regel dann auch bei den Patienten in mangelnder Vertiefung auswirkt, selbst wenn die Formeln ganz genau gegeben werden. Wie die psychoanalytische Methode, die sich uns manchmal spontan über psychokathartische Momente öffnet, die Lehranalyse voraussetzt, scheint uns bei den mehr synthetisch wirksamen Übungen des autogenen Trainings das Mitgehen des Übungsleiters auf den geführten Wegen äußerst wichtig. Eine gewisse Autorität mit persönlichem Abstand ist Voraussetzung.

Einzelne Patienten kommen nicht mit; es handelt sich nach unseren Erfahrungen um 5—10% der klinisch ausgewählten Fälle;

wir entlassen sie nach der 2. Sitzung mit dem Rat, abzuwarten, einen ärztlichen Fachpsychotherapeuten zur großen Analyse oder einen Psychiater aufzusuchen. Debile, hysterisch-demonstrative, schizoide oder anderweitig erlebnis- bzw. vorstellungsarme Personen sind an sich wenig geeignet.

Im autogenen Training lernen wir zahlreiche wichtige vegetative Funktionen beherrschen, wodurch die Unabhängigkeit des sogenannten autonomen Systems von der Großhirnrinde in Frage gestellt ist. Sicher spielen hierbei Bahnen, die über das Stammhirn gehen, eine vermittelnde Rolle; diese topischen Zusammenhänge sind uns noch nicht ausreichend bekannt.

Wir betrachten das autogene Training in der Klinik als *Basistherapie* bei vegetativ Erschöpften und psychogen überlagerten Krankheitsbildern. Wichtig ist die Ausschaltung evtl. vorhandener Schmerzempfindungen vor Beginn der Übungen zu ihrer leichteren Bahnung, bis die Übungen so intensiv beherrscht werden, daß man mit ihnen auch die Schmerzausschaltung erreicht.

Nachtrag 1967

Die „vegetativen Neurosen" nennen wir heute „psycho-vegetative Syndrome". Sie sind bei oft quälenden subjektiven Organbeschwerden meist mit erheblichen affektiven Spannungen verbunden und können zu ernsthafter Berufsbehinderung führen. Ihre Behandlung und Rehabilitation[2] muß über die übliche symptomatische Therapie mit stabilisierenden Medikamenten (Tonika, an Vagus und Sympathikus angreifende Stoffe, Psychopharmaka) und passive Verordnungen (Bäder, Massagen) hinausgehen. Neben einer vernünftigen Neuordnung der Lebensweise, Kneippschen Kuranwendungen und entspannend-anspannenden Wegleistungen (Traben, Laufen, Schwimmen, Rudern, Radfahren, Skiwan-

[2] Vgl. Merkblatt für die Rehabilitationsbehandlung bei inneren Erkrankungen (Selbstverlag der Deutschen Vereinigung für die Rehabilitation Behinderter e. V., Heidelberg 1966), insbesondere S. 12—13: Laberke, Psychovegetative Syndrome.

dern, Seilhüpfen) läuft die bewußtmachende analytische Aufdeckung und Verarbeitung der seelischen Hintergründe. Es folgen — ganz unentbehrlich und mit besonderer symptomabhängiger individueller Betonung — die Übungen des autogenen Trainings (J. H. Schultz). Der behandelnde Arzt muß klinisch und psychotherapeutisch geschult sein.

*

Im Jahre 1950 hat Schultz auf Wunsch der Schriftleitung der „Medizinischen Klinik", einer sehr verbreiteten Wochenschrift für Klinik und Praxis, zu seinem Verfahren Stellung genommen. Diese Ausführungen wurden im 45. Jahrgang in mehreren Folgen abgedruckt. Die erste befaßt sich mit dem Wesen des autogenen Trainings (S. 945—949), wobei viele interessante Verbindungen zu hypnosuggestiven Arbeiten aufgezeigt werden. Die zweite Fortsetzung ist den klinischen und experimentellen Grundlagen gewidmet (S. 982—986). Die dritte Fortsetzung soll hier abgedruckt werden, weil sie aus der Feder des Begründers des Verfahrens so klar die Indikation aufzeigt.

DAS AUTOGENE TRAINING IN DER ALLGEMEINPRAXIS[1]

III. TEIL: DIE INDIKATIONSSTELLUNG

Von Johannes Heinrich Schultz

Wenn es in den bisherigen Darlegungen gelungen ist, die wesentlichsten allgemeinen Gesichtspunkte anzudeuten, die zu einem sachlichen Verständnis vom Wesen klinischer und experimenteller Grundlegung des autogenen Trainings verhelfen können, so schematisch und gedrängt sie auch vermittelt wurden, so ist für die ärztliche Allgemeinheit vor allen Dingen notwendig, einige Ausführungen über die *Indikationsstellung des Verfahrens* zu versuchen;

[1] Medizinische Klinik, 45, 1950, S. 1012—1015.

doch kann das autogene Training nur mit Aussicht auf den an sich möglichen Nutzen verwendet werden, wenn diese Bedingung erfüllt ist.

Da die Methode völlig von der verständnisvollen und ausdauernden *Mitarbeit des Kranken* abhängt, ergeben sich bereits hier eine Reihe von Gegenindikationen, die sich z. T. mit den aus Diät-, Übungs- und anderen Heilarbeits-Gemeinschaften bekannten decken. So fallen im allgemeinen *Kinder unter 8 bis 10 Jahren* für das autogene Training aus; sie gehören durchschnittlich noch zu sehr in das reine Spielalter, wenn sie auch schon das Reich des „Ernstspiels" (W. STERN) erreicht haben. Bei den so sehr großen Unterschieden des Reifungsalters sind gewiß die hier angedeuteten Zahlen nicht ziffermäßig verbindlich, sie sollen nur eine ungefähre Einschätzung erlauben; aber im ganzen darf man für die Sprechstundenbehandlung, besonders individueller Art, ungefähr diese untere Grenze setzen. In Schul-, Klinik- und Internatsgemeinschaften verschiebt sich diese Grenze nach unten; so gelang es G. von STAABS, der nervenärztlichen Ausarbeiterin des „Szenotest", in Schulklassen von 6- bis 7jährigen Kindern gute autogene Übungsgruppen zu formieren, ein besonders eindrucksvolles Beispiel für die auch beim Erwachsenen, allgemeinen Erfahrungen der experimentellen Psychologie entsprechend, deutliche Übungserleichterung in der Gruppe. Für die Sprechstunden-Einzel-Therapie eignet sich nach unseren Erfahrungen bei den Kindern dieser Altersstufe die Hypnose weit besser, der erst das ausgesprochene Kleinkindalter von 3—6 Jahren eine Grenze zu setzen pflegt, während sich die größeren Kinder erfahrungsgemäß besonders gut für Hypnotherapie eignen (Enuresis, pathologische Gewohnheiten, Schlafstörungen usw.).

Keine Grenze ist dem autogenen Training durch ein *höheres Alter der Patienten* gesetzt; so konnte eine 87jährige, seit ihren Zwanzigerjahren täglich Veronal nehmende Amerikanerin lediglich durch autogenes Training guten, normalen Verlaufes wieder zu voller Selbstbeherrschung ihrer Schlafreaktion geführt und mittelfrei gemacht werden, worüber sie in einem Brief an ihrem 95. Geburtstag sehr nett berichtete. Auch hier ist vielfach das autogene Training leichter durchführbar als die Hypnose; es dürfte das zum

Teil darin begründet sein, daß die unvermeidliche Provozierung eines inneren Protestes, der sich in der hypnotischen Arbeit regelmäßig in einer bestimmten Phase geltend macht und durch falsches Zurückweichen des enttäuschten oder etwa gar gekränkten Hypnotherapeuten manchen Dauererfolg vereitelte, beim gemeinsamen Üben des autogenen Trainings, das keinerlei kommandohafte Heraushebung des Arztes verlangt, viel weniger intensiv erlebt wird. Es bedarf schon einer abnormen Überempfindlichkeit gegenüber jeder, auch der sachlichsten Autorität, um bei der autogenen Arbeit derartige Reaktionen stärker aufleben zu lassen; andererseits werden wir dem älteren Menschen ein gewisses Maß „konservativer" Unerschütterlichkeit gern zubilligen, weniger lebendig spielende Phantasie, weniger wechselvolle Affektregungen — kurz, eine gewisse in sich ruhende Starre, und eben diese und andere Eigenheiten der höheren Jahre erklären die oft statistisch nachgewiesene geringere Ansprechbarkeit älterer VP. für eigentliches hypnotisches Arbeiten, das gleichwohl nicht selten gut gelingt. Für die allgemeine Therapie würden wir den Alterskontrasten entsprechend bei älteren Patienten das autogene Training mehr empfehlen, bei Kindern mehr die Hypnose.

Das *Geschlecht* spielt für die Eignung zum autogenen Training keine eindeutige Rolle; wie die hypopathologischen Kümmerformen der Geschlechter, der chronisch verstumpfte Mann und die chronisch verwirrte ältere Frau gewissermaßen als Karikaturen im Alltag zeigen, entsprechen den verschiedenen Vorzügen der Geschlechter verschiedene Nachteile, Schwächen und Gefahren. Auf das autogene Training angewandt, darf gesagt werden, daß bei Männern eine „Trockenheit" und „Armut" selbstgestaltender Phantasie sowie eine Unfähigkeit der Selbsterfüllung und des psychophysischen Totalerlebens die autogene Arbeit häufig sehr erschweren, ja in besonderen Fällen ganz unmöglich machen, während bei Frauen häufiger ein unkontrolliert-unsachliches Über- und Wechsel-Reagieren, ein unscharfes An-den-Anleitungen-vorbei-reagieren große, gelegentlich unüberwindliche Schwierigkeiten machen können; besonders ungünstig pflegen sich die Übungen bei „enthusiastischen" Typen zu entwickeln, die gleich bei dem ersten Versuche außerordentlich viel und ausgedehnt zu erleben angeben und häufig, wie bei der Nähe zum Ausdrucksproblem (KLAGES) verständlich, hysterischem Reagieren nahestehen. Liegt eine ausgesprochene hysterische Persönlichkeitsverbildung vor, nicht etwa nur eine kleine Zahl hysterischer oder hysteroider Züge oder Symptome, so hat das autogene Training nicht nur keine Aussicht, sondern der Arzt muß selbst hier, wie noch viel mehr beim hypnotischen Arbeiten, auf das demonstrative Hereinbrechen alarmierender Fehlreaktionen rechnen, hinter denen die ganze Gefährlichkeit dieser infantilen Parasiten lauert oder zu zwingen sucht. So kann nur, auch beim autogenen Training, gerade vor diesen Psychopathen gewarnt und dringend geraten werden, hier lediglich auf weiteste Distanz rein sachlich zu manövrieren; gibt es doch für die schweren Fälle gerade dieser Art keine Therapie. Allein schon den leichteren formes frustes dieser Abnormität gegenüber, den pathetischen Poseurinnen verschiedener Färbung im mittleren Gesundheitsbereiche usw., ist mit der Anwendung des autogenen Trainings zurückzuhalten.

Die bequemsten VP. für die Unterstufe des autogenen Trainings, die hier allein besprochen wird, sind die ruhig-durchschnittlichen aber lebendig Ansprechbaren meist mehr pyknischen Körperbaus; hier verläuft die Arbeit überwiegend „physiologisch“ oder, um ein Bonmot von HARTLEBEN zu benutzen, „ohne Gemütsballast“; sind sie außerdem noch durch Leben und Beruf besonders in Disziplin gewachsen, so ergeben sich fast regelmäßig sehr glatte und sehr wirksame Abläufe. Allerdings im ganzen etwas farblos. Der oft mehr stigmatisierte Sensitive hat dem VL. weit mehr zu berichten und gewissermaßen viel weitreichendere Antennen; auch derartige VP. aus ganz einfachen Lebensumständen überraschen hier, wie in der klinischen Psychiatrie, nicht nur durch eine Fülle inneren Erlebens, sondern auch eine Feingliedrigkeit oft gestaltend-schöpferischer Fähigkeit der Selbst- und Fremdschilderung, so daß hier die (scheinbar!) einfachen Verläufe in ihrer ganzen Vielfältigkeit und Kompliziertheit deutlich, und sehr viel eingehendere Abschärfungen und Zielsetzungen, schon im Organfunktionsregulieren, möglich werden; noch weit mehr begreiflicherweise im Innerseelischen. L. FRANK, der bekannte Züricher Psychokathartiker und Neurologe, hat sehr eindringlich auf die

Beziehungen zwischen Künstlertum und Neurose im beiderseits positiven Sinne hingewiesen. Im autogenen Training hat VL. oft Gelegenheit, die Richtigkeit dieser Ansicht am lebendigen Trainierenden zu sehen. So ist es begreiflich, daß einmal der „gesund-vital-primitive", zum anderen der „diszipliniert-sensitiv-stigmatisierte" Mensch beiderlei Geschlechtes für das autogene Training die besten Erfolgsaussichten bietet, besonders, wenn sich die Funktionsstörungen ganz oder überwiegend somatisch präsentieren oder hier begrenzt sind.

Der *Beruf* spielt nur insoweit für die Eignung oder Nichteignung für das autogene Training eine Rolle, als sich in bestimmten Berufen eben durch die Wahl dieser Arbeit bestimmte Typen sammeln. So wird man „Philosophen", „Juristen", Theoretiker vieler Art mit ihrer typologischen Beziehung zum schizoiden Typ ebenso ohne allzu hohe Erwartungen trainieren — oft sind sie überhaupt zu keinerlei „ideoplastischer" (FOREL) Leistung fähig, wie etwa ein weltbekannter Philosoph, der seiner „Wachrigkeit" wegen einen kurzen Versuch der Trainierung machte — wie undisziplinierte „Künstler", „Damen" usw. mit ihrer bedenklichen Verwandtschaft zum Sammelbilde der Haltlosigkeit.

Die *körperliche Gesundheit* spielt bei seelischer entsprechender Eignung überhaupt keine Rolle; Leiden quält nicht nur, sondern kann vertiefen und verfeinern; gelingt es, mit dem autogenen Training einem akut oder noch öfter chronisch körperlich Leidenden zur Hand zu gehen, sei es, daß es möglich ist, einzelne Störungen funktionell zu mildern, wobei es völlig gleichgültig ist, ob ihre Grundlage mehr, weniger oder völlig körperlich ist, oder, mehr zentral, die Reizschwelle für Schmerzen, Paraesthesien oder andere quälende Erscheinungen heraufzusetzen — analog der experimentellen hypnotischen Hyp- und Analgesie —, oder eine Sekundärstörung z. B. des Schlafens zu beseitigen, so bessern wir die Totallebensbilanz dieser Unglücklichen oft erstaunlich weitgehend; wenn zu rechtfertigen, gegebenenfalls bis zu Euthanasie klinisch-psychagoger Form. So sind viele Kranke mit Hyperthyreosen, mit chronischen Affektionen schmerzhafter Art verschiedenster organischer Bedingtheit ein sehr dankbares Objekt für das Verfahren. Zudem wird so die Mittelbedürftigkeit mit allen ihren

Bedenken eingeschränkt. Es hieße das Gesamtbild klinischer Medizin durchwandern, würde versucht, hier ins einzelne zu gehen. Grundsätzlich entscheidend ist die klare Erkenntnis, daß die „organischste" Erkrankung nicht etwa eine Gegenindikation darstellt, sondern genau umgekehrt, oft besonders wertvolle Leistungen erlaubt. Auch in diesem Zusammenhang darf nochmals betont werden, daß das autogene Training den Patienten *nicht* in eine unselbständige Abhängigkeit vom Arzt, sondern zu einer erhöhten Selbstverfügung und begründeten Selbstsicherheit führt.

Ganz anders liegt es begreiflicherweise mit der *seelischen Gesundheit*. Das jedem Praktiker geläufige Bild der theatralisch erpressenden männlichen und weiblichen Hysteroinfantilisten wurde schon kurz berührt; der dem zwangsneurotischen Typ der modernen medizinischen Psychologie (F. Boehm) nahestehende „Neurastheniker" der älteren Literatur dagegen ist zwar ein schwieriges, aber bei genügender Geduld des Arztes nicht selten dankbares Objekt für das Verfahren, es sei denn, er gehöre schon in die Gruppe der ausgesprochenen Psychopathen erblicher Art oder „Kernneurosen" erworbener Art, die im allgemeinen schon durch abseitige Lebensläufe des Sonderlings schwerer Art sich leicht zu erkennen geben. Der „übergewissenhafte Beamte", der „pflichttreue Lehrer", die „vorbildliche Hausfrau" dagegen mit mittlerer Lebensbewährung geben oft, allerdings in ziemlich langer Übungsarbeit, letztlich gute und dann meist dauerhafte Resultate. So konnte eine „ideale" Operationsschwester von 56 Jahren erst nach 2 Jahren unablässigen Versuchens und (richtigen) Übens die erste Übung vollziehen, nachdem ein Versuch, mit anderen zu beginnen, keinerlei Erfolg brachte, und gestaltete dann ein durchaus gutes und wirksames komplettes Training mit erwünschtem Erfolge (vegetative Störungen, Einschlafschwierigkeit).

Die Überlegung der *Kontraindikation auf seelischem Gebiete* beantwortet zugleich die Indikationsfrage für die Mehrzahl überwiegend *organneurotisch* sich manifestierender *Funktionsstörungen*. Sie sind an sich immer dem autogenen Training in irgendeinem Maße zugänglich; bleibt ein Erfolg völlig aus, dann liegt entweder ein unerkanntes destruktives Leiden vor, oder das Symptom ist durch tiefere psychogene oder eigentlich neurotische Dynamik so fest mit innersten Reaktionen und Haltungen verknüpft, daß der Kranke *nur* mit Hilfe des autogenen Trainings machtlos ist. Daß bei einem von einem ausländischen Internisten überwiesenen Sensitiven mit vielgestaltiger Symptomatik seelischer Art das Vorliegen eines echten Diabetes nicht festgestellt wurde, obwohl in der Familie des Kranken, wie dem Kollegen bekannt, gehäufte Fälle von Diabetes vorlagen, und nun eigenartige Parästhesien in der Muskulatur sich dem autogenen Training gegenüber völlig refraktär erwiesen, ist retrospektiv leicht verständlich; daß ein suggestiv durch viele Jahre glänzend mit seiner „Magenneurose" und seinen „hysterischen Gehstörungen" reagierender 46jähriger Patient in 3 Tagen an einer bis dahin von den erfahrensten Neurologen und Internisten nicht feststellbaren multiplen Sklerose (alte bulbäre Herde mit frischer fieberhafter Aussaat) zugrunde geht — derartige Erfahrungen hat jeder ältere Kollege; sie zeigen uns die Grenzen unseres Könnens; es wird daher bei jedem auffälligen Versagen der autogenen Arbeit an funktionellen Organ- oder Systemstörungen in allererster Linie immer wiederholte klinische Kontrolle gründlichster Art nach allen in Frage kommenden Richtungen erforderlich sein. Bleibt sie negativ, so muß durch einen psychotherapeutisch gründlich ausgebildeten Facharzt geprüft werden, ob dem äußerlich sehr häufig ganz unauffälligen, „durchaus vernünftigen" Verhalten zum Trotze eine schwere neurotische Fehlhaltung, eine schwere Schicht- oder gar eine Kern-Neurose im seelischen Hintergrunde das Bild bestimmt. Das äußere klinische Verhalten kann sehr dürftig sein; ein gewöhnliches Asthma; eine Migräne ohne jegliche Besonderheit; eine „vegetative Dystonie"; ein banales ereuthrophobisches Syndrom usw. usw.: Hinter allen diesen alltäglichen und unscheinbaren Störungen kann sich eine Fehlhaltung der gesamten Persönlichkeit bis in ihre letzten Tiefen tarnen. Symptom und Krankheit seelischer Art sind vielfach völlig dissonant. Bei allen diesen und nicht minder bei den symptomatisch reichhaltigen schweren Neurosen, die fließend in das Gebiet der überwiegend oder ganz erbbedingten seelischen Mißbildungen der Psychopathie übergehen, ist ein gründlicher Erfolg mit dem autogenen Training der Unterstufe unmöglich; wenn auch gelegentlich die Beseitigung einer Einzelstörung bei diesen Patienten durch die

Übungen gelingt. Daß kein Kritischer Erfolge bei schweren Zwangszuständen, Süchtigkeiten (Ausnahme Alkohol! und öfter Nikotin!), Stimmungs- und Charakteranomalien und anderen ausgesprochen in das Psychopathische bis Psychotische reichenden Erkrankungen durch autogenes Training erwarten wird, bedarf gewiß nicht näherer Begründung. Hier kann allein die systematische „große" Psychotherapie, die „Umlebung", wie wir gern sagen, in Persönlichkeitsgestaltung durch den erfahrenen Facharzt eine Hoffnung bedeuten, und hier ist auch der Platz der Oberstufe des autogenen Trainings, die ausschließlich dem Facharzte vorbehalten bleiben muß, ihrem lebensgefährlichen, „operativen" Charakter entsprechend.

Die *praktische Indikationsstellung* für die Unterstufe des *autogenen Trainings* hat demnach die folgenden Erfahrungen zu beachten: Je weniger schon bei einfacher klinischer Beurteilung ausgesprochen „nervöse" oder „psychopathische", insbesondere „hysterische" Züge erkennbar sind, um so eher ist vom autogenen Training bei funktionellen Störungen jeder Art etwas zu erwarten. Das Vorliegen sicherer organischer Grunderkrankungen ist keinesfalls ein Grund gegen einen Versuch, sondern bei entsprechender gesunder seelischer Persönlichkeit weit eher eine Indikation mehr für einen Versuch. Vom pathoplastischen bis zum autoplastischen Krankheitsbilde (GOLDSCHEIDER), vom „organischen Kern" bis zum kranken Menschen im ganzen ist ein weiter, mit so vielen und verschlungenen, sichtbaren und unsichtbaren Verbindungen durchkreuzter, von kompliziertesten dynamischen Strömungen umflossener Weg, daß es sehr häufig gelingt, gerade hier besonders schöne und dauernde Hilfe für schwer Leidende zu schaffen. Ganz anders sind ernsthafte psychische Anomalien zu werten, die nur die Beseitigung von Corollarsymptomen — oft allerdings sehr lästiger Art! — gestatten, aber im eigentlichen Krankheitsbereiche unzugänglich sind und nur durch langfristige Fachpsychotherapie wirklich sachgemäß behandelt werden können. Praktisch ist überall, wo funktionelle Störungen bestehen, ein Versuch mit dem autogenen Training gerechtfertigt. Treten schon bei der Übungsarbeit auffallende Schwierigkeiten hervor, so darf im allgemeinen das Vorliegen einer schweren psychischen Anomalie angenommen werden; gelingt die Durchführung des autogenen Trainings trotzdem bei einiger Geduld und Konsequenz beiderseits, und bleibt dann doch ein Erfolg völlig aus, so ist gründliche klinische Überprüfung dringend ratsam, die sich nach allen Richtungen zu erstrecken hat; wenn dieses Vorgehen keine grob-destruktive Erkrankung erkennen läßt, ist auch bei ganz unauffälligen Patienten eine genaue diagnostische Klärung durch einen erfahrenen Facharzt psychotherapeutischer Art unbedingt ratsam. So stellt die Unterstufe des autogenen Trainings gewissermaßen eine praktische diagnostische Siebung dar. Bei ausgesprochen oder überwiegend psychisch determinierten funktionellen Störungen darf dem Aufbau der Neurosen entsprechend (12,5% Fremd-, 12% Rand-, 25% leichte, 25% schwerere Schicht- und 25% Kern-Neurosen) mit 50% Dauererfolg gerechnet werden; bei allgemein-funktionellen Anomalien seelisch Gesunder mit 60—70%[2].

*

Im folgenden Jahr hat SCHULTZ zu einigen häufigen Fehlerquellen Stellung genommen und ist hierbei zunächst auf den Vorteil der Gruppenarbeit und den Wert der Selbsthingabe eingegangen. Dann hebt er die wichtigsten Fehler hervor:

HÄUFIGE FEHLERQUELLEN BEI ANWENDUNG DER UNTERSTUFE DES AUTOGENEN TRAININGS*

Von JOHANNES HEINRICH SCHULTZ

Bei richtiger Anwendung kann die Unterstufe des autogenen Trainings in der allgemeinen und nicht-fachnervenärztlichen Pra-

[2] In der vierten Fortsetzung werden dann „Theorie und Technik" beschrieben (Med. Klinik, 43, 1950, S. 1041—1044).

* Lindauer Psychotherapiewoche 1950. Vorlesungen und Vorträge (1.). Hrsg. von Ernst Speer. Stuttgart, Hippokrates 1951, S. 171—178.

xis durchaus dienlich sein; die nunmehr 30jährige klinische Erfahrung hat diese, bereits bei der ersten Mitteilung ausgesprochene Erwartung durchaus erfüllt. Während wir Gruppenhypnosen gegenüber erhebliche Bedenken haben, ist beim autogenen Training die *Gruppenarbeit* nicht nur unbedenklich, sondern durchaus förderlich. Diese Feststellung entspricht alten experimentell-psychologischen Erfahrungen. So ist z. B. bekannt, daß, wenn im Einzel-Leistungsversuch eine gewisse annähernd konstante Höchstleistung erreicht wurde, bei Einführung der Versuchsperson in eine Leistungsgruppe erhebliche Erhöhungen des Effektes erschienen. Die dahinterliegenden psychologischen Sammelfälle sind keinesfalls einfach und ohne weiteres auf eine Kurzformel zu bringen. Geltungstendenzen, Sicherung durch das Gruppenerlebnis, bewußtes oder unbemerktes Übernehmen von besseren Leistungstechniken anderer, Stimmungshebung durch den Zusammenklang gleichgerichteten Tuns — alle diese so sehr verschiedenen Momente spielen zweifellos eine ohne weiteres erkennbare Rolle, und „daneben" oder „dahinter", wie man sich im räumlichen Bilde ausdrücken mag, ist das gesamte Spiel primitiver Tendenzen am Werke, deren Art und Bedeutung gerade die medizinische Psychologie des letzten halben Jahrhunderts klarer erkennen lehrte.

So ist nach Möglichkeit für das autogene Training die Gruppenarbeit anzustreben. Zudem gibt nur die Gruppenarbeit die Möglichkeit, der Versuchsperson gewisse sehr wesentliche Erlebnisse zweifelsfrei deutlich zu machen, so insbesondere die passive Katalepsie. Ist die Versuchsperson mit dem Arzte allein, so fehlt ihr selbst jedes Urteil, da sie ja von den völlig außerbewußten, oft ungemein massiven Muskelspannungen der passiven Katalepsie selbst kein Wissen hat; führt der Arzt selbst die passive Katalepsie vor, so bleibt besonders bei zweifelssüchtigen Versuchspersonen immer der Verdacht, es handle sich um ein willentlich produziertes Scheinphänomen. Ganz anders in einem größeren übenden Kreise. Hier geht der Versuchsleiter so vor, daß er zunächst eine Versuchsperson durch die innere „abstrakte" Vorstellung „der Arm ist steif" eine passive Katalepsie darstellen und ihre Intensität durch eine Reihe anderer Versuchspersonen prüfen läßt. Es wird dann wieder Schwere und Entspannung eingeschaltet, und die Versuchsperson nach Abschluß des Trainings aufgefordert, den Druck einer der Kontrollpersonen, der ebenso stark ist wie vorher bei der passiven Katalepsie, nunmehr durch aktive willentliche Anspannung auszugleichen. Mit völliger Regelmäßigkeit kann dann beobachtet werden, daß die Versuchsperson, meist mit einem fast ungläubig erstaunten Lächeln, feststellt, sie habe von diesen Kraftleistungen nicht die geringste Ahnung gehabt.

Nicht minder wesentlich ist in der Arbeitsgruppe eine kurze, zielgerichtete, der einzelnen Persönlichkeit angepaßte Befragung über ihre Erlebnisse im Verlaufe der Übung. Jede Versuchsperson gibt ja auf diese Weise ihren individuellen Beitrag zum Ablauf des autogenen Trainings, und läßt alle anderen Versuchspersonen — und nicht minder den Versuchsleiter, wenn er psychologischer Beobachtung wirklich aufgeschlossen ist, — im lebendigen Vollzuge erkennen, daß, wie jeder Mensch seine Handschrift, jeder Mensch sein individuelles autogenes Training hat.

Denn so schematisch bei flüchtiger Kenntnis und oberflächlicher Wertung die grundsätzlichen Übungshaltungen erscheinen mögen, in Wirklichkeit bedeutet jede der 6 Grundübungen eine durchaus individuelle Erlebniserweiterung, die wie alles menschliche Sein immer ebensosehr dem Wesen des einzelnen als der äußeren Anleitung entfließt.

Um so wichtiger, und damit kommen wir zu einer der *ersten wichtigen Fehlerquellen,* daß der Versuchsleiter es so sorgfältig wie möglich vermeidet, allzuviel einzelne Hinweise zu geben, allzusehr bestimmte Erlebnisverläufe als „richtig“ zu fordern und dergleichen. Für ein fruchtbares Arbeiten mit der Unterstufe des autogenen Trainings ist es vielmehr unerläßlich, die Versuchsperson auf dem Wege neuer Erlebnisbindung nur zu *begleiten.* Das wird zweckmäßig schon bei der ersten einführenden Besprechung besonders hervorgehoben. Ebenso wie ein wissenschaftliches ärztliches hypnotisches Arbeiten nur möglich ist auf der Grundlage einer eingehenden seelischen Vorbereitung, die vor allen Dingen das Prinzip gemeinsamer Arbeit zwischen Arzt und Patienten betont, ist auch für den sachgemäßen Ansatz des autogenen Trainings die *seelische Vorbereitung* der Versuchsperson unentbehrlich. Sie hat besonders falsche Vorurteile gegenüber dem als „Leib-Seele-Einheit“ schlagwörtlich gekennzeichneten Problemkreise zu beseitigen und sich dabei nicht in irgendwelchen durchaus unärztlichen philosophisch-metaphysischen Höhenbereichen zu bewegen, sondern muß durch konkrete und anschaulich geschilderte Beispiele die wesentliche Grundauffassung klarmachen. Nicht minder gründlich muß in jedem Falle die Frage erörtert werden, wie der Mensch sich innere Erlebnisse vergegenwärtigt. Das innere Sichhingeben an die scheinbar so dürftigen Übungsformeln soll ja nicht begrifflich denkend vor sich gehen, ist doch Denken, wie besonders die holländischen Psychologen aufwiesen, ein „inneres Handeln“ und strebt deswegen immer aktiv vorwärts, sondern mehr und mehr als eine verweilende innere Vergegenwärtigung. Da 70% durchschnittlicher Versuchspersonen über eine ausreichende Fähigkeit zu schöpferischer innerer Bilderschau verfügen, wird der Versuchsleiter diesen Weg als *möglich*, keineswegs aber als erforderlich schildern. Andernfalls wird er immer wieder von weniger optisch eingestellten Versuchspersonen die ungeduldige Klage vernehmen, sie könnten noch immer keine Bilder sehen, und je mehr sich irgendein Verlauf im autogenen Training mit Spannungen der Erwartung, der Enttäuschung, des Ehrgeizes oder irgendwelcher anderer ähnlicher Tendenzen verbindet, um so tiefer ist er gestört, ja in vielen Fällen völlig aufgehoben. Hier liegt ein Zentralproblem des autogenen Trainings, durchaus in Übereinstimmung mit alten psychologischen Erfahrungen aus der Hypnotherapie. Man könnte das autogene Training als einen Übungsversuch der *Selbsthingabe* bezeichnen, wobei es sich ebensosehr um eine Hingabe *des* Selbst als eine solche *an das* Selbst handelt ... So ist schon der erste Eintritt in das autogene Training gewissermaßen eine seelengymnastische Umstellung, die wesentlichen und bekannten neurotischen Fehlhaltungen entgegenarbeitet. Nur zu begreiflich, daß eben aus diesem Grunde alle schweren Neurosen für die Anwendung des autogenen Trainings ausschalten. Es muß daher immer wieder besonders betont werden, daß ein fruchtbarer Verlauf des autogenen Trainings nur möglich ist, wenn der Versuchsleiter sorgfältig darauf achtet, daß jede Versuchsperson so unmittelbar, so unbeeinflußt und eigengängig sich den neuen Erlebnissen zustellt, wie nur irgend möglich. *Nur als Ziel soll die vergegenwärtigte Übungsformel der*

Versuchsperson innewohnen. Man lehne daher alle Fragen, wie der einzelne „es machen solle“ grundsätzlich ab und bemühe sich nur, eine völlig frei selbstbeobachtende und spannungslos erwartende Haltung zu erzielen. Jede Versuchsperson muß das ihr gemäße autogene Training im Erleben entdecken, und gerade hier zeigt sich wieder der große Vorteil des Gruppenarbeitens, weil die ganz verschiedenen, durchaus individuell gefärbten Selbstschilderungen eben für den ganz persönlichen Charakter der Einzelentwicklung Zeugnis ablegen. Gewisse allgemeinpsychologische Fragen geben einen Anhaltspunkt. Etwa, ob Erinnerungen mehr optisch als Bilder bestehen, ob etwa Gelesenes am Orte des Schriftbildes erinnert wird oder ob hörend Aufgenommenes, etwa Vorlesungs- oder Gesprächsinhalte, leichter, genauer und länger haften. Die letzten Jahrzehnte psychologischer Forschung haben aber erkennen lassen, daß die früher vermutete typologische Einheitlichkeit des Menschen als eine je nach dem überwiegend optischen oder akustischen oder akustisch-motorischen Typus ein Schema bedeutet, das in der Wirklichkeit nur sehr ausnahmsweise und immer unvollkommen anzutreffen ist. Nicht nur ist die Mehrzahl Durchschnittlicher ausgesprochen gemischt, sondern auch bei den Einzelfällen eines sehr einseitig ausgeprägten Typus läßt die nähere Erforschung meistens erkennen, daß auch außerhalb des eigentlichen Typus liegende Vollzüge nicht nur als Disposition vorhanden, sondern durchaus aktuell tätig sind. Trotzdem kann bei einer groben praktischen Sichtung in gewissem Maße festgestellt werden, ob ein sehr deutliches Überwiegen der optischen oder mehr der akustischen inneren Vergegenwärtigung besteht, und je nach diesen Angaben wird der Versuchsleiter sehr *vorsichtig und zurückhaltend,* lediglich als *Möglichkeit* erwähnen, daß bei den mehr optischen Menschen der Weg zu einer inneren Bilderschau, bei dem mehr akustischen mehr zu einem inneren Hören gegeben sei. Je mehr Versuchspersonen solche Anregungen freigestaltend und produktiv annehmen, *ohne sie irgendwie als „Exerzierreglement“ mißzuverstehen,* um so eher eröffnet sich ihnen der Weg zu der notwendigen inneren sinnen-schauenden Haltung, bei der nun nicht mehr die Unruhe tätigen Denkens, sondern die gelöste Hingabe an inneres geformtes Erleben herrscht. Alte meditative Techniken haben bekanntlich ohne wissenschaftlich sachliche Klärung diesen Weg schon immer beschritten, ohne damit allerdings in vielen Fällen besonders eindringlich zu wirken.

„Bilder“ in sich entstehen lassen, in sich gestalten, heißt Ein-Bildung kultivieren. Es scheint daher berechtigt, diese urtümliche menschliche Einstellung als *„Imagination“* mit einem besonderen Worte zu kennzeichnen.

Schon der Schritt vom Denken und Wollen des nach außen gerichteten Alltages in das Reich der inneren imaginativen Schau erfordert eine Selbstverfügung der Versuchsperson, die allen ausgesprochen Neurotischen schwer oder gar nicht gelingt. So brauchte eine schwer hysterische Operationsschwester zwei volle Jahre, bis ihr die erste Übung, die Darstellung der Schwere in einem Arme, gelang. Dann schloß sich eine gute autogene Entwicklung an, die auch auf die Haltung der Gesamtpersönlichkeit nicht ohne Einfluß blieb, obwohl aus Gründen experimenteller Sauberkeit gerade bei dieser Kranken von jeder anderen Psychotherapie abgesehen wurde.

Die Praxis des autogenen Trainings läßt eine *Reihe von häufigen Fehlhaltungen* erkennen, welche den Verlauf besonders erschweren. In diesem Sinne sei erinnert an die Verspannt-Übergewissenhaften mit meist sehr unsicherem Selbstwert, die konzentrationsschwach Abschweifenden mit kindhafter unselbständiger Ablenkbarkeit, die steuerlosen Geltungssüchtigen mit maßlosen und „brillanten“ Sofortreaktionen ohne irgendeinen Einbau produktiver Vertiefung, die Vitalitätsgestörten, leicht Depressiven mit Aufhebung echter Produktivität, die Beschränkt-Rechthaberischen, nicht selten debilen mit trotziger Kampfhaltung und die Neurosen schwerer klinischer Form jeder Art. Immer wieder zeigt sich, daß gerade die Unterstufe des autogenen Trainings als eine produktive gemeinsame Arbeit die freie Selbstverfügung und natürliche Einstellungsbereitschaft der Versuchsperson als unbedingte Voraussetzung hat, und dadurch erklärt sich die immer wieder bestätigte Tatsache, daß — ebenso wie das sachliche ärztliche hypnotische Arbeiten — die besten und dauerhaftesten Erfolge da zu erwarten sind, wo neurotische Störungen erheblicher Art nicht störend eingreifen. Es ist ja lange bekannt, daß Psychotherapie und psychische

Bedingtheit ebenso unabhängig voneinander sind, wie psychische Bedingtheit und Heilbarkeit; mit anderen Worten: Allgemein umstellende psychophysische Verfahren, wie autogenes Training und ärztliche Hypnotherapie haben ganz besonders gute Aussichten bei funktionellen Störungen, die irgendwelchen leichten physiologischen Unzulänglichkeiten der abnormen Gewohnheiten entspringen, während das stärkere Einwirken ernsthafter neurotischer Störungen die Besserungs- und Heilaussichten wesentlich herabsetzt. In den gleichen Grenzen bewegt sich ja auch die Übungsfähigkeit des Menschen. Die bekannte Scherzfrage an einen Stotterer, warum er eigentlich zur Stotterschule wolle, er könne doch schon ganz gut stottern, hat auf diesem Hintergrunde einen sehr ernsthaften Sinn. Schwere Neurosen pervertieren auch den Übungsverlauf, so daß z. B. der Zwangsneurotiker aus dem autogenen Training weiter nichts gewinnt als einen neuen leerlaufenden Zwangsritus.

Mit derselben Sorgfalt muß bei der Einführung in die Unterstufe des autogenen Trainings die *äußere Körperhaltung* der Versuchsperson und ihr ganzes klinisches Verhalten kontrolliert werden. Eingehende ärztliche Kontrolle wird von unserem Arbeitskreis seit Jahrzehnten als Voraussetzung jeder kritischen Psychotherapie gefordert, mag das äußere Krankheitsbild auch noch so „psychogen“, noch so konfliktentstanden oder gar weltanschaulich aussehen, und diese Forderung gilt selbstverständlich erst recht für das autogene Training. Insbesondere sind alle vegetativ oder im *Kreislaufverhalten* Labilen im ganzen Verlaufe mit besonderer Vorsicht zu behandeln. Die zweite Übung, bei der durch Wärmedarstellung die Gefäße objektiv entspannt werden, muß bei allen Empfindlichen, etwa Migränekranken, Kopfverletzten usw. mit herabgesetzter Dosis angesetzt werden, also nicht „der Arm ist warm“, sondern nur „die Hand ist warm“, und auch diese Einstellung muß bei allen Überempfindlichen nur ganz kurz, gewissermaßen probeweise und tastend in die schon erarbeitete Schwere eingefügt werden. Noch wesentlich differenter ist die sechste Übung, die Kühlstellung der Stirne, bei der immer wieder höchst unangenehme Zwischenfälle auftreten, wenn ohne die nötige Vorsicht vorgegangen wird. So erlebte z. B. ein junger Teilnehmer in einem Ärztekurse in Hamburg, der selbst niemals Migräneanfälle hatte, aber von seiner Mutter berichtete, sie sei eine schwer Migränekranke, unmittelbar im Anschluß an die Darstellung der Stirnkühle seinen ersten schweren Migräneanfall. Liegen irgendwelche ernsteren zentralen Schädigungen vor, insbesondere Folgen von Schädelverletzung oder Hirnerschütterung, so muß zu allergrößter Vorsicht geraten werden.

Daß die Astheniker mit ihrer konstitutionellen *Neigung zu kalten Extremitäten* beim Wärmeversuch besonders geduldig sein müssen, dürfte auf der Hand liegen. Hier kann man mit einer äußeren Technik helfen, indem man rät, die Hand vor dem Wärmeversuch von außen zu wärmen und nun gewissermaßen in das Nachbild dieser Erwärmung zu konzentrieren.

Ganz besondere Beachtung verlangt bei der Darstellung des Schwereerlebnisses der Zustand der *Muskelspannung*. Das deutsche Volk ist nicht nur das Volk der Dichter und Denker, sondern auch das der Feldwebel und Schulmeister und dementsprechend der unnötigen widernatürlichen und willkürlichen Verkrampfung. Ein überraschend großer Prozentsatz von Versuchspersonen hat daher anfangs große Schwierigkeiten mit dem Schwereerlebnis des Armes, und diese Schwierigkeit klärt sich leicht auf, wenn man die Muskulatur des Schulter-Nackengürtels tastet. Die aus Ehrgeiz, Angst und Trotz gemischte, dem Menschen selbst unmerkliche Hochziehung des Schulter-Nackengürtels ist hier eine ganz typische Fehlhaltung, und solange sie besteht, ist irgendein Schwereerlebnis im Arm unmöglich darzustellen. Zeigt sich also, daß ohne nachweisbaren Fehler der inneren Einstellung der Übungsarm nicht einfach der Eigenschwere folgend hypoton niederfällt, so ist vielfach eine Schulter-Nackenlockerung durch vorhergehende äußere Übungen nötig. Hierzu läßt man zweckmäßig beide Schultern aktiv so hoch wie möglich anheben und dabei „1, 2“ zählen und auf „3“ die Schultern völlig lose herunterfallen. Sehr häufig tritt nach ein paar derartigen Schulterlockerungen das erwünschte Schwereerlebnis ein. Üben Versuchspersonen im Liegen, so ist genau darauf zu achten, daß die Unterlage eine ungezwungene Haltung aller Gliedmaßen des Rumpfes erlaubt. Bei Lordosen muß das Kreuz gestützt werden, bei den anderen Versuchspersonen das Knie in leichter Beugehaltung fixiert, bei anderen die Schultergegend durch Unterstützung vor zu weitem Absinken nach hinten bewahrt werden. Auch die Neigung des Nackens zum Rumpfe muß bei Liegeübungen sehr individuell angeordnet werden. Außerordentlich häufig werden den Versuchspersonen erst im autogenen Training Spannungsbeschwerden der Schulter-Nackenmuskulatur bewußt, die in ausgesprochenen Fällen einer ärztlichen Massage zur Beseitigung der Myalgien bedürfen, dieser ebenso lästigen wie häufig übersehenen Beschwerden vieler Sensitiver.

Bei Sitzübungen muß gleichfalls die Unterstützung dem Körperbau genau angepaßt sein. Bei Kurzbeinigen dürfen die Füße nicht in der Luft hängen, sondern müssen durch ein Fußbänkchen oder ähnliches getragen werden. Der Kopf muß wirklich zwanglos rückwärts angelehnt sein oder, wenn dies aus irgendwelchen Gründen nicht möglich ist, gelöst nach vorne hängen. Die Arme müssen beim Liegen und Sitzen so unterstützt sein, daß der Unterarm in seinem Schwerpunkt Halt hat, also etwa ein Drittel der Unterarmlänge vom Ellbogen entfernt, weil sonst ein Teil des Unterarmes das Übergewicht hat und dementsprechend einen störenden Zug ausübt. Der Winkel zwischen Ober- und Unterarm soll etwas mehr als 100° betragen, also dem Modell entsprechend, das uns die Armhaltung bei der spastischen Hemiplegie (GIERLICH) liefert, bei der Beuger und Strecker durch die Lähmung im Gleichgewicht sind.

So bietet auch ein scheinbar so einfaches Verfahren wie das autogene Training immer wieder eine Fülle von Fehlerquellen auf allen Gebieten ... Trotzdem bleibt aber der gegebene Weg zur Erwerbung des autogenen Trainings immer die Zusammenarbeit mit einem erfahrenen Fachkollegen, nicht nur selbst als Versuchsperson, sondern vor allem auch in einem produktiven Gruppenkreise.

*

In der nachfolgenden Arbeit hat SCHULTZ, ähnlich wie in dem Beitrag über „Übung und Schulung als Grundprinzip in der Psychotherapie“ (s. S. 108 ff.), sich über einige grundsätzliche Fragen geäußert, die mit dem autogenen Training zusammenhängen. Wegen der gleichzeitigen großen klinischen Bedeutung soll dieser Beitrag in den wichtigsten Passagen hier abgedruckt werden.

ZUM PROBLEM DER „SOMATISIERUNG" BESONDERS IN HYPNOSE UND AUTOGENEM TRAINING[1]

Von JOHANNES HEINRICH SCHULTZ

Die als Somatisierung bezeichnete „Verleiblichung" des Erlebens tritt dann ein, wenn ein Mensch durch die suggestive Führung der Hypnose, durch autogenes Üben oder durch systematische, wissenschaftliche Selbstbeobachtung im Sinne der experimentellen Psychologie seiner eigenen Leiblichkeit zugewandt wird. Wird sie an bestimmte Körperhaltungen, Spannungsverteilungen oder Erlebnisstimmungen gebunden, so vervielfältigt sich das Bild der Abläufe, und damit zugleich wandelt sich das Gesamterleben . . .

Am Anfang jeder aktiven *Somatisierung* steht daher eine *letzte innere Wendung*, die verschieden gekennzeichnet werden kann. Es handelt sich zunächst gewissermaßen grob räumlich gesehen um eine Abkehr vom „Außen" zum „Innen". Das Außen würde hier als äußere reale Raumwelt aufzufassen sein, einschließlich aller darin befindlichen Personen usw. Mit der lediglich negativen Kennzeichnung dieser Abkehr ist aber der Vorgang nur von einer Seite her bestimmt, könnte doch im ganzen Bereich des Seelischen das Allerverschiedenartigste innerlich „eingestellt", vergegenwärtigt werden. Die Somatisierung verlangt mithin außer der Ablösung vom „Außen" eine innere Zielsetzung. Dies Ziel aber darf nicht irgendwie aktiv gesucht, gewünscht, gewollt, angestrebt usw. werden, sondern es gehört zu den wesentlichen Leistungen richtig verlaufender Somatisierung, daß sie durchaus auf dem Wege der Hingabe und des Empfangens erarbeitet wird. Daß Denken ein „inneres", ein „unvollzogenes" Handeln sei, dürfte jetzt allgemein anerkannt sein. Zwischen der personellen und allgemeinen Denk- und Handelnsentwicklung stehen außerordentlich tiefgründige Gemeinsamkeiten, deren nähere Ausführung in sehr weite Bezüge führen würde. Hier nur so viel, daß, wie in der übenden Entwicklung zum leiblosen Handeln willkürlicher Art, auch beim Den-

[1] Psychologische Rundschau, 2, 1951, S. 204—212, gekürzt.

ken die Entwicklung aus der Lebendigkeit vielfältig wandelnder Bilder oft magischen Tiefsinns und praktisch konkreter Buntheit aktueller Erfahrung hinüberführt zu der mehr und mehr „farb- und körperlosen" abstrakten Welt der Begriffe bis zum toten Kristall mathematischer Formeln. Denkvollzüge eigentlicher Art können daher ebensowenig zu einer Somatisierung führen, wie Willensvollzüge ausgesprochener Form. Nicht nur, daß beide der entschieden aktiven Haltung zugehören, sondern Wollen wie Denken ist beides gleichermaßen entleibt, entbildert, entwirklicht.

Die Somatisierung kann daher nur ungestört und lebendig verlaufen, wenn die innerste, selbst zu setzende Einstellung eine durchaus „vernehmende", empfangende und aufnehmende ist. Sie wendet sich, so unmittelbar wie möglich, den gegebenen Empfindungserlebnissen der Leiblichkeit zu, die in entsprechender Weise durch innere Einstellungsformeln „angerufen werden".

Es ist also nicht nur die Außenabkehr für die Somatisierung kennzeichnend, so unerläßlich sie als Vorbedingung ist. Die „Wende nach innen" muß in ganz sachgemäßer Weise abgestimmt werden, wenn eine regelrechte und produktive Entwicklung einsetzen soll. Mit dieser aber stellt sich ein immer mehr zunehmender „*Ichverlust*" ein. Im abgekürzten Bilde gesprochen: Das Ich „zerfließt" im fühlenden Zugewendetsein zur Leiblichkeit, genau entgegengesetzt zu den aktiven Vollzügen, in denen das Ich „wächst", die Leiblichkeit aber verschwindet. Das erfordert eine kurze Überlegung über die *Ichgrenzen.* Im allgemeinen wird schematisch ein Ich der Um- oder Außenwelt oder allgemeiner dem „Nicht-Ich" gegenübergestellt. Für die hier versuchten Überlegungen aber ist es von Bedeutung, zu kontrollieren, wann und wie die „Ich-Leiblichkeitsgrenze" unter verschiedenen Bedingungen sich verhält. Im erarbeitenden, wollenden Kampfe mit der Leiblichkeit stellt diese zweifellos „Außenwelt" oder „Nicht-Ich" dar, ist aber — oft quälend — gegenwärtig. Mit dem „einschmelzenden" Übungserwerbe der „Leiberoberung" aber wird sie immer anonymer bis zu völligem Verschwinden. Hier gilt GOETHES Wort von der „Bewußtlosigkeit des Handelnden" in besonders anschaulichem Sinne. Die „Grenze" zwischen Ich und Leiblichkeit ist zwar aufgehoben, aber in diesem Vollzuge verschwindet die Leiblichkeit, sie wird gewissermaßen „aufgesogen“ vom Ich im Gesamtvollzuge der Aktivität. Dabei erlebt das Ich höchste bewußte Intensität. Es überschreitet die Leiblichkeitsgrenze, wird voll herrschend und erreicht höchste „Intensität“ bewußter Art, stärkste aktiv-helle Konzentration. Die so durch Grenzauflösung eroberte Leiblichkeit aber geht — bewußt — verloren. Genau entgegengesetzt erweitert sich die Ichgrenze ins Leibliche hinein, wenn die Somatisierung geschieht. Ganze Bezirke werden neu erschlossen, neue Empfindungen entdeckt, neue innere Vollzugsbedingungen der Leiblichkeit gestaltet. Diese Erschließung der Leiblichkeit im „Innewerden“ aber bringt eine immer zunehmende Verminderung der „Intensität“ des Ich-Erlebens mit sich. Gewiß bestehen hier Analogien zu den Erlebnissen hingegebenen Kunst- oder Naturerfühlens. Aber sie führen keinesfalls mit irgendeiner Regelhaftigkeit zu den Abschwächungen des bewußten Icherlebens, es sei denn, daß andere Momente unterstützend mitwirken, wie etwa Müdigkeitsfaktoren, Monotonie oder dergleichen. Der Zuwendung zur eigenen Leiblichkeit ist hier durchaus eine Sonderstellung zuzusprechen. Die dabei einsetzende Veränderung des bewußten Ich-Erlebens ist eine durchaus in sich zwiespältige; je mehr Bereiche der Leiblichkeit vom Ich „vernommen“ werden, um so mehr wird das bewußte Ich-Erleben selbst abgeschwächter, dunkler, unbestimmter, unklarer. Spezifisch wandelt sich der bewußt erlebte Bewußtseinsgrad zum Zerfließenden, Unbestimmten, zeitweise Intermittierenden. Der Ich-Nichtich-Kreis des Außenerlebens wird in einen gleichen leibeigenen Ichbezug verwandelt, und mit der „Verleiblichung“ des Gesamterlebens, eben der „Somatisierung“, geschieht nicht nur „Leibbeseelung“, sondern Wandlung des bewußten Ich-Erlebens, besonders in seiner Bewußtseinsmodalität. Die „Leib-Ich-Grenze“ verschiebt sich weit ins Leibliche hinein, aber unausweichlich auf Kosten der „Intensität“ des bewußten Icherlebnisses und der bewußten Ich-Helle.

Solange man geneigt ist, in Vereinfachungen wie „*Einstellung*“ oder „*Aufmerksamkeit*“ wesentliche Aufschlüsse zu erwarten, gelingt es wohl, einen Teil dieser Vorgänge als ein Phänomen dieser Grundkategorien einzuordnen. Die „*Enge des Bewußtseins*“ soll gleichfalls an den hier vorliegenden Tatbestand heranführen, und sicher erlaubt die Anschauung, daß hier durch besonders eingeengte Zuwendung passiver Art die *„Aktionsgefühle“* seelischer Vollzüge absinken, eine gewisse Klärung. Die *„tension psychique“* wird gewiß bei diesen Haltungen zum Absinken neigen; daß damit eine Herabsetzung der — subjektiven — Bewußtseinshelle einhergehen kann, leuchtet ein. Aber ist das mehr als ein kühnes hypothetisches Bild? . . .

Am Anfang jeder Somatisierung steht eine *innere Entscheidung,* die mit Rücksicht auf später Auszuführendes als die *erste Entscheidung* bezeichnet werden soll. Sie darf kurz gekennzeichnet werden als eine *Wendung nach innen,* wie sie im vorstehenden einigermaßen deutlich zu machen versucht wurde. Sie führt zunächst zu einer *Entdeckung von Empfindungserlebnissen,* gleichgültig, ob es sich um hypnotisches Geführtwerden, um autogene Selbstgestaltung oder um systematische, wissenschaftliche Introspektion im Sinne experimenteller Psychologie handelt. Die zunächst meist überwiegend formlosen, unklaren und meist mit einem deutlichen Überraschungsmoment auftretenden Empfindungserlebnisse finden im weiteren Verlaufe mehr und mehr *Gestaltungscharakter.* Es treten strukturierte Glied- und Leiberlebnisse auf, die je nach Persönlichkeit, Konstitution, Situation und Technik mehr singulären Gliedcharakter oder Totalwesenheit zeigen.

Untrennbar von diesem Verlaufe aber geschieht nun ein anderes: Die *„Wendung“* nach innen wird unvermeidbar zu einer „Wandlung“ des Erlebnisverlaufes, aus Erlebniswendung wird ein Erlebniswandel. Dies war grundsätzlich schon angedeutet. Nähere Betrachtung der Protokolle läßt nun hier eine ganze Reihe von verschiedenen, meist in gleicher Reihenfolge ablaufenden Erlebnisweisen erkennen, deren genauere Kennzeichnung Aufschlüsse vermitteln könnte.

1. Der *Bewegungs- und Aktionsantrieb* verschwindet, eine Tatsache, die aus der Arbeit des wissenschaftlichen Hypnotismus schon lange bekannt ist. Während etwa im Nachtschlafe stets Bewegungen auftreten, wie amerikanische Untersuchungen zeigten, bei Männern häufiger als bei Frauen, fehlt nach Eintritt in hypnotische Zustände jedes Bedürfnis nach Lagewechsel, so daß etwa morgens um 8 hypnotisierte Versuchspersonen noch genau dieselbe

Körperhaltung zeigen, wenn nach einer Reihe von Stunden der Zustand beendet wird. Dieses eigentümliche Phänomen läßt sich ebenso wenig lediglich peripher aus dem Bewegungsapparat, wie rein zentral neuro-psychisch ganz erfassen. Sicher handelt es sich um eine „gelöste Passivierung", aber damit würde mehr geschildert als erklärt werden ...

2. Unmittelbar anschließend zeigt sich eine zweite alte Erfahrung aus der wissenschaftlichen Hypnotherapie. Die *Zeitregistrierung* verschwindet, so daß die Versuchspersonen gröbste Fehlschätzungen über die Dauer des Versuches begehen. Schildernd darf gesagt werden, daß hier subjektiv, im bewußten Rückblicken, eine „Zeitlosigkeit" einsetzt, die um so paradoxer erscheint, als bekanntlich, im Gegensatz zu diesem subjektiven Urteil, gesetzte Terminvollzüge häufig mit größter Genauigkeit, in eigenen Versuchen bis auf wenige fünftel Sekunden, ausgeführt werden. Das viel bearbeitete Problem der „Kopfuhr" hat hier eine Fülle interessanten Materials beibringen lassen. Es muß also unterschieden werden, wie der Mensch urteilend, rückblickend und erinnernd zu Zeitstrecken steht und wie er sie im unmittelbaren Erleben verwirklicht. Hier sind Vollzüge aufzeigbar, die exakt und genau arbeiten, aber dem bewußten Erinnern, vielleicht auch streckenweise dem bewußten Vollzuge nicht oder nicht ohne weiteres erreichbar sind. Und wieder werden wir an die psychiatrische Klinik erinnert, wenn wir hier uns berechtigt glauben, einen Ansatz zu einer „zeitlichen Desorientierung" festzustellen. Mit aller Vorsicht darf hier ein Beitrag zu der Frage bewußter erinnernder Zeitschätzung erblickt werden. Es spricht manches dafür, daß sie stärker an aktive Außenvollzüge gebunden ist, als in den bisherigen Untersuchungen hervorgehoben wurde. Die von uns empfohlene Prüfung des Zeitsinns (Klinische Wochenschrift 1931, 1864) beruht ja gerade darauf, durch ein längeres „Mechanisieren und Passivieren" der Versuchsperson den Faktor bewußt urteilenden Rückerinnerns auszuschalten und einer gewissermaßen instinktiven, rein automatischen Beantwortung den Weg frei zu machen. Je besser diese Forderung erfüllt wurde, um so sicherer gaben die Versuchspersonen die Zeit genau richtig an, auch solche, die im urteilenden und denkenden Bemühen niemals in der Lage waren, den Zeitpunkt zu erfassen. Wie weit

Automatismen des Leibes, Puls, Atmung oder etwa auch die von ROHRACHER neuestens festgestellten periodischen Aktionsschwankungen des Nervensystems zur Erklärung von Kopfuhr und absolutem „instinktivem" Zeitsinn heranzuziehen sind, ist unseres Wissens heute noch nicht geklärt. Für den hier vorliegenden Zusammenhang schien es nur wichtig, die grundsätzliche Bedeutung der erwähnten Beobachtungstatsachen zu berücksichtigen.

3. Teils verbunden mit den beiden geschilderten Phänomenen, teils an sie anschließend wird von einigermaßen störungsfreien Versuchspersonen mit absoluter Regelmäßigkeit eine deutliche *subjektive Euphorie* angegeben, die sich bald nur auf den Zustand selbst beschränkt, bald ihn überdauert. Auch hier würde eine einseitig periphere oder zentrale Betrachtung fehlgehen, so sicher schon die „Lösung" von a-bionomen Spannungen, von Verkrampfungen und von normalen Leistungsspannungen der Peripherie eine „Er-Lösung" bedeutet. Neben dieser mehr biologischen Wendung zur gelösten Mitte darf die wesentliche Bedeutung der Selbstzuwendung als seelischen Erlebnisses nicht übersehen werden, die in produktiver Einsamkeit läuternde Selbstschau erlaubt, sicher oft nicht ohne Befriedigung gewisser neurotisch-narzißtischer Fehltendenzen. Die untrennbare Einheit von Entspannung und Ruhe ist gleichfalls grundsätzlich wesentlich. Allerdings darf nicht übersehen werden, daß hier gewisse Gefahren gegeben sind, besonders Entgleisungen zu einem weniger persönlichgestaltenden als konfessionsersetzenden, „erbaulichen" Mißbrauch, wie er, leider, auch in den Kreisen spezieller Psychotherapie gelegentlich zu beobachten ist. Nur höchste Achtung vor der Persönlichkeit des anderen und unermüdliche, sorgfältige Pflege seiner ganz individuellen Möglichkeiten kann hier vor einer bedauerlichen Banalisierung und Schematisierung schützen, die sich dann gerne unter dem Grenzterminus der Meditation zu bergen sucht.

4. So sehr es der besonnene medizinische Psychologe bedauern wird, so unausweichlich gebunden ist er doch an räumlich vergleichende Verdeutlichungen. Mit diesen ausdrücklichen Vorbehalten kennzeichnen wir den bisherigen Verlauf, dem Worte „Wendung" entsprechend, zunächst in seiner *Richtungsänderung*. Die „erste Wendung", von deren Ausgestaltung die ersten drei

Punkte ein gewisses Bild geben, vollzieht sich durch eine Abkehrung vom Außenerleben ziel- oder reaktionshafter Art zum Innenempfinden, Innenfühlen und zur Innenschau. Damit ergibt sich

5. neben der Richtungsänderung eine *Vollzugsänderung*, die am deutlichsten in der Wandlung aktiv begrifflichen Denkens zum passiven Empfang von Seh- oder Hör-Bildern erkennbar ist, aber selbstverständlich eine tiefgreifende Wandlung des gesamten seelischen Vollzuges bedeutet. Ihre Entstehung und Eigenart sind zum Teil durch die ersten 3 Phänomene (Aktions-, Zeitregistrierungs-Verlust und Euphorie) ein wenig einsichtiger. Je mehr an Stelle des im Alltage selbstverständlichen und unentbehrlichen Setzens und Strebens äußerer Ziele ein „Auf- und Annehmen des Innenerlebens" in seiner psychophysischen Gesamtheit tritt, um so deutlicher prägt sich diese Entwicklung von Wendung zu Wandlung aus.

6. Um so wichtiger, daß diese zarten und leicht störbaren Verläufe in exaktester individueller Empirie und völlig ungestörter Eigenentwicklung verlaufen. Nur so geben wir jenen schöpferischen Möglichkeiten lebendigen Raum, die eine Selbsterfassung in geführter Phantasie erlauben, einer „Autophysiognomik", wenn wir Physiognomik in dem tieferen, von August Vetter in seinem grundlegenden Werke über „Natur und Person" (Stuttgart, Klett, 1950) herausgestellten Sinn erfassen. Wenn heute schon der Biologe, wie näher in unserem Schriftchen „Bionome Psychotherapie" (Stuttgart, Thieme, 1951) anzudeuten versucht wurde, *neben* exaktester kausal-mechanischer Erfassung zur Frage nach dem Sinn der Lebenserscheinungen legitimiert ist, so gilt dies in gleichem Maße von den hier in Frage stehenden Erlebnissen. Es dürfte daher erlaubt sein, die hier gemeinten Vollzüge einer Sonderseite des Seelischen, der *Imagination*, der bildschöpferischen seelischen Potenz zuzuordnen.

7. Nicht umsonst bezeichnete der Begründer der modernen medizinisch-psychologischen Persönlichkeitsforschung, Sigmund Freud, wegweisend für seine Schüler (A. Adler, C. G. Jung) und Mit- und Nacharbeiter den *Traum* als die via regia zum Verständnis des Menchen, oder, wie er damals genial schematisierend sagte, „des Unbewußten". In der Tat zeigt schon die Psychologie des Einschlafens weitgehende Übereinstimmung mit den hier ge-

meinten Vollzügen. Einschlafen als Selbsthingabe an schlafbereitende Ermüdungsempfindungen stellt genau dieselbe eigenartige Forderung einer „aktiven“ Überlassung an eine „passive“ Haltung, wie die hier in Frage stehenden Verläufe, die bekanntlich allen Menschen mit Selbsthingabestörungen (LUDWIG KLAGES) erschwert oder verschlossen sind ...

Wird so, zur Vorsicht gemahnt, versucht an unsere Verläufe heranzutreten, so darf etwa vorgeschlagen werden zu sagen, hier *„schaltet“ der Mensch in eine selbstfindende Passivierung empfangender Art.* Eine innerste *Haltungsänderung* dürfte das Gemeinte am besten bezeichnen. Diese Haltung bringt in ihrer Fortentwicklung andere Vollzüge und hierin und hierdurch eine Vollzugswandlung. In engster Fühlung mit dem Gesamt leiblichen Empfindungserlebens wird die Innenschau mehr und mehr „leibhaftig“ (KARL JASPERS) und damit imaginativ gestaltbar. Poetisch verglichen, es ist, als wenn die Schatten der Unterwelt durch den Trank des Blutes Leben gewinnen würden. Damit eröffnet sich, mehr und mehr vom allzubewußten Denken, Wissen und Erinnern ein Weg zur naturhaft eigenständigen Wesenheit, zum „Selbst“ im Sinne von JAMES. Sämtliche psychophysischen Vollzüge, meist am deutlichsten erlebbar in der Eigengestaltung der Atmung, gründen sich mehr und mehr im Eigenrhythmus, in der „optimalen Lage“ GOLDSTEINS, und mit Weiterfortschreiten der passivierenden Haltungsänderung ermöglicht sich mehr und mehr bildgestaltete Selbstschau. Nur der Arzt, der mit den Ergebnissen und Erfahrungen medizinisch-psychologischer Persönlichkeitsforschung und psychiatrisch-klinischer Menschenbeurteilung gründlich vertraut ist, kann hier den anderen gefahrlos begleiten.

Die u. E. einzigartige Möglichkeit, den Menschen ohne tiefgreifende Bewußtseinsänderung oder scharfe Zerreißung des Erinnerungszusammenhanges mit dieser inneren Welt zu konfrontieren, ist an eine *zweite Wendung* gebunden. Im Verlauf der geschilderten Haltungsänderung ist nämlich eine zweite innerste Entscheidung erforderlich, ob im Sinne eines völligen Sichauflösens in den Schlaf oder im Sinne einer gewissen Erhaltung innerer Aktivität in die „innere Schau“ eingetreten werden soll. Die von WERNER GRUEHN in seiner Religionspsychologie versuchte Scheidung in

„unterwache“ Schlaftraum- und „überwache“ Innenschauzustände zeigt hier ihre erhebliche Bedeutung. Im Sinne des behaviourism würde gesagt werden können, daß hier eine innerste Entscheidung zwischen flight ins „Bewußtlose“ oder ein Stillstand innerer imaginativer Schau sich entwickeln soll. Daß Zustände von Übermüdung hier einfach biologisch eingreifen können, ist Alltagserfahrung. Gewiß ist die Erlebnishaltung, wie die Rückerinnerung an Nachtträume mit allen ihren Unzulänglichkeiten im Vergleiche mit den Produkten innerer Schau zeigt, beider Vollzüge, beider Haltung weitgehend übereinstimmend. Nicht umsonst wurde ja durch James Braid für Zustände dieser Art, die unter Anleitung sich entwickeln, das Wort „Hypnose“ vorgeschlagen, und schon die alten Magnetisten sprachen von magnetischem „Schlafe“.

Sicher sind auch bei einem solchen unvollkommenen und unzulänglichen Ordnungsversuche die Hilfsvorstellungen von Aufmerksamkeit, Einstellung und besonders Bewußtseinsenge ebenso wie Janets Konzeption einer tension psychique nutzbringend. Aber doch bleibt ihr Beitrag zu den hier erörterten Fragen etwas zu allgemein. Erst die nähere Betrachtung der Protokolle läßt die durch Haltungswendung gesetzte Haltungswandlung zur Innenschau und die „zweite Entscheidung“ zwischen Schlaf und imaginativer Schau etwas deutlicher werden. Daß allen diesen Vorgängen bionome und biotechnische Hirn-, Nerven-Vorgänge entsprechen, leuchtet ohne weiteres ein. Die Lebensgesetzlichkeiten der Schlaf-, besonders Einschlaf-Physiologie und Pathologie sind für eine Gesamterfassung des Problems der Somatisierung von gleicher Bedeutung wie die Verfolgung der medizinisch-psychologischen Seite eigentlichen Sinnes. Nur scheint bisher die wirklich exakte Kenntnis dieser Seite des Lebensvorganges noch nicht genügend fortgeschritten, um eine eingehende Erörterung in diesem Zusammenhange zu rechtfertigen, so eindrucksvoll auch die Fortschritte auf diesem Gebiete in den letzten Jahrzehnten sind. Hier wäre besonders auch das psycho-physische Problem der Entspannung zu nennen. Für den eigentlichen hier erörterten Zusammenhang hat es u. E. nur die Bedeutung eines wesentlichen Beitrages, so entscheidend sein Wert für Theorie und Praxis des autogenen Trainings und weite Bereiche der Hypnose ist. Für die hier versuchte

Betrachtung geht die Entspannung im wesentlichen in der Haltung selbstgesetzter „Passivierung" auf, so wesentlich im technischen Arbeiten ihre sorgfältigste, systematische und individuelle Verwertung ist.

Es wurde im Vorstehenden versucht, einige Überlegungen zu dem Problem der „Somatisierung" in bestimmter Bedeutung anzustellen, ihre Eigenart herauszuarbeiten und durch Hinweise auf die Beziehung zu seelischen Grundhaltungen und zu Grundphänomenen der Pathopsychologie ihr Verständnis zu fördern. Dabei zeigte sich die nahe Beziehung zu Orientierungskategorien und die in jedem solchen Verlaufe unvermeidliche zwiefache, aufeinander folgende „Entscheidung"; so wird der Übergang von der „Wendung" nach „Innen" zu einer „Wandlung" des Geschehens in mancher Beziehung etwas durchsichtiger. Neurophysiologischen Erörterungen in dieser Beziehung fehlt noch die unentbehrliche exakte Grundlage, wie etwa die so sehr interessante und aktuelle Auseinandersetzung über das — viel faßbarere und besser studierte — Problem Agnosie-Apraxie-Aphasie unserer Tage erkennen läßt. Eine etwas eingehendere Auseinandersetzung in speziell medizinisch-psychologischer Richtung soll anderen Ortes versucht werden.

*

Die nachfolgende Arbeit kann ein besonderes Interesse beanspruchen. In ihr hat W. von Siebenthal in schönen experimentellen Untersuchungen die meist symmetrische Muskelentspannung beschrieben. Diese Befunde entsprechen denen, die durch uns bei Gefäßmessungen vor kurzem erhoben wurden: Auch bei einseitigen Wärmeerlebnissen kommt es immer zu symmetrischen Gefäßerweiterungen (Langen und Vogel). Es handelt sich also hierbei um neurophysiologische Reflexe, bei denen Muskelentspannungen und kapillare Vasodilatationen immer symmetrisch ablaufen. Die einseitigen Erlebnisse der stärkeren Erwärmung einer Extremität sind offenbar ein psychologischer Effekt der Aufmerksamkeit.

EINE VEREINFACHTE SCHWEREÜBUNG DES SCHULTZSCHEN AUTOGENEN TRAININGS*

Von WOLFGANG VON SIEBENTHAL

Die allgemein anerkannte Bedeutung des autogenen Trainings — auch im Rahmen der gestuften Aktivhypnose KRETSCHMERS[1] — veranlaßte uns, auf Grund von Beobachtungen aus der psychotherapeutischen Praxis eine Vereinfachung der Schwereübung auf experimentell-psychologischem Wege zu erhärten.

Bei vielen Patienten machten wir an unserer Klinik die Erfahrung, daß ihnen das einseitige Entspannen mit dem rechten oder linken Arm schwerfiel und daß diese anfängliche Schwierigkeit viel leichter zu überwinden war, sobald mit der Anweisung begonnen wurde: „Beide Arme schwer!" Diese Beobachtungen wurden besonders anläßlich der narkoanalytischen Untersuchungen von FERVERS[2] gemacht, von dem auch die erste Anregung zur experimentellen Nachprüfung ausging.

J. H. SCHULTZ[3] hat selbst beobachtet, daß vielen Versuchspersonen (Vpn.) das einseitige Entspannen schwerfiel. Dennoch beginnt er das Training einseitig und läßt erst nach spontaner Generalisierung den ganzen Körper schwer werden. Obgleich also der gut beobachtete Vorgang der Generalisierung eine einheitliche zentrale Steuerung voraussetzt und obgleich im Körperschema P. SCHILDERS[4] ein den ganzen Leib umfassendes, „symmetrisches" ganzheitliches Erleben vorgebildet ist, hat SCHULTZ — wie auch E. JACOBSON — am asymmetrischen Beginn des Trainings festgehalten.

* Zeitschrift für Psychotherapie und Medizinische Psychologie, 2, 1952, S. 135—144, gekürzt.

[1] E. KRETSCHMER: Psychotherapeutische Studien. Stuttgart 1949.

[2] C. FERVERS: Die Narkoanalyse als initiale Methode in der Psychotherapie. München 1951.

[3] J. H. SCHULTZ: Das autogene Training, 5. Aufl. Leipzig 1942.

[4] P. SCHILDER: Das Körperschema. Ein Beitrag zur Lehre vom Bewußtsein des eigenen Körpers. Berlin 1923.

Tatsächlich besteht auch eine gewisse funktionelle Asymmetrie. Sie zeigt sich neben der Rechts- bzw. Linkshändigkeit in den asymmetrisch angelegten Sprachzentren. Die *Leistung* nämlich beruht auf dem funktionellen Überwiegen *einer* Seite (bzw. der kontralateralen Großhirnhälfte). Das haben schon St. Hall und Hartwell[5] bei der Prüfung der Druckkraft beider Hände am Dynamometer untersucht. Bei Rechtshändern konnte die Leistung der linken Hand durch Mitbewegung der rechten gesteigert werden, während die rechte Hand durch Mitbewegung der linken kaum eine bessere Leistung erzielte. Bei der Aufgabe, zwei Taster mit beiden Händen gleichzeitig zu bedienen, hinkte die linke Hand (bei Rechtshändern) nach (A. Herlitzka[6] und Yoshinobi Terashi)[7]. Auch bei den Wahrnehmungsvorgängen liegt eine funktionelle Asymmetrie hinsichtlich der Leistung vor. Dieses aktive Element wird beim Training durch Augenschluß ausgeschaltet. Liepmann[8], Goldstein[9] und A. Rey[10] haben die Bedeutung der optischen Vorgänge für den Bewegungsentwurf aufgewiesen. Bei umerzogenen Linkshändern, die unter Einwirkung rhythmischer Belichtung hirnelektrographisch untersucht wurden, fanden L. Cornil und H. Gastaut[11] über der rechten Okzipitalhirnhemisphäre größere und gleichmäßigere Spannungskurven als über der linken. Bei Rechtshändern umgekehrt.

Im Gegensatz zu diesen kortikalen, asymmetrischen, intentio-

[5] In: Mind 9, 1884, zit. n. I. Rudert: Kasuistischer Beitrag zur funktionellen Asymmetrie. In: Neue psychol. Studien 1, S. 657.

[6] In: Arch. di Fis. 5 (1908), S. 277 ff., zit. n. Rudert. In: Neue psychol. Studien 1, S. 657.

[7] In: Arch. di Fis. 19 (1922), S. 183 ff., zit. n. Rudert a. a. O.

[8] Liepmann: Psychomotorische Studien zur Konstitutionsforschung. In: Zschr. f. Nervenheilkunde 102 (1928).

[9] Goldstein: Mschr. f. Psychiatr. u. Neurol. 54 (1923), 141.

[10] A. Rey: Evolution au cours du développement d'une forme de coordination motrice. In: Arch. de Psychol. Genf 32 (1949), 259—279 Ref. n. Zbl. Neurol. u. Psychiatr. 111 (1950), 3—5.

[11] L. Cornil u. Gastaut: Influence de la stimulation visuelle intermittente rythmée sur l'électroencéphalogramme des gauchers reéduquées. In: Revue neur. 79 (1947), 541—543.

nalen Leistungen bei hellem Bewußtsein sind nichtintentionale, symmetrische und bilateralkoordinierte Mitbewegungen am besten bei abgedunkeltem Bewußtsein möglich. Die symmetrische, automatische Mitbewegung findet ihr organisches Korrelat bzw. Substrat also in den phylogenetisch älteren Hirnteilen. Im Tierreich sind in absteigender Reihe asymmetrische Vollzüge zunehmend erschwert bzw. unmöglich. Die alten, vitalen Funktionen (Atmen, Schlucken usw.) sind symmetrisch. Die „Lateralisierung" nimmt erst gegen die Primaten hin zu. Lateralisierte Vorgänge vollziehen sich mit einem Leistungserlebnis. In jeder Leistung ist aber ein Spannungsmoment enthalten; so auch in der Aufmerksamkeit auf die Vorstellung der Entspannung beim autogenen Training. Die Vorstellung von der Schwere *einer* Seite beansprucht aber zu ihrer Erhaltung einen höheren Grad der Aufmerksamkeit, von innerer Gerichtetheit als eine solche, die auf symmetrische Glieder zielt. Eine dem Körperschema entsprechende Vorstellung bedarf eines geringeren Grades konzentrativ-gespannter Aufmerksamkeit zu ihrer Vergegenwärtigung als eine asymmetrische. Gerade die konzentrative, „gespannte Aufmerksamkeit" (G. Störring)[12] soll als kortikale Leistung möglichst vermieden werden. Die Leistung im autogenen Training besteht darin, möglichst wenig zu leisten, um eine schnellere Funktionsübernahme der subkortikalen Zentren zu erreichen. Das geschieht durch symmetrischen Entspannungsbeginn, denn die Symmetrie entspricht den Funktionen der älteren Hirnteile.

Das Ziel des autogenen Trainings ist die Entspannung, nicht das pure Schwereerlebnis. Dieses freilich wird bei asymmetrischem Entspannungsbeginn rascher erreicht, weil die Erwartung die Aufmerksamkeit auf das zu entspannende Glied lenkt, wodurch wiederum die Empfindungsintensität erhöht wird (Th. Erismann[13], A. Pirig)[14]. Gerade die Aufmerksamkeit soll aber auf ein Minimum

[12] G. Störring: Psychologie des menschlichen Gefühlslebens. Berlin 1916.

[13] Th. Erismann: Untersuchungen über das Substrat der Bewegungsempfindungen usw. In: Arch. f. d. ges. Psychol. 28 (1913).

[14] A. Pirig: Experimentelle Untersuchungen über Lageempfindung und Lageauffassung usw. In: Arch. f. d. ges. Psychol. 43 (1922).

reduziert werden, weil jede Aufmerksamkeit von Muskelspannungen begleitet ist (J. SUTER)[15] und den Rhythmus der Atmung stört. Die Wahl einer die Körpersymmetrie enthaltenden Vorstellung beansprucht zu ihrer Aufrechterhaltung nur ein Minimum an Aufmerksamkeitsleistung und ermöglicht daher schneller und leichter die Funktionsübernahme durch subkortikale Zentren bzw. eine Abdunklung des Bewußtseins.

In der gegenwärtigen Situation des Menschendaseins entspricht der erhöhten seelischen Anspannung allenthalben die körperlichmuskuläre im Sinne einer ständigen Tonuserhöhung. Überdies reagiert der bereits tonisierte Muskel auf kortikale Reize in weit höherem Maße als der schlaffe (J. F. BOSMA und E. GELLHORN[16]). Die erwünschte physiologische Fntspannung wird also zum guten Teil durch kortikale Reize verhindert, deren Reichweite vergrößert ist, weil die Reizempfänglichkeit der Muskulatur mit der Tonisierung gleichsinnig wächst. Es kommt hinzu, daß auch subkortikal tonisierende Impulse sich der jetzt gleichsam eingeschliffenen Reizbahnen bedienen. Dieser Circulus vitiosus ist wesentlich schwerer zu durchbrechen, wenn der Beginn des Trainings sich solcher Funktionen bedient, deren „Anlasser" vorwiegend der Kortex ist. Die vermehrte konzentrative Aufmerksamkeit auf lateralisierte, durch die Leistung inaugurierte Vorgänge ist also zu vermeiden. Die weitgehende Ausschaltung des Kortex vermindert die Reizempfangsbereitschaft. Dieser Sachverhalt wird sehr schön am Phänomen des „verzögerten psychomotorischen Erwachens" demonstriert. U. a. haben GOWERS, PFISTER[17] und ROSENTHAL[18] solche Fälle beschrieben.

Mit diesen Erörterungen soll aufgewiesen werden, daß die erstrebte Entspannung am schnellsten dann erreicht wird, wenn jede

[15] J. SUTER: Die Beziehungen zwischen Aufmerksamkeit und Atmung. In: Arch. f. d. ges. Psychol. 25 (1912).

[16] J. F. BOSMA u. E. GELLHORN: Muscle tone and the organisation of the motor cortex. In: Brain 70 (1947), 262. Ref. n. Zbl. f. d. ges. Neurol. u. Psychiatr. 106 (1949), 7, S. 297.

[17] In: Arch. f. Psychiatr. 81.

[18] C. ROSENTHAL: Über das verzögerte psychomotorische Erwachen In: Arch. f. Psychiatr. 81 (1927), 159.

Aktivität als kortikale Funktion auf das unumgängliche Maß reduziert, das Bewußtsein möglichst abgedunkelt, wenn also jede unnötige konzentrative Spannung als Leistung vermieden wird, also auch die Einstellung auf lateralisierte Vorgänge.

Diese theoretischen Überlegungen, zu denen uns die psychotherapeutische Praxis führte, konnten durch unsere Versuche weitgehend bestätigt werden. Die spezielle *Fragestellung,* die unseren Experimenten zugrunde liegt, läßt sich wie folgt formulieren: 1. bestehen Unterschiede im Entspannungsgrad beider oder einzelner Oberextremitäten, je nachdem die Entspannungsübung mit einem Arm oder mit beiden Armen begonnen wird; welcher Art sind diese Unterschiede und worauf beruhen sie? 2. Welche Weise des Übungsbeginns wird von den Vpn. nach ihren eigenen Aussagen leichter vollzogen?

Wir bedienten uns folgender Versuchs*anordnung:* Auf den Armstützen eines bequemen Lehnstuhles wurde je ein gut gepolstertes Brett angebracht, das mittels einer Spiralfeder, der Schwere des Armes folgend, hinuntergedrückt wurde. Auf diese Weise übertrug sich auch die Schwere der Entspannung des Schultergürtels auf das von der Spiralfeder gehaltene Brett. Die daraus resultierenden Bewegungen des Brettes wurden mittels eines Schreibhebels auf eine langsam rotierende, berußte Trommel übertragen, die hinter dem Lehnstuhl — für die Vpn. unsichtbar — aufgestellt war.

Aus unserer tabellarischen Übersicht werden nun die *Ergebnisse* der ersten Versuchsreihe vorgelegt:

1. Bei der Anweisung „*beide* Arme schwer" erfolgte bei allen Vpn. eine Entspannung beider Arme, und zwar bei 7 Vpn. sofort einsetzende und konstant bleibende Entspannung beider Arme, bei 5 Vpn. nach und nach gleichmäßig zunehmende Entspannung beider Arme.
2. Bei der Anweisung „*rechter* Arm schwer" ergibt sich, daß insgesamt 7 Vpn. mit paradoxem Verhalten reagierten, davon 4 gleichseitig paradox, 6 gegenseitig paradox und somit 3 Vpn. beidseitig paradox. Nur 5 Vpn. gelang eine von Anfang an konstante Entspannung des rechten Armes, 4 Vpn. eine solche des linken, so daß nur 3 Vpn. eine sofortige beidseitige Entspannung zuwege brachten. Eine zunehmend gleichmäßige Entspannung des rechten Armes zeigten nur 3 Vpn., eine solche des linken nur 2 Vpn., so daß im ganzen von 12 Vpn. nur 3 Vpn., dem Prinzip der Generalisierung entsprechend, zu einer beidseitigen Entspannung gelangten.

3. Bei der Anweisung *„linker* Arm schwer" zeigte sich das paradoxe Verhalten noch mehr: Von 12 Vpn. reagierten 8 Vpn. paradox, davon 4 Vpn. gleichseitig, 7 Vpn. gegenseitig, somit 3 Vpn. beidseitig paradox. Nur Vp. Nr. 12, die einzige, die die Unterstufe des autogenen Trainings bereits beherrschte, konnte beide Arme sofort, 2 Vpn. nach und nach entspannen. Insgesamt entsprachen also nur 3 Vpn. dem Prinzip der Generalisierung.

Was eindeutig aus unseren Versuchen hervorgeht, ist die Tatsache, daß bei der Anweisung *„beide* Arme schwer" *alle* Vpn. die *beidseitige Entspannung erreichten* und nicht ein einziges Mal ein paradoxes Verhalten eintrat, während dieses Ziel beidseitiger Entspannung bei den andern Anweisungen nur je ein Viertel der Vpn. erreichte.

Nach den Aussagen der Vpn. entspricht auch das *Erleben* weitgehend den objektiven Befunden. Von 12 Vpn. sagten 9 aus, das beidseitige Entspannen sei am leichtesten, und sie seien auch nur bei dieser Anweisung innerlich zur Ruhe gekommen. 2 Vpn. äußerten sich in dem Sinne, daß ihnen der Entspannungsbeginn rechts oder mit beiden Armen in gleicher Weise angenehm war; beiden Vpn. war der Entspannungsbeginn links unangenehm (alle Vpn. waren Rechtshänder). Nur Vp. Nr. 12 (die „durchtrainierte") gab an, der Entspannungsbeginn rechts sei am leichtesten gewesen.

Was als Ergebnis aus unserer Versuchsreihe hervorgeht, ist also die Bestätigung der Beobachtung aus der Praxis und der theoretischen Folgerung, daß das Ziel des autogenen Trainings, die Entspannung, rascher und leichter erreicht wird, wenn das Training gleich zu Anfang mit der Entspannung *beider* Arme beginnt.

Kritisch wäre folgendes zu bemerken: Aus 72 entsprechend aufgenommenen Elektromyogrammen können nur mit Vorsicht solche Schlußfolgerungen gezogen werden. Sie rechtfertigen sich erst durch die gleichsinnigen Beobachtungen aus der psychotherapeutischen Praxis und den theoretischen Erwägungen, die ihrerseits auf viele Experimente anderer Autoren zurückgehen. Die Versuche haben bestätigenden Charakter.

Weiter fällt die hohe Zahl der paradoxen Reaktionen auf. Sie kommen in der Praxis bei einseitigem Übungsbeginn nicht so häufig vor. Die Vp. nimmt aber die Anweisungen in einem etwas anderen Sinne als der Patient. Das strikte Sichrichten nach der Anweisung erfordert eine anspannendere Konzentration als das einfache Schwerwerdenlassen der Patienten. In der *expliziten* Einstellung der Vp., vielleicht in dem verborgenen Drang, etwas „Besonderes" tun zu müssen, liegt die Fehlerquelle wahrscheinlich begründet. Als Bestätigung für die Gründe des hier vertretenen Vereinfachungsvorschlages muß also die Leichtigkeit und Schnelligkeit gelten, mit der alle insgesamt 12 Vpn. bei der Anweisung, beide Arme zu entspannen, dieses Ziel erreichten.

Die Entspannung der rechten Seite erzielten bei der adäquaten Anweisung in der Versuchsreihe I zwei Drittel der Vpn. Bei längerer Übung wäre ihnen sicher auch die beidseitige Entspannung gelungen. Außerdem war 2 Vpn. der Entspannungsbeginn (rechts oder beidseitig) gleichgültig. Insofern wäre es möglich, daß *konstitutionstypologische* Unterschiede bestehen hinsichtlich der Schnelligkeit, mit der die Entspannung nach der „klassischen" oder nach unserer vereinfachten Methode erreicht wird. Nach den bisherigen Beobachtungen scheint der Zyklothyme für unsere vereinfachte Methode besonders geeignet.

Für die *Vermutung* sprechen bereits die Untersuchungen von G. Spilker[19], O. Reiter und O. Sterzinger[20], O. Vollmer[21], O. Oeser[22] und W. Enke[23]. Die Entscheidung nämlich, welcher Modus des Trainings der geeignetere ist, hängt in hohem Maße von der Artung der Aufmerksamkeit ab. Die Fähigkeit zu ungeteilter konzentrativer Aufmerksamkeit auf einen Punkt bzw. einen Arm (den Leistungsarm) ist vorwiegend den *Schizothymen* eigen. Dieser konstitutionell bedingten Grundeinstellung — kleiner

[19] G. Spilker: Fusionierende Aufmerksamkeit und Konstitutionstypen. In: Unters. zur Psychol., Philos. und Pädag. 12 (1937).

[20] O. Reiter u. O. Sterzinger: Aufmerksamkeit und Konstitution. In: Zschr. f. Psychol. 122.

[21] O. Vollmer: Die sog. Aufmerksamkeitstypen und die Persönlichkeit. In: Zschr. f. Psychol., Erg.-Bd. 14 (1929).

[22] O. Oeser: Studien zur Psychol. menschl. Typen. Hrsg. v. E. Jaensch. In: Zschr. f. Psychol. 112 (1929).

[23] W. Enke: Die Psychomotorik der Konstitutionstypen. In: Zschr. f. angew. Psychol. 36 (1930).

Aufmerksamkeitsumfang, fixierende Aufmerksamkeitshaltung, sejunktive Aufmerksamkeit — ist durch den Trainingsbeginn mit dem Leistungsarm gut entsprochen. Dagegen ist beim *Zyklothymen* mit seiner geringen intrapsychischen Spannung und seiner mehr fusionierenden Aufmerksamkeitsartung der vereinfachte (bilaterale) Modus des Trainings wohl geeigneter. Die Anpassung an die in der Konstitution vorgegebenen Möglichkeiten beim Trainingsbeginn gewährleistet dann auch den rascher eintretenden Erfolg. Die Grenzen unserer vereinfachten Methode scheinen also in der jeweiligen Konstitution selbst zu liegen, eine Vermutung, deren experimentelle Bestätigung noch aussteht.

Zusammenfassung

Die Schwereübung des Schultzschen autogenen Trainings, das heute in der Praxis so vielfach angewandt wird, ist zum Gegenstand einer praktischen und experimentell-psychologischen Untersuchung gemacht worden. Dabei wurde die unilaterale Schwereübung (rechter oder linker Arm wird schwer) mit der bilateralen (beide Arme werden schwer) exakt verglichen. In zwei Versuchsreihen — einer mechanischen und einer elektromyographischen — wird festgestellt, daß die bilaterale Schwere objektiv in fast allen Fällen leichter erreicht und subjektiv angenehmer erlebt wird. Die vereinfachte, symmetrische Entspannungsübung wird auch für die psychotherapeutische Praxis empfohlen und wurde in ihr erprobt. Nebenbei wird der große (symmetrische) Einfluß der Suggestion auf den Muskeltonus und sein Nachweis im Elektromyogramm aufgewiesen. Die Experimente weisen weiterhin auf konstitutionelle Eigenarten hin (Zyklothyme neigen mehr zur symmetrischen Schwereübung), die späteren Untersuchungen vorbehalten bleiben.

*

Die klinischen Beiträge sollen mit der Veröffentlichung von G. Fischer-Hoppenworth fortgesetzt werden. Zwei Aspekte verbinden sich hierbei miteinander: Die Anwendung des autogenen

Trainings bei chronisch Kranken und in der Klinik, d. h. in einer dadurch gegebenen Gruppensituation. Schließlich ist die Arbeit insofern bemerkenswert, als es sich — bis auf eine mehr am Rande stehende Mitteilung von LABERKE — um die erste zusammenfassende Darstellung zum Thema handelt.

DAS AUTOGENE TRAINING IN DER BEHANDLUNG DER LUNGENTUBERKULOSE[1]

Von GERHARD FISCHER-HOPPENWORTH

Die Hinweise auf die psychischen Faktoren in Entstehung und Verlauf der Tuberkulose sind ebenso alt wie die großen Forschungsarbeiten von VIRCHOW und KOCH, die zunächst zu einer rein somatischen Krankheitsauffassung führten. Entsprechend umfangreich ist die Literatur, die sich mit der Aufzählung psychischer Symptome und den „Charaktertypen" der Lungenkranken beschäftigt. Besonders beachtenswert sind aber die immer wieder festgestellten engen zeitlichen Zusammenhänge zwischen sogenannten psychischen Traumen und Verschlechterungen im Tuberkuloseablauf.

In letzter Zeit mehren sich die Beobachtungen über zeitliche Zusammenhänge zwischen der Auflösung psychischer Konfliktsituationen und Besserungen der Tuberkulose. Besonders BRONKHORST hat darauf hinweisen können, daß in seiner Heilstätte der Prozentsatz „spontaner" Kavernenheilungen ohne Veränderung anderer Faktoren als der psychischen laufend gestiegen ist parallel mit der intensiveren Beachtung des psychischen Moments. So wurden bei ihm mit 55% die „spontanen" Kavernenheilungen zur häufigsten Art der Behandlungsergebnisse. ROLOFF, der eine bessere Erforschung der „Psychopathologie der Tuberkulose" fordert, will die kleine Psychotherapie nach J. H. SCHULTZ und JORES neben der üblichen konservativen, operativen und Chemo-Therapie

[1] Zeitschrift für Psychotherapie und Medizinische Psychologie, 3, 1953, S. 62—73, gekürzt.

eingesetzt wissen, denn: „Niemals wird man die Tuberkulose, deren Feuer von vielen Seiten angefacht und geschürt wird, mit einem einzigen Mittel allein auslöschen können!“ H. HUEBSCHMANN schließlich spricht von einer Psychogenese der Tuberkulose, indem er besonders der Verdrängung Beachtung schenkt. Er versucht, seine Theorie durch psychotherapeutische Erfolge zu beweisen.

Angeregt durch die Arbeiten von BRONKHORST, ROLOFF und H. HUEBSCHMANN wurde LANGEN zum eigentlichen Initiator der psychotherapeutischen Bemühungen in unserer Heilstätte. Auf der breiten Grundlage der KRETSCHMERschen Gedankengänge wurde hier 1950 begonnen, die einzelnen Verfahren der Psychotherapie auf ihre Brauchbarkeit in der Tuberkulosebehandlung zu prüfen. Die Trainingsmethoden standen von Anfang an im Mittelpunkt unserer Untersuchungen. Im folgenden soll über unsere Erfahrungen mit dem autogenen Training nach J. H. SCHULTZ berichtet werden.

Unsere Untersuchungsgruppe besteht aus 60 Patienten, die das autogene Training durchführten. Alle entstammen dem Krankengut unserer Lungenheilstätte „Holsteinische Schweiz“. Eine Auswahl zum autogenen Training nach Lungenbefunden erfolgte nicht, Bettlägerige trainierten so lange einzeln, bis sie aufstehen und am Kurs teilnehmen konnten. Stand und Bildungsgrad wurden ebenfalls nicht berücksichtigt, denn die Übungen des autogenen Trainings sind so leicht zu erklären, daß man sich an eine sehr breite Schicht wenden kann. Der Mangel an „Substanz“ bereitete uns allerdings bei einigen Patienten späterhin Schwierigkeiten hinsichtlich Konsequenz und Durchführung der Übungen, so daß wir auf sie bei der Auswertung der Ergebnisse verzichten mußten. 17 Patienten von 108, die sich zunächst gemeldet hatten, brachen das autogene Training noch vor Ablauf der ersten Trainingswoche ab oder begannen es gar nicht erst.

Es muß ferner darauf hingewiesen werden, daß wir uns bemühten, stets alle in Frage kommenden, sonst üblichen Behandlungsmethoden bei unseren Kranken einzusetzen, und das autogene Training völlig unabhängig neben dem üblichen Behandlungsverlauf betrieben. Demnach sind alle hier behandelten Fälle behaftet mit Mitursachen, und zwar auch die, die ein rein konservatives

Heilverfahren ohne Medikamente oder Eingriffe durchführten, denn bei ihnen war von vornherein eine konservative Kur erfolgversprechend.

In der Durchführung des autogenen Trainings hielten wir uns sehr eng an die Angaben von J. H. Schultz. Die Kurse wurden im Sinne der von Teirich angegebenen geschlossenen kyreotropen Gruppen aufgebaut. Im Rahmen der gemeinsamen Trainingsstunden wurden Fehler besprochen und Hilfen gegeben, die eine verhältnismäßig schnelle Durchführung des autogenen Trainings im Gruppenverband ermöglichten. Jedwede Unklarheit über die Methode wurde beseitigt, um die Patienten in die Lage zu setzen, sie als sicheres Handwerkszeug zu beherrschen. Die Gruppenarbeit fördert die Bemühungen des Einzelnen. Sie mindert die zu Anfang bei jedem Patienten bestehende kritische Haltung ebenso, wie die interkurrent immer wieder auftretenden Widerstände. In den Kurstunden wurde Gelegenheit genommen, Aussprachen und Unterhaltungen herbeizuführen, die im Sinne der Gruppenpsychotherapie weit über den Rahmen des täglichen Stundenthemas hinausgingen. Denn — wie auch Deshmukh betont — ist es gerade bei Tuberkulösen, bei denen die bazilläre Ursache ihrer Erkrankung so klar ist, besonders wichtig und schwierig, sie davon zu überzeugen, daß auch in psychischer Hinsicht die Mithilfe des Patienten selbst einen der wichtigsten Teile der Behandlung darstelle.

Die Vorbeobachtungszeit in unserer Heilstätte betrug bei den genannten Patienten durchschnittlich 15 Wochen, und zwar zwischen 1 und 104 Wochen. Die von Martini geforderte Vorbeobachtung von mindestens 4 Wochen wurde dabei von 7 Patienten nicht erfüllt. Diese 7 Patienten nahmen wir aber trotzdem in unsere Auswertung auf, da bei ihnen ausreichende Vorbeobachtung in anderen Heilstätten oder Krankenhäusern vorlag oder sie ambulant seit langem in der hiesigen Heilstätte bekannt waren.

Bei J. H. Schultz finden sich einige einschränkende Bemerkungen bezüglich der Durchführung des autogenen Trainings bei Tuberkulose und anderen chronischen Krankheiten. Er hat aber jetzt entsprechend seiner Diskussionsbemerkung auf der 3. Lindauer Psychotherapiewoche 1952 vor, in einer größeren Lungenheilstätte die Hälfte der Patienten mit dem autogenen Training zu behandeln und die andere Hälfte untrainiert zu lassen, um in kurzer Zeit zu statistischen Vergleichszahlen über die Brauchbarkeit der Methode bei Lungentuberkulösen zu kommen. Hierbei wird sich erweisen, ob sich die nachstehenden Ergebnisse unserer bisher zweijährigen Bemühungen statistisch erhärten lassen. — In unserer Heilstätte wurde das autogene Training ohne Verlaufsbeeinträchtigung durchgeführt bei subfebrilen Temperaturen, Pneumothorax, temporärer Phrenikusausschaltung, Pneumoperitoneum (auch Sonnengeflecht), Pneumolyse, Thorakoplastik, Schwangerschaft, medikamentöser Therapie und Kombinationen dieser aufgeführten Punkte bei bestehender aktiver Lungentuberkulose (inklusive Pleuritiden und Bronchialtuberkulose), zum Teil sogar bei sehr ausgedehnten Befunden.

Abgesehen von der universellen psychohygienischen Bedeutung des autogenen Trainings hatten wir mit dieser Methode im Auge, die in jeder Weise auf Ruhigstellung abzielende Tuberkulosebehandlung durch entsprechende psychische Maßnahmen zu ergänzen. In der „Resonanzdämpfung der Affekte“ mit ihrer „Selbstruhigstellung“ und „Unruheprophylaxe“ sowie der daraus resultierenden „Lebenssicherung“ erblickten wir eine Intensivierung der Liegekuren, in der „Selbstkritik und vertieften Selbstbeurteilung“ wie den „Selbstbestimmungen“ die Möglichkeit, ohne größeren psychotherapeutischen Aufwand im Sinne von BRONKHORST die Basis für „spontane“ psychische Konfliktlösungen zu verbreitern. Besonders aber wiesen wir unsere Patienten auf die Notwendigkeit hin, nach ihrer Entlassung weiter zu trainieren. Wir versprachen uns davon eine Fortsetzung der psychosomatischen Ruhigstellung über das Heilverfahren hinaus, in dem ja der ganze Tageslauf auf Ruhebehandlung eingestellt war, und auch über die kritischen Punkte hinaus, die sich in Rückkehr ins alte Milieu und Wiederaufnahme der Arbeit darstellen. Schließlich sei aber sowohl für die Heilstätten- als auch für die Nachbehandlung der Vorteil der durch das autogene Training erreichten „Selbstbeherrschung“ und „Sicherheit“ erwähnt, zweier Eigenschaften, die mancher Patient während langer Heilstättenkuren verliert. (Von LABERKE liegen Einzeluntersuchungen über die Behandlung der Lungentuberkulose mit dem autogenen Training vor, das er einsetzte, um Störungen im Kurverlauf durch die besonders bei jungen Tuberkulösen zu beobachtende „Enthemmung der Antriebskräfte" zu vermeiden.)

J. H. Schultz bezeichnet als Hauptindikationsgebiet für das autogene Training die Funktionsstörungen von Kranken, bei denen die Gesamtpersönlichkeit wenig geschädigt ist. Bei Schicht- und Kernneurosen hält er meist weitere psychotherapeutische Maßnahmen für angezeigt. Daraus entstand auch die Unterscheidung zwischen „kleiner" und „großer" Psychotherapie, wobei das autogene Training auch in der „großen" Psychotherapie seinen Wert als Grundmaßnahme behält.

Während in der üblichen Psychotherapie Funktionsstörungen und Neurosen im Mittelpunkt stehen, deren Krankheitsbilder und Symptome mit den verschiedensten Methoden angegangen werden können, dürfte in der psychosomatischen Ruhebehandlung der Tuberkulose nach unseren Ergebnissen und auch im Sinne von Bronkhorst als Ausgangspunkt für die Psychotherapie die Konfliktlösung von alleiniger Bedeutung sein.

Die Tuberkulösen haben verhältnismäßig selten noch irgendwelche anderen Symptome, die sie bei gesunder Lunge zu einem Psychotherapeuten geführt hätten. Jedoch tragen sie mit so großer Regelmäßigkeit psychische Konflikte in sich, daß Roloff etwa formulieren konnte: in den Fällen, in denen ein seelischer Konflikt nicht gefunden würde, habe der Arzt nicht genügend danach gesucht. Diese dem Patienten und seiner Umgebung meist verborgenen Konflikte, deren innige Beziehungen zu Tuberkuloseentstehung und -ablauf bereits in einer umfangreichen Literatur untersucht worden sind, stellen die Unruheherde dar, deren Beseitigung Voraussetzung für die psychische Ruhigstellung ist. Dabei ist der Schweregrad der psychischen Störung keineswegs daran abzulesen, ob diese zu einer Symptombildung geführt hat oder nicht. So können schwere allgemeine Schädigungen der Gesamtpersönlichkeit ohne besondere Symptome einhergehen, können aber auch Symptome zeigen. Zu dieser Gruppe gehören 7 Patienten, die in Vor- und Nachbeobachtung ungünstige Verläufe aufwiesen. Ihre psychische Situation konnte durch das autogene Training allein nicht — zum mindesten nicht nachhaltig — beeinflußt werden, so daß über das autogene Training hinaus weitere psychotherapeutische Maßnahmen angezeigt gewesen wären. — Bei 3 schweren Fällen bietet sich das gleiche Bild. Ein Gradunterschied bezüglich des degenerativen Moments ist aus unseren Fällen nicht abzulesen.

Wegen der umfangreichen Leistungsmöglichkeiten, die das autogene Training bietet, erblicken wir in dieser Methode eine breite Basis für die „spontane" Lösung psychischer Konfliktsituationen. In den Fällen, in denen diese „Selbstruhigstellung" durch das autogene Training allein ausreicht, müßte nach BRONKHORST auch eine „spontane" Besserung der Tuberkulose zu beobachten sein. Wegen allzu vieler Mitursachen ist diesbezüglich eine zahlenmäßige Auswertung unserer Untersuchungsgruppe nicht möglich. 8 Fälle seien jedoch herausgegriffen, bei denen dieser Sachverhalt sehr wahrscheinlich wurde. Diese Patienten waren Träger von Symptomen, denen leichtere neurotische Störungen zugrunde lagen. Bei ihnen beobachteten wir einen deutlichen zeitlichen Zusammenhang zwischen der Beseitigung der Symptomatik und der Besserung des Lungenbefundes unter dem autogenen Training.

Aus den Erfahrungen in unserer Untersuchungsgruppe und auf Grund der dargelegten Gedankengänge folgern wir, daß in Übereinstimmung mit der üblichen Neurosenbehandlung *das autogene Training als therapeutische Grundmaßnahme in jeder Tuberkulosebehandlung nützlich sein kann.* Während aber in der Neurosenbehandlung relativ häufig die Beseitigung der Symptome (etwa in Hypnose) völlig ausreichend ist, müßte man in der psychotherapeutischen Ruhigstellung Tuberkulöser besonders auf ein kausales Vorgehen bedacht sein, da die Konfliktlösung unumgänglich erscheint. Demnach werden wir uns wohl bei Lungenkranken etwas häufiger zu weiteren Maßnahmen entschließen müssen, als dies in der üblichen Psychotherapie der Fall sein mag.

Abgesehen von unseren Bemühungen um weitere psychotherapeutische Methoden, die hier nicht erörtert werden sollen, versuchten wir den Ausbau des autogenen Trainings selbst durch die von J. H. SCHULTZ bereits vor zwei Jahrzehnten angegebene Übung „Lungen warm". Die folgenden Überlegungen und Ergebnisse seien nur als Anregung für künftige Untersuchungen mitgeteilt.

Eine Patientin E. trug links einen Pneumothorax. Sie gab bei der Übung „Lungen warm“ an, daß sie die Wärme nur in der rechten Lunge verspüre. Als einmal der Pneumothorax links über die übliche Zeit hinaus nicht gefüllt worden war und vor der nächsten Füllung festgestellt wurde, daß die Lunge sich schon fast wieder der Brustwand anlegte, hat sie auch in der linken Lunge eine Wärmeempfindung gehabt.

Die Frage ist, wo kann der Patient die Wärme spüren? Gibt es nervale Rezeptoren in Lunge und Pleura, die eine Wärmeempfindung als solche dem Bewußtsein zuleiten könnten? Oder ist eine Wärmeempfindung nur in der Brustwand möglich? Trifft letzteres zu, so besteht 1. die Möglichkeit, daß nur eine Hyperämisierung der Brustwand erfolgt ohne Tangierung des kleinen Kreislaufs; 2. wäre daran zu denken, daß die Hyperämisierung der Lungen durch die Brustwand als Wärme empfunden wird. Gegen die Annahme, daß Lunge und Pleura die Wärme als solche empfinden, spricht die relative Schmerzlosigkeit der Thorakokaustiken, bei denen meist nur Schmerz angegeben wird, wenn die Strangdurchtrennung brustwandnahe erfolgt.

Das Phänomen bei der Auflassung des Pneumothorax der oben genannten Patientin kann in zweierlei Weise ausgelegt werden: Entweder die Kollapslunge ist sowieso maximal hyperämisch, so daß eine Veränderung durch das Training nicht mehr erfolgen, also auch nicht empfunden werden kann. Bei Ausdehnung der Lunge treten andere Verhältnisse ein, die eine Wärmeempfindung bzw. einen Wechsel im Grad der Hyperämie möglich machen. Oder bei der Auflassung des Pneumothorax kam die Lunge oberflächlich wieder in direkte Nähe der Brustwand, so daß hier Unterschiede verspürt werden konnten. Beide Auslegungen sprechen dann aber dafür, daß wirklich eine Hyperämisierung der Lungen durch das autogene Training erfolgt, gleichgültig ob die Wahrnehmung durch die Lunge, Pleura oder Brustwand geschieht. Ebenso kann man die Angaben mehrerer Patienten über Wallungen, Herzklopfen u. ä. in diesem Sinne auslegen.

*

Zum Weg des autogenen Trainings gehört in der chronologischen Reihenfolge eine Arbeit von SCHULTZ aus dem Jahre 1955 — veröffentlich nach einem Vortrag auf der Lindauer Psychotherapiewoche 1954 —, in der er erneut zu den Fehlern Stellung nimmt. Diesmal geht es weniger um die Schwere- und Wärmeübung als vielmehr um die Herz-, Atem- und Solarplexusübung, weshalb SCHULTZ auch mit Recht hier von „Gesundheitsschäden" spricht. Der erste Teil der Arbeit beschäftigt sich — entsprechend dem Titel — mit den „Gesundheitsschädigungen nach Hypnose". Hierüber hat SCHULTZ sich in den vergangenen Jahrzehnten immer wieder geäußert, u. a. 1922 (mit Nachdruck 1953, Berlin). Der erste Abschnitt kann hier übergangen werden, um gleich die Äußerungen über das autogene Training zum Abdruck zu bringen.

GESUNDHEITSSCHÄDIGUNGEN NACH HYPNOSE UND AUTOGENEM TRAINING[1]

Von JOHANNES HEINRICH SCHULTZ

Sehr bedenklich sind *technische Fehler beim autogenen Training.* Während die *Schwereübung* im allgemeinen nur die Gefahr mit sich bringt, daß sie mißlingt, bedeutet bereits die Wärmeübung einen sehr differenten Eingriff in die Reaktionslage des Organismus. Alle Patienten, die in dieser Hinsicht irgendwie empfindlich sind, von der ebenso großen wie unklaren Gruppe der „vegetativen Dystonie" über alle organischen oder funktionellen Kreislaufveränderungen bis hinauf zu sämtlichen Überempfindlichkeiten des Zentralnervensystems, wie sie besonders Hirnverletzungs- und Hirnerschütterungsfolgen darstellen, erfordern dringend eine Abänderung der normalen Technik. Hier darf niemals mit der viel zu ergreifenden Formel „Arm warm" gearbeitet werden, sondern der Kranke muß in vorsichtigen und seltenen Versuchen in die bereits

[1] Die Vorträge der Lindauer Psychotherapiewoche. 5, 1954. Hrsg. von Ernst Speer. Stuttgart, G. Thieme 1955, S. 163—169. Der erste Teil über die Hypnose ist hier weggelassen worden.

erarbeitete Schwerehaltung die Formel „Hand ein wenig warm" einschleichen. Bei diesem Vorgehen bestehen auch in den genannten Fällen keinerlei Bedenken. Ganz besonders exakt ist die Formulierung der *Herzübung* einzustellen. Experimentelle Untersuchungen haben ergeben, daß eine Einfügung von Verlangsamung in der an sich gegebenen körperlichen Ruhehaltung zu einer übermäßigen Innervation des Vagus Anlaß geben kann. Im EKG zeigen sich dann sehr bald Bilder, die Durchblutungsstörungen im Herzmuskel entsprechen. Einer meiner Mitarbeiter hat vor Jahren diese Fehlhaltung bei sich selbst experimentell häufiger hergestellt und erhielt von einem Herzspezialisten, als er die so bedingte EKG-Kurve vorlegte, vor 12 Jahren eine ebenso ernste wie betrübliche Diagnose und Prognose, die er bis heute im besten Wohlbefinden überstanden hat. Hier handelte es sich um einen jungen gesunden Mann. Liegen irgendwelche organischen oder funktionellen Dispositionen zu einer ernsteren Störung vor, so ist die Lage selbstverständlich grundlegend anders. Für die 5. Übung, *Entspannung der Bauchregionen,* gilt dasselbe wie für den Wärmeversuch im Arm. Auch sie muß mit äußerster Vorsicht bei Gefährdeten eingebaut werden. Demgegenüber bringt die *Atemübung* im allgemeinen nur die Gefahr des Nichtgelingens. Sehr viel differenter ist dagegen die 6., die *Stirnkühleübung.* Sie kann bei den oben charakterisierten Patienten und ganz besonders bei Migränedisponierten unmittelbar zur Auslösung von schweren Anfällen führen. Es muß daher in der immer wieder betonten äußerst vorsichtigen Weise gehandhabt werden: „Stirn ein wenig kühl." In einem meiner Hamburger Kurse konnte ich bei dieser Übung eine bemerkenswerte Beobachtung machen: Die Stirnübung wurde allgemein angesetzt, nachdem die Teilnehmer auf die bestehenden Bedenken hingewiesen worden waren. Nach dem Zurücknehmen meldete sich ein 28jähriger Kollege und berichtete, er habe den ersten schweren Migräneanfall seines Lebens, eines Leidens, das er von seiner Mutter her seit Kindheit kenne. Befragt, ob er mit der nötigen Vorsicht experimentiert habe, teilte er mit, er habe die Sache recht schön deutlich erleben wollen und habe nicht eingestellt „Stirn ein wenig kühl", sondern „Kopf eiskalt". Es ist sehr lehrreich festzustellen, wie ungeheuer einwirksam diese scheinbar primitiven und oberflächlichen

Einstellungen sind, wahre Ein-Bildungen, Gestaltungen eines „inneren Bildes“ mit allen seinen medizinisch psychologisch bekannten Valenzen (Ludwig Klages). Sehr unliebsame hypnotische Erfahrungen zeigten mir schon vor 50 Jahren, wie überaus heikel und einwirksam gerade vasomotorische Kopfbeeinflussungen sind. Damals hatte ich durch besondere Umstände Gelegenheit, eine beklagenswert große Anzahl chirurgisch kastrierter junger Frauen nachzubehandeln, die besonders unter schweren Wallungen litten, und versuchte, diese sehr lästigen Beschwerden mit der massiven hypnotischen Einstellung zu beseitigen „Stirn und Kopf eiskalt“. In der Tat verschwanden die Wallungen, aber es traten schwere allgemeine vasomotorische Störungen auf: Schwindel, Totenblässe des Gesichts, Kopfschmerzen, Konzentrationsstörungen usw., so daß ich schleunigst die Dosis der hypnotischen Einstellung verringerte und nun ohne Schaden zu dem gewünschten und gut andauernden Erfolg kam. Daß bei jedem autogenen Training immer alle 6 Übungen exakt einzustellen sind, ist mehr für seine Brauchbarkeit von Bedeutung als für unseren Zusammenhang.

Kommen Patienten durch das autogene Training zu einer *visionären inneren Bildschau,* so hüte sich der analytisch nicht durchgebildete Arzt peinlichst, zu diesen sehr differenten inneren Erlebnissen deutende oder gar belastende Bemerkungen zu machen, und überlasse es dem Kranken völlig, sich in seinen Grenzen bionom und harmonisch mit der eigenen Bildwelt und ihrer Entwicklung auseinanderzusetzen. Kommt es zu inneren Schockerlebnissen, so wird er, wenn nicht speziell analytisch vorgebildet, sich darauf beschränken müssen, dem Kranken eine gewisse menschlich vernünftige Abstandshaltung gegenüber der inneren Erschütterung zu vermitteln und womöglich einen Fachkollegen hinzuziehen. Hier können sehr merkwürdige Ereignisse geschehen: So brach eine 28-jährige von außerhalb kommende Patientin, bei der das Verfahren durchaus unauffällig und erfolgreich verlaufen war und zu einer erheblichen allgemeinen Entspannung und Ruhestellung geführt hatte, plötzlich brieflich die Behandlung ab und war nur schwer dazu zu bewegen, sich nochmals vorzustellen. Es handelte sich um eine sehr sensitive aus einem überaus puritanischen Umweltkreis stammende und völlig traditionsgebundene ledige Person, die erst nach langen Kämpfen gestand, sie habe im Verlauf ihrer inneren Bilderschau plötzlich erlebt, daß ein übermenschlich großes nacktes männliches Gesäß sich auf ihr Gesicht drücken wollte, und es kostete erhebliche Mühe, in einer sehr vorsichtigen analytisch gesicherten Führung diesen Schock der inneren Welt persönlichkeitsgemäß einzubauen. Eine eigentliche analytische Behandlung war aus äußeren Gründen nicht durchführbar, da die Kranke durch Pflicht und Familie an eine abgelegene Kleinstadt in Schlesien gebunden war. Trotz dieser Krise war der Gesamtverlauf der Behandlung durchaus positiv.

Das *autogene Training* stellt eine *Führung zu entspannter Selbstentwicklung* dar, die dem Arzt, wie schon der Name des Verfahrens sagt, lediglich die Rolle des sachkundigen und verständnisvollen Trainers gibt. Ganz abwegig ist es, dieses in der Selbstentwicklung reicher Persönlichkeiten überaus fruchtbare und problematische Verfahren als eine quasi „entspannend-gymnastische“ Hilfsmethode der eigentlichen hohen Psychotherapie mißverstehen zu wollen. Gerade in diesem Eigenwesen und dieser Eigenart des Verfahrens liegt sein Reichtum und seine Bedenklichkeit. So hat in neuerer Zeit ein offenbar sehr psychopathischer Volksschulmeister, der sich auch als „Psychologe“ bezeichnet, in mehreren Schulklassen für Mädchen von 12—14 Jahren durch Mißbrauch des für Laien verbotenen autogenen Trainings schwerste psychonervöse Gesundheitsschädigungen angerichtet, offenbar eine Art von hysterischer Epidemie. Wieweit diese Angelegenheit noch gerichtliche Folgen haben wird, ist bisher noch nicht bekannt, aber es kann nur mit größtem Nachdruck dazu aufgerufen werden, jeder Art solchen kurpfuscherischen Mißbrauchs einer an sich brauchbaren Methode überall und jederzeit mit größter Energie entgegenzutreten.

Autogenes Training ist eine ärztliche Methode, und Laien, die sie aus Geltungsdrang oder Gewinnsucht mißbrauchen, sollten rücksichtslos den zuständigen Ärztekammern gemeldet werden, damit ihrem Unwesen gesteuert und gegebenenfalls eine gerichtliche Bestrafung herbeigeführt werden kann.

*

Um die nachfolgenden klinischen Arbeiten nicht zu unterbrechen, wird der Beitrag von MÜLLER-HEGEMANN hier schon wiedergegeben, obwohl er erst 1956 veröffentlicht wurde. In ihm beschreibt der Autor, wie durch die vergegenwärtigten Formulierungen von „wirken-lassen“ und „alles-geschehen-lassen“, die beim autogenen Training erwünschte Passivierung noch intensiviert wird. Durch eine solche direkt an die Versuchsperson herangetragene Vorstellung wird der „autogene“ Charakter des Trainings eindeutig verlassen. Dessen Wert liegt ja gerade darin, daß die Art und spezielle Ausgestaltung der konzentrativen Vergegenwärtigung ganz der Versuchsperson überlassen wird. Die von MÜLLER-HEGEMANN beschriebene Modifikation verschiebt das Verfahren etwas mehr in Richtung auf Heterohypnose. Hier taucht die Frage auf, ob nicht auch die von dem Autor ermittelten experimentellen Befunde der stärkeren muskulären Hypotonie bei seinen Formulierungen durch die stärkeren heterosuggestiven Komponenten bedingt sind. Doch das sind Probleme, wie sie bei allen derartigen Untersuchungen auftauchen.

EINIGE MODIFIKATIONEN DES AUTOGENEN TRAININGS*

Von DIETFRIED MÜLLER-HEGEMANN

Wenn im folgenden einige Modifikationen des autogenen Trainings mitgeteilt werden, so ist hervorzuheben, daß dieselben erst nach langjähriger Kenntnis und erfolgreicher breiter Anwendung der von J. H. SCHULTZ angegebenen Methode ausgearbeitet wurden. Es mag von Interesse sein, daß das autogene Training in seiner physiologisch-klinisch wohlbegründeten Unterstufe eine hervorragende Rolle bei der Behandlung funktioneller Störungen in unserer Neurologisch-Psychiatrischen Klinik der Universität Leipzig spielt. Es bewährte sich — auch in Form des Gruppentrainings

* Vorgetragen auf der Tagung der Medizinisch-wissenschaftlichen Gesellschaften für Psychiatrie und Neurologie Leipzig, Halle und Jena in Leipzig am 19. 2. 1955. In: Der Nervenarzt, 27, 1956, S. 266—270.

angewandt — besonders auf unserer psychotherapeutischen Abteilung, ferner auf allen psychiatrischen und neurologischen Stationen sowie in der Poliklinik und schließlich auch in unserer großen Kinderabteilung. OLES vermochte über beachtliche Erfolge bei jugendlichen Patienten vom 10. Lebensjahr an im Verlauf der Arbeitstagung für Psychotherapie unserer Klinik am 14. Januar 1955 zu referieren. Wir sind darüber hinaus bestrebt, das autogene Training im Sinne einer Prophylaxe bei geistig übermäßig belasteten Personen zur Anwendung zu bringen.

Die Frage nach einer weiteren Verbesserung der Methode, die ja unter wissenschaftlichen Gesichtspunkten stets zu stellen ist, findet hier einige spezielle Begründungen; denn ein Teil unserer Patienten gibt trotz intensiven Trainings mit wiederholter Aufklärung und Anleitung Schwere- und Wärmeempfindungen usw. nur in unbefriedigendem Ausmaße an. Auch können bei anscheinend optimalem Training bisweilen die therapeutischen Erfolge nicht recht befriedigen. Zum Beispiel ergab sich dieser Eindruck bei zwei Migränepatienten, die vor 11 Jahren in Behandlung des Verfassers die Unterstufe des autogenen Trainings nach den Angaben von J. H. SCHULTZ korrekt erlernt hatten. Bei ihnen fiel die Verkrampftheit der Gesichtsmuskulatur besonders während der Anfälle und kurz vor deren Beginn auf. Von dieser Beobachtung ausgehend wurde eine Übung mit dem Wortlaut „Gesichtsmuskeln sind entspannt“ in die Unterstufe aufgenommen, und zwar vor der letzten Übung „Stirn ist ein wenig kühl“. Den Patienten wurde aufgetragen, bei den ersten Anzeichen einer neuen Migräneattacke sogleich zu trainieren und längere Zeit in allgemeiner Entspanntheit bei besonderer Zuwendung der Aufmerksamkeit auf die neue Übung zu verweilen. Übereinstimmend wurde von den Patienten die wohltuende Wirkung einer solchen Modifizierung und ein größerer therapeutischer Effekt vermerkt. Hier zeigte sich, wie auch sonst öfters beim autogenen Training, ein Optimum erst nach mehrmonatiger Übung, bei dem von den Patienten eine maximale „Erschlaffung“ der Gesichtsmuskeln angegeben wurde, die von der nur geringen Entspannung der ersten Übungszeit erheblich unterschieden war. Selbstversuche vermochten die Angaben der Patienten zu bestätigen.

Die neue Übung wurde daraufhin bei allen Patienten angewandt, mit so gutem Erfolg, daß das Bestreben auftauchte, zu weiteren therapeutisch wirksamen Modifizierungen zu gelangen.

Es bedurfte der Überlegung, wie hirnphysiologisch die beim autogenen Training ablaufenden Vorgänge in großen Zügen zu erklären sind. J. H. SCHULTZ spricht bekanntlich von „Umschaltungen" und formuliert deren Gesamtphänomen als „Absinken des Biotonus". Er rät dazu, als Versuchsarm die Extremität zu benutzen, „die am intensivsten durch Gebrauch erarbeitet und gestaltet ist", also beim Rechtshänder den rechten, beim Linkshänder den linken Arm. Im gleichen Sinne läßt er den Beginn des Trainings mit beiden Armen zu, wenn die Zweihändigkeit durch Beruf oder Sonderausbildung besonders trainiert ist, wie etwa bei vielen Pianisten, Daktylotypisten usw. — Nun kann eine solche „Erarbeitung" an der Extremität, an der Peripherie nicht erfolgen, ohne daß das Zentralnervensystem, insbesondere der Cortex, eine wesentliche Rolle dabei spielen würde. Die Rolle des Cortex bei diesen Vorgängen behandelt indessen J. H. SCHULTZ fast gar nicht. Im Prinzip handelt es sich um die gleichen Vorgänge, die im Verlaufe von Hypnose-, von plethysmographischen und ähnlichen Experimenten, in großem Umfang auch von der PAWLOWschen Schule, bereits vielseitig und genau untersucht worden sind. Ihre Ergebnisse lassen kaum Zweifel übrig, daß bestimmte Vorstellungen im Cortex „umgeschaltet" werden und von dort aus auf nervalem Wege in der Muskulatur, im Gefäßsystem und den verschiedensten visceralen Bereichen — freilich unter Einschaltung hormonaler Vorgänge — zur Wirkung gelangen.

Es erscheint gerechtfertigt, hier eine „cortico-viscerale" Auffassung von diesen gewiß sehr komplizierten Vorgängen zu erproben mit dem Ziel, neue methodische Einsichten zu gewinnen. Diese Auffassung führte dazu, als wesentlichen Gesichtspunkt die corticale Repräsentation bestimmter Körperbereiche bzw. deren Funktionen zu verwenden. Es ergab sich bald der Eindruck, daß damit besser definierbare Voraussetzungen für unser Vorhaben zur Verfügung standen als manche psychologische Begriffe, wie z. B. die schwer verständliche „Ich-Nähe" oder der „Ich-Mittelpunkt". Die Frage, wo man mit der Verwendung physiologischer Gesichtspunkte aufhören und mit psychologischen beginnen soll, wird dahin beantwortet, daß mit heuristischer Absicht — ohne Leugnung psychischer Erscheinungen — eine physiologische Betrachtungsweise hier durchgehend zur Anwendung gelangt.

Einen Eindruck von dem Ausmaß der corticalen Repräsentation verschiedener Bereiche des Organismus erhalten wir, wenn wir eine neuere Darstellung der corticalen „Felder" sensorischer und motorischer Reizpunkte, z. B. von PENFIELD und BOLDREY (abgedruckt in: GOTTSCHICK „Die Leistungen des Nervensystems", Jena 1952), in Augenschein nehmen. Für diejenigen Leser, die eine derartige Abbildung nicht zur Hand oder in Erinnerung haben, sei mitgeteilt, daß z. B. die prä- und postzentrale Ausdehnung der sensorischen Reizpunkte beträgt (in Millimeter): Fuß 5, Bein 13, Rumpf 11, Arm 29,5, Hand 58,5, Gesicht 24,5, Lippen 34, Zunge 49,5, Kiefer und Zähne 28, Kehle 15 und der motorischen Reizpunkte: Hüfte 5,5, Rücken 2,5, Schulter 10,5, Ellbogen 29,5, Hand 60, Augenlid 17, Lippen 43, Kiefer 21, Zunge 12. Im übrigen ist gewiß das Bandmaß hier keineswegs angebracht, da es sich nur um Annäherungswerte handeln kann. Die Berechtigung zu einem speziellen Training der Gesichtsmuskulatur ergibt sich indessen aus den bisherigen Mitteilungen.

Von den angeführten Gesichtspunkten aus wurden weitere Übungen hinsichtlich der Körperbereiche vorgenommen, die durch ihre besonders umfangreiche corticale Repräsentation besonders gute „Umstellungen" versprachen. Die Übungen hatten folgenden Wortlaut: „Beide Hände sind ganz schwer" (im Anschluß an „Beide Arme sind ganz schwer"), „Beide Hände sind ganz warm" (im Anschluß an „Beide Arme sind ganz warm"), „Der Kiefer hängt locker herab" (im Anschluß an „Die Gesichtsmuskeln sind ganz entspannt") und anschließend „Die Zunge ist ganz schwer". Zusammen mit der ersterwähnten neuen Übung und der „Stirnkühlung" kam so eine ganze Kopf-Übungsgruppe zustande, die ihre Berechtigung in der sehr umfangreichen corticalen Repräsentation und der besonders vielfältigen Innervation des Kopfes findet. Bei Personen, die mit dem nötigen Maß an Interesse und Übungsbereitschaft dem autogenen Training zugewandt waren, zeigten sich nach Erweiterung des Übungsprogramms denn auch deutlich vermehrte Entspannungsmöglichkeiten und vermehrte Umstellungen, wie von J. H. SCHULTZ beschrieben. Dabei müßte in Betracht bleiben, daß nach einiger Zeit intensiven Trainings die Übungszeit trotz erweiterten Programms nicht verlängert bleibt, daß sich üblicherweise eine Zusammendrängung von Vorstellungen — hier sei der Terminus „corticale Signale" erlaubt — zu einem Stereotyp ergibt, das sehr schnell die volle Umstellung ermöglicht. Dieses Stereotyp ist nur dann voll wirksam, wenn es unter Verwendung der ausgewählten Formulierungen sorgsam eingeübt, vom Anfänger also nicht forciert wird.

Die wohlbedachte Wahl der Formulierungen spielt sicher beim autogenen Training eine hervorragende Rolle, so daß J. H. SCHULTZ nicht zu Unrecht von neuen Formulierungen abgeraten hat. Er erwähnt in seinem Standardwerk die interessanten Versuche von ALLERS-SCHEMINSKY, bei denen sich gezeigt hatte, daß die Formulierung „Jetzt will ich die Faust ballen" ganz andere Effekte erzielt hatte als „Gestern bewegte ich meine Faust". Daß mit der ersten Signalgebung eingespielte corticale Verbindungen zur „angesprochenen" Muskulatur in Gang gesetzt wurden, mit der zweiten Signalgebung dergleichen nicht, wird man bei Zugrundelegung der oben skizzierten Auffassung hier annehmen können. Viele andere Beispiele gibt es in der Literatur, die anzeigen, daß mit einer gezielten Formulierung „das Wort tiefreichende Veränderungen im Organismus hervorrufen" kann, um einen Ausdruck BYKOWS zu verwenden[1]. Eindrucksvolle Beispiele finden wir in den bekannten Mitteilungen von HEYER, nach denen bestimmte Verbalsuggestionen eine Sekretion von Magensaft hervorriefen, der für das jeweils suggerierte Nahrungsmittel spezifisch war, ferner in den Mitteilungen von BYKOW, nach denen die gewohnte Signalgebung „Beginnen Sie mit der Arbeit" erhebliche Steigerungen des Sauerstoffverbrauchs und der Lungenventilation sowie der Herztätigkeit ähnlich wie bei der Arbeit selbst herbeiführte[2].

Aus den bisherigen Darlegungen wird ersichtlich, welch große

[1] Die Entwicklung der Ideen J. P. Pawlows, Z. ärztl. Fortbildg. 1950, II. 23/24.

[2] BYKOW: Großhirnrinde und innere Organe. Berlin, Volk und Gesundheit, 1953.

Bedeutung einer optimalen Formulierung zukommt. Eine genauere Prüfung derjenigen Fälle, bei denen trotz offenbar eifrigen Trainings die Erfolge nicht zufriedenstellend waren, führte meistens zu der Feststellung, daß die betreffenden Personen sich nur mit großen Schwierigkeiten entspannen konnten und durch willentliche Forcierung diesen Mangel auszugleichen suchten. Sie wollten die Entspannung „erzwingen". Physiologisch gesehen kam es deswegen nicht zu einem bestimmten Hemmungszustand des Cortex mit Ausnahme einzelner Punkte, die bei sachgemäßer Suggestion gezielt erregt werden, so daß die von ihnen ausgehenden Impulse ungestört von sonstigen corticalen Abläufen zu tiefreichenden Veränderungen im Organismus führen. Statt dessen kommt es bei den angeführten Fällen zu diffusen Erregungen im Cortex, die den suggestiv erregten Punkten so gründlich entgegenwirken, daß sich kein positiver Effekt einstellt. Um diese Fehler zu beheben, wurde bei den Aussprachen eine bessere Einstellung der betreffenden Personen durch folgenden Ratschlag erreicht: Sie mögen die genau vergegenwärtigten Formulierungen „wirken lassen" und alles „geschehen lassen". Da sich die Übungsfähigkeit mit derartigen Beeinflussungen deutlich besserte, wurde nach dem Motto des „Geschehenlassens" das gesamte Übungsprogramm umformuliert. So hieß es nunmehr statt „Ich bin ganz ruhig" — „Alles ruhen lassen — geschehen lassen", dann 1. „Re. (bzw. li.) Arm bleischwer liegen lassen", 2. „Beide Arme, beide Hände bleischwer liegen lassen", 3. „Beide Beine bleischwer liegen lassen", 4. „Alles bleischwer liegen lassen", 5. „Wärme in beide Arme, beide Hände strömen lassen", 6. „Wärme in beide Beine strömen lassen".

Zu den erwähnten Formulierungen ist zu sagen, daß sie in den letzten 2½ Jahren im Verlaufe eingehender Versuche mit einer Reihe von Patienten sowie von Selbstversuchen herausgefunden worden sind. Unter anderem zeigte sich dabei, daß nach Verwendung der Formulierung „bleischwer" allgemein ein vermehrter Schwereeffekt beobachtet wurde. Das gleiche gilt für die Formulierung „Strömen lassen" hinsichtlich des Wärmeeffekts im Vergleich zu allen sonst versuchten Formulierungen. Ähnlich wurden auch die übrigen Formulierungen vielseitig erprobt und immer wieder geändert, bis ein vorläufiges Optimum erreicht schien.

Bei einer physiologisch orientierten Untersuchung konnten die Angaben der Versuchspersonen allein und die Selbstbeobachtungen nicht genügen — obgleich dieselben nie als rein subjektiv gewertet wurden. Seit einiger Zeit sind Untersuchungen experimenteller Art zum autogenen Training gemeinsam mit meinem Mitarbeiter OLES im Gange, die sich auch auf das vorliegende Thema des Schwere- und Wärmeeffekts erstrecken. Von ihnen können einzelne Ergebnisse vorläufig mitgeteilt werden, die die Wirkung zweier verschiedener Formulierungen im Selbstversuch anschaulich machen sollen. Um vergleichbare Ergebnisse zu erzielen, waren bei regelmäßigem eigenen Training von J. H. SCHULTZ angegebene und neue Formulierungen gleichmäßig nebeneinander verwendet worden, und zwar wurden bei den Messungen am linken Arm abwechselnd folgende Signale gegeben: „Arm ist ganz schwer, Arm ist ganz warm“ und andererseits: „Arm bleischwer liegen lassen, Wärme in den Arm strömen lassen“, ferner „Hand bleischwer liegen lassen, Wärme in die Hand strömen lassen“.

Bei den Vorversuchen zeigten sich bald Schwierigkeiten, da bei abwechselnder Signalgebung mit der einen und der anderen Formulierung es sehr leicht zu einer Vermischung der beiden Signale kam. Es war infolgedessen eine erhebliche Konzentrierung auf die Aufgabe bei den sehr ausgiebigen Trainingserfahrungen notwendig, da die intensive Konzentration die Gefahr einer mangelnden Selbstentspannung mit sich führte. Für einen größeren Kreis von Versuchspersonen scheinen sich deswegen diese Untersuchungen nicht zu eignen. Und auch im Selbstversuch war auf reichliche Pausen und eine Beschränkung der Versuchszeit bei jeder Sitzung zu achten.

Für die Versuche wurde das elektrische Hauttemperaturmeßgerät von RFT Karl-Marx-Stadt benutzt, ferner eine Federwaage, wie sie in der Kleinstkinderpflege verwandt wird, die verschiedene Belastungen bis zu 20—25 g genau anzeigte und die Lagerung des Armes ohne Schwierigkeiten gestattete. Bei den Vormessungen zeigten sich hinsichtlich der Hauttemperatur keine neuen Gesichtspunkte gegenüber den bisher schon vorliegenden Beobachtungen, hinsichtlich des Gewichts aber bemerkenswerte Auffälligkeiten. Je nachdem, ob der übrige Körper bewegt wurde, ob ein Gespräch mit dem Untersuchungspartner begonnen wurde oder nur lebhafte Vorstellungen gefaßt, d. h. stärkere Signale abgesandt wurden, kam es zu Gewichtserhöhungen bis zu 100 g. Auch hier war es nach einigen Vorversuchen möglich, sich auf die Erfordernisse dieser Untersuchung einzustellen, so daß dann die Differenzen sich nur um etwa 20—30 g bewegten.

Die hier mitgeteilten Kurven beziehen sich nicht auf ausgelesene, sondern auf hintereinander durchgeführte Versuche. Lediglich 2 Versuche, die Abb. 4 betroffen hätten, wurden ausgelassen, weil die Außentemperatur deutlich zurückgegangen war. Alle Kurven bieten eine beachtliche Gleichmäßigkeit in den Gewichts- und Temperaturanstiegen, die als objektives Moment gelten kann. Wenn jeweils das Mittel von 6 oder 3 Versuchen verzeichnet wird, so ist zu sagen, daß auch die Ergebnisse der einzelnen Versuche nicht weit auseinanderfallen. Zum Beispiel wurden beim 1. Versuch der Abb. 2 Schwerezunahmen nach der alten Formel von 60, 40, 65, 60, 75, 60 g und nach der neuen Formel von 140, 130, 200, 160, 190, 175 g erzielt. Zieht man die ersten beiden Versuchsreihen in Betracht, so muß der weit größere Gewichtsanstieg bei den Formulierungen: „Arm bleischwer liegen lassen, Hand bleischwer liegen lassen“ besonders auffallen. Eine Gewichtszunahme von über 250 g läßt sich nicht allein auf die vermehrte Blutfüllung des Gewebes, vielmehr auf eine weitgehende muskuläre Entspannung be-

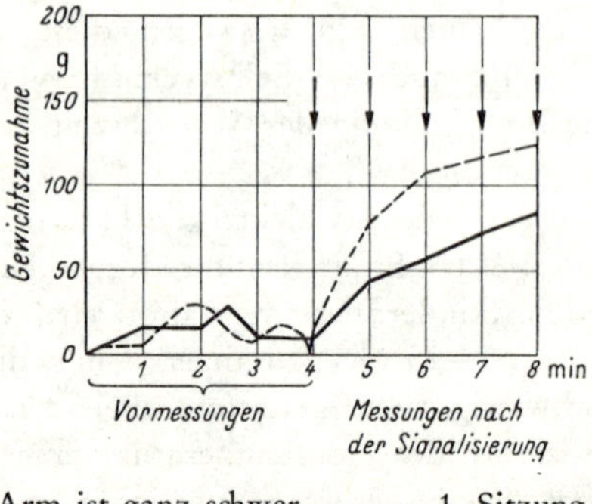

Abb. 1. Signal: Arm ist ganz schwer. ——— 1. Sitzung (Mittelwert von 6 Versuchen). - - - - 2. Sitzung (Mittelwert von 6 Versuchen).

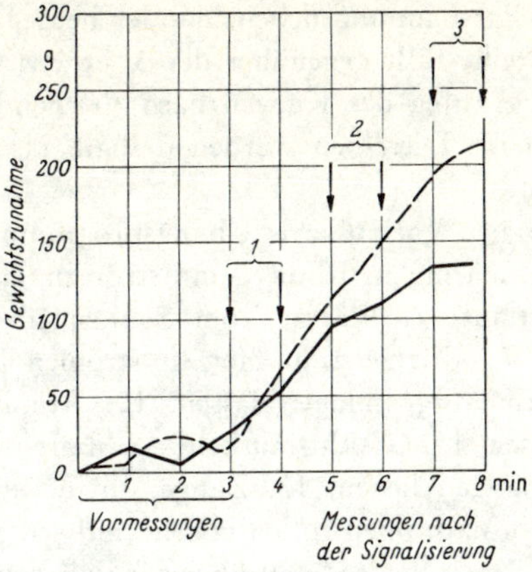

Abb. 2. Signal 1: Arm ist ganz schwer. Signal 2: Arm bleischwer liegen lassen. Signal 3: Hand bleischwer liegen lassen. ——— 1. Sitzung (6 Versuche). - - - - - 2. Sitzung (6 Versuche).

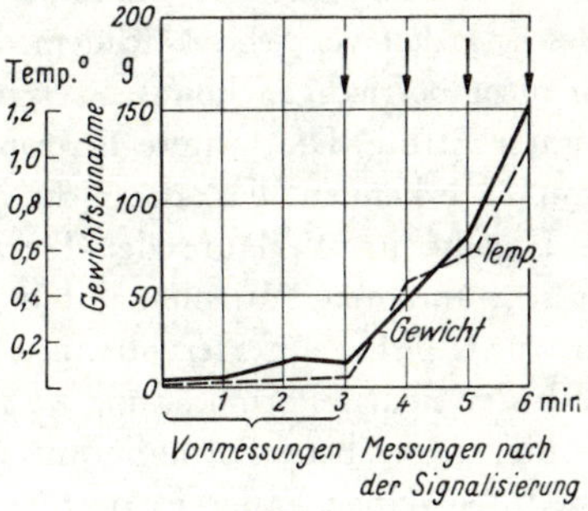

Abb. 3. Signale: Arm ist ganz schwer. Arm ist ganz warm. (Mittelwert von 3 Versuchen).

ziehen. Man wird wohl auch mit dem kritischen Einwurf zu rechnen haben, daß man — absichtlich oder nicht — auf die Waage gedrückt haben könnte. Schon aus diesen Gründen war die kombinierte Temperatur-Gewichtsuntersuchung erforderlich. Die weitgehende Parallelität von Temperatur- und Gewichtsanstieg spricht wiederum als objektives Moment dafür, daß Gefäßentspannung und muskuläre Entspannung nebeneinander hergegangen sind. Bei der 4. Versuchsreihe fällt gegenüber der 3. erneut auf, wie erheblich größer der Anstieg der Kurven nach Verwendung der neuen Formulierungen ist. Dieselben werden deshalb als objektiv wirksamer angesehen.

Das gesamte neu formulierte Übungsprogramm hat von der 6. Übung an: „Wärme in beide Beine strömen lassen" (s. oben) folgenden Wortlaut: 7. Wärme vom Sonnengeflecht zusammenströmen lassen, 8. Wärme zum Herzen strömen lassen, 9. Herz ruhig und gleichmäßig schlagen lassen, 10. Atmung von selbst weitergehen lassen, 11. Gesichtsmuskeln erschlaffen lassen, 12. Kiefer entspannt hängen lassen, 13. Zunge schwer und ruhig liegen lassen, 14. Augen nach oben rollen lassen und 15. Stirn kühl werden lassen (das Wort „lassen" soll übrigens von den Trainierenden mit Betonung verwendet werden).

Folgende Erklärungen sind zu den weiteren Modifikationen notwendig: Eine „Wärmeströmung" zum Herzen hin wurde mit aller Vorsicht bei einem Patienten mit wahrscheinlich funktionell stenokardischen Beschwerden versucht. Nachdem das übliche Training therapeutisch nicht befriedigen konnte, zeigte sich mit dieser Modifikation ein guter Erfolg. Die weitere Erprobung bei anderen Patienten gab dann zu erkennen, daß die nicht ganz selten vorhandene kardiale Unruhe im Verlaufe der Herzübung geringer wurde oder sogar schwand. Bei Patienten mit organisch fixierten kardialen Schäden wurde bisher auf Herzübungen sowohl nach der alten wie auch nach der neuen Formulierung verzichtet; im übrigen kann aber die hier angegebene Formulierung bereits allgemein empfohlen werden. In einzelnen Fällen ist noch eine andere Modifikation versucht worden: „Das warme Herz ruhig und gleichmäßig schlagen lassen". Diese noch stärkere Durchwärmung des Herzens wird jedoch zum allgemeinen Gebrauch noch nicht empfohlen. Die 14. Übung wurde eingeschoben, weil von mehreren Patienten detailliert und genau angegeben wurde, bei maximaler Entspannung im Gesichtsbereich sei ein Nachobendrehen der Augäpfel und danach ein somnolenzähnlicher Zustand zu bemerken. Bei Selbstversuchen konnte die gleiche Erscheinung beobachtet werden. Wir denken in diesem Zusammenhang an den Rat von J. H. Schultz,

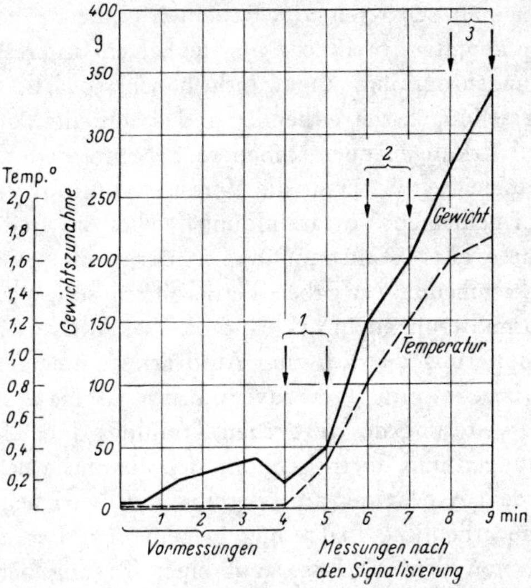

Abb. 4. Signal 1: Arm ist ganz schwer. Arm ist ganz warm. Signal 2: Arm bleischwer liegen lassen, Wärme strömen lassen. Signal 3: Hand bleischwer liegen lassen, Wärme strömen lassen.
(Mittelwert von 3 Messungen.)

zum Zwecke einer Vertiefung der Selbstumschaltung die Augäpfel willkürlich nach innen oben zu drehen. In entsprechender Weise wurde schon früher von Hypnotherapeuten verfahren. Eine Umstellung im Sinne des „Geschehenlassens" halten wir in dem gegebenen Zusammenhang für geeigneter. Eine Verstärkung des somnolenzähnlichen Zustandes ist dann durch das Einschieben einer 16. Übung: „Gedanken weiterziehen lassen" zu erreichen. Bei visuell eingestellten Personen empfiehlt sich die Formulierung: „Gedanken und Bilder weiterziehen lassen". Bei der 15. Übung wurde die Formulierung „werden" eingeführt, weil sonst gelegentlich bei der Stirnkühlung leichte Kopfschmerzen und Schwindelerscheinungen auftraten, die hier ausblieben. — Für die Stereotypisierung kann als Kurzformel für das gesamte neue Übungsprogramm empfohlen werden: „Geschehen lassen, alles bleischwer, Wärme strömen lassen, Gesicht ganz entspannt lassen".

Überblickt man den Kreis von Patienten und sonstigen Trainierenden, die mit guter Intelligenz und lebhaftem Interesse das mitgeteilte Übungsprogramm angewandt haben, so läßt sich sagen, daß die Umstellungen tiefreichender und damit die Voraussetzungen für Heilwirkungen oder schnellere Erholungen besser geworden sind. Desgleichen erscheint die Voraussetzung für die Wirkungen der „formelhaften Vorsatzbildung“ gebessert. Bei dieser, die ja nicht eine weitere Entspannung, sondern eine „Vor-Anspannung“ für kommende Aufgaben herbeiführen soll, wurden übrigens die Formulierungen nicht geändert. Das aktive Moment soll in der Formulierung deutlich zum Ausdruck kommen. So heißt es z. B.: „*Ich* begebe mich jetzt zuversichtlich an die Aufgabe ...“ usw. Der Erweiterung des autogenen Trainings durch formelhafte Vorsatzbildungen und durch Lenkung der Phantasie der Patienten wird unter dem Aspekt der an unserer Klinik betriebenen Psychotherapie eine erhebliche Bedeutung beigemessen. Bereits vor drei Jahren war von dem Verfasser auf einer Tagung der Leipziger Gesellschaft für Neurologie und Psychiatrie darüber berichtet worden (Psychiatrie, Neurologie und medizinische Psychologie 4. Jg., H. 9).

Jeweils nach dem Abschluß des modifizierten Trainings war auf eine ausgiebige Rückschaltung zu achten. Es wird dringend angeraten, nach dem ruckartigen Beugen und Strecken der Arme mehrere Male tief und ruhig ein- und auszuatmen und nach dem Öffnen der Augen sich ausgiebig zu räkeln und dann erst aufzustehen. Es ist wichtig zu wissen, daß die modifizierte Methode eine größere Erfahrung von seiten des Arztes — „trainierende“ Nichtärzte müssen abgelehnt werden — voraussetzt; und auch der Erfahrene wird bei sehr labilen Personen zurückhaltender als mit der alten Methode verfahren, besonders in bezug auf die 14. und 16. Übung.

Bei der Mitteilung der vorliegenden Arbeit auf der erwähnten Tagung im Februar 1955 wurden neben Zustimmung einige Bedenken geäußert, ob nämlich der Aufforderungscharakter der neuen Formulierungen so deutlich wie die der alten sei. Von einem Kollegen wurde sogar auf die militärischen Kommandos hingewiesen, die sich auch durch Knappheit und Prägnanz auszeichnen, an denen es den neuen Formulierungen ermangele. Darauf mußte allerdings geantwortet werden, daß es hier gerade nicht auf die Wirkung der militärischen Kommandos ankomme, im Gegenteil, auf eine maximale Entspannung. Richtig an den Bedenken ist indessen, daß die geringere Prägnanz gegenüber den alten Formulierungen ein größeres Interesse bei dem Trainierenden erfordert und — zugleich wegen der stärkeren Umschaltungen — eine intensivere Beschäftigung des Arztes mit ihm. Wo diese Bedingungen vorhanden sind, hat sich das neu modifizierte Training als eindeutig wirksamer erwiesen.

Abschließend ist folgender Hinweis zu geben: Mit Hilfe von weiteren Untersuchungen experimenteller Art und Erprobungen an einer größeren Zahl von Patienten und Versuchspersonen werden sich wahrscheinlich noch wirksamere Modifikationen finden lassen. Die mitgeteilten Neuformulierungen können daher nur bedingt empfohlen werden. Unbedingt wird die Empfehlung gegeben, weitere Untersuchungen der interessanten und wertvollen Methode des autogenen Trainings zu widmen, und zwar in physiologischer Sicht unter besonderer Berücksichtigung der corticalen Funktionen.

Die Bemerkung erscheint noch notwendig, daß wir die genannten Formulierungen den Versuchspersonen nicht zugesprochen haben, wie bei der Heterohypnose, sondern daß von ihnen nach diesen vorher vereinbarten Formulierungen „autogen" trainiert wurde.

*

Die nun folgenden Beiträge von K. Thomas, H. Binder, J. H. Schultz, H. J. Prill, H. Stolze, I. von Hattingberg, A. Wiegmann und D. Langen enthalten klinische Beiträge und sollen ohne Kommentar der Reihe nach wiedergegeben werden.

AUTOGENES TRAINING BEI BLINDEN[1]

Von KLAUS THOMAS

Über die bekannten *allgemeinen Wirkungen* des autogenen Trainings hinaus — Entspannung, „Ruhetönung“, Affektdämpfung, Erleichterung der Konzentration usw. — ergeben sich aus der Lage und Haltung des Blinden besondere Anwendungsmöglichkeiten. Zunächst gewährt die durch den Arzt vermittelte und durch eigene Übung erworbene Entspannung bei dem Blinden die gleiche Erholung, Beruhigung und Gelassenheit wie bei jedem anderen Gesunden auch. Weiterhin sind auch bei den Blinden, wenn sie einmal krank sind, von dem autogenen Training dieselben Heilwirkungen zu erwarten wie bei anderen Erkrankten durch die vielfältigen heilsamen und ausgleichenden Wirkungen besonders auf den Kreislauf, das vegetative Nervensystem, durch die Durchblutung und Regulationswirkungen auf die jeweils in Mitleidenschaft gezogenen Organe der Körperteile.

Darüber hinaus ergeben sich aus der unvermeidlichen psychischen Lage des Blinden *besondere Aufgaben und Möglichkeiten* des autogenen Trainings sowohl im Blick auf die Haltung des Blinden gegenüber den Dingen und Ereignissen der Umwelt, als auch gegenüber den anderen Menschen. Ist doch der Blinde besonderen Spannungen und Anstrengungen ausgesetzt, einerseits durch die ständige, einseitige Konzentration, die entweder in Abgeschlossenheit und Grübeln nach innen — oder auf die Wahrnehmung durch die restlichen Sinne gerichtet ist. Damit steht im Zusammenhang die Spannung, die durch die einseitige Überbeanspruchung des Tastsinnes gegeben ist, wie sie sich z. B. bei längerem Lesen von Blindenschrift ergibt. Hier vermag bereits das Schwereerlebnis mit seiner Erholungswirkung vorbeugend wie heilend den drohenden inneren und äußeren Verkrampfungen entgegenzuwirken.

Besonders tief hat einen unserer blinden Patienten die folgende Erfahrung beeindruckt: „Die Sonnengeflechtübung, in der Sonne

[1] Wege zum Menschen, 6, 1954, S. 170—174.

ausgeführt, hat mich das Licht deutlich erleben lassen. In der Sonne geht das am leichtesten, in der Nacht am schwersten." Er hat seither durch das autogene Training wieder Lichterlebnisse, die wohl in enger Beziehung zu der Farben- und Lichtschau der Oberstufe des autogenen Trainings stehen.

Wenn der Blinde auch in fester Berufstätigkeit z. B. als Bürstenmacher, Industriearbeiter (besonders Elektroindustrie), Feinmechaniker, Masseur, Telefonist, Stenotypist, Verwaltungsangestellter oder Jurist positive Leistungen vorweisen kann, die entspannende Befriedigung vermitteln, so erfordert doch die fließende Einstellungssituation mit ihrer ständigen Anpassung an die wechselnden Gegebenheiten der Umwelt starke zusätzliche Kräfte, die eine Entspannungsmethode für den Blinden noch gebieterischer fordern als für den so vielfach gehetzten und überlasteten Großstadtmenschen unserer Zeit.

A. Der Blinde gegenüber den Dingen und Erlebnissen in der Umwelt

1. Der Blinde lebt in ständiger Erwartungsspannung mit nachfolgender Unsicherheit.

Dem Blinden fehlt die Vororientierung. Ob er auf die Straßenbahn wartet, die er erst in unmittelbarer Nähe hört (ohne gleich zu wissen, ob es die richtige Linie ist), ob er beim Mittagessen den Teller mit unerwarteter Speise gefüllt findet, ob überraschende Schneefälle die Orientierung zusätzlich erschweren oder vielleicht warmer Sonnenschein zum Ablegen des Mantels zwingt und darum die zum Tasten notwendigen Hände blockiert — hundertfältig verschieden sind die Fragen: Was kommt heute, was wird jetzt? Dieser Erwartungsspannung gegenüber mit ihrer starken und quälenden Unsicherheit vermag die allgemeine Ruhetönung und Gelassenheit, die das autogene Training vermittelt, eine Einstellung zu setzen, die ebenso fern von stoischer Gleichgültigkeit wie von ängstlicher Besorgnis die unerwarteten oder überraschenden Ereignisse still prüfend entgegennehmen und besonnen und sachgemäß darauf reagieren läßt.

2. Der Blinde ist ständigen Schrecksituationen ausgesetzt mit nachfolgender Angst.

Hier stolpert er über eine Bordschwelle, dort wird ihm der Hut durch einen Zweig vom Gebüsch abgestreift; hier hindert ein Briefkasten und dort ein Laternenpfahl den Weg oder Autos, die auf dem Bürgersteig parken, oder Mülleimer. Viele dieser Hindernisse lassen sich nicht in den feststehenden Orientierungsplan etwa des Berufsweges einbauen und führen täglich aufs neue zu kleinen und großen Schreckerlebnissen. Diese übermäßige Beanspruchung des Nervensystems gibt dann leicht einer ängstlichen Grundhaltung Raum, wobei auch hier die erwähnte Ruhetönung die kleinen Schreckerlebnisse auffangen und gleichsam „abpuffern" kann, während bei den größeren mindestens nachhaltige Aufregungen abgestellt und vermieden werden können.

3. Der Blinde ist ständig kleinen Ohnmachtssituationen ausgesetzt mit folgendem Ärger.

Die großen Ohnmachtssituationen sind jedem Blinden bekannt, gehören aber zu den Seltenheiten, da die Blinden ihre Gefahr kennen und zu meiden wissen. Ein hoffnungsloses Verirren in unbekanntem Gelände, ein Suchen von Schriftstücken ohne Anhaltspunkt, wo sie geblieben sind, oder ein Nachschlagenmüssen in Büchern — solche und andere Erlebnisse führen den Blinden in eine Situation der Ohmacht, die grundsätzlich nur durch einen Sehenden, nicht aber durch das autogene Training beseitigt werden kann. Hier liegt ein Vergleich nahe zu den umweltbedingten Fremdneurosen, z. B. den seelischen Leiden eines mißhandelten Kindes, bei denen nicht Psychotherapie, sondern nur der sozial rettende Eingriff helfen kann.

Die kleinen Ohnmachtssituationen jedoch, z. B. das mühsame Suchen eines entfallenen Gegenstandes, das schnelle Nachrechnen eines Geldbetrages, das Wählen des passenden Oberhemdes oder Schlipses — solche täglichen Aufgaben lösen nur allzuleicht den Ärger der Ohmnacht aus, der erhebliche Anforderungen an das innere Gleichgewicht stellt. Die übereinstimmende Erfahrung derer, die das autogene Training lernten, kennzeichnet mit dem Wort „Resonanzdämpfung der Affekte" jenen Zustand überlegener Gelassenheit, dem eine Ärgerreaktion allmählich immer mehr unbekannt und unmöglich wird. Nur die sachlich-ruhigen Überlegungen und Maßnahmen behalten ihren Raum.

B. Der Blinde gegenüber den Menschen seiner Umwelt

Die gleichen Hauptkennzeichen einer innerlich gespannten Haltung den Dingen und Ereignissen der Umwelt gegenüber finden wir auch in seiner Haltung zu den Mitmenschen.

1. Der Blinde tritt seinen Mitmenschen mit einer Erwartungsspannung entgegen, die ihn oft unsicher wirken läßt und kontaktunfähig macht.

Auch hier fehlt die Vororientierung. Der Blinde sieht einen Bekannten nicht schon von ferne, sondern wird unmittelbar von ihm angesprochen. Dabei kann er nicht aus der Mimik und Gestik sogleich auf die Gesinnung seines Gegenübers schließen, sondern muß mittelbar aus dem Klang der Stimme, aus der Art des Händedrucks Rückschlüsse auf die Einstellung des Partners zu ziehen versuchen. Wenn auch die Treffsicherheit seines Urteils über einen Menschen nicht geringer zu sein braucht, so ist doch die Kontaktaufnahme selbst erschwert. Vielfach sind die Fragen und Erwartungen: Wer ist dieser Mensch?, was will er von mir?, wie meint er es mit mir? usw.

Immer ist der Blinde dabei der Angesprochene und darum zunächst in die passive Rolle gedrängt. Selten kann er von sich aus Kontakt aufnehmen. Das wirkt sich besonders nachteilig aus, wenn Beziehungen zum anderen Geschlecht anzuknüpfen sind. Ist der Blinde ohnehin schon durch sein Gebrechen einem sehenden Partner gegenüber benachteiligt, vielfach gehemmt und durch traurige Erfahrungen entmutigt, so ist ihm gerade das Anknüpfen einer Beziehung zum anderen Geschlecht außerordentlich erschwert. Es ist ihm nicht nur verwehrt, sich einen Partner seines Geschmacks mit den Augen zu suchen, auch der erste Austausch des Verstehens durch die Blicke muß hier fehlen. Weithin beginnt für ihn, von sprachlichen Äußerungen abgesehen, der Ausdruck einer herzlichen

Beziehung erst dort, wo er für den Sehenden seine Bestätigung empfängt und eine Phase letzter Gemeinschaft einleitet: bei der zärtlichen Berührung.

Erfahrungen der Blinden gehen aber dahin, daß nicht so sehr die Blindheit selbst, als vielmehr die daraus folgende Unsicherheit den Partner seinerseits verlegen und schüchtern macht und abstößt. Erst der Entspannte und innerlich Selbstbewußte ist kontaktfähig. So kann an dieser Stelle das autogene Training einen entscheidenden Beitrag dazu leisten, den Blinden aus seiner Einsamkeit herauszulösen, ihn kontaktfähig zu machen (SPEER) und ihn in die Gemeinschaft eines seinerseits „heilenden Wir" (KÜNKEL) hineinzustellen.

Wie aber Unsicherheit und Kontaktunfähigkeit zu neuer Einsamkeit, neuer Erwartungsspannung und neuer Unsicherheit führen, so kann dieser Teufelskreis durch das autogene Training gelöst und in einen Heilungskreis überführt werden: wachsendes Selbstvertrauen, größere Kontaktfähigkeit, hilfreichere Gemeinschaftserlebnisse, neues Selbstvertrauen, neue Kontaktmöglichkeiten.

2. Dem Blinden begegnen ständige Überraschungen durch seine Mitmenschen, die ihn leicht zurückhaltend und verschlossen werden lassen.

Plötzlich wird ein Blinder angesprochen oder berührt, ohne daß er sich, wie schon erwähnt, darauf einstellen kann (Überraschungssituation, s. oben S. 209).

Überzeugt, mit einem anderen allein zu sprechen, hat ein Blinder vertrauensvoll etwas berichtet; alsbald wird er überrascht, daß noch ein Hörer im Zimmer war. Nach solchen Erfahrungen neigen Blinde ähnlich wie Schwerhörige zu wachsendem Mißtrauen, wenn auch nicht so stark wie üblicherweise Schwerhörige.

Wie schon oben geschildert, ist es vornehmlich die Resonanzdämpfung der Affekte, die die Ruhe erhält und Enttäuschungen nicht überbewerten läßt.

3. Der Blinde leidet in besonderem Maße unter Minderwertigkeitsgefühlen mit folgendem Ressentiment.

Der Blinde ist oft außerstande, die üblichen Gesetze der Höflichkeit zu wahren. Die Formen der Begrüßung, des Vorstellens, des Verhaltens in einem Raum, des Aufstehens und Sichsetzens bei Tisch oder z. B. im Gottesdienst — alle solche Erlebnisse bestärken den vielfach enttäuschten Blinden in seiner Neigung zu schwermütig-resignierendem Verzicht oder krampfhaft geltungssüchtigem Betonen eigener Leistungen. Insofern dem Minderwertigkeitsgefühl der Blinden eine körperlich objektive Ursache zugrunde liegt, ist sie hier weiter verbreitet und noch verhängnisvoller als unter Sehenden.

Eine Selbstwertbestätigung, wie sie das autogene Training vermitteln kann, tut daher bei diesen Menschen besonders not und vermag Wunder zu wirken. Da das autogene Training den Blick und das Streben wesenhaft auf das Innere des Menschen und seine Werte richtet, vermittelt es Eigenwerterlebnisse und eine ruhige Ausgeglichenheit, die Minderwertigkeitsgefühle und ihre Entsprechung, das Geltungsbestreben, als sinnlos — da überflüssig — abfallen läßt.

Gewiß wirkt das autogene Training bei Blinden ebensowenig wie bei Sehenden als Zaubermittel. Tiefgreifende neurotische Störungen, zu denen das Schicksal bei Blinden offenbar häufiger Veranlassung gibt als bei Sehenden, bedürfen hier wie dort psychotherapeutischer Behandlung. Im Blick auf die Gesamtheit der Blinden kann jedoch das autogene Training noch mehr als bei anderen den Weg bahnen, die Alltagsstörungen und -schwierigkeiten zu überwinden, das Kontaktfinden und -pflegen zu erleichtern sowie ein gesundes Selbstwertgefühl aufzubauen. Blinde, die diese befreienden und leistungssteigernden Wirkungen erfuhren, haben den Wunsch geäußert, daß ihre Kameraden möglichst bald und zahlreich an dieser wichtigen Lebenshilfe teilhaben können.

*

AUTOGENES TRAINING BEI HIRNVERSEHRTEN[1]

Von Hellmut Binder

Die Hansestadt Hamburg bietet den bei ihren Behörden angestellten Hirnversehrten die Möglichkeit, an Kursen über autogenes Training teilzunehmen. Diese Kurse werden seit über zwei Jahren von psychotherapeutisch geschulten Ärzten in Zusammenarbeit mit Psychologen des Prüfungsamtes des öffentlichen Dienstes der Hansestadt Hamburg durchgeführt. Es finden drei parallel laufende Kurse statt mit einer durchschnittlichen Teilnehmerzahl von etwa 15 Hirnversehrten pro Kurs aller Alters- und Berufsgruppen und mit den verschiedensten Versehrtenstufen. Die Laufzeit der Kurse beträgt ungefähr neun Monate, wobei wöchentlich zwei zusammenhängende Übungsstunden stattfinden.

Wir können bisher auf die Erfahrungen bei etwa 120 Hirnversehrten zurückblicken. Ohne bereits schon ein abschließendes Urteil zu geben, glaube ich, daß es sich schon verlohnt, über die wesentlichen Punkte des bisher Festgestellten und Erreichten zu berichten.

Rein technisch wurde so vorgegangen, daß nach der nötigen Einführung in das Wesen des AT mit den einzelnen Übungen nach der Lehrmethode von Prof. J. H. Schultz begonnen wurde, wobei zeitlich gesehen für die Erlernung jeweils einer Übung (Schwere, Wärme) etwa ein Monat benötigt wurde. Ergänzt wurde die Erarbeitung der Entspannungsübungen durch psychagogische Gespräche und Diskussionen in Gegenwart von Psychologen, wobei eine außerordentliche Aufgeschlossenheit der Hirnversehrten in erfreulichem Maße festgestellt wurde. Es entwickelte sich im Laufe der Kurse eine vorzügliche Gruppenarbeit auf der Grundlage eines völligen Vertrauensverhältnisses zwischen Übenden und Lehrern. Nach Abschluß der eigentlichen Kurse wurden die Hirnversehrten weiter beobachtet. Es finden noch monatliche Zusammenkünfte statt. Darüber wird zu einem späteren Zeitpunkt berichtet werden können.

[1] Psychotherapie, 1, 1956, S. 212—215, gekürzt.

Zu den eigentlichen Übungen kann folgendes überblicksmäßig gesagt werden, daß völlige Versager nur in ganz vereinzelten Fällen (5 Prozent) vorhanden waren. Unterschiedlich war bei den einzelnen Übenden die Darstellung der Schwere, Wärme, der Ruhigstellung des Herzens, der Atmung und der Leibwärme. Über die Kopfübung ist noch gesondert zu berichten. Die Unterschiedlichkeit in der Qualität der Übungen hing weitgehend von der Natur der organischen Ausfälle bei den einzelnen Hirnversehrten ab. Neben Folgezuständen schwerer Hirnkontusionen und -kommotionen und direkten Hirnschädigungen durch Traumen, in erster Linie in Form von Schußverletzungen mit Hirnnarben und dadurch bedingten Krampfanfällen, sowie schlaffen und spastischen Paresen, waren unter den Teilnehmenden auch minder stark Versehrte mit Konzentrations- und Gedächtnisschwächen, Kreislauf- und Schlafstörungen, Erregbarkeitszuständen verschiedenster Schattierungen und letztlich alle möglichen psychogenen Überlagerungen zu verzeichnen.

Anfängliche Schwierigkeiten machte allen die Abschaltung von den äußeren Reizen, also die Herstellung der sogenannten Ruhetönung. Die Erarbeitung der Schwere in den Gliedmaßen gelang ohne sonderliche Ausfälle, wobei natürlich spastisch oder paretisch veränderte Glieder gar nicht oder nur schwach ansprachen. Häufig wurde beobachtet, daß bei der zunehmenden Entspannung der Extremitätenmuskulatur die Wärmebildung sich in den Vordergrund schob, ohne irgendwie bereits formelmäßig erfaßt worden zu sein. Dies glich sich aber mit den fortschreitenden Übungen restlos aus.

Weiter konnte beobachtet werden, daß es oft zweckmäßig erschien, die Ruhigstellung der Atmung vor der des Herzens zu veranlassen oder beide miteinander zu koppeln, um auftretende Rhythmusstörungen in der Koordination zwischen der Herz- und Atemtätigkeit zu vermeiden. Allgemein kann gesagt werden, daß die Beruhigung über die Atmung bei den Hirnversehrten sich als sehr wirksam erwies, ja, daß mit Erreichung dieser Übung das volle Vertrauen in das AT hergestellt wurde. Die Einstellung auf die Leibwärme bzw. das Sonnengeflecht bereitete gegenüber den Erfahrungen in der sonstigen Praxis des AT keine nennenswerten

Schwierigkeiten, wogegen die Einstellung auf die Kopfsphäre Unbehagen auslöste und eine ganz individuelle Anpassung erforderlich machte. Während die Hirnversehrten überhaupt die Übungen im AT im Liegen bevorzugten, so wurde dieses bei den Kopfübungen direkt verlangt, weil im Sitzen überwiegend Schwindelzustände auftraten.

Im einzelnen kristallisierten sich bei der Kopfübung drei Gruppen heraus: 1. Etwa 40 Prozent der Hirnversehrten konnten nur zurechtkommen mit der Formel „Kopf angenehm leicht und klar", 2. etwa 30 Prozent mit der Formel „Stirn ein *wenig* kühl" und 3. etwa 30 Prozent mit der Formel „Nacken angenehm warm", wobei besonders bei dieser letzten Gruppe Kopfschmerzen gemildert bzw. abgefangen werden konnten. So sind wir bereits nach einer kurzen Schilderung über den Verlauf der Übungen zu der Symptombeseitigung gekommen.

Ohne anfangs irgendwelche Störungen formelmäßig anzugehen oder zu beeinflussen, wurde etwa nach vier Wochen spontan berichtet über Besserung oder völlige Beseitigung von Schlafstörungen, damit bereits verbunden ein größeres Leistungsvermögen im Beruf und im Alltag und eine erhebliche Verminderung von Erregungszuständen oder sonstigen affektiven Abläufen. Von einzelnen wurde auch ein besseres Konzentrationsvermögen und eine bessere Wortfindung angegeben. Im Verlaufe des Trainings trat augenscheinlich eine größere Selbstsicherheit auf, eine größere Zuwendung zu der Umgebung, eine positivere Freizeitgestaltung, wieder Lust am Lesen, Kartenspielen, Theater- und Kinobesuch. Auch die Freude an der Natur wurde bei einigen geweckt. Zu erwähnen sind noch die Beseitigung von Verdauungsstörungen, erhebliche, zum Teil wünschenswerte Gewichtszunahmen, stärkere Einschränkungen im Zigaretten- und Alkoholverbrauch. Auch die Physiognomie einzelner Hirnversehrter änderte sich in die Richtung einer Glättung der Gesichtsmuskulatur und damit eines verjüngten Aussehens.

Über die Auswirkung des AT auf die Krampfanfälle möchte ich mich eines abschließenden Urteils noch enthalten, da die Beobachtungszeit mir hierfür noch zu kurz erscheint. Unter den Hirnversehrten sind einige, die nur in Abständen von Monaten und Jahren

Krampfanfälle aufzuweisen haben und nur sehr wenige mit wöchentlichen Anfällen und darüber hinaus. Von den bisher Trainierten leiden nur etwa 20 Prozent an Krampfanfällen. Zwar konnte der Eindruck erweckt werden, daß vielleicht die Anfallsbereitschaft im ganzen weniger häufig vorhanden war seit der Beschäftigung mit den Entspannungsübungen. Interessant ist noch die Feststellung, daß nach einem Krampfanfall eine negative Phase zu verzeichnen war in dem Sinne, daß für drei bis vier Tage das AT versagte. Wenig beeinflußt werden konnte durch das AT die Wetterempfindlichkeit. Hier zeigten die Hirnversehrten auch sehr unterschiedliche Abhängigkeiten. Während ein Teil das trübe, milde Wetter bevorzugt, fühlen die anderen sich besser bei sonnigem und klarem Wetter. Gegen Hitze sind alle Hirnversehrten empfindlich. Die Ergebnisse bei der Beseitigung von Kopfschmerzen waren, wie schon erwähnt, nur bei einer kleinen Gruppe befriedigend, während der größere Teil unverändert davon befallen wird, wenn auch die Symptome in der Folgezeit des AT anders bewertet wurden. Entscheidend ist wohl, daß die Angst vor diesen Störungen praktisch beseitigt werden konnte, wie überhaupt die Einstellung des Einzelnen zu seiner Versehrtheit in ein positiveres Licht gerückt werden konnte, in erster Linie durch Hebung des Selbstgefühles und durch die Zurückdrängung des Gefühles des sozialen Zurückgesetztseins[2].

*

AUTOGENES TRAINING UND ENTBINDUNG*

Von Johannes Heinrich Schultz

Frage: Läßt sich autogenes Training mit Erfolg zur Verminderung des Geburtsschmerzes verwenden?

[2] In der Originalpublikation folgen noch einige persönliche Äußerungen von Hirnverletzten zum AT.

* Münchner Medizinische Wochenschrift, 95, 1953, S. 151.

Das autogene Training, legitime Tochter des wissenschaftlichen ärztlichen Hypnotismus und aus ihm methodisch entwickelt, bietet dieselben therapeutischen Möglichkeiten wie die Ursprungsmethode. Daß sachgemäße hypnotische Führung, die ja auch bei entsprechender Technik und richtiger Auswahl der Patienten schmerz- und erinnerungsfreie Operationen größeren Umfanges ermöglicht, im gleichen Sinne bei Entbindungen verwertet werden kann, ist eine alte sichere Erfahrung, die in den letzten Jahrzehnten auch in Deutschland (Hallauer, v. Wolff u. v. a.), neuestens aus der Universitäts-Frauenklinik Leipzig durch meinen Mitarbeiter Trummler wieder bestätigt wurde. Die Bemühungen von G. D. Read um eine „Revelation of childbirth", um eine natürliche angst- und schmerzfreie Entbindung, in den letzten Jahrzehnten weisen in der gleichen Richtung, und der Hamburger Gynäkologe Rudolf Hellmann zeigt in seinem Geleitworte der deutschen Übersetzung (Mutterwerden ohne Schmerz, Hoffmann und Campe, Hamburg 1950) ausdrücklich die nahen Beziehungen zum autogenen Training auf. Gute, mehr spezielle Erfolge berichtete Doz. Dr. Erbslöh. In Übereinstimmung mit den Erfahrungen aus dem wissenschaftlichen Hypnotismus und mit den guten Erfolgen schmerzlindernder oder schmerzbeseitigender entängstender Entspannung durch Read kann auch der Einsatz technisch einwandfreier Unterstufenumschaltung des autogenen Trainings für die Entbindungserleichterung empfohlen werden.

*

DAS AUTOGENE TRAINING ZUR GEBURTSSCHMERZERLEICHTERUNG[1]

Von Hans-Joachim Prill

Es erscheint verwunderlich, daß das seit 40 Jahren von J. H. Schultz in vielen Gebieten der Medizin erprobte autogene

[1] Psychotherapie, 1, 1956, S. 165—177, gekürzt.

Training bisher noch keine grundsätzliche Einführung in die Geburtshilfe zur Schmerzerleichterung gefunden hat. Zwar hat man sich seit dem Bekanntwerden der sogenannten „Natural Childbirth“ von G. D. READ bei uns des autogenen Trainings als einer präziseren und im Vegetativum wirksameren Methode (ERBSLÖH, TRUMMLER) zur Geburtsschmerzerleichterung erinnert, aber Erfahrungen über die Methodik und die praktische Erprobung stehen noch aus. Dies mag einmal an den in den letzten Jahrzehnten in den Vordergrund getretenen Leitungs- und Lokalanästhesien sowie an den Inhalationsanalgetika gelegen haben, zum anderen aber auch an der Unkenntnis bionomer Übungsverfahren in der Frauenheilkunde.

Über die grundsätzlichen Vorteile, Gegebenheiten und Grenzen des autogenen Trainings zur Geburtsschmerzerleichterung haben wir an anderer Stelle berichtet. Als Vorbedingungen für das Training möchten wir neben den von J. H. SCHULTZ betonten Erfordernissen (innere Konzentrationsfähigkeit, Übungswille usw.) eine gewisse Affektfestigkeit, eine zumindest nicht ablehnende Einstellung zum Kinde, eine Identifikation mit dem Kinde und das Fehlen einer tiefer strukturierten Angst bei der Schwangeren fordern. Die Indikation zum Training kann natürlich sehr weit gestellt werden, besonders werden wir es anwenden, wenn eine Gegenindikation zu einer medikamentösen Schmerzlinderung besteht oder diese von der Schwangeren von vornherein abgelehnt wird. Auch bei Neigung zu Krampfzuständen aus funktioneller Ursache erscheint eine prophylaktische Behandlung durch das autogene Training angezeigt.

Die entscheidende Frage jeder Geburtsanalgesie ist ja die nach der Gefahrlosigkeit für Mutter und Kind, daneben soll sie frei von unangenehmen Nebenwirkungen, ausreichend einfach und wirksam sein. Diese Forderungen sind für das autogene Training wohl erfüllt, wenn die Wirksamkeit auch nur auf die normale Geburt in den ersten zwei Dritteln der Eröffnungsperiode voll gegeben ist.

Es sei noch ganz kurz auf den Unterschied unserer Methodik zu der von READ hingewiesen, der ja seit 1933 seine „Childbirth without fear“ besonders in Hebammenkreisen und populärwissenschaftlich propagiert hat, um namentlich der an manchen Kliniken Englands und Amerikas fast obligatorischen operativen Entbindung entgegenzuwirken. Zur Beseitigung des den Wehenschmerz nach seiner Meinung hauptsächlich verursachenden Furcht-Spannungs-Schmerz-Syndroms empfiehlt er eine entsprechende Aufklärung der Schwangeren zur Furchtbeseitigung und besondere Lockerungsübungen der Körpermuskulatur. Durch diese mehr gymnastischen Übungen kann man wohl eine Lockerung der häufig verkrampften Körpermuskulatur erreichen, aber kaum eine wirklich vegetative Entspannung, wenn auch der Einfluß einer peripheren Lockerung auf eine „zentrale Entspannung" nicht zu leugnen ist. Uns erscheint zur Geburtsschmerzerleichterung nicht das Wesentliche die restlose und vollkommen gar nicht mögliche Relaxation aller Muskelgruppen, sondern eine bionome Gesamtentspannung und, wenn erreichbar, ein „autosuggestiver" konzentrativer Versenkungszustand zu sein, was durch das autogene Training (AT) am besten erreicht werden kann.

Es kann hier in bezug auf die grundsätzliche Methodik und die bisherigen allgemeinen Erfahrungen zur Erzielung einer Hyp- oder Analgesie nur auf das ausführliche Werk von J. H. Schultz „Das autogene Training" (Thieme-Verlag) verwiesen werden. Eine Beschreibung der Methodik erscheint daher nur in den Punkten notwendig, wo Schwangerschaft und Geburt eine besondere Berücksichtigung im Trainingsprogramm bedingen. Wir möchten auch nicht eine jahrzehntealte Erfahrungsweise umändern, sondern vielmehr die besonderen Umstände

1. durch die Veränderung des Leibesumfanges und der Wirbelsäulenhaltung,

2. durch die veränderten Atemverhältnisse und die oft störenden Kindsbewegungen,

3. durch die Kreislaufveränderungen, die allgemeine Gefäßweiterstellung und vegetative Labilität,

4. die gemeinsame und doch so verschiedene psychische Erwartungssituation der Schwangeren und

5. durch die spezifischen Anforderungen der Geburt und des Geburtsschmerzes (vor allem die Länge, die Häufigkeit und Dauer der Wehen u. a.)

mit dem üblichen Training koordinieren. Gerade durch den letzten

Punkt ist dem autogenen Training ja eine sehr schwierige Aufgabe gestellt, aber es hat sich bei vielen Gebärenden über viele Stunden bei intensiver Wehentätigkeit bewährt. Wir werden auf die einzelnen Punkte bei den Trainingsstufen zurückkommen und möchten jetzt die besondere Methodik und unsere bisherigen Erfahrungen erörtern.

Die körperliche Lockerung des gesamten äußeren Muskelsystems (Gesicht, Nacken, Schulter, Arme usw.) ist für das Training zur Geburtshypalgesie eine sehr wichtige Vorstufe und ihr muß bei Beginn des Trainings, aber auch im weiteren Verlaufe (siehe Übersicht) besondere Beachtung geschenkt werden. Diese Lockerung der Muskulatur, die nicht mit einer bionomen Entspannung verwechselt werden darf, schafft uns eine wesentliche Voraussetzung für das Training und kann eine Hyperalgesie in den äußeren Körperpartien verhindern, die unnötigerweise unter der Geburt angespannt werden. (Nacken, lange Rückenmuskulatur, Oberschenkel usw.). In dieser Richtung verdienen die vorwiegend gymnastischen Verfahren (HEARDMAN, GEIJERSTAM u. a.) ihre Beachtung. Für den vorwiegend vegetativen Wehenschmerz (N. praesacralis, hypogastricus) des Uterus ist aber eine Tiefenentspannung erforderlich, wie sie uns in den weiteren Stufen des autogenen Trainings gegeben ist.

Zur Lage und Haltung der Schwangeren beim Training kann keine Vorschrift gegeben werden, wenn auch der Geburtssituation entsprechend die Rückenlage am vorteilhaftesten erscheint. Da aber in der letzten Zeit manche Schwangere nicht oder nur sehr schwer auf dem Rücken liegen kann, muß von Beginn an auch in Seitenlage und in der passiven Sitzhaltung (in einem Ohrenstuhl) geübt werden. Die „Droschkenkutscherhaltung" wurde vielfach durch den vermehrten Leibesumfang als unangenehm empfunden. Da bei Strecklage der Schwangeren durch die Lendenlordose und die gespannten Bauchdecken eine Lockerung der Hüft- und Oberschenkelmuskulatur nur nach Anziehen der Beine möglich ist, benutzen wir gerne eine Knierolle, die aus einer zusammengerollten Decke besteht und unter die Knie geschoben wird. Außerdem müssen natürlich auch sonst beim Training schnürende und beengende Kleidungsstücke abgelegt werden (Hüftgürtel, Leibbinde usw.). Wesentlich ist auch die richtige Lagerung des Kopfes, damit die Schulter- und Nackengegend richtig gelockert werden kann. Gerade von hier breiten sich ja gerne

Spannungszustände über die langen Rückenmuskeln bis in die Kreuzgegend aus.

Für das Ende der Eröffnungsperiode ist es zweckmäßig, eine willkürliche, ruhige, „gelockerte“ Atmung zu üben, zu der die Patientin meist ganz spontan übergeht, wenn die unwillkürliche „innere Atmung“ und ein tieferer Versenkungszustand nicht mehr möglich sind. Diese ruhige, rhythmische Atmung haben wir in unseren Übungsstunden besonders trainiert, wobei wir nach den Untersuchungen von STAEHLER in geburtshilflicher Hinsicht und von HEYER, G. A. ROEMER u. a. in psychotherapeutischer Hinsicht dem Rhythmus eine besondere Bedeutung zukommen lassen möchten. Auch die Erfahrung und die Beobachtung ruhiger Mehrgebärender unter der Geburt zeigt uns, wie rein reflektorisch bei Zunahme der Schmerzintensität ein tieferer und ruhiger Atemrhythmus begonnen wird, der erfahrungsgemäß eine Hilfe und Schmerzerleichterung ist. Auf der anderen Seite muß durch eine zu forcierte Atmung die Gefahr der Hyperventilation in physischer (Tetanie, Exsikkose usw.) und psychischer Hinsicht (Erregungszustände, Depressionen) beachtet werden.

Die Atemtechnik der Austreibungsperiode haben wir im allgemeinen nur erklärt, insbesondere das Verständnis zur Anwendung der Bauchpresse. Dagegen kann die Bauchatmung in der Schwangerschaft geübt werden. Das Mitpressen unter der Geburt ist ja meist so „drangvoll“ und unwillkürlich, daß es nur darauf ankommt, auf häufig gemachte Fehler aufmerksam zu machen (Pressen in den Kopf und in die Beine). Eine besondere „Entspannung“ des Dammes und des Beckenbodens führen wir im allgemeinen nicht durch, da bei der maximalen Dehnung des Weichteilansatzrohres unter der Geburt eine spezielle Relaxation des Beckenbodens bei einer allgemein entspannten Patientin kaum ins Gewicht fallen dürfte.

Während die gymnastischen Übungen weiterhin einen Teil des Trainingsprogramms einnehmen (siehe Übersicht), beginnen wir in der zweiten Stunde mit der „Ruhetönung“ (J. H. SCHULTZ), die uns ja in der immer weiteren Intensivierung als Ziel auch bei den weiteren Übungen vorschwebt. Obgleich ihr kein Stufencharakter zukommt, haben wir unseren Patientinnen es unter der Intention:

„Ich bin ganz ruhig“ oder unter einer bestimmten Ruhevorstellung als eine seelische Entspannung und Abschaltung klargemacht. Die Schwangere muß zu einer passiven Ergebenheit kommen, gleichsam der Wille zum „Nicht-Wollen“ (J. H. SCHULTZ). Die Ruhetönung ist von der Schwangeren vor allem zu Hause gründlich und intensiv zu üben, damit das suggestive Element des Übungsleiters (ÜL) überwunden wird und der Arzt nachher nicht an das Kreißbett gebunden wird. Außerdem muß die ständige „Störung der Ruhetönung“ unter der Geburt durch die Wehen und die Umgebung berücksichtigt werden, die im häuslichen Milieu eher eine Ähnlichkeit findet als im ruhigen Gruppentraining. Gelingt es der Schwangeren, in einer unruhigen Umgebung ohne Schwierigkeiten „abzuschalten“ und sich ganz auf sich selbst zu konzentrieren, so halten wir die Frauen zu einem „Bildstreifendenken“ an, einmal mit der Aufgabe, die auftauchenden Bilder zu objektivieren und durch den Verlust einer personalen Beziehung zu ihnen das Ruheerlebnis zu vertiefen und andererseits, um dabei auftauchende Furcht- und Angstvorstellungen vor der Geburt aufzudecken und gemeinsam zu besprechen. Daß dabei manchmal psychotherapeutische Fragen auftauchen, die nicht innerhalb des Trainings zu beheben sind, soll hier nur angedeutet werden.

Dem Trainingsprogramm entsprechend gehen wir dann zum Schwereerlebnis über. Im allgemeinen beginnen wir mit dem Schwereerlebnis im rechten Arm, um erst nach einer genügenden und schnellen Intensivierung der Schwere im Arm langsam zu einer Generalisierung des Schwereerlebnisses im Gesamtkörper überzugehen. Je langsamer und intensiver hier die Bahnung und damit der Versenkungszustand erfolgt, desto besser ist dies für die nachfolgenden Trainingsstufen und den Erfolg der Geburtsschmerzerleichterung. Es ergeben sich hierbei meist keine Besonderheiten gegenüber dem üblichen Training.

Wird die Schwereübung beherrscht, so gehen wir langsam zum Wärmeerlebnis über, das angenehm strömend sein soll. Vorsicht ist hier bei der Schwangeren geboten, da sonst unangenehme Wärmesensationen besonders im Kopf auftreten können, die zu einer vorübergehenden Verhinderung am weiteren Training führen können. Dieser unangenehme Blutafflux, der auch zu anderen Körperpartien auftreten kann, ist wohl mit einer erhöhten Gefäßlabilität der Schwangeren zu erklären. Wegen seiner Häufigkeit ist das spätere Zurücknehmen des AT und vor allen Dingen kein plötzliches Aufstehen nach der Übung sehr wichtig.

Eine besondere Konzentrierung der Schwere und Wärme auf den Unterleib ist nicht ratsam, da damit eine für die Geburt und auf die Kindsbewegungen unerwünschte Beachtung geübt wird und die Ergebnisse nicht besser werden. Interessant ist ganz allgemein, daß im Gruppentraining häufig beobachtet werden kann, daß schon im Schwereerlebnis die Kindsbewegungen zum Teil wohl auch durch die entspannten Bauchdecken sehr lebhaft und deutlich werden.

Schwere- und Wärmeübung sind das „Soll" unseres Trainings, da sie bei intensivem häuslichem Üben schon Wesentliches zur Schmerzerleichterung beitragen können. Das Training hat sich dann einer möglichst schnellen Umschaltung zuzuwenden, wie dies ja durch die Wehenarbeit gefordert wird. Man kann das Verhalten während der Wehe auch im Gruppentraining annähernd üben, indem man durch Auflegen der Hand auf den Leib der Schwangeren oder durch die entsprechende Schilderung einer Wehe besonders die Erstgebärende mit dem Geburtsgeschehen vertraut macht. Wir bedienen uns dabei meist des Vergleiches mit einer Welle. Man soll sich nicht gegen die Wehenwellen anstemmen, um dann von ihr umgeworfen zu werden, sondern man soll gleichsam unter dem Wellenberg hindurchtauchen. Auf dem Höhepunkt der Wehe ist die Gebärende am Tiefpunkte ihrer Entspannung angelangt. So heben sich dann Wellenberg und Wellental zu einer ruhigen Grundlinie auf.

Neben der Erlernung der autogenen Trainingsstufen wurde innerhalb der Übungsstunden noch eine etwa 10—15minütige Lockerungsgymnastik (Kohlrausch-Leube) von einer Krankengymnastin durchgeführt und in notwendigem Umfange zur Beseitigung einer objektbezogenen Furcht eine Aufklärung über die Geburtsvorgänge gegeben. Dazu diente vor allem das Buch von Burger-Eastman: „Die werdende Mutter" und einzelne Kapitel des Buches von Read: „Mutter werden ohne Schmerz". Wesentlich erscheinen uns die Einzelbesprechungen des Bildstreifendenkens und die spontanen Äußerungen der Patientin über eventuell vor-

Vorschlag eines Übungsplanes für das autogene Training (J. H. SCHULTZ) zur Geburtsschmerzerleichterung

Stunde	Gymnastik	Autogenes Training	Logotherapie (Aufklärung)
1.	Lockerung der Arm-, Schulter-, Nacken-Muskulatur	Unterschied zwischen Spannung und Entspannung, Pendelversuch, Ruhelage, Droschkenkutscherhaltung	Sinn und Zweck des Trainings
2.	Wiederholung (Wdh.), Lockerung der Gesichts- und langen Rückenmuskulatur	Bequeme Ruhehaltung, „auf sich selbst erinnern“ — „Abschalten“ — Das Ruheerlebnis-Körpergefühl	Besprechung der Schwangerschaft und auftretender Störungen
3.	Wdh., Lockerung der Beine und Hüfte	Ruheerlebnis — Geistige Entspannung — Den rechten Arm erfühlen wollen	Besprechung der Eröffnungsperiode. — Worauf kommt es dabei für die Patientin an?
4.	Wdh., Bauchdeckenentspannung, Gesamtlockerung	Ruheerlebnis — „Bildstreifendenken“ — „Der rechte Arm ist schwer“ — Anlegen v. Übungsprotokollen	Besprechung der Austreibungsperiode, der Geburt und Nachgeburt
5.	Gesamtlockerung des Körpers, Brust- und Bauchatmung	Wdh. Schwereerlebnis des rechten Armes, Generalisierung der Schwere über den ganzen Körper	Einzelbesprechung des „Bildstreifendenkens“ — Wovor hat die Patientin Angst und Furcht?
6. 7. 8.	Wdh. — Die Atemtechnik unter der Geburt	Wärmeerlebnis — „Ich bin ganz ruhig, schwer und angenehm warm“	Besprechung der Übungsprotokolle — Wie sollen die Wehen „verarbeitet“ werden?
9. 10. 11.	Wdh. besonders der Atemtechnik — Ruhig, rhythmisch	„Das Herz schlägt ganz ruhig“ — „Die innere Atmung“ — Beschleunigung der Umschaltung	Einzel- und Gruppengespräch über Furcht und Angst — Führung durch die gebh. Abteilung
12. 13. 14.	Wdh. und Kontrolle der Gesamtlockerung des Körpers	Wdh. und Beschleunigung in der Umschaltung der einzelnen Trainingsstufen — Innere Atmung und Totalentspannung, meditativer Versenkungszustand	Zusammenfassung und Übersicht: autogenes Training und Geburt — Besuch von schon entbundenen Müttern aus der Gruppe

handene Angstvorstellungen. Zu betonen wäre noch der Besuch von schon entbundenen Müttern aus der Gruppe, die wesentlich zum Vertrauen in das Training und die erfolgreiche Anwendung unter der Geburt bei der Schwangeren beitragen können.

Zum besseren Verständnis der Koordination der einzelnen Übungsstunden sei der vorstehende Übungsplan als Vorschlag angeführt, wobei allerdings betont werden muß, daß er ganz nach dem Fortschritt in der Gruppe individuell gestaltet werden muß, da gerade im autogenen Training nichts erzwungen werden darf.

Nur wenn Schwere und Wärme vollständig beherrscht werden, was nach sechs bis acht Stunden erreicht werden kann, wenn auch einzelne Personen wesentlich länger dazu brauchen, gehen wir zur Herzruhigstellung des Trainings über. Vor allem dann wird man sich dazu entschließen, wenn aus einer anderen Indikation heraus (funktionelle Herzbeschwerden usw.) dies angezeigt erscheint. In den letzten Monaten der Schwangerschaft spürt die Schwangere ja oft durch den Zwerchfellhochstand ihr Herz spontan, oder sie gibt ein unangenehmes Herzklopfen an, was häufig nachts auftritt und sie dann beunruhigt. So ist es meist leicht, zu einer Herzempfindung bei der Schwangeren zu kommen, ja es ist möglich, daß dann prompt das so unangenehme Herzklopfen auftritt. Genau wie beim Wärmeerlebnis muß hier dann langsam vorgegangen werden und nicht die Einstellung: „Herz schlägt langsamer" vom ÜL gegeben werden. Vielmehr kommt es auf das Zurückgehen zum Ruheerlebnis bei der Schwangeren an, von wo dann auch meist indirekt die Herzschlagfolge zu beeinflussen ist.

Bei dem Herzruheerlebnis ist im normalen Falle nur wesentlich, daß sich die Schwangere von ihrem ruhigen, regelmäßigen Herzschlag überzeugt und dadurch die Gesamtumschaltung weiter vertieft.

Das Erlebnis einer inneren Atmung ist die nächst zu erreichende Stufe. Die Patientin soll selbst zu der Beobachtung kommen: „Es atmet mich".

Häufig wird dieses Stadium beim Einatmen auch mit einem Heben oder Leichterwerden des Körpers und beim Ausatmen mit einem Schwererwerden und Fallen verglichen. Bei anderen löst sich das Körpergefühl völlig auf. Wird diese Trainingsstufe wirklich erreicht, so möchten wir sie für die Geburt im AT als Idealzustand bezeichnen. Ist die Gebärende in diesem Versenkungszustand, so wird man nur durch Auflegen der Hand auf den Leib eine Wehe von einer Wehenpause unterscheiden können. In einzelnen Fällen übten wir auch mit Vorsatzbildung, jedoch ist das Material hierüber noch zu klein, um Endgültiges sagen zu können.

Subjektiv werden die Wehen als dumpfer Druck im Unterleib bei der inneren Atemeinstellung oder wie ein schnürendes Gürtelgefühl über der Symphyse oder wie eine beengende Wellenbewegung im Unterleib wahrgenommen, ohne daß es zu einem stärkeren Schmerzerlebnis kommt. Dieses Stadium erreichen aber nur etwa 10% der Gebärenden während des gesamten Geburtsverlaufes.

Zu Ende der Eröffnungsperiode läßt bei längerem Geburtsverlauf die Konzentrationsfähigkeit und damit die Entspannung nach. Einem Teil der Patientinnen (34%) gelang es zwar, bis zum Beginn der Austreibungsperiode zu relaxieren und dann ohne eine medikamentöse Schmerzlinderung zu entbinden, bei den anderen war meist bei einer Muttermundsweite von 3—4 Querfingern eine Tiefenentspannung durch die verkürzten Wehenintervalle, die größere Intensität der Wehen und die extreme Dehnung der Cervix und des unteren Uterinsegmentes nicht mehr möglich. Jedoch ist die Patientin zu diesem Zeitpunkt nicht so erschöpft wie eine untrainierte Kreißende. Die Gebärende beginnt dann mit der schon oben beschriebenen ruhigen, rhythmischen Atmung mit oder ohne Analgetikum, die wiederum eine gewisse Entspannung, innere Ruhe und Sicherheit bringt. Ist der Geburtsverlauf funktionell gestört oder pathologisch, so kann die Schmerzintensität auch schon früher so stark werden, daß man eher zu einer medikamentösen Schmerzbeeinflussung greift, die dann durch das autogene Training unterstützt werden kann. Eine richtige Diagnostik auch zur Analgesiemethode erscheint hierbei selbstverständlich, denn jedes Verfahren ist ja nicht zum Ruhme und zur Routineanwendung für den Arzt, sondern zum Wohle unserer Mütter geschaffen. Daß von vielen Kreißenden eine medikamentöse Schmerzerleichterung abgelehnt wurde oder nicht erforderlich erschien, ist eine erfreuliche Tatsache, da die meisten Analgetika doch auch Nebenwirkungen auf Mutter und Kind haben können. Wir haben jedoch die Schwangere schon während des Trainings darauf hingewiesen, daß ihr die bei uns üblichen Analgesiemethoden genauso zur Verfügung stehen wie den anderen Patientinnen. Damit ist eine Notfallsversicherung mit einer meist beruhigenden Wirkung für die Schwangere gegeben. *Während das autogene Training also hauptsächlich in den ersten zwei Dritteln der Eröffnungsperiode allein ausreichend ist, kann es zu Ende der Eröffnungsperiode die medikamentöse Hypalgesie unterstützen.*

In der Austreibungsperiode kommt es auf eine gelockerte Beinmuskulatur und eine richtige Mitarbeit beim Pressen an. Bei längerer Austreibungsperiode wird das autogene Training in der Wehenpause zur Erholung mit gutem Erfolg angewendet. Die Kreißende ist dann zur nächsten Wehe ausgeruht und kann die Bauchpresse besser betätigen.

Erwähnt werden muß, daß innere Atemeinstellung, Wärme- und Schwereerlebnis unter der Geburt von der Kreißenden nicht mehr in der Deutlichkeit wie während des Trainings wahrgenommen werden. Es ist vielmehr ein generalisierter Versenkungszustand, in dem die allgemeine Ruhetönung einer bionomen Entspannung beherrschend ist. Dies wird von den Müttern mit verschiedenen Eindrücken und Bildern geschildert, wie „wogendes Kornfeld“, „vom Wasser getragen werden“, oder „das Strömende und Fließende in mir mußte durch eine enge Schleuse“.

Während der Wehentätigkeit gibt es an sich zwei Möglichkeiten der Trainingsanwendung. Einmal kann die Patientin über längere Zeit im Versenkungszustand auch in der Wehenpause verbleiben. Das wird vor allem dann nötig sein, wenn die Wehen rasch aufeinanderfolgen oder die Kreißende lange braucht, um in eine entsprechend tiefe Ruhetönung hineinzukommen. Ist das Wehenintervall länger, kommt die Kreißende während der Wehe aus dem Versenkungszustand heraus, oder gelingt es ihr, jedes Mal rasch hineinzukommen, so kann zu jeder Wehe neu Wärme und Schwere eingestellt werden. Die Methode hängt vom Trainingsstand und der Geburtssituation ab. Es verbleibt noch zu betonen, daß der ÜL nur zur Überprüfung der richtigen Entspannung und zur Kontrolle unter der Geburt erschien und eine suggestive Beeinflussung im allgemeinen nicht angewandt wurde.

Abschließend möchten wir über unsere bisherigen Ergebnisse bei 142 entbundenen Müttern berichten. Es sind dabei nur Patientinnen aufgeführt, die spontan (ohne Kunsthilfe) entbunden haben und die zumindest die Schwere- und Wärmeübung bis zur Geburt beherrschten.

Das autogene Training war unter der Geburt zur Erzielung einer Hypalgesie nach Beurteilung durch die Kreißende allein ausreichend bis zu einer Muttermundweite von

	2-3 Querf. u. weniger	3-4 Querf.	4 Querf. u. mehr
bei verheirateten Patientinnen (Privatpatientinnen Prof. Burger)	29	58	32
bei ledigen Patientinnen und sozial schlecht gestellten Patientinnen	12	7	4

Die Frage, ob durch das autogene Training eine Schmerzlinderung unter der Geburt zu erreichen sei, beantworteten

mit sehr gut und gut	mittel	kaum — nicht
102	23	17

Bei vier Patientinnen war der ungenügende Erfolg des Trainings wohl durch Wehen- und Geburtsanomalien bedingt, bei den übrigen 13 und bei einem Teil derer, die den Erfolg als mittelmäßig bezeichneten, dürfte es sich um psychische Hyperalgesien handeln, die durch das Training nicht behoben werden konnten. Es fehlte hier meist der persönliche Mittelpunkt (Gebsattel), aus dem heraus sie das Erlebnis der Geburt bionom verarbeiten konnten. Wenn wir diese emotionalen ebenso wie die somatischen Schmerzursachen (pathologischer Geburtsverlauf, funktionelle Geburtsstörungen) berücksichtigen, so erscheinen die bisher erreichten Ergebnisse doch recht positiv. Bedenkt man, daß bei einer Erstgebärenden bei einer Muttermundsweite von drei Querfingern rein zeitlich schon die halbe Geburtszeit erreicht sein kann, so erkennen wir die wesentliche Hilfe, die uns das AT leisten kann. Es hieße den Bogen überspannen, wollte man das autogene Training als *die* Methode zur Geburtsschmerzerleichterung empfehlen. Dazu besitzen wir heute medikamentöse Analgesieverfahren, die

Gleiches oder Besseres erzielen können, auf deren Nachteile gegenüber dem AT wir aber schon eingangs hingewiesen haben. Da das AT aber eine für Mutter und Kind sicher unschädliche Methode ist und von Wehenbeginn an angewandt werden kann, hat es einen ganz eigenen Anwendungsbereich und kann im Verlauf der weiteren Geburt jederzeit mit einem Medikament kombiniert werden, wenn dies erforderlich erscheint. Leider wird die lange Vorbereitungsdauer von mindestens sechs bis acht Wochen und die sehr wichtige tägliche häusliche Übung in vielen Fällen ein Hindernis sein, aber man sollte sich dieser Methode in geeigneten Fällen doch erinnern, vor allem wenn eine Kontraindikation gegen eine medikamentöse Schmerzerleichterung von vornherein gegeben ist oder die Schwangere keine medikamentöse Analgesie wünscht.

Zusammenfassung

Es wird über die Methodik des autogenen Trainings zur Geburtsschmerzerleichterung innerhalb eines Geburtsvorbereitungsprogramms berichtet. Gegenüber der READschen Methodik wird die Notwendigkeit einer bionomen Gesamtentspannung betont. Eventuell auftretende Störungen während des Trainings werden besprochen und die Anwendung in den einzelnen Geburtsphasen erläutert. Abschließend werden die Erfahrungen und bisherigen Ergebnisse kurz dargestellt; danach ist das autogene Training eine sicher für Mutter und Kind unschädliche Methode, die besonders in den ersten zwei Dritteln der Eröffnungsperiode Wesentliches zur Geburtshypalgesie zu leisten vermag.

Nachwort 1967

In den letzten 10 Jahren konnten Erfahrungen an über 1000 Gebärenden im autogenen Training gesammelt werden. Sie bestätigen die bereits niedergelegten Erfahrungen.

In der Methodik verkürzten wir das Programm auf 8 Stunden: Mit Erfolg wurden Vorsatzbildungen (im Sinne einer Hypalgesie und richtigen Wehenverarbeitung) in das Programm der letzten beiden Übungsstunden aufgenommen. Im Ergebnis konnte eine Geburtszeitverkürzung von über 2 Stunden bei über 28jährigen Erstgebärenden und einer allgemeinen Wehenersparnis von etwa 30% festgestellt werden. Weitere Ergebnisse finden sich bei H. J. PRILL, „Das autogene Training in der Geburtshilfe und Gynäkologie" in „Autogenes Training", hrsg. von W. LUTHE, Thieme Verlag, Stuttgart 1965, S. 234, und „Schmerzbeeinflussung durch autogenes Training in der Geburtshilfe" in Psychother. Psychosom. 14 (1966), 429.

*

DAS AUTOGENE TRAINING UND DIE PSYCHISCHE FUNKTION DER ORGANE[1]

Von HELMUTH STOLZE

Bei jeder Behandlung mit dem autogenen Training (J. H. SCHULTZ) und in jeder Übungsgruppe versuchen wir, als Einführung eine kurze Wesensbestimmung dieser Methode zu geben. Wichtig ist dabei der Hinweis, daß sich uns hier ein Weg eröffnet, der durch die psychophysische Gleichzeitigkeit des therapeutischen Zugriffs in immer wieder überraschender Weise unserer Sehnsucht nach einer „ganzheitlichen" Medizin nahekommt. Dieser Hinweis ist aber nicht ohne Gefahr, denn er kann — besonders zur Zeit des „Übungsknickes" — die gelegentlich auftretende Enttäuschung des Übenden und Lernenden verstärken. Die hochgespannten Erwartungen werden nicht sogleich erfüllt. Der Übende sieht sich einem gleichförmig ablaufenden Geschehen unterworfen. An Stelle „seelenbewegender" Erlebnisse, die er sich erwartet hat, ist eine mühselige Kleinarbeit getreten, in der ihm aufgegeben ist, sich Organ um Organ zu erarbeiten. Das „nur" körperlich gerichtete Bemühen beginnt zu ermüden und zu langweilen.

Der erfahrene Behandler und Gruppenleiter sieht diese Entwick-

[1] Psychotherapie 1, 1956, S. 102—105.

lung an sich nicht ungern: Mit dem Eintreten in die Phase der Ent-Täuschung darf er ja das Näherkommen des „Umschlagens" in die erwünschte Gleichmutshaltung erwarten. Trotzdem wird er sich gerade an dieser Stelle des Übungsverlaufes nach Hilfe umsehen, die er dem Lernenden geben kann. Er findet sie in der psychologischen Bedeutung der Organe. Wenn wir mit W. SCHEIDT das autogene Training als „Endhirnschlaf zugunsten der Leibseele (des Ausgleichsleitwerks)" beschreiben, so läßt sich dieser Vorgang bildhaft auch als „Eintauchen des Kopfes in den Körper" fassen — eine Formulierung, die sich aus dem Gespräch in einer unserer Gruppen einmal ergeben hat. Dieses „Ich", von dem etwa im „Ich bin ruhig" die Rede ist, begibt sich auf die Wanderschaft. Mit fortschreitender Körperdurchdringung entdeckt es Organsystem um Organsystem. Und jedesmal tut sich ihm eine neue Welt auf. Der Übende erlebt also nicht allein die physiologische Evidenz. Das liegt darin begründet, daß „jedes Organ neben seiner physiologischen Funktion auch eine psychologische zu verrichten hat" (STOKVIS), eine Erfahrung, die in der alten Temperamentenlehre — um nur ein Beispiel unter vielen zu nennen — ihren Niederschlag gefunden hat.

So ist es uns zur Gewohnheit geworden, mit dem Eintritt in die kritische Übungsphase der vierten bis sechsten Woche, das heißt etwa von der Zeit der Hinzunahme der Herzübung ab, mit Hinweisen auf diese psychische Bedeutung der jeweils erarbeiteten Organe und Organsysteme zu beginnen. Die Anregung dazu verdanken wir vor allem G. R. HEYER, in dessen schönem Buch „Der Organismus der Seele" im besonderen vieles und Wesentliches über die einzelnen Lebensbereiche ausgesagt ist.

Praktisch gehen wir so vor, daß wir die auf dem Wege des freien Assoziierens zu den einzelnen Übungen gewonnenen Einfälle sammeln und sie dann gemeinsam sichten. Nur um die Richtung unserer Arbeit zu kennzeichnen und ohne Anspruch auf Vollständigkeit soll davon einiges mitgeteilt werden.

Blut und Herz stellen in der hier erstrebten Sicht weitgehend eine Einheit dar und werden daher gemeinsam behandelt. Wir hören etwa:

„Blut ist ein ganz besondrer Saft" — Blutsbrüderschaft — das (arg mißbrauchte) „Blut und Boden" — Triebhaftigkeit („Das Blut rauscht einem in den Ohren") — einer „sieht rot" — Träger des Lebens — Wärme — rhythmisches Kreisen — (Ab-)Geschlossenheit des Herz-Blut-Systems — Herz als Sitz des Gefühlslebens — Liebe — das wilde, schweifende oder das in mühsamem Tun gebändigte Tier.

Es ist also der Bereich eines Tierhaften, den wir in uns spüren, des Tieres, das — einmal beherrscht — uns trägt, ungezähmt uns aber überfallen und zerreißen kann. Wir erfahren etwas von der dumpfen Kraftzusammenballung, von dem treibenden und stoßenden Rhythmus unserer Vitalität. Geläutert und gereinigt birgt sie aber auch die Gefühle liebender und zärtlicher Zuneigung. Im Herz-Kreislaufsystem liegt etwas von der ungestillten Sehnsucht des Menschen, sich zu verströmen für den anderen („sein Blut aufzuopfern") und es ob seiner Geschlossenheit nicht oder doch nur ein einziges Mal zu können. Die Farbe dieses Lebensbereichs ist rot, sein „Wappentier" der Tiger oder (als gebändigte Wildheit) das Pferd.

Etwas ganz anderes mutet uns an, sobald wir nach der *Atmung* fragen:

Odem — Erschaffung Adams — „Aushauchen der Seele" — offenes Hin- und Herschwingen — weicher, fließender Rhythmus — Kontaktnahme — der Adler, frei schwebend im blauen Äther.

Obwohl das Pneumatische noch dem Tierhaften im Menschen zugehört, wird doch ein deutlicher Zug „nach oben" spürbar, der Drang des Menschen zum „Höheren". Der Atem ist Träger der Sprache, dieser Fähigkeit, die den Menschen erst zum Menschen macht. Er ist Mittler eines Sich-Ausdrückens, einer spezifisch menschlichen Kontaktnahme. Auch hier handelt es sich um ein zentrales Lebensgeschehen, das aber befreit ist von Dumpfheit, gelöst und schwebend im beseligenden Auf- und Niedersteigen.

Gegenüber diesen beiden animalischen Bereichen zeigt sich uns wieder eine andere „Landschaft", sobald wir uns in der Sonnengeflechtsübung mit dem *Vegetativum (im engeren Sinn)* beschäftigen. Die Bilder sind nun:

Erde — dunkle Höhle — Schwangerschaft — Nährmutter — Nahrung — Aufnehmen, Behalten und Hergeben — ständige Umwandlung von Gestalt und Stoff.

Zur Empfindung des Bergenden der „mütterlichen" Leibeshöhle hat jeder unverbildete Mensch noch einen Zugang, wie sich hier zeigt. Es ist das pflanzenhaft Dahinwesende, das uns hier anspricht, wie etwa auch im Anblick einer in sich versunkenen schwangeren Frau. Wir erfahren in der „untersten" Schicht unseres Seins das unaufhörliche „Stirb und werde". Hier können wir im Tiefsten eins sein mit der Schöpfung — aber auch im Tiefsten mit ihr zerfallen! Die Eigenfarbe dieses Lebensbereichs ist grün oder braun, das „Wappentier" die Unke oder (nach alten Mythen) die Schildkröte mit der Stele auf ihrem Rücken.

Abgesetzt vom Animalischen und Vegetativen wird mit der Stirnkühle der *Kopf* erlebt. Es entspricht dem Wesen dieses Lebensbereichs, wenn dazu kaum Gegenständlich-Bildhaftes, dafür aber Abstrakt-Symbolisches assoziiert wird.

Es ist für den Therapeuten immer wieder überraschend, zu erleben, wie scharf profiliert sich vor dem Hintergrund einer solchen Betrachtungsweise der einzelne Patient oder Übende abhebt. Hier wird das autogene Training zum diagnostischen Mittel, das nicht nur zeigt, wie sich der Patient zu seinem Körper und dessen Funktionen verhält, sondern auch wie er zu den verschiedenen Weisen des Menschseins eingestellt ist.

Ein erstes zweifelndes Erstaunen muß der Arzt in Kauf nehmen, wenn er in dem hier gezeigten Sinn nach der psychischen Bedeutung der Organe zu fragen beginnt. Bei phantasiebegabten Patienten wird er dann rasch ein intensives Mitschwingen erleben. Aber auch nüchtern-sachliche oder intellektualisierte Menschen werden dankbar seine Anregungen aufgreifen.

Bei ihnen muß der Arzt allerdings darauf achten, daß er sie nicht überfordere. Das bedeutet: Es wäre nur zum Nachteil solcher Patienten, wenn sie versuchen würden, irgendwelche Einsichten „krampfhaft" zu erzielen. Diese Gefahr besteht namentlich bei der Arbeit in Gruppen, wo allzugern einer sich bemüht, es dem anderen an Erlebnissen gleichzutun. Durch behutsame, abwartende

Haltung und individualisierende Führung wird der Therapeut leicht solchem „übersteuerten“ Bemühen begegnen können.

Durch die gegebenen Hinweise werden die Patienten nach und nach immer mehr von der Wirklichkeit ihres beseelten Leibes erkennen können. Die Welt der Bilder tut sich wieder vor ihnen auf und führt sie auf den im autogenen Training letztlich ja erwünschten Weg einer echten leib-seelischen Selbstverwirklichung.

*

BEOBACHTUNGEN ÜBER DIE MÖGLICHKEITEN UND GRENZEN DES AUTOGENEN TRAININGS BEI EXTRAPYRAMIDALEN MOTORISCHEN STÖRUNGEN[1]

Von Immo v. Hattingberg

In dieser Arbeit wird über die Wirkung des autogenen Trainings bei drei Kranken mit Störungen des extrapyramidalen motorischen Systems berichtet. Die erste Kranke litt an einem Ruhe- und Intentionstremor des rechten Armes nach einem apoplektischen Insult, die beiden anderen an ausgeprägtem Parkinsonismus verschiedener Schweregrade. Diese drei sind Beispiele aus einer Beobachtungsreihe von 21 Kranken. Für eine Erfolgsstatistik ist die Zahl zu klein und die Beobachtungszeit zu kurz.

Zwei Fragen sollen durch die Beispiele anschaulich gemacht werden:

Welche Erfolge haben wir zu erwarten?

Welche Grenzen sind der Methode hier gezogen?

Es soll gezeigt werden, daß die konzentrative Selbstentspannung eine wichtige symptomatische Hilfe für diese Kranken bedeuten kann und daß man daher ihre Anwendung auch bei schweren Störungen empfehlen muß. Durch regelmäßige Übung

[1] Psychotherapie, 3, 1958, S. 198—210, gekürzt.

kann eine bedeutende Stärkung der Selbstsicherheit erreicht werden. Die Entspannung ist vor allem beim Rigor und Tremor eine wichtige Ergänzung jeder Bewegungsbehandlung.

Bei zahlreichen funktionellen Erkrankungen der Motorik ist die heilende Wirkung des autogenen Trainings heute erwiesen. Wenn wir es auch bei solchen Störungen anwenden wollen, denen organische Veränderungen im Gehirn zugrunde liegen, so müssen wir zwei Fragen stellen:

1. Ist der Kranke zu einer so konzentrierten und ausdauernden geistigen Leistung, wie sie das autogene Training verlangt, überhaupt fähig?

2. Kann man dem Kranken einen Übungserfolg versprechen, der diesen Aufwand an Zeit und Ausdauer lohnt?

Die Beantwortung der ersten Frage hängt von der Schwere des jeweiligen Krankheitsbildes ab. Es soll gezeigt werden, daß der Verlust an Spontaneität, Konzentrationsfähigkeit und Ausdauer beim Parkinson-Syndrom die Übungsfähigkeit begrenzt. Man muß sich bei jedem einzelnen Kranken die Frage vorlegen, wie weit bei ihm Konzentrationsfähigkeit und Ausdauer selbst einer Übung zugänglich sind.

Die Beantwortung der zweiten Frage hängt vom Charakter des anatomischen Substrates der jeweiligen motorischen Störung ab. Wenn solche Störungen, wie bei der ersten Kranken, als Folge eines apoplektischen Insultes auftreten, so ist es naheliegend, daß sie durch Übung günstig beeinflußt werden können. Liegt aber der Störung, wie zum Beispiel bei der Paralysis agitans, ein vorzeitiger Alterungsprozeß von Gehirnzellen zugrunde, so scheint es wenig wahrscheinlich, daß regelmäßige Entspannungsübungen der Muskulatur diesen Alterungsprozeß etwa aufhalten könnten. Allerdings läßt sich diese Möglichkeit auch nicht von vornherein ausschließen.

Einige Beobachtungen bei Gruppenbehandlungen an Parkinsonisten legen die Anwendung des autogenen Trainings nahe: Man weiß, daß diese Kranken positiven suggestiven Einflüssen besonders zugänglich sind. Es ist bekannt, daß manche Parkinsonisten lernen können, aktiv zu entspannen und den Rigor willkürlich herabzusetzen. Es ist außerdem bekannt, daß die Intensität einer Akinese, eines Rigors und eines Tremors fast immer von der seelischen Gesamtstimmung abhängig ist. Alle solchen Erregungen, die auch beim Gesunden den Muskeltonus erhöhen oder einen Tremor hervorrufen, wie der Erwartungszustand oder die Angst, verstärken die Symptomatik des Parkinsonismus. Der Zustand der Gelassenheit, der im autogenen Training systematisch geübt wird, kann diese Spannungen lösen.

Wir wissen auch, daß der Rigor sich im Schlaf lockert und der Tremor verschwindet. Da es das Wesen der Unterstufe des autogenen Trainings ist, den Organismus bei wachem Verstand in einen schlafähnlichen Ruhezustand zu versetzen, so kann sich der Parkinson-Kranke mit dem autogenen Training einen Automatismus zunutze machen, der in ihm immer wirksam ist.

Es besteht also die Möglichkeit, daß die konzentrative Selbstentspannung für die Behandlung der extrapyramidalen motorischen Syndrome eine ähnliche umfassende Bedeutung gewinnt, wie die Bewegungsbehandlung durch Spiele oder Gymnastik. Die systematische Bewegungsübung ist bei all diesen Syndromen trotz allen neuen Medikamenten der wichtigste Teil jeder Behandlung. Wo sie keinen Fortschritt bringt, kann sie doch oft ein Absinken der Kranken in die Hilfslosigkeit aufhalten. Wieweit das autogene Training in der Lage ist, in der gleichen Richtung zu wirken, soll in Folgendem gezeigt werden.

Zur Methode: Die methodischen Anweisungen im Hauptwerk und im Übungsheft von J. H. SCHULTZ wurden von uns genau eingehalten. Der Aufbau der Übungen ist auf eine so genaue Beobachtung an großen Versuchsreihen begründet, daß Modifikationen nur selten sinnvoll sein können. In allen Einzelheiten kann auf diese Anweisungen verwiesen werden.

Nur ein methodisches Problem bedarf der Erörterung: die Bedeutung der suggestiven Hilfe durch den Arzt.

Es gibt zwei Methoden, um die Erlebnisse des Trainings dem Kranken verständlich zu machen:

1. Man kann die einzelnen Übungen genau beschreiben, an Beispielen veranschaulichen und dann sagen: „So, jetzt üben Sie selbst!" Man überprüft dann, während der Kranke sich entspannt, seine Muskulatur und erörtert nach Beendigung das Ergebnis.
2. Oder man kann dem Kranken die einzelnen Formeln mit mehr oder weniger suggestivem Tonfall vorsprechen. Diese Methode läßt sich bis zur Hypnose intensivieren.

Diese beiden Methoden unterscheiden sich sehr in ihrer Endwirkung. Die erste vermeidet jede Art von suggestivem Rapport und ist daher die umständlichere. Der Kranke bewahrt sich seine Selbständigkeit des eigenen Studiums und der eigenen Fehler.

Der zweite Weg ist der einprägsamere und kann sogar bei defekten Kranken erfolgreich sein. Die Kranken erleben im suggestiven Rapport mit dem Arzt schnell die erwarteten Gefühle. Ihre Konzentration wird geführt und ihre Kritik ausgeschaltet. Diese zweite Methode hat aber einen Nachteil: sie gewöhnt den Übenden an die Stimme des Arztes. Wenn der Kranke allein weiter übt, erreicht er fast nie die gleiche Wirkung. Die Erfolge in Gegenwart des Arztes sind dann nicht von Dauer.

Bei unseren Kranken ist die sorgfältige Indikationsstellung für eine dieser beiden Methoden besonders wichtig. Ihr eigener Willensimpuls und ihre Ausdauer sind organisch geschädigt. Sie verlangen geradezu nach dem suggestiven Rapport. Der Arzt gerät aber mit der suggestiven Hilfe in Gefahr, den Kranken in eine schwer lösbare Abhängigkeit zu bringen.

Bei unseren Behandlungen wurde daher folgendermaßen verfahren: Solange der Kranke selbst über genügend Konzentrationsvermögen und Ausdauer verfügte, wurde auf jede suggestive Hilfe verzichtet. Nur wenn Einsicht, Konzentrationsvermögen oder Ausdauer zu gering waren, wurde zunächst die suggestive Methode angewendet. Die baldige Ablösung des Rapportes wurde in jedem Fall als wichtigste Aufgabe angesehen. In der Beschreibung unserer Ergebnisse wird auf dieses Problem jeweils besonders eingegangen[2].

Besprechung der Ergebnisse: Die Beobachtungen wurden mitgeteilt, um allen Ärzten, die sich mit der Behandlung der extrapyramidalen motorischen Störungen und besonders mit dem Parkinsonismus befassen, die Einführung des autogenen Trainings in ihren Behandlungsplan nahezulegen.

Die Erfolge, die von unseren drei Kranken erreicht wurden, veranschaulichen die Möglichkeiten und Grenzen dieser Selbstbehandlung.

Der symptomatische Erfolg, nämlich die zeitweise Entspannung des Rigors und Ausschaltung des Tremors, kann eine erhebliche Bedeutung haben, wenn dadurch das Hantieren oder sogar die

[2] Es folgen in der Originalpublikation drei interessante Falldarstellungen, die besonders Interessierte dort nachlesen können.

Berufstätigkeit wieder möglich werden, wie bei der ersten und dem zweiten Kranken. Aber auch dann, wenn die Entspannung nur in günstigen Situationen gelingt, kann sie eine gute Hilfe bringen.

Solche symptomatischen Erfolge, die der Kranke ohne Medikament sich selbst erarbeitet, gewinnen dann eine beispielhafte Bedeutung von kaum abschätzbarem Wert. Der Kranke erringt eine zuversichtlichere Einstellung zum eigenen Willen. Er verliert die Angst vor den unheimlichen Automatismen und übt seine Geduld, die bekanntlich besonders gefährdet ist.

Wir verstehen die psychologische Bedeutung dieser Selbsthilfe, wenn wir den psychomotorischen Vorgang eines Armtremors beachten: der Kranke erlebt zunächst nur, „daß es im Arm zittert". Er versucht daher, mit seiner Muskelkraft den Arm festzuhalten und verstärkt dadurch unwillkürlich und unwissentlich sowohl den Rigor wie den Tremor der Schultermuskulatur. Er verstärkt also das Zittern des Armes durch den Willen, ihn ruhig zu stellen. So entwickelt sich ein Circulus vitiosus, der den Kranken verwirrt und ängstigt. Da sein normaler Wille nur die Erstarrung und das Zittern verstärkt, so muß er resignieren. Nun erlebt er beim autogenen Training der Schwereübung, daß der Tremor aufhört, wenn es gelingt, den Arm schwer werden zu lassen, indem man die Schultermuskulatur entspannt. Er erlebt, wie Rigor und Tremor ihren Ausgang von der Schultermuskulatur nehmen und wie auch die Entspannung von hier ausgeht. Durch die Erlernung dieses relativ einfachen Tricks wird sein Wille Herr über den Automatismus. Er macht eine neue Erfahrung seines Körpergefühles, die für seine Erkrankung von Bedeutung ist. Dies gilt allein schon von der ersten Übung der Unterstufe, der Schwereübung. Werden dann alle Übungen der Unterstufe systematisch erlernt, so erlebt der Kranke die immer tiefer greifende Entspannung. Besonders eindrucksvoll kann der Ablauf der Atemübung sein, wenn die Entspannung sich nach einem tiefen Seufzer über die gesamte Rumpfmuskulatur ausbreitet.

Unsere drei Beispiele veranschaulichen auch die Grenze des Erreichbaren sehr deutlich: die Lösung des Rigors und die Ausschaltung des Tremors durch konzentrative Selbstentspannung dauern immer nur kurze Zeit und können niemals zu einem Dauererfolg werden. Der bewußte Wille muß sich üben, immer wieder aufs neue die Kontrolle des Tonus zu übernehmen. Wir beobachten hier dieselbe Gesetzmäßigkeit, die von den Bewegungsübungen her bekannt ist: dem Parkinsonisten fehlt die reflektorische Geschmeidigkeit der Bewegungen. Handlungen, die der Gesunde sich nur einmal vornimmt, um sie dann halb bewußt und automatisch ablaufen zu lassen, muß der Parkinsonist in allen Einzelheiten besonders bewußt wollen und durchführen. R. Hassler beschreibt das folgendermaßen: „Dem Parkinsonisten fehlt die prompte Verfügung über seine Muskulatur, sie bietet sich ihm nicht wie eine Klaviatur an, die nur auf den Anschlag wartet, sondern er muß sich bei einem plötzlichen Bewegungserfordernis gleichsam mühselig die einzelnen Saiten zusammensuchen, sie erst in den richtigen Spannungszustand versetzen, um sie benutzen zu können."

Das bekannte charakteristische Symptom beim Parkinsonismus, daß das Mitpendeln der Arme beim Gang fehlt, zeigt uns, daß die normalen Automatismen hier ausgefallen sind. Durch mühevolle, geduldige und immer wiederholte Übungen können manche Bewegungsautomatismen sich bis zu einem gewissen Grade wieder einschleifen und dann halb bewußt ablaufen. Der Kranke kann zum Beispiel die Mitbewegung der Arme beim Gehen wieder lernen, aber er muß immer daran denken. Die Erkrankung der extrapyramidalen motorischen Systeme erschwert oder verhindert eben die Bildung reflektorischer Automatismen.

Unser dritter Kranker veranschaulicht eine weitere Grenze für die Anwendung des autogenen Trainings: die mangelnde Konzentrationsfähigkeit und Ausdauer des Willensimpulses. Dieser scheinbar mangelnden Willensenergie und Ausdauer liegen gleichfalls Gesetzmäßigkeiten zugrunde, die von den Bewegungsübungen her bekannt sind. R. Hassler beschreibt das sehr anschaulich: „Daher bildet der Bewegungsbeginn für den Parkinsonisten oft ein unüberwindliches Hindernis. Auch wenn der Entschluß zur Bewegung gefaßt ist und der Willensimpuls stark erlebt wird, erfordert die Umsetzung in den motorischen Impuls noch einen zusätzlichen Aufwand."

Die ermüdende Anstrengung des Willens liegt also für den

Parkinsonisten in einem Teilakt, der für den Gesunden selbstverständlich ist: zwischen dem Willensentschluß und dem Bewegungsbeginn.

Wer das autogene Training selbst geübt hat, kann diese Erkenntnis leicht auf den Ablauf der Entspannung übertragen: wenn wir uns richtig vorstellen, „mein rechter Arm ist ganz schwer“, so bewirkt diese Vorstellung automatisch die Entspannung der rechten Schulter. Gerade diese Umsetzung der Schwerevorstellung in die Entspannung der Schultermuskulatur fällt aber dem Parkinsonisten besonders schwer. Weiterhin gelingt es dem Gesunden bei einiger Übung leicht, die Schwerevorstellung anderthalb Minuten aufrechtzuerhalten, ohne sich den Satz immer wieder vorsagen zu müssen. Ja, wir lernen sogar die Schwerevorstellung halb oder ganz unbewußt beizubehalten und dadurch den Arm in entspannter Lage zu behalten, während unsere Konzentration anderen Aufgaben zugewendet ist. Dieser Vorstellungsautomatismus gelingt dem Kranken nicht. Solange er übt, muß er sich die Vorstellung immer wieder aufs neue vorsagen. Das ist auch der Grund, warum wir bei diesen Kranken ohne suggestive Hilfe nicht immer auskommen.

In der Einleitung wurde die Frage gestellt, ob diese Kranken überhaupt zu der geistigen Leistung des autogenen Trainings fähig seien. Diese Frage läßt sich nun beantworten: die krankhafte Überforderung aller bewußten Willensimpulse, die durch die Störung der Automatismen bedingt ist, verringert auch die Konzentrationsfähigkeit und Ausdauer dieser Kranken. Wir dürfen aber mit einiger Wahrscheinlichkeit vermuten, daß das autogene Training die geeignete Übung ist, um Konzentrationsfähigkeit und Ausdauer auf eine schonende Weise zu stärken.

Auch zu der zweiten Frage der Einleitung, ob man dem Kranken einen Erfolg versprechen kann, der den Aufwand an Zeit und Ausdauer lohnt, kann jetzt die Antwort gegeben werden: Wenn die extrapyramidalen motorischen Störungen zum Beispiel auf kleinen umschriebenen Erweichungsherden beruhen, so ist ein Dauererfolg erreichbar. Wie sich eine Parese durch Übung vollständig ausgleichen läßt, so kann auch ein Tremor wieder verschwinden. In diesen Fällen wird durch die konzentrative Selbstentspannung eine Umschulung der Bewegung eingeleitet und unterstützt. Handelt es sich aber, wie wahrscheinlich beim zweiten und dritten Kranken, um einen fortschreitenden Schwund von Zellen der Substantia nigra, so ist dem autogenen Training dieselbe Grenze gesetzt, wie jeder Bewegungsbehandlung und jeder anderen Aktivierung des Kranken: weil die Einübung von Automatismen erschwert oder sogar aufgehoben ist, dauert die Wirkung der Übung nur so lange an, als der bewußte Steuerungswille erhalten bleibt.

Bei der Wahl der Methode zur Erlernung des autogenen Trainings müssen wir einerseits die hochgradige Abhängigkeit dieser Kranken von der Gesamtstimmung und andererseits ihre starke Suggestibilität beachten. Diese Kranken sind besonders leicht in die ersten Stadien der Hypnose zu versetzen, in denen Riger und die Hypokinesen wie im Schlaf verschwinden.

Andererseits sind diese Kranken, vielleicht infolge der Ermüdung ihres eigenen Willens, besonders hypnosebereit und geraten viel leichter als Gesunde in eine völlige Abhängigkeit von Pflegepersonen. Sie versuchen, den fremden Willen wie einen Hilfsmotor in den eigenen psychomotorischen Ablauf einzubauen. Darin liegt eine psychologische Gefahr, der sich Ärzte, Pfleger und Gymnastiklehrer bewußt sein müssen. Diese Kranken sind zuversichtlich, locker und beweglich, solange man mit ihnen übt oder spielt. Verläßt aber der Helfer das Zimmer, so versinkt der Kranke in eine zitternde Starre und Resignation.

Das autogene Training ist eine Möglichkeit, den Kranken aus dieser Abhängigkeit zu befreien. Es hat hier dieselbe Bedeutung wie eine körperliche Beschäftigung, die der Kranke regelmäßig und systematisch für sich allein betreibt. Dabei scheint es für den Erfolg entscheidend, daß der Arzt die richtige psychologische Dosierung der erklärenden Unterrichtung einerseits und der suggestiven Hilfe andererseits herausfindet. Die suggestive Hilfe muß die eigene Konzentrationsfähigkeit und Ausdauer des Kranken so lange ersetzen, bis diese selbst stark genug sind. Betreibt man diese Suggestion aber zu intensiv, so entsteht ein Scheinerfolg.

Wenn wir versuchen, uns eine theoretische Vorstellung über die Wirkungsweise des autogenen Trainings bei den extrapyramidalen motorischen Störungen zu bilden, so müssen wir bedenken, daß durch den umschriebenen Ausfall von Ganglienzellen in den betroffenen Kerngebieten Störungen in einem unübersehbaren Komplex von Funktionen entstehen, der von den höchsten Willensleistungen bis in die peripheren Regulationen des Muskeltonus reicht. Der Muskeltonus wie der unbewußte Bewegungsrhythmus ist bei jedem Gesunden von Stimmung und Willen, von Erwartungsspannung oder Angst ebenso abhängig, wie von Reizen der Umwelt. Beim Kranken ist diese Beeinflussung erheblich verstärkt. Im autogenen Training lernt nun der Kranke zum Beispiel die Spannung einer Erwartung oder die Angst vor dem Tremor dadurch zu lösen, daß er seinen Schultergürtel und die Zwerchfellmuskulatur willkürlich entspannt. Dadurch setzt er die periphere reflektorische Erregbarkeit der Muskulatur herab und unterbricht so willkürlich einen Erregungskreis, der zwischen affektiver Erregung einerseits und peripherem Muskeltonus andererseits normalerweise ständig abläuft. Durch das autogene Training erreicht er also eine Entspannung der motorischen Tatbereitschaft, wie sie sonst nur im Schlaf eintritt. Die Entspannung der verkrampften motorischen Tatbereitschaft bewirkt dann eine Beruhigung der seelischen Gesamtstimmung. Es kann der Zustand der Gelassenheit entstehen.

Die Erfahrungen, die durch unsere drei Beispiele anschaulich gemacht werden sollten, sind alle in Einzelbehandlungen und durch Beobachtungen in längerer Zeit gewonnen worden. Die Möglichkeit zur Gruppenbehandlung war nicht gegeben. Es wäre wichtig, wenn unsere Beobachtungen in Spezialkrankenhäusern und Sanatorien in Gruppenbehandlungen nachgeprüft werden könnten.

Zusammenfassung

1. Es wird über drei Einzelbehandlungen von Kranken mit Störungen des extrapyramidalen motorischen Systems mit dem autogenen Training berichtet.
2. Die Beispiele zeigen, daß auch bei schweren Fällen symptomatische Teilerfolge erzielt werden können.
3. Diese Teilerfolge können eine bedeutende Wandlung in der Einstellung der Kranken zu ihren Symptomen bewirken.

4. Die Anwendbarkeit des Trainings ist einmal dadurch begrenzt, daß bei diesen Kranken die Bildung von Automatismen gestört ist.
5. Außerdem ist die Anwendbarkeit durch Beeinträchtigung des Willens, der Konzentrationsfähigkeit und der Ausdauer begrenzt.
6. Auf Grund der Erfahrung bei der Behandlung von 21 Kranken mit solchen Störungen wird die Anwendung dieser Methode bei allen Fällen empfohlen, die auch für eine Bewegungsbehandlung geeignet sind.

*

ÜBER DIE ERFAHRUNGEN MIT DEM AUTOGENEN TRAINING IM RAHMEN STATIONÄRER BEHANDLUNG[1]

Von Heinz Wiegmann

Es handelt sich um die Erfahrungen mit dem autogenen Training (AT), die an der seit 1948 in Berlin bestehenden Klinik für psychogene Störungen gesammelt wurden. Die Darstellung soll das Ziel verfolgen, auch Kliniken mit primär organischen Fällen zur Übernahme des Verfahrens anzuregen. Zu diesem Zweck werden im I. Teil die dafür nötigen Gesichtspunkte abgeleitet und im II. Teil einige erprobte Details der Technik wiedergegeben. Kenntnis des grundlegenden Buches von J. H. Schultz „Das Autogene Training" und der Ausführungen von Kretschmer in seinen „Psychotherapeutischen Studien" muß vorausgesetzt werden[2].

Wir kommen nun zur Beschreibung einiger von uns erprobter

[1] Psychotherapie, 3, 1958, S. 171—185, gekürzt.

[2] Im ersten Teil seiner Arbeit gibt der Autor in der Originalpublikation einige allgemeine Hinweise über psychosomatische Störungen, Indikation und Kontraindikation des Autogenen Trainings, Beziehung zur Tiefenpsychologie und das AT als Differentialdiagnostikum.

technischer Details. Wir sind in jedem Fall, bei dem AT angezeigt ist, gezwungen, eine Vorfrage zu beantworten. Genügt es in dem vorliegenden Fall, an den Patienten lediglich die Technik heranzubringen, ihn entsprechend zum Üben aufzufordern und seine Bemühungen zu kontrollieren, oder ist es nötig, dem Patienten zumindest zunächst aktiv Hilfestellung zu leisten? Was unter aktiver Hilfeleistung zu verstehen ist, sei mit dem Stichwort umschrieben, mit dem wir dieses Bemühen auch an den Patienten herantragen: „Abnahme der Konzentrationsarbeit". Wir mußten es bald als zweckmäßig ansehen, den Ausdruck Hypnose zu vermeiden. Erstens stellte es einen unnützen Zeitaufwand dar, diesbezüglich vorhandene Fehlvorstellungen der Patienten zu beseitigen; zweitens sprach es sich unter den Patienten herum, daß dieses Verfahren in einzelnen Fällen angewandt wurde — in Anbetracht der der Hypnose gegenüber doch recht weit verbreiteten Überschätzung mußten wir uns mit auf diese Weise erzeugten Wünschen, in derselben Weise behandelt zu werden, auseinandersetzen. Drittens mußten wir trotz aller aufklärenden Bemühungen beobachten, daß, nachdem das Stichwort Hypnose erst einmal gefallen war, dies doch unserer Arbeit, den Patienten zur Entfaltung von eigener Initiative zu verhelfen, entgegenstand. Folglich entschlossen wir uns, in der Regel den Patienten von vornherein auf das Grundsätzliche des AT einzustellen, das heißt auch ihm klarzumachen, daß es sich da um etwas zu Erarbeitendes handelt. In diesem Zusammenhang wird dem Patienten beschrieben, daß es gelte, sich auf Bestimmtes zu konzentrieren. Diese Arbeit nähmen wir ihm aber zunächst einmal ab, er würde auf diese Weise leichter und rascher zum Erleben dessen kommen, was das AT bei ihm bezwecken solle, jedoch hinge alles davon ab, daß er, der Patient, so schnell wie möglich in die Lage käme, sich selbst (autogen) zu entspannen, um vom Arzt unabhängig zu werden und später, zwangsläufig allein auf sich gestellt, dieses wesentliche Hilfsmittel zur Verfügung zu haben, damit eine Wiederholung der Situation, die ihn in stationäre Behandlung gebracht hatte, vermieden würde.

Es liegt auf der Hand, daß das dann zu wählende Vorgehen sich engstens dem Ablauf des AT anpassen muß, der Patient muß auf das Passieren der einzelnen Übungsstufen und das Erleben derselben fixiert werden. Die Formulierungen sind so zu wählen, daß die vom Patienten dann selbst zu gebrauchenden Formeln an den entsprechenden Stellen herausgehoben werden. Die nachfolgenden Bemerkungen werden die Verwandtschaft mit der Hypnose erkennen lassen. Es ist ja auch nicht so, daß bei den für diese Abwandlung des AT in Frage kommenden Patienten Hypnose an sich kontraindiziert ist, sondern wir haben eigentlich nur die vorerwähnten „taktischen" Gesichtspunkte im Auge. Wie wir nachher sehen werden, gibt es Patienten, bei denen es vorteilhaft ist, im eigentlichen Sinne der Suggestion dem AT den Boden zu bereiten. Wir pflegen diese Vorschaltung stärkerer Aktivität des Arztes zu unterteilen. Der erste Teil führt den Patienten bis an das Stadium der Entspannung heran, zu dessen Erreichung aus ausschließlich eigener Initiative er gleichzeitig oder so bald wie möglich angehalten werden soll. Diese erste Phase erfährt demnach eine schrittweise Ausdehnung, indem wir so lange sozusagen Vorspann leisten, bis der Patient wirklich auf das eigentliche AT eingestellt ist. Dies kann durch alle sechs Stufen der Grundübungen des AT gehen, kann aber auch schon nach der Erreichung der Schwereübung beendet sein. In dieser ersten Phase haben wir die Möglichkeit, die bekannten Formeln des AT zu unterbauen, bzw. anzureichern durch Bilder, zusätzliche Hinweise, kurz gesagt, durch Ekphorierung von Engrammen, die mit den entsprechenden Formelinhalten assoziiert sind. Wichtig ist nur, daß alle einfließenden Beschreibungen und dergleichen in die zu fixierenden Formeln einmünden, darin zusammengefaßt werden. Bei eigenem Üben pflegt dies nicht dazu zu führen, daß die Konzentration quasi zerfließt, das in der Zusammenarbeit mit dem Arzt eingeschaltete breitere Erleben läßt lediglich eine der Realisierung der Formeln entgegenkommende und fördernde Grundstimmung entstehen. Diesem ersten Fall des vorgeschalteten Ablaufs kann sich ein zweiter Teil dergestalt anschließen, daß wir nunmehr dem Patienten, dessen Entspannung natürlich nicht aufgehoben wird, zum Beispiel sagen: „Die Annehmlichkeit des augenblicklichen Befindens werden Sie mit Hilfe Ihres eigenen Übens von Mal zu Mal besser erreichen. Wir vertiefen nun die Entspannung bis zu dem Zustand, der unseren Bemühungen schließlich als Ziel gesetzt ist." — An dieser Stelle nehmen wir uns die Freiheit, von der Beobachtung der einzelnen Stufen so, daß sie dem Patienten für sein eigenes Üben sichtbar bleiben, Abstand zu nehmen, und setzen in dem Stil der ärztlich einwandfrei geübten Hypnose fort. Dies mit dem Ziel, die direkte Ansprechbarkeit der Tiefenperson zu benutzen, um den Vorsatz des regelmäßigen Übens zu festigen. Darüber hinaus kann diese Phase dann genutzt werden, um suggestiv auch andere sich aus unserer dem Fall geltenden Zielsetzung ergebende Momente zu festigen.

Die auf diesem Wege erreichte Ruhigstellung an sich stellt den einen Grund dar, der diese Vorschaltung stärkerer ärztlicher Aktivität überhaupt bedingen kann. Dies gilt für Patienten, die besonders motorisch und psychisch beunruhigt sind. Der zweite Grund kann sich aus unzureichender Intelligenz der Patienten ergeben, die uns allzuviel Mühe machen, ihnen das übende Vorgehen zu beschreiben — das konkret Erlebenlassen hilft uns dann rascher weiter. Eine weitere Gruppe von Patienten kann so weitgehend jede eigene Initiative verloren haben und so weit innerlich auf Zuwendung seitens des Arztes eingestellt sein, daß sie den Appell zu eigener Bemühung als ein Abgeschobenwerden betrachten. Namentlich dann, wenn Voraussetzungen zu korrekter psychologischer Korrektur dieser Fehleinstellung nur sehr mühselig oder überhaupt unzulänglich geschaffen werden können, erscheint unser Vorgehen als ein zunächst zweckmäßiges Entgegenkommen.

Im Anschluß daran nun eine kurze Einschaltung: Wie wir oben breiter ausgeführt haben, muß bei jeder Art von Psychotherapie eine Klärung der aktuellen Konfliktsituation vorangehen und eine etwa notwendige Bereinigung derselben sich anschließen. Dies ist nicht so gemeint, daß AT erst nach der Bereinigung begonnen werden darf. Wir haben ja auch beschrieben, daß AT auch als Versuch in Anwendung kommen kann, wenn sich die Konfliktsituation aus den beschriebenen Gründen nicht auflösen läßt und auch Hinzuziehung eines Facharztes nicht möglich ist. Hier soll jetzt nur kurz angedeutet werden, daß die Dauer der Vorschaltung und Ausdehnung derselben über die verschiedenen Übungsstadien hinweg weitgehend von den Fortschritten in der Lösung des Konflikts abhängt. Bestehen Unsicherheiten diesbezüglich, so kann man sich darauf verlassen, daß der Patient selbst bis zu einem Grade den Zeitpunkt der Ablösung vom Arzt in dieser Beziehung bestimmt. Dies wird durch seine Fortschritte beim eigenen Üben sichtbar.

Kurz wollen wir noch bei der Frage verweilen, ob grundsätzlich zunächst im Liegen oder im Sitzen geübt werden soll. Wir meinen, daß da keine starre Regel eingeschaltet werden sollte. Gerade wenn in erster Linie an Patienten mit funktionellen Störungen gedacht werden soll, kann Üben im Liegen so lange notwendig sein, bis ein gewisser Funktionsausgleich erzielt worden ist. Zu denken wäre in dem Zusammenhang auch daran, daß in bestimmten Fällen Liegen möglichst vermieden werden sollte, nämlich dann, wenn es sich um Patienten handelt, die allzusehr den Eindruck erwecken, daß sie in ihrer ganzen Lebenssituation weitgehend darauf eingestellt sind, „alle viere von sich zu strecken“ und das ganze Heil vom Arzt zu erwarten. Dies trifft im wesentlichen auf sogenannte hysterische Strukturen zu, über deren Übertragungsmechanismen die Psychoanalyse ganze Bände geschrieben hat, auf die hier nicht eingegangen werden kann. Grundsätzlich bleibt das Üben im Sitzen das anzustrebende Ziel, begegnen wir doch dem Patienten mit der Beschreibung, daß er mit Hilfe des AT in der Lage sein soll, „in jeder Lage, gleichgültig wo er sich befindet, wer um ihn ist, was ihn seelisch bewegt“, sich zu entspannen. Es können jedoch alle möglichen Stufen des Übergangs notfalls eingeschaltet werden, von der Couch über den Sessel bis zum harten Hocker.

In Anpassung an das eben geschilderte Ziel „in jeder Lage. . .“ ist größter Wert darauf zu legen, den Patienten möglichst bald gemeinsam mit einer Gruppe üben zu lassen. Grundsätzlich ist zu sagen, daß Beibehaltung möglichst idealer Übungsbedingungen im Sinne maximaler äußerer Ruhe, möglichst bequemer Körperhaltung und dergleichen in der Regel so etwas wie ein Kartenhaus entstehen läßt, das sehr schnell in sich zusammenfallen kann, wenn der Patient versucht, nun wirklich in einer durch seinen Alltag entstehenden Lage das AT anzuwenden. Verstehen wir es als nie versagen sollendes Instrument, so muß seine Brauchbarkeit vorher unter Belastungen überprüft sein. Kommt eine Entspannung unter erschwerenden, unter Umständen künstlich erzeugten Bedingungen zustande, so wird sie auch unter den draußen sich ergebenden Belastungen realisierbar sein. Die Gruppe stellt insofern ein besonders gut brauchbares „Übungsgelände" dar, als sie eben eine Ansammlung von Menschen ist, die im Übertragungssinne für die Mehrzahl unserer Patienten in Anbetracht ihrer Schwierigkeiten im Umgang mit den anderen die Quelle allen Übels sind. Wir beobachten oft, daß Patienten die bisher allein mit gutem Erfolg übten, zunächst in der Gemeinschaft versagen. Natürlich ist in diesem Fall zunächst einmal zu konzedieren, daß es erschwerende Bedingungen an sich sind, aber es ist doch unter Umständen zu fragen, ob es nicht nötig ist, die Problematik des Patienten in Zusammenhang mit dem Umgang mit anderen breiter zu erörtern. Das Vorwärtskommen des Patienten in der Gruppe ist dann ein zusätzlicher Maßstab für den Erfolg unserer psychologischen Bemühungen.

Einige spezielle Fragen im Zusammenhang mit Gruppentraining sind noch zu erörtern. Es ist nicht nötig, in einer Gruppe nur Patienten zu haben, die auf möglichst gleicher Übungsstufe stehen. Statt breiter angelegter grundsätzlicher Erörterungen darf ich vielleicht beschreiben, wie wir es praktisch handhaben.

Zu stets gleicher Tageszeit werden die Patienten im Aufenthaltsraum versammelt. In jeder Sitzung wird zwei- bis dreimal geübt. Wenn es sich um eine größere Zahl von Patienten handelt, die sich noch in dem Stadium befinden, in dem ihnen die Konzentrationsarbeit abgenommen wird, wird ihnen auch beim ersten Üben in der Gruppe die Konzentrationsarbeit abgenommen, das heißt, der Arzt wendet sich der Gruppe in derselben Weise zu, wie es die einzelnen Patienten in der Einzelbehandlung vorher erlebt haben. Wir haben praktisch immer Patienten, die sich um verschiedene Übungsstufen mühen. Nun ist es doch so, daß der Patient beim Üben darauf eingestellt wird, störende Vorgänge von außen abzuschalten durch die Konzentration auf die Formeln des AT. Hat der Arzt die Patienten bis an die Schwereübung herangeführt, so wird er an die Adresse der Patienten, die sich bisher nur auf dieser ersten Übungsstufe befinden, sagen: „Stellen Sie sich jetzt in bezug auf meine Stimme und das, was ich sage, genau so ein, wie Sie es vorher den Außengeräuschen gegenüber gehalten haben. Sie sind ganz der Ruhe hingegeben, bleiben in der erreichten Ruhehaltung, indem Sie weiter auf das Erleben von Schwere in Armen und Beinen konzentriert bleiben." Danach wird die Realisierung der nächsten Stufe angesteuert, bei deren Erreichung gegebenenfalls dem Sinne nach dieselbe Einschaltung benutzt wird wie vorher, nun aber für die Patienten, die gerade bis zum Üben eben dieser zweiten Stufe gekommen sind, usf. Die Aufforderung „zurücknehmen" gilt dann für alle Patienten. Ziemlich regelmäßig verläßt der Arzt vor der Aufforderung „zurücknehmen" seinen Platz, um zu jedem einzelnen Patienten zu gehen und in der bekannten Weise den erreichten Entspannungsgrad zu kontrollieren. Nachdem die Patienten zurückgenommen haben, wird jeder einzelne Patient aufgefordert, seine Beobachtungen an sich selbst zu beschreiben. Er gibt auf diese Weise dem Arzt Gelegenheit, die Beschreibung des Patienten durch seine eigenen Beobachtungen zu ergänzen und die etwa notwendigen Korrekturen anzuregen. Wir erleben höchst selten einmal, daß Patienten durch das Fortführen des AT im Rahmen eines so geregelten Ablaufs über die von ihnen selbst anzustrebende Übungsstufe hinaus stärker irritiert werden. Der Austausch der Beobachtungen im Rahmen der Gruppe bietet den zusätzlichen Vorteil, daß weniger ausdrucksbegabte Patienten durch Bemerkungen anderer auf Begleitumstände aufmerksam gemacht werden, die sonst ihrer eigenen Beobachtung entgangen wären. Auf diese Weise sind sorgfältigere Korrekturen des individuellen Übungsablaufs ermöglicht. Darüber hinaus konnten wir feststellen, daß das Mitanhören der Beschreibung anderer das eigene Vorankommen einzelner Patienten fördert, indem ihnen das zu Erlebende sozusagen plastischer vor Augen gerät. Außerdem ermutigt die Bekanntschaft des Erlebens Fortgeschrittener, es erfüllt mit größerer Zuversicht in bezug auf das selbst zu Erreichende.

Die Wiederholung der Übung in derselben Sitzung geschieht auf jeden Fall so, daß die Patienten angehalten werden, jeder für sich so zu üben, „als wären sie völlig auf sich selbst gestellt und ganz mit sich allein". Nach einer kurzen Übungsdauer von durchschnittlich zwei Minuten geht wieder der Arzt herum, um bei jedem einzelnen Patienten den erreichten Entspannungsgrad zu kontrollieren, und gibt danach das Zeichen zum Zurücknehmen. Erwähnt sei in diesem Zusammenhang noch, daß wir jedem Patienten natürlich die Freiheit ausdrücklich einräumen, gegebenenfalls auch von sich aus vorher den Entspannungsvorgang zu beenden. Diese Möglichkeit muß den Patienten gegeben werden in Anbetracht einer gewissen, natürlich gegebenen individuellen Verlaufsform. Wir hatten aber Gelegenheit zu beobachten, daß davon eigentlich nur ein relativ kleiner Prozentsatz, und auch dieser nur im Anfangsstadium seines Übens in der Gruppe, Gebrauch machen muß. Ein drittes Mal wird in einer Sitzung eigentlich nur dann geübt, wenn auch noch nach dem zweiten Üben allzuviel Korrekturen anzuregen waren.

Daß die Patienten beim Gruppenüben bis zu einem gewissen Grade sozusagen auf einen Nenner gebracht werden, hat auch den weiteren Vorteil, daß das Vorgehen im Einzelfall gestraffter wird, daß der Patient eher ein Gefühl bekommt für die Zeit, in der die einzelnen Übungsstufen erreicht werden müssen. Es verbessern sich auf diese Weise die Voraussetzungen im Sinne der oben zitierten Vorankündigung, in jeder Lage . . . entspannen zu können. Wir machen unsere Patienten stets darauf aufmerksam, daß im Falle von Schwierigkeiten, an das jeweils geübte Erleben heranzukommen, eher unterbrochen werden soll, um neu zu starten, als sich hinsichtlich der Realisierung des jeweiligen Entspannungsgrades allzusehr zu bemühen. Dieser Rat ist in den Ausführungen von SCHULTZ bekanntlich enthalten, jedoch gibt er für das Gruppenüben Anlaß zu der — wie oben erwähnt — dem Patienten zu erteilenden Erlaubnis, auch selbständig zurückzunehmen.

Selbstverständlich ist auf keinen Fall das Training auf das Zusammensein in der Gruppe zu beschränken. Wir empfehlen unseren Patienten, unabhängig davon zusätzlich zweimal am Tage für sich allein zu üben. In der Regel erreichen wir innerhalb der durchschnittlich zur Verfügung stehenden Zeit von sechs Wochen Klinikaufenthalt die Schwere- und Wärmeübung. Wir konnten feststellen, daß ein recht hoher Prozentsatz mit diesen beiden Übungen der Grundstufe des AT Ausreichendes erreicht hat. Wir haben natürlich auch die Beobachtung gemacht, daß jeder Patient bei der Übungsstufe Schwierigkeiten zu überwinden hat, die dem Bereich gilt, in dem sich die funktionellen Störungen abspielen, die letzten Endes für die Aufnahme in der Klinik die vorherrschende Rolle gespielt haben. Aber es hat sich erwiesen, daß in einer hohen Zahl von Fällen die Schwere- und Wärmeübung auch einen gut ausgleichenden Einfluß hat im Zusammenhang mit Bereichen, die erst später in das AT einbezogen werden. Dennoch bleibt natürlich ein bestimmter Prozentsatz von Patienten, die über das, was in der Klinik erreicht werden konnte, hinaus gefördert werden müssen. Wenn diesbezüglich nicht damit zu rechnen ist, daß der Hausarzt dem Patienten adäquat behilflich sein kann, ist es wünschenswert, Möglichkeiten zu schaffen, dem Patienten ambulant von der Klinik aus zu helfen. Wir gestatten grundsätzlich jedem Patienten, sich nach der Entlassung als Gast in gewissen Zeitabständen am Gruppenüben zu beteiligen, benutzen sein Erscheinen vorher oder nachher, um ihn noch eingehender nach seinen Übungserfolgen zu fragen und ihn gegebenenfalls an weitere Übungsstufen heranzuführen. Sicher wird diese Möglichkeit nicht für jede Klinik gegeben sein, namentlich wenn Patienten aus größerer Wohnentfernung Aufnahme finden. Jedoch glauben wir, abschätzen zu können, daß es nach dieser „sorgfältigen Grundsteinlegung“ während der Dauer des Klinikaufenthaltes genügt, wenigstens in Abständen von 1 bis 2 Monaten einmal den Patienten zum nochmaligen Aufsuchen der Klinik aufzufordern. Fast immer ist es möglich, einen solchen Besuch des Patienten zu benutzen, um ihm die nächstfolgende Stufe des Übungsablaufs zu erschließen. Es braucht in dem Zusammenhang wohl nicht ausdrücklich betont zu werden, daß auf diese Weise noch ein Stückchen Führung des Patienten überhaupt ermöglicht wird. Es ergibt sich auf diese Weise die Möglichkeit, noch nachträglich zu kontrollieren, wie weit der Patient konsequent geblieben ist in der Durchführung der von ihm mit dem Arzt gemeinsam entwickelten Aufgaben hinsichtlich einer nachhaltigen Bereinigung der jeweiligen Konfliktsituation. Gegebenenfalls erhält der Patient auf diese Weise auch unsere Unterstützung bei der Bewältigung eventuell neu an ihn herangetretener Schwierigkeiten. Die in der Regel positiven Berichte später noch einmal als Gast sich an der Gruppe beteiligender Patienten fördern natürlich unsere Bemühungen bei den sich noch in stationärer Behandlung befindenden Patienten. Der auf diese Art notwendige Zeitaufwand für diese ambulante Weiterbehandlung ist relativ klein und rechtfertigt sich absolut durch die Konsolidierung unserer stationären Behandlungserfolge.

*

UNTERSUCHUNG ÜBER DIE WIRKUNGSWEISE DER MASSAGE REFLEKTORISCHER ZONEN IM BINDEGEWEBE[1]

Von Dietrich Langen

Die von Dicke und Leube entwickelte „Bindegewebsmassage" gewinnt zunehmend Anhänger, wobei gleichzeitig der Indikationsbereich dieser speziellen gymnastischen Behandlung sich ausdehnt. Die Verfasser begrenzen sie zwar in ihrem Buch „Massage reflektorischer Zonen im Bindegewebe" auf Rheumatismus, Kopfschmerzen, Gefäßerkrankungen und Erkrankungen der inneren Organe, weisen aber bereits im Anhang auf die Anwendbarkeit bei Rekonvaleszenz, nervöser Erschöpfung und Allergien hin. Massage und Gymnastik der Headschen Bezirke haben ja oft eine erhebliche therapeutische Wirkung, besonders im Sinne der „Auflockerung". Es ist deshalb gut verständlich, daß bei der Wirkungsweise der Bindegewebsmassage und des autogenen Trainings gewisse Parallelen bestehen. „Hier, wie so oft, begegnen sich autogenes Training und Gymnastik", schreibt J. H. Schultz. Es erscheint uns lohnenswert, dieser Beobachtung weiter nachzugehen . . .

Den Ausgangspunkt für die Bindegewebsmassage bildeten die von Head beschriebenen hyperalgetischen Zonen entsprechend der segmentalen Versorgung der inneren Organe. Von ihnen schreibt O. Foerster, „daß die afferenten Erregungen, welche von dem erkrankten Organ ausgehen und den diesen zugeordneten Hinterhornsegmenten zuströmen, eine Schwellenerniedrigung sämt-

[1] Zeitschrift für Psychotherapie und Medizinische Psychologie, 9, 1959, S. 194—201, gekürzt.

licher Zellen des Hinterhorns erzeugen, so daß diese auch auf die ihnen von der Peripherie zugeleiteten Erregungen kutaner Provenienz abnorm ansprechen", mit anderen Worten nach HANSEN und VON STAA, „daß der übertragene Schmerz der HEADschen Zone Ausdruck einer Summation peripherer und zentraler Erregung ist". Nach dieser Auffassung handelt es sich um viszerokutane Reflexe.

Eine Segment- und Seitenverteilung der algetischen und reflektorischen Krankheitszeichen der inneren Organe ergibt einiges Typische (aus HANSEN und VON STAA).

Die Organe sind etwa entsprechend ihrer Lage im Körper in den dorsalen und lumbalen Segmenten von D 3—L 1 und außerdem fast sämtlich in D 3 und C 4 vertreten. Diese Zone wird als „Halszone" bezeichnet. Die Repräsentationen von Organen in sensorischen Kopfzonen, wie sie von HEAD beschrieben wurden, konnten von HANSEN und von H. STAA meist nicht eindeutig bestätigt werden.

Während die Erklärung der am Körper nachweisbaren HEADschen Zonen nach der oben zitierten Auffassung FOERSTERS noch leicht gelingt, ist die Erklärung der Halszonen schwieriger. Die im Nervus phrenicus verlaufenden sensiblen Fasern (FOERSTER) für das viszerale Peritoneum verlaufen afferent in das Hinterhorngebiet von C 3 und C 4 und werden dort auf kurzen intraspinalen Bahnen zu den Seitenhornganglien von D 1 und D 2 weitergeleitet. Hier erfolgt die Umschaltung auf das afferente System des Sympathikus der entsprechenden Halssegmente, die mit den Spinalnerven zur Peripherie laufen.

Wenn auch eine Erklärung der Halszonen noch nach diesem Modell gelingt, „sind unsere Kenntnisse über die Entstehung von übertragenem Schmerz im Trigeminus- (bzw. C 2-) Gebiet noch sehr unbefriedigend" (HANSEN und VON STAA).

Was nun für die HEADschen Zonen an der Haut gilt, kann sinngemäß auf die von MACKENZIE gefundenen segmentären Gefühls- und Spannungsstörungen in den tieferen Geweben übertragen werden (MACKENZIE-Zone). Dabei ist besonders zu beachten, daß „bei all unseren Beobachtungen über die reflektorischen und algetischen Krankheitszeichen die reflektorischen immer vor den algetischen vorhanden sind, daß aber niemals bei Viszeralerkrankungen algetische Zeichen ohne gleichzeitige reflektorische festgestellt werden konnten" (HANSEN und VON STAA). Oder wie KOHLRAUSCH (Medizinische Klinik 1942) es ausdrückt: „Auf diese Weise werden in den entsprechenden Dermatomen Hyperästhesie und -algesie (HEAD), in den zugehörigen Muskeln, Hypertonus und Hyperalgesie (MACKENZIE) und — wie Frau DICKE zeigen konnte — im Bindegewebe der betreffenden Dermatome Quellung und bei Druck typischer, schneidender Schmerz erzeugt." Diese reflektorischen segmentalen Krankheitszeichen bestehen also in erhöhten Spannungszuständen des subkutanen Bindegewebes, so daß von hier aus eine therapeutische Anwendung möglich ist. Es gelingt also unter Ausnutzung eines kutiviszeralen Reflexes, das erkrankte innere Organ zu beeinflussen. (Die Wirkung der Wärmebehandlung bei Erkrankungen innerer Organe dürfte von diesem Gesichtspunkt aus verständlicher sein als bei Annahme einer direkten Beeinflussung.)

Mit anderen Worten: die Lösung eines zonalen, reflektorischen Spannungszustandes bewirkt gleichzeitig eine solche in erkrankten Organen. Durch die Massage der reflektorischen Zonen im Bindegewebe wird eine Beeinflussung des dem Segment entsprechenden inneren Organes erzielt. Dabei dürfte es durch die bei der Bindegewebsmassage erzeugten Reizungen der Haut zum Freiwerden von gefäßerweiternden H-Substanzen (LEWIS und KROH) und somit auf dem Wege eines Axonreflexes zur lokalen Durchblutungssteigerung der Haut und tieferer Gewebsabschnitte kommen. Tritt bei diesen mehr strichförmigen Hautreizungen sogar eine Dermographia elevata auf (wie DICKE und LEUBE sie beschreiben), so ist der Hautreiz etwa so groß wie bei einem Kanthariden-pflaster.

Wärme und ähnliche Hautreize können für alle auch tiefer greifenden Spannungszustände des Gewebes von lokaler, wohltuender Bedeutung sein und auch segmental in die Tiefe wirken, und doch werden wir nicht die so stark in die Peripherie ausstrahlenden Einflüsse beobachten, wie sie bei der Bindegewebsmassage festzustellen sind. Bei ihr muß also noch ein anderer Wirkungsmechanismus eine Rolle spielen. Beachtet man weiter, daß zwischen C 5 und C 8 und L 3—L 4 zwei Lücken der segmentalen Versorgung nach HEAD bestehen und daß es gerade diese Segmente sind, die die Arme und Beine versorgen, so wird man verstehen, daß uns die ausschließlich somatisch-reflektorische Erklärung der Wirkung der Bindegewebsmassage bei Schmerzzuständen oder spastischen Gefäßerkrankungen in den Extremitäten nicht ganz befriedigen kann. Die Wirkung der Bindegewebsmassage z. B. bei spastischen Gefäßverengungen, wie bei der RAYNAUDschen Erkrankung der Extremitäten, die ja nicht von den entsprechenden Extremitätensegmenten erfolgt (Lücken), weist darauf hin, daß über den rein segmental innervatorischen Weg noch ein anderer Faktor eine Rolle spielen muß.

Zum besseren Verständnis empfiehlt es sich, die Durchführung einer Bindegewebsmassage schon von ihrem Anfang an, zum Beispiel bei einer Gefäßerkrankung, zu verfolgen: Zum Beginn wird dem Patienten der Wirkungsmechanismus erklärt. Er wird aufgefordert, sich zu setzen, und zwar so, daß auch ohne Stütze keine Muskelspannung zur Erhaltung der Körperlage nötig ist. Nun beginnt die Behandlung in der typischen Weise, indem von unten aufsteigend, von der Wirbelsäule ausgehend, Segment für Segment Massagestriche von den Seiten zugeführt werden.

Außer den örtlichen, körperlichen Einwirkungen ließen sich bei den Patienten noch andere Vorgänge beobachten. Wir konnten häufig bei den Kranken eine angenehme Entspannung und Müdigkeit feststellen. Oft bedurfte es einer größeren Willensanstrengung, um aus der entspannten Haltung herauszukommen. Manche hatten das ausgesprochene Bedürfnis, sich zu recken und zu strecken. Viele verspürten, wenn nicht eine klare Desuggestion des Müdigkeitsgefühls erfolgte, ein Bedürfnis, sich nach der Behandlung hinzulegen, wobei sie dann einschliefen und nach kurzer Zeit frisch erwachten.

Diese Beobachtungen rechtfertigen die Annahme, daß es bei vielen Patienten während der Bindegewebsmassage zu einem leichten Hypnoid kommt, wofür folgende Faktoren sprechen:

1. Durch das völlig entspannte Sitzen („Droschkenkutscherhaltung" nach J. H. SCHULTZ) wird eine völlige Passivität des Patienten erreicht. Schon diese Immobilisation hat eine hypnagoge

Wirkung. Während eine geistige Aktivität mit erhöhter Muskelspannung verbunden ist, bedingt die Herabsetzung des Muskeltonus („neuromuskuläre Hypotension" von JACOBSON) eine Herabsetzung der nach außen gerichteten psychischen Aktivität, d. h. also eine Einengung des Bewußtseinsfeldes und somit eine Ausbreitung des „Sphärischen" (E. KRETSCHMER).

2. Der in die ruhige, sichere Atmosphäre des Behandlers kommende Patient befindet sich während der Behandlung in dem Bewußtsein einer „Ruhetönung", die während der ganzen Zeit der Behandlung in ihm wirkt. Die Müdigkeitserscheinungen, vor allem nach der Behandlung, sind, wenn sie nicht nach Beendigung der Massage wie beim autogenen Training „zurückgenommen" werden, unter Umständen erheblich und mit einer Hemmung der Außenaktivität gekoppelt. Hierüber schreibt J. H. SCHULTZ unter anderem: „Viel weiter ausgedehnt hat man sich die Funktionsgebiete des Ruheerlebnisses zu denken; seine Eigenart als ‚Stimmung', als eines allgemeinen Zustandserlebnisses, weist schon an und für sich in eine allgemeine Richtung . . ."

3. Schließlich finden wir eine willkürliche Zuwendung auf die erkrankten Körperteile — in unserem Beispiel das schlecht durchblutete Bein. Diese Zuwendung wird sowohl durch den Krankheitsprozeß als auch durch die von Arzt und Behandler gegebene Zielvorstellung der besseren Durchblutung bewirkt. Diese Zielvorstellung liegt ebenfalls genau in der Richtung der konzentrativen Vorstellung beim autogenen Training: „Mein rechter Arm ist ganz warm"; denn die bessere Durchblutung wird meist auch von jedem Laien mit einer Durchwärmung des betreffenden Körperteils gedanklich verbunden.

Wir finden also hier die von J. H. SCHULTZ für die Theoriebildung des autogenen Trainings wichtigen 3 Punkte:

a) der Körperhaltung,
b) der Hemmung der Außenaktivität,
c) der bewußten willkürlichen Zuwendung auf bestimmte, überwiegend „sensorische Funktionen".

Schon beim Beginn der Bindegewebsmassage vollzieht der Patient eine „passivierende Einwilligung", die dann durch die „Außenablenkung" und „kritische Selbstbeobachtung" — wozu gerade diese gymnastische Behandlung anregt — zu einer „fixierenden Sammlung“ führt. Die während der Massage herrschende Ruhe und völlig entspannte Körperhaltung vertiefen die Passivierung, so daß es zu einer zunehmenden „Indifferenz“ und „Entwachung“ mit „Verlangsamung“ und „autochthonen Entspannungseuphorie“ kommt. Dadurch wird eine psychophysische Umschaltung mit „organismisch wirkender Zirkelsprengung“ erreicht. Dazu kommen noch die verbalen Einflüsse, wie sie vom Behandler immer ausgehen. Er fördert durch seine Fragen oder Erklärungen die Zielvorstellungen des Patienten, so daß bei einer Bewußtseinseinschränkung der Kranken sogar leichte Hypnosen erzielt werden können.

Betrachten wir unter diesen Gesichtpunkten die von Leube und Dicke beschriebenen Indikationen zur Bindegewebsmassage, so müssen wir sie wie folgt einteilen:

Bei den Erkrankungen der inneren Organe des Bauch- und Brustraumes hat die direkte reflektorische Wirkung entsprechend den Headschen Zonen den Vorrang, da die inneren Organe im Versorgungsbereich ihrer segmentalen Repräsentationen von der Haut und vom subkutanen Gewebe aus beeinflußbar sind.

Bei Erkrankungen an den Extremitäten, wie Ischialgie, Gelenkrheumatismus, Arthritis, Arthrosis, Plexusneuralgie oder Gefäßerkrankungen sind die durch die Headschen Zonen bedingten direkten Einflüsse der Bindegewebsmassage wesentlich geringer, da es sich hier nicht um kultiviszerale Reflexe nach dem klassischen Headschen Schema handelt. Hier dürften die zentralen Umschaltvorgänge mit der organismischen Zirkelsprengung, wie sie bei dem autogenen Training und bei Hypnosen auch leichteren Grades von Bedeutung sind, stärker bestimmend sein.

Die sowohl von Leube und Dicke als auch durch v. Puttkammer angeregte Ausdehnung der Indikation der Bindegewebsmassage auf körperliche und seelische Erschöpfungszustände oder Nerven- und Geisteskrankheiten gehen unserer Meinung nach über die Reichweite dieser Behandlung dann hinaus, wenn nur die lokale somatische Seite des Verfahrens gesehen wird.

Bei den von v. Puttkammer behandelten Patienten sticht außer Erkrankungen der inneren Organe der hohe Prozentsatz der vegetativ Labilen hervor. Ebenso wie von ihnen bekannt ist, daß sie leicht zu allgemeinen Spannungszuständen neigen, wissen wir, daß sie auf allgemeine Entspannungen, wie sie bei der Bindegewebsmassage schon durch die „induktive Tonussteuerung“ (E. KRETSCHMER) erreicht werden, besonders gut ansprechen. So wird auch hier die innige Verquickung des peripheren, kutiviszeralen und zentralen Einflusses sichtbar.

Auch die von anderen Autoren (u. a. KOHLRAUSCH) erwähnten ausgezeichneten Ergebnisse der Bindegewebsmassage bei der spastischen Obstipation zeigen, daß die Vorgänge der Gesamtumschaltung eine ausschlaggebende Rolle spielen; denn gerade von dieser Erkrankung ist ihre gute Ansprechbarkeit auf autogenes Training oder Hypnose bekannt.

(Wir möchten an dieser Stelle auf die von v. PUTTKAMMER erwähnten Parallelen zu den Chinesen hinweisen, wie die „Akupunktur“ und „Moxas“, und eine Verbindung durch die Feststellung ziehen, daß ja auch das autogene Training im indischen Yoga seine Vorläufer hat.)

Die Aufmerksamkeit soll noch auf einen Punkt gelenkt werden, bei dem das innige Ineinandergreifen psychischer und somatischer Faktoren bei der Massage reflektorischer Zonen besonders sichtbar wird:

Im Mittelpunkt der Bindegewebsmassage steht die Wirbelsäule. Alle Behandlungen werden entlang derselben von kaudal nach kranial allmählich aufgebaut und erreichen so die Halswirbelsäule mit den Segmenten C 3 und C 4 und damit das „Schulternackenfeld“ bzw. das „obere Kreuz“ von H. STOLZE. Dieses Schulternackenfeld hat auch im autogenen Training eine zentrale Bedeutung, indem es bei der Beherrschung der Unterstufe schließlich gelingt, durch eine isolierte Entspannung dieses Gebietes eine generalisierte vegetative Umschaltung zu erreichen. Dazu schreibt J. H. SCHULTZ (Das autogene Training. 11. Aufl. 1964, S. 300–301):

„Interessante Hinweise auf eine Sonderstellung des beim Menschen für die Teilentspannung besonders geeigneten Schulternackenfeldes teilt mir Herr Kollege PIETSCH aus E. B. SPEERS Klinik in Lindau soeben mit. Es konnte zuerst bei zwei 4 Wochen alten, dann bei ausgewachsenen Katzen festgestellt werden, daß ein Nackenanheben an ganz bestimmten Stellen, wie es die Kätzin mit ihren Kleinen beim Tragen macht, ‚einen Zustand völliger Erschlaffung' herbeiführt; alle Glieder ‚hängen wie schlaff gelähmt', wobei der Kopf ‚schlaff zur Seite sinkt' und die vorher lebhaften Augen schläfrig, ‚sterbend' werden. Nach dem Wiedersetzen schnurren die Tiere behaglich. PIETSCH weist auf Beziehungen dieses ‚Getragenwerdenreflexes' zu scharf lokalisierten Schulternackenpunkten hin. In der Tat ist es sehr bemerkenswert, daß gerade an einer Stelle ein immobilisierender ‚hypnoider' Zustand ausgelöst werden kann, wo beim Kleintier die Mutter trägt."

Analoges ist auch bei anderen Tieren bekannt. Der reflektorisch anmutende Starrezustand weiblicher Vögel bei der Kohabitation in dem Augenblick, in dem das Männchen das Weibchen am Nakken packt, dürfte ebenfalls eine Parallele zu der obigen Beobachtung von PIETSCH sein.

Wir sehen also, daß wir im Schulternackenfeld Zonen haben, die phylogenetisch vorgebildet im Dienste generalisierter Tonusänderungen stehen, wodurch z. B. beim Kleintier das Getragenwerden ermöglicht oder bei geschlechtsreifen weiblichen Tieren die Kohabitationsfähigkeit erleichtert wird.

Auch beim Menschen finden wir, daß die Applikation bestimmter Reize am Schulternackenfeld eine generalisierte Erregung der Piloerektoren zur Folge hat, wobei diese meist mit einer mehr oder weniger affektiv gefärbten Sensation einhergeht.

Es ergeben sich hier interessante Parallelen zu klinischen Untersuchungen über Irritationssyndrome des Halssympathikus, wie sie an unserer Klinik von BENTE und MANFRED KRETSCHMER früher durchgeführt wurden. Auch hier stoßen wir auf die Tatsache, daß die Schulternackenregion ein spezifisches sensibles Projektionsfeld bei Reizzuständen im Halssympathikus darstellt und daß andererseits bei Reizzuständen des zervikalen Sympathikus komplexe psychophysische Phänomene zur Beobachtung gelangen. Dies alles scheint darauf hinzuweisen, daß über die segmentalen Beziehungen hinaus die Schulternackenregion ein spezifisches Rezeptorenfeld für zentral geschaltete, reflektorische Koppelungen darstellt, wobei dem Sympathikussystem eine wesentliche Rolle bei der Leitung der afferenten Impulse zukommen dürfte. Diese zentralen Beziehungen des Schulternackenfeldes machen auch die besondere Bedeutung dieser Region in dem von HEAD angegebenen Schema verständlich.

Auf eine für die Durchführung der einzelnen Bindegewebsmassagen wichtige Nutzanwendung unserer Untersuchung soll abschließend hingewiesen werden: Da sich periphere und zentrale Wirkungsmechanismen überschneiden, sollte bei Durchführung der Bindegewebsmassage besonders diesen Faktoren eine größere Beachtung geschenkt werden. Dabei wäre auf folgendes besonderer Wert zu legen:

1. Während einer Bindgewebsmassage soll der Patient durch Schließen der Augen die Außenablenkung noch mehr verringern.

2. Eine Bindegewebsmassage sollte wie das autogene Training stufenweise beendet werden durch kräftige Armbewegungen, tiefes Atmen und Öffnen der Augen, um auf diese Weise die zentrale Umschaltung exakt rückgängig zu machen. Eventuelle, unbeabsichtigte, auf Passivierung hinzielende Beeinflussungen während der Behandlung werden somit aufgehoben.

3. Die Heilgymnastinnen müssen darauf hingewiesen werden, daß es bei der Bindegewebsmassage in einer großen Zahl der Fälle auch zu psychischen Entfaltungen im Sinne leichter Hypnosen kommen kann. Gespräche während der Behandlung sollten deshalb in eine die Heilung fördernde Richtung gelenkt werden. Da die Mitteilungen der Patienten aus einer affektiv veränderten Einstellung heraus gemacht werden und oft kathartische Reaktionen haben, sollten sie dem Arzt weitergegeben werden.

*

Mehr am Rande klinischer Berichte stehen die Erfahrungen Dr. LINDEMANNS, die SCHULTZ in seinem folgenden Beitrag „Autogenes Training und sportliche Höchstleistung“ verwertete.

AUTOGENES TRAINING UND SPORTLICHE HÖCHSTLEISTUNG[1]

Von Johannes Heinrich Schultz

Es ist leicht verständlich, daß durch das autogene Training, wenn beständig und unter sachgemäßer Aufsicht geübt wird, nach vielen Richtungen hin außergewöhnliche Leistungen möglich sind. Auf dem Gebiet des *Sportes* darf besonders im Anschluß an die vor Jahren mitgeteilte Beobachtung gesagt werden, daß ein bei 30 Grad Kälte unter Schnee verschütteter Hochtourist durch selbsttätige Durchblutung von Fingern, Zehen, Nase und Ohren mit Hilfe des autogenen Trainings als einziger seiner Gruppe ohne Erfrierungen davonkam.

In letzter Zeit haben die Erfahrungen des jungen Arztes Dr. Hannes Lindemann, Oldesloe, einen weiteren großartigen Beitrag zu diesem Problem geliefert, wie er in seinem schönen Werke „Allein über den Ozean. Ein Arzt in Einbaum und Faltboot" (Frankfurt, Scheffler, 1957, 23 Abbildungen, 224 Seiten) berichtet. Dr. Lindemann war nach längerer Ausbildung in Hamburg im Ausland tätig und begegnete 1952 in Casablanca einem „Menschen, der vorgab, als freiwilliger Schiffbrüchiger Studien zum Überleben auf See anstellen zu wollen", wobei es sich vor allen Dingen um eine Prüfung der Trinkbarkeit des Seewassers handelte. Bei der allgemeinen Bedeutung dieser Frage entschloß sich Dr. Lindemann, hier selbst Forschungen anzustellen und als jahrelang in der Navigation Erfahrener dieses Experiment zugleich mit einer sportlichen Sonderleistung zu kombinieren. Er stellte sich als Aufgabe, allein im Einzelboot den Atlantik zu überqueren.

Bei Beginn des ersten Versuches war er in Liberia tätig und startete mit einem der dort bei den Eingeborenen üblichen Einbäume zunächst mit dem Ziel der Kanarischen Inseln, wurde aber durch schwere See und Mängel seines Fahrzeuges gezwungen, zu unterbrechen. Am 29. Mai 1955 war er auf Fahrt gegangen, aber erst am 25. Oktober 1955 konnte von Las Palmas auf den Kanarischen Inseln „der große Sprung" beginnen, der in 65 Tagen das erstgesetzte Ziel nicht erreichte, nämlich eine Nonstop-Fahrt

[1] Psychotherapie, 3, 1958, S. 34—38.

bis Haiti zu schaffen, sondern am 29. Dezember 1955 auf S. Croix, Antillen, endete. Der zahlreichen, sehr eindrucksvollen Einzelheiten wegen sei auf die Darstellung von Herrn Dr. LINDEMANN verwiesen. Für die folgenden Darlegungen greifen wir nur das Problem heraus, wieweit Dr. LINDEMANN in der *Anwendung des autogenen Trainings* eine wesentliche Hilfe für seine zweite gelungene Ozeanfahrt finden konnte. Diese erfolgte nicht im Einbaum, sondern in einem gewöhnlichen Serien-Faltboot und führte in 72 Tagen vom 20. Oktober bis 30. Dezember 1956 aus Las Palmas nach S. Thomas, Antillen, dem vorgesetzten Ziel. Damit hatte Dr. LINDEMANN als Einhandsegler den Ozean nach seinem Vorsatz bezwungen; das Meerwassertrinken mußte allerdings schon vor dem ersten großen Start aufgegeben werden.

„Der echte Einhandsegler sucht geradezu die Einsamkeit ... hier findet der Mensch zu sich, zur Natur, zu Gott." Trotzdem bleiben die Mutanforderungen außerordentlich. Schon auf der ersten Fahrt stellte sich das *Schlafproblem* als besonders wichtig heraus, fordert doch diese Fahrt fast pausenlose Aufmerksamkeit, und in schlafähnlichen Zuständen können lebensgefährliche instinktive Handlungen geschehen, zum Beispiel ein Überbordwerfen wichtiger Gegenstände, so daß nachher „ein grausames Erwachen und eine noch bessere Lehre eintreten". Immer besteht die Gefahr, durch Schlafmangel in einen Zustand von „Trunkenheit", als „Delirium" zu verfallen. Auf der ersten großen Fahrt wurden Schiffsgeräusche öfter zu schwatzenden Stimmen; im Golf von Guinea kam es bei LINDEMANN bis zu Halluzinationen. Mit Singen, Erzählen und Tagträumen kämpfte er gegen den Feind Schlaf. Was das rein körperlich bedeutet, wochenlang Luft und Meer ausgesetzt in engem Raum zu sitzen mit zerschundener Haut usw., sei als besondere organismische Belastung neben den aktiven Anstrengungen als wichtig hervorgehoben.

Auch auf der zweiten gelungenen Fahrt kam es gelegentlich zu Halluzinationen. „Dann sprach plötzlich die Spritzdecke zu mir: ‚Komm, leg dich man hin'", „und ähnliches, das aber sogleich korrigiert wurde" (31. Tag); ebenso, gleichfalls mit allerschwerster Übermüdung am 49. Tage; dann „ging meine Einbildungskraft mit mir durch", die Wellen redeten und LINDEMANN fühlte sich „häufig genug“ versucht, ihnen die richtige Antwort zu geben und manchmal (57. Tag) kommt es bis zu traumhaft deliranten Szenen, in denen er in eine Jagdpartie versetzt in einer Art Rikschah sitzt und mit dem Boy plaudert, ein schnaubendes schwarzes Pferd sieht und hört usw.

Diese kurzen Hinweise dürften genügen, um zu zeigen, welche enorme Leistung hier zum Durchhalten nötig war. Sie durchzustehen, wurde auch das *autogene Training* zur Hilfe herangezogen. Auf Haiti hörte Dr. LINDEMANN Näheres über magische Versenkungsmethoden, den „*Vodu*“ und die hier liegenden Möglichkeiten, Grundeinstellungen zu ändern. „Hier schien ein Hebel, meine Angst vor einer solchen Fahrt auszuschalten, so daß Zweifel in Gefahrenmomenten gar nicht erst aufkommen könnten.“ Mit Recht betont er anschließend die große Bedeutung von „richtigem“ Beten. Über diese Möglichkeiten hinaus eignete er sich in einem Vierteljahr gründlich das autogene Training an; „hier sah ich einen Hoffnungsschimmer, das Schlafproblem einigermaßen zu lösen ... durch kurze Entspannungsübungen soviel Kraft zu schöpfen, daß ich mich eine Woche lang über Wasser halten könnte“. Er trainierte auf Schlafverkürzung und gestaltete die formelhafte Vorsatzbildung „*Ich schaffe es*“. „Das machte ich drei Monate lang, dann hatte ich das *kosmische* Gefühl, ich würde die Fahrt heil überstehen, komme, was da wolle. Erst dann entschloß ich mich endgültig dazu, in einem Serien-Faltboot den Atlantik anzugehen.“ Als große Hilfe erwies sich auch regelmäßiges Gebet. „Aber das allein schien doch nicht zu helfen; deshalb hatte ich ja in mein Unterbewußtsein die Überzeugung des ‚Ich schaffe es‘ hineingebaut, und in *Las Palmas*, drei Monate vor der wahrscheinlichen Abfahrt, nahm ich neue kategorische Imperative dazu: ‚*Nicht aufgeben*‘, ‚*Kurs West*‘ und ‚*Nimm keine Hilfe an*‘. Ich spürte bald, daß die früheren Bedenken hinsichtlich dieser Fahrt mehr und mehr schwanden und einem echten Optimismus wichen, und schließlich gratulierte ich mir zu der Idee, gerade ein Faltboot für die Überquerung ausgewählt zu haben“, denn so mußte LINDEMANN alle Nöte und Beschwerden eines Schiffbrüchigen auf sich nehmen.

Es ist nun höchst eindrucksvoll, den weiteren Verlauf zu verfolgen. Vor dem Start „redete ich mir immer durch Selbsthypnose ein, die Fahrt werde einen guten Abschluß finden, so daß ich in den letzten Wochen an Land in einen glücklichen und übermütigen Zustand geriet, der echt war und nichts mit Galgenhumor zu tun hatte. Ja, ich möchte glauben, daß sich in diesen sechs Monaten ganz intensiven Trainings sogar meine Grundeinstellung zum Leben positivierte." Gerade diese letzte Formulierung liefert einen besonders schönen Beitrag zu den Möglichkeiten selbstgestaltender Persönlichkeitswandlung durch konsequentes autogenes Training.

Schon die Hafenausfahrt, bei der ein Pilotboot ungeschickterweise das Faltboot beschädigte, ließ die formelhafte Vorsatzbildung „Ich schaffe es" *am ersten Tage sich bewähren.*

Am zweiten werden die fast unerträglichen Hautbeschwerden durch autogene Selbstsicherung überwunden. Am dritten Tage sind die Qualen der Haut so schwer, „daß für kurze Zeit törichte Gedanken aufkommen, die aber schnell wieder durch das mechanisch aufkommende ‚*nicht aufgeben*' verdrängt werden. ‚Spring über Bord, wer kümmert sich um dich, wer weiß, daß du auf See bist? Keiner! Selbst zu Hause weiß man nichts von einer neuen Fahrt', so und ähnlich sauste es durch mein schwach gewordenes Hirn, ehe ich wieder zu mir komme." Bereits hier am dritten Tag erweist sich ein Konzentrieren auf „Dösen" als zweckmäßig. In den ersten Tagen werden noch Träume von Mädchen beobachtet, später geht es nur noch um lang entbehrte Nahrungsmittel. Die Log-Notiz vom achten Tage berichtet über besondere Qualen an der Gesäßhaut. Dr. LINDEMANN hatte an Land sechs Monate gebraucht, um an den täglichen mehrfachen Übungen einen Erfolg zu sehen und setzt nun eine entsprechende autogene Gefäßgymnastik dreimal täglich für 15 Minuten mit Richtung auf bessernde Gesäßhautdurchblutung ein, die zu deutlichem Wärmegefühl führte. Am 36. Tage erwies sich die Formel „Nimm keine Unterstützung an" bei der Begegnung mit einem Dampfer als besonders wirksam, war doch hier die Versuchung sehr groß, abzubrechen, und Gleiches wird am 56. Tage notiert.

Vielleicht die schwerste Prüfung geschah durch zweimaliges Kentern im Atlantiksturm. Am 58. Tage liegt LINDEMANN gekentert über seinem Boot, die Beine umklammern das Heck. Alte Fahrterinnerungen durchziehen ihn. „Der Sturmwind macht mich zu einem zitternden und klappernden Gerippe . . . plötzlich höre ich Kirchenglocken; es ist der Glockenklang meiner Heimatkirche, die Glocken, die ich als Junge selbst geläutet habe. Läuten sie mein Begräbnis ein? Sie müssen doch wissen, daß ich jetzt gar nicht sterben kann, *ich schaffe es doch!* Ich bin ruhig, die Muskeln halten fest, instinktiv, sie zeigen, daß tief im Unterbewußtsein noch ein anderes Leben ist. Was wollen die Brecher überhaupt ... *Ich schaffe es*, ich fühle mich immer noch sicher. Mein Glaube ist mit mir, Gott, ebenso mein wohlvorbereitetes Unterbewußtsein und mein Instinkt, und ich lebe und bin bei Bewußtsein, wenn es auch zuweilen aussetzt ..." (eine Stimme lädt in ein Farmhaus zu Ruhe und Grog ein, Rede und Widerrede), „das weckt mich, ich höre wieder die Brecher, ich fühle sie wieder, ich friere. Und ich wiederhole: *Nicht aufgeben, ich schaffe es.* Ich darf nicht einschlafen, denn Schlaf kann jetzt den Tod bedeuten. Ich weiß, das Meer verschlingt alles ... Und dennoch schwimme ich noch, schon im Kopf halbtot, in wechselndem Delirium. Das einzige, was mich noch am Leben hält, ist der Selbstbefehl: ‚*Ich schaffe es*', daran klammere ich mich wie an einen Leuchtturm. Solange der noch da ist, lebe ich noch, aber manchmal scheint der Leuchtturm dunkel — dann ist gar nichts mehr da — nur noch die Muskeln — ein Tier ohne Gedanken — ganz Instinkt — und dann schaltet zuweilen der Leuchtturm an, idiotisch grell, schmerzend wie Nadelstiche: *Nicht aufgeben, ich schaffe es!* schreit es in mir. Mit einmal werde ich wieder wach, und der Tod heult in meinen Ohren, Meer und Sturm schlagen auf meinen Körper ein, das Salz zerfrißt meine Augen, die Kälte läßt die Knochen erschauern. Mein einziger Halt ist noch der Leuchtturm, der mich zu einem Sklaven macht, der nicht sterben darf, zu einem haitianischen Zombi, zu einem Durchhaltesklaven des ‚Ich schaffe es'. Immer noch liege ich auf dem Boot, den Kopf auf den Gummi gepreßt. Manchmal scheint mir, als ob ich aus einer anderen Welt, aus dem Jenseits, herüberkäme. Aus einer glücklichen Welt, in der man nicht friert, in der kein Salz in den Augen brennt. Aber die Hände halten sich am Diesseits fest. Wie stark sie sind!" So übersteht in unsagbaren Qualen der tapfere Kämpfer mit dem Ozean furchtbare Stunden, bis es dämmert. Auch eine pfeifende Welle, die am nächsten Tage vorübersaust und Dr. LINDEMANN schon von Erzählungen seines

Großvaters als Unglücksbote bekannt war, wird mit der formelhaften Vorsatzbildung „*Ich schaffe es, ich komme durch!*" abgewehrt und an jedem der nächsten Tage durch Zentralstellung der Formeln „*West*", „*Nicht aufgeben*", „*Ich schaffe es*" vom 61. bis 71. Tage die heldenhafte Haltung gesichert, bis am 72. Tage, dem 30. Dezember, die erlösende Landung am gewollten Ziel gelang.

Aus seinen zwei Ozeanüberquerungen schöpfte Dr. LINDEMANN eine große Reihe von Erfahrungen, von denen hier nur erwähnt werden soll, was zu unserem Thema in näherer Beziehung steht. „Die moralische Haltung ist der wichtigste Faktor in einem Rettungsboot. Beten festigt die Hoffnung, je intensiver das Gebet, um so mehr führt es zu Entspannung und Wohlbefinden. Das Konzentrieren auf Selbstbefehle wie ‚*Wir schaffen es*' oder ‚*Nicht aufgeben*' oder ähnlich ermutigende Sätze führt zu Optimismus. Im Unterbewußtsein arbeiten sie weiter und erleichtern das Durchhalten. Ohne diese Selbstbefehle hätte ich meine Fahrten nicht geschafft . . ., Verkrampft Euch nicht, sondern entspannt Euch vollkommen! Aktivität ist nur dann erlaubt, wenn man keine Nahrungssorgen hat. Laßt Eure Schicksalsgenossen nicht aus den Augen. Sie können Halluzinationen haben.' (Nötigenfalls anbinden; häufigstes Bild: ein Lebensmittelgeschäft mitten auf dem Wasser, Überbordspringen um dort einzukaufen. Ich selbst habe dieses Verlangen in mir gespürt. Keine Wecktabletten, besser Beruhigungstabletten.) Schlafmangel führt zu echtem Delirium. Versucht täglich etwas zu schlafen, nutzt jede Minute zu Schlaf- oder Entspannungskonzentration. Minuten von Schlaf können auf dem Meer das Leben eines Menschen retten."

Was endlich den Forschungsplan seiner Heldenfahrt angeht, so warnt Dr. LINDEMANN ausdrücklich vor dem Trinken von ungemischtem Meerwasser; nur sachgemäß mit Süßwasser verdünnt kommt Meerwasser als Salzersatz in Frage. So liegt in diesen beiden Alleinüberquerungen des Atlantik durch Dr. HANNES LINDEMANN, Oldesloe, eine sportlich einzigartige und großartige Leistung vor und darüber hinaus ein wichtiger Beitrag zur Frage der Existenzerhaltung Schiffbrüchiger.

*

Im „Handbuch der Neurosenlehre und Psychotherapie" hat J. H. SCHULTZ im Band IV, S. 153—210, sein Verfahren nochmals gestrafft und doch ausführlich dargestellt. In dem Handbuchbeitrag schildert er zunächst den Ausgangspunkt des Verfahrens, dann den Weg, die durchschnittlichen Leistungen, die klinische Anwendung, häufige technische Fehlerquellen, Experimentalprüfungen und Fragen der Theorie. Aus der ganzen, höchst lesenswerten Darstellung spricht die jahrzehntelange Erfahrung des Autors.

Im Jahre 1959 erschien dann die erste englische Fassung des „Autogenen Trainings", von W. LUTHE bearbeitet. Sie weicht stark von der Original-Monographie von SCHULTZ ab, weshalb mit Recht SCHULTZ *und* LUTHE als gemeinsame Autoren genannt sind. Diese englische Fassung ist ganz in dem wissenschaftlichen Stil der fünfziger Jahre geschrieben und an die nordamerikanischen Verhältnisse angepaßt, was der Verbreitung des Gedankengutes dort besonders dienlich ist. Hier sollen einige für die englische Fassung charakteristische Stellen wiedergegeben werden.

Zunächst wird aus dem *Vorwort* das Anliegen des Bearbeiters der englischen Fassung deutlich. Ferner sind die *„Special Exercises"* für die englische Fassung so charakteristisch, daß sie hier in Übersetzung wiedergegeben werden sollen. Den Abschluß der modernen Monographie über das autogene Training bildet dann eine Wiedergabe der *Theorie*, so wie vor allem W. LUTHE sie sieht und mit den neuen neurophysiologischen Erkenntnissen in Einklang zu bringen versucht.

„AUTOGENIC TRAINING"[1]

Von JOHANNES HEINRICH SCHULTZ und WOLFGANG LUTHE

Vorwort[2]

Das von kanadischen und amerikanischen Kollegen gezeigte Interesse am autogenen Training bei Diskussionen über die letz-

[1] Grune & Stratton, Inc., New York und London 1959.

[2] S. XI. Aus dem Englischen übersetzt von M. Soliman.

ten europäischen Entwicklungen in der Psychotherapie gab dem Gedanken Anreiz, ein Buch über eine der am häufigsten angewandten psychotherapeutischen Methoden in Mitteleuropa zu veröffentlichen. Der ursprüngliche Plan, eine englische Übersetzung des klassischen Lehrbuchs von J. H. SCHULTZ, „Das Autogene Training“, das 1932 erschienen ist, herauszugeben, mußte aufgegeben werden, da ungefähr 95% der einschlägigen klinischen und experimentellen Literatur, auf die sich dieses Buch bezieht, in deutscher Sprache veröffentlicht wurde und deshalb für den englischsprechenden Leser nur schwer oder gar nicht zugänglich ist. Statt dessen wurde hier die Fülle an klinischer, experimenteller und theoretischer Information, die seit 1926 veröffentlicht wurde, gerafft zusammengefaßt.

Das Buch fußt auf ungefähr 600 Veröffentlichungen über das autogene Training, auf der 9. Auflage (1956) des deutschen Lehrbuchs, auf wertvollen unveröffentlichten Arbeiten zahlreicher Kollegen und auf persönlichen Beobachtungen, die bei klinischer Anwendung und experimentellen Studien der Methode gemacht wurden.

Zusammen mit dem Wunsch, sich so kurz wie möglich zu fassen, wurde beschlossen, den Rahmen des Buches dadurch zu begrenzen, daß nur solche Hinweise und Angaben aufgenommen werden sollten, die sich direkt auf das autogene Training beziehen. Deswegen konnten leider viele interessante klinische Beobachtungen, theoretische Aspekte und experimentelle Untersuchungsergebnisse nicht angeführt werden, die in enger Beziehung zu der Technik des autogenen Trainings, seiner Anwendung und seiner physiologisch-psychodynamischen Zusammenhänge stehen. Aus demselben Grunde ist eine Anzahl von diesbezüglichen Beiträgen nicht diskutiert worden, wie z. B. E. JACOBSONS „Progessive Relaxation“, G. DICK-READS „Natural Childbirth“ und ähnliche von I. Z. VELVOVSKI und A. P. NIKOLAIEV entwickelte Methoden, sowie E. KRETSCHMERS „Gestufte Aktivhypnose“, die teilweise auf dem autogenen Training basiert.

Der Text wurde in vier Teile gegliedert. Teil I behandelt die Methode, Teil II die klinische und außerklinische Behandlung, Teil III die physiologische Forschung und Theorie. Im IV. Teil sind die Literatur und das Autoren- und Sachverzeichnis enthalten.

Durch das ganze Buch hindurch wurden drei Arten von Fallbeschreibungen vorgenommen:

1. zusammengefaßte Falldarstellung über die Auswirkung technischer Fehler und der therapeutische Effekt bei bestimmten Krankheiten.
2. Fallbeschreibungen mit wöchentlichen und monatlichen Aufstellungen über den durch das Training erzielten Fortschritt sowie offenkundige geistige und körperliche Veränderungen.
3. Falldarstellungen mit spezifizierten Übungsprotokollen und periodischen Zusammenfassungen, die dem Leser dazu verhelfen sollen, den Fortschritt der Therapie auf dem Gebiet des autogenen Trainings im allgemeinen zu verstehen.

Spezielle Übungen[3]

Die klinische Erfahrung mit der Unterstufe hat zu ergänzenden Übungen angeregt. In bezug auf die funktionelle Bedeutung der Formeln sind zwei Arten zu unterscheiden: die organ-spezifischen Formeln („organ-specific formulae"), die den Standardformeln ähnlich und physiologisch ausgerichtet sind, und die geistigen Formeln („intentional formulae"), die in erster Linie nach Änderung der geistigen Funktionen trachten.

Organspezifische Formeln

Die organspezifischen Formeln trachten nach Verstärkung oder Unterstützung der bereits durch die Standardübungen erzielten Wirkungen. In Einklang mit autogenen Grundbegriffen kann der funktionelle Inhalt der organspezifischen Formeln „Schwere", „Wärme" oder „Kühlung" sein oder mag bedeuten, daß der selbstregulierende Vorgang automatisch funktioniert. In der Regel sollten organspezifische Formeln nur in Verbindung mit Standardübungen praktiziert werden, und zwar erst, nachdem der Pa-

[3] S. 120—124. Aus dem Englischen übersetzt von M. Soliman.

tient die Standardübungen zuverlässig beherrscht. Entwurf, Folge und Dauer jeder organspezifischen Formel verlangt kritische Abschätzung des psychophysiologischen Zustandes beim Patienten. Sorgfältige Kontrolle der durch das Training hervorgerufenen Symptome ist während der einführenden Trainingsphase notwendig. Die Patienten sollten angewiesen werden, die organspezifischen Formeln nicht zu verändern oder selbstentworfene Formeln ohne Wissen des Therapeuten anzuwenden.

Zur kritischen Abschätzung der Symptome des zu Behandelnden ist es für den Therapeuten ratsam, die organspezifischen Formeln selbst ausprobiert zu haben, bevor er sie anwendet. Neue Formeln mit noch unbekannten psychophysiologischen Wirkungen sollten mit der allergrößten Vorsicht angewandt werden, vorzugsweise erst dann, wenn der Therapeut selbst die neue Formel über mehrere Wochen geprüft hat.

Die klinische Erfahrung legt nahe, die Anwendung jener organspezifischen Formeln, mit denen direkt oder indirekt Kreislaufveränderungen des Herzens oder der Kopfregion einhergehen, mit großer Vorsicht zu praktizieren. In der Regel sollte jede organspezifische Formel vermieden werden, die eine vermehrte Blutzufuhr (Schwere und Wärme) in der Kopfregion herbeiführt.

Örtliche „angenehme Kühlung“ kann mit weniger Risiko durchgeführt werden (z. B. „Meine Augen sind kühl“, „Meine Nase ist kühl“). Der von MÜLLER-HEGEMANN gemachte Vorschlag, eine Anzahl neuer Schwereübungen, die sich auf die Kopfregion konzentrieren (gemäß der verschiedenartigen Entwicklung der sensiblen Rinde), anzunehmen, ist vom theoretischen Standpunkt aus gesehen zwar interessant, jedoch ein sehr delikates Unterfangen und in der Praxis nicht notwendig. Während des regelmäßigen Trainings der Grundübungen ist beobachtet worden, daß der Generalisierungsprozeß früher oder später die Kopfregion und andere Teile des Körpers mit relativ gut differenzierter Projektion im Gebiet der sensiblen Hirnrinde (z. B. Gesicht, Hand, Finger, Füße, Zehen) mit einschließt. In Ausnahmefällen kann die Formel „Mein Unterkiefer ist schwer“ angewandt werden, wenn in den Extremitäten regelmäßig Schwere aufgetreten ist. Diese Formel sollte jedoch nicht bei Patienten benutzt werden, die vasomotorische

Reaktionen in der Kopfregion wahrnehmen, während sie die ersten Standardübungen praktizieren.

Die Genitalregion ist ein weiteres heikles Gebiet. Es wurden erfolgreiche Versuche gemacht, die Blutzufuhr in der Beckengegend zu vermehren („Mein Becken ist warm") oder die Entspannung der vaginalen und uterinen Muskulatur noch zu vergrößern. In Fällen von Pruritus vulvae fand man, daß örtliche „Kühlung" einen erleichternden Effekt besitzt. Jeder auf die Genitalregion bezogenen organspezifischen Formel sollte jedoch eine sorgfältige Abschätzung der psychodynamischen Faktoren vorausgehen.

Bisher sind die folgenden organspezifischen Formeln erfolgreich angewandt worden:

Organ-spezifische Formeln	*Indikation*
Meine Augen sind kühl Meine Augenlider sind kühl und empfindungslos	Heufieber Asthma bronchiale
Meine Nase ist kühl	Heufieber, Rhinitis vasomotorica, Asthma bronchiale
Meine Nase ist warm	Frostbeule
Mein Unterkiefer ist schwer	Gesichsspannung
Mein Mund und mein Rachen sind kühl	Überempfindlichkeit des Mund- und Rachenraums, Anschwellung der Schleimhäute
Meine Kehle ist kühl, meine Brust ist warm	Husten
Meine Brust ist warm Meine Lungen sind schwer Meine Lungen sind warm	Funktionsstörungen der Tracheo-Broncho-Pulmonalregion
Meine linke (rechte) Lunge ist warm Meine Lungen sind warm	Lungentuberkulose
Meine Kehle ist kühl Meine Brust ist warm Es atmet mich ruhig und regelmäßig	Asthma bronchiale

Meine Kehle ist weit Schlucken gleichgültig	Schluckbeschwerden
Mein Hals und meine Schultern sind warm Meine Füße sind warm	Erröten
Meine Stirn ist angenehm kühl Mein Kopf ist klar und leicht Herzschlag ruhig und leicht	Hypertension
Mein Kopf ist angenehm leicht und klar Mein Hals (Genick) ist angenehm warm	Gehirnverletzung
Die Wärme schläfert mich ein Es schläft mich Wachbleiben gleichgültig, es schläft mich	Schlafstörungen
Meine Nase ist warm Meine Ohren sind warm Meine Finger sind warm Meine Zehen sind warm	Erfrierungen
Meine Waden sind warm	Claudicatio intermittens
Herzschlag ruhig und leicht	Angina pectoris
Meine Blase ist warm	Nächtliches Bettnässen
Mein Becken ist warm	Gynäkologische Beschwerden
Mein After ist schwer Mein Becken ist warm Mein After ist kühl	Hämorrhoiden
Mein After ist kühl	Pruritus analis
Meine Vulva ist kühl	Pruritus vulvae
Mein rechter (linker) Handrücken ist kühl	Juckreiz oder Schmerz
Mein rechter Handrücken ist schmerzlos	Schmerz

Geistige Formeln (intentional formulae)

Die geistigen Formeln können als ein besonderer Typ geistiger Unterstützung angesehen werden, der dem Patienten bei seiner Bemühung hilft, erfolgreich mit gewissen geistigen oder physischen Problemen fertig zu werden. Je nach der Art des Problems mit seinen psychodynamischen und psychophysiologischen Verzweigungen kann verschieden vorgegangen werden. *Neutralisierende Formeln,* z. B. „... gleichgültig", können verwandt werden, wenn übermäßiges Interesse und Sorge auf gewisse geistige oder körperliche Funktionen (z. B. das Schlucken) konzentriert werden und so die selbstregulierende Normalisierung hemmen. *Verstärkende Formeln* können zur Bekräftigung natürlicher oder psychophysiologischer Neigungen (z. B. „jetzt bin ich müde und schlafe ein") angewandt werden.

Enthaltsamkeitsformeln scheinen einen besonders guten Effekt zu erzielen, wenn sie beginnen mit „Ich weiß, daß ich vermeide ..." Dieselbe Art von Formel wurde angewandt, indem man dem Patienten zu helfen versuchte, mit gewissen Umweltsituationen fertigzuwerden, die wie eine erlernte Reaktion Ruhelosigkeit, Beklemmung und in der Folge Enttäuschung hervorrufen (z. B. „Ich weiß, daß ich in der Schule fest und konsequent bin ...").

Bei Patienten mit übermäßigem Selbstinteresse *können* paradoxe Formeln (z. B. „Ich beobachte die anderen Personen") günstige Effekte herbeiführen. Der Entwurf der geistigen Formeln verlangt sorgfältige Abwägung der psychologischen Konstellation des Patienten und sollte in Zusammenarbeit mit ihm vorgenommen werden. Keine geistige Formel sollte ohne die ganze Zustimmung des Patienten angewandt werden.

Auf der Grundlage klinischer Beobachtung läßt sich sagen, daß passive Konzentration (30—60 sec.) auf geistige Formeln Vorgänge aktiviert, die bei der Verwirklichung von posthypnotischen Aufträgen vorliegen.

In der Regel sollten geistige Formeln nicht gebraucht werden, bevor der Patient die Grundübungen beherrscht. Dann kann eine zusätzliche Phase von passiver Konzentration auf geistige Formeln regelmäßig praktiziert werden. Zu Beginn sollten die geistigen Formeln nur einzeln, und zwar über eine Dauer von mindestens 4 Wochen geübt werden. Nachdem die erste geistige Formel wirksam geworden ist, kann eine weitere hinzugeführt werden. Es ist aber nie ratsam, passive Konzentration auf zwei neue geistige Formeln mit ähnlichem oder verschiedenem Inhalt zu verwenden. Schlecht angenommene geistige Formeln rufen gewöhnlich Spannung und vermehrten oder plötzlichen Widerstand gegen den Therapeuten oder die Behandlung als solche hervor und führen nur zu beschränkten oder gar keinen Erfolgen.

Die folgenden geistigen Formeln sind erfolgreich angewandt worden:

Geistige Formeln	*Indikation*
Ich weiß, daß ich auf Medikamente nicht angewiesen bin Ich weiß, daß ich unabhängig von klimatischen Schwankungen bin	Asthma bronchiale
Körpergewicht gleichgültig	Zu großes Interesse am Körpergewicht
Schlucken gleichgültig	Schluckbeschwerden
Ich weiß, daß ich bestimmt aufwache, wenn sich meine Blase plötzlich regt.	Enuresis nocturna
Ich weiß, daß ich um 11.00 Uhr aufwache, zur Toilette gehe, dann zurück ins Bett und weiterschlafe	Enuresis nocturna
Jetzt bin ich müde und schlafe ein	Masturbation
Ich weiß, daß ich vermeiden werde, eine einzige Zigarette zu irgendeiner Zeit, unter irgendwelchen Umständen, in irgendeiner Stimmung, in irgendeiner Situation zu rauchen Andere rauchen, mir sind Zigaretten gleichgültig	Rauchen

Ich weiß, daß ich vermeiden werde, einen einzigen Tropfen Alkohol in irgendeiner Form zu irgendeiner Zeit, unter irgendwelchen Umständen, in irgendeiner Situation zu mir zu nehmen Andere trinken, mir ist Alkohol gleichgültig	Alkoholismus
Ich weiß, daß ich in der Schule fest und konsequent bin Versagen gleichgültig, ich mache das Beste daraus	Pädagogische Schwierigkeiten
Ich wache um 3.25 Uhr auf und schlafe wieder ein	Aufwachen zu einer bestimmten Zeit

Theorie[4]

Man kennt noch nicht die entweder während oder direkt nach dem autogenen Training bzw. als Ergebnis längeren regelmäßigen Übens auftretenden neurophysiologischen Mechanismen, die für die körperlichen und geistigen Veränderungen wesentlich sind. Folgende bisher zur Verfügung stehende Informationen können als brauchbare Hinweise für weitere Studien, theoretische Vorschläge und die praktische Anwendung dienen:

1. Der psychophysische Zustand einer Person während der Ausübung einer Übung oder einer Kombination verschiedener autogener Übungen ist nicht identisch mit dem psychophysiologischen Zustand, der auftritt während einer Hypnose, während verschiedener Stadien des Schlafes oder während chemisch verursachter Bewußtseinsveränderungen.
2. Eine Reihe physischer und psychischer Befunde während des autogenen Trainings dagegen ähneln oder entsprechen sogar gewissen Phänomenen bei der Hypnose, bei verschiedenen Schlaf-

[4] S. 242—247. Aus dem Englischen übersetzt von M. Soliman.

stadien und bei chemisch verursachten Bewußtseinsveränderungen.

3. Die relative Beruhigung der Gehirnaktivität, die aus einer Verringerung an afferenten und efferenten Impulsen resultiert, ähnelt gewissen Stadien der Hypnose oder des Schlafes, ist aber mit denselben nicht identisch. In der Hypnose z. B. bleibt die Aufmerksamkeit der Person auf Umgebungsreize konzentriert (z. B. den Therapeuten oder das Tonband). Im Schlaf dagegen verringert sich die bewußte Kontrolle der Person. Dementsprechend nehmen die zum Schlaf gehörenden physiologischen Befunde zu. Während des autogenen Trainings ist die Aufmerksamkeit weder auf Umgebungsreize eingestellt noch können physiologische Mechanismen des Schlafes sich durchsetzen, solange der Übende eine gewisse, als „passive Konzentration“ bezeichnete geistige Aktivität beibehält.
4. Die Verringerung an afferenten Impulsen veranlaßt automatisch
   a) eine starke Abnahme an retikulärer Aktivität (unspezifisch-diffuse Aktivierung, unspezifisch-lokale Aktivierung);
   b) eine Abnahme an thalamokortikaler Aktivität (hirnelektrische Reizantwort [evoced potentials]); und
   c) sofortige funktionelle Änderung an anderen Hirnstrukturen, die mit dem retikulären System verbunden sind, wie z. B. Hypothalamus, Cerebellum, Erregbarkeit des motorischen Rückenmarkszentrums, Corpus striatum, Globus pallidum, Corpora Lysii.

   Diese Änderungen werden durch einen unspezifischen Vorbereitungszustand erreicht, der die Desaktivierung ergotroper oder dynamogener Mechanismen erleichtert und spätere trophotrope und endophylaktische Funktionen begünstigt.
5. Die trophotropen Veränderungen werden eingeleitet durch eine passive Konzentration auf sorgfältig ausgearbeitete geistige Inhalte, z. B. friedvolle Vorstellung, Körpervorstellung, körperliche Gefühle, wodurch trophotrop orientierte geistige und körperliche Vorgänge begünstigt werden.
6. Die neurophysiologischen Unterschiede zwischen aktiver und passiver Konzentration sind nicht bekannt. Denkbar aber ist,

daß eine aktive Konzentration ergotrope Funktionen anregt und trophotrope Mechanismen hemmt, während eine passive Konzentration den trophotropen Wirkungskreis fördert und ergotrope Mechanismen hemmt. Diese Hypothese wird durch folgende Beobachtung unterstützt: Eine willkürliche Innervation, z. B. Bewegung, Sprechen, aktive Willensstärke, Kraft und Aufmerksamkeit, vermindert die trophotropen Effekte passiver Konzentrationen beinahe umgehend oder hebt sie sogar auf.

7. Die passive Konzentration gewisser Formeln hat einen physiologisch meßbaren, normalisierenden Einfluß auf Funktionen, die dienzephalisch gesteuert werden.
8. Körperliche Beschwerden, verbunden mit Koordinationsstörungen der autonomen Regulation, sprechen besonders gut auf autogenes Training an.
9. Einige Funktionen des Zentralnervensystems, die von einer Durchschnittsperson nicht verwendet werden, wie z. B. der Zeitsinn oder das Farbensehen, könnten durch das autogene Training mobilisiert, aktiviert und ausgebildet werden.
10. Während passiver Konzentration scheinen von verschiedenen Teilen des Zentralnervensystems z. B. Muskelzuckungen, Juckreiz, Kribbeln, d. h. also leichtere Entladungen der Sinnesorgane und der Motorik aufzutreten. Sie wurden „autogene Abreaktionen" genannt.
11. Wie sehr die Funktionen bestimmter Teile des Zentralnervensystems ineinandergreifen, wird bei Abwandlung des normalen Trainingsverlaufs sichtbar:
    a) Es fehlen lokale Reaktionen oder Nebenwirkungen, wenn die topographischen Zusammenhänge für den Patienten unklar oder bedeutungslos sind, wenn also die Versuchsperson nicht weiß, was „Solarplexus" bedeutet.
    b) Ein nur langsamer Fortschritt, das Fehlen von Reaktionen oder unangenehme Symptome können auftreten, wenn ein übermäßiges Interesse (z. B. bei organischen Beschwerden oder seelischem Konflikt) besteht oder auf ein bestimmtes topographisches Gebiet (z. B. das Abdomen) oder ein Organ (z. B. das Herz) konzentriert wird oder eng mit dem Gegenstand passiver Konzentration verbunden ist.

c) Eine längere passive Konzentration auf bestimmte Formeln oder Veränderungen der Reihenfolge derselben kann verstärkend oder — bei bestimmten physiologischen Effekten — vermindernd wirken (z. B. Zunahme oder Abnahme des peripheren Kreislaufs).
d) Die Häufigkeit regelmäßigen Trainings und die Übungsdauer als solche beeinflussen die Intensität und Qualität der Reaktionen.

In der Zusammenfassung unseres gegenwärtigen Wissens kann somit folgende Hypothese aufgestellt werden: Der zentrale therapeutische Faktor des autogenen Trainings liegt in einer selbst herbeigeführten, d. h. also autogenen Änderung kortikodienzephaler Wechselbeziehungen, die die natürlichen Kräfte in die Lage versetzt, ihre normalerweise nur begrenzte Fähigkeit zur selbstregulierenden Normalisierung zu steigern. Somit ist die Funktion der gesamten neurohumoralen Achse direkt in das Geschehen hineingenommen und der therapeutische Vorgang nicht einseitig auf entweder körperliche oder geistige Funktionen beschränkt.

Die psychophysiologischen Wirkungen des autogenen Trainings sind das Gegenteil einer Streßwirkung. Die Veränderungen während der autogenen Übungen sind als das Resultat einer Stimulierung und Begünstigung trophotroper Mechanismen anzusehen, deren Aktivität durch eine selbst herbeigeführte relative Hemmung ergotroper Funktionen möglich gemacht und unterstützt wird. Dadurch wird die Anpassungsfähigkeit des Menschen ganz allgemein verbessert, die Leistungsfähigkeit gesteigert und die Anfälligkeit für körperliche Krankheiten verringert, vor allem, wenn diese auch nur entfernt emotionelle Mitbedingungen haben. Normalerweise vermindert geistige und körperliche Beanspruchung die Leistungsfähigkeit trophotroper Mechanismen und setzt dadurch die Anpassungsfähigkeit eines Menschen eher herab ... Der psychophysiologische Antagonismus zwischen autogenem Training und Streß erklärt die therapeutische Bedeutung der Methode ...

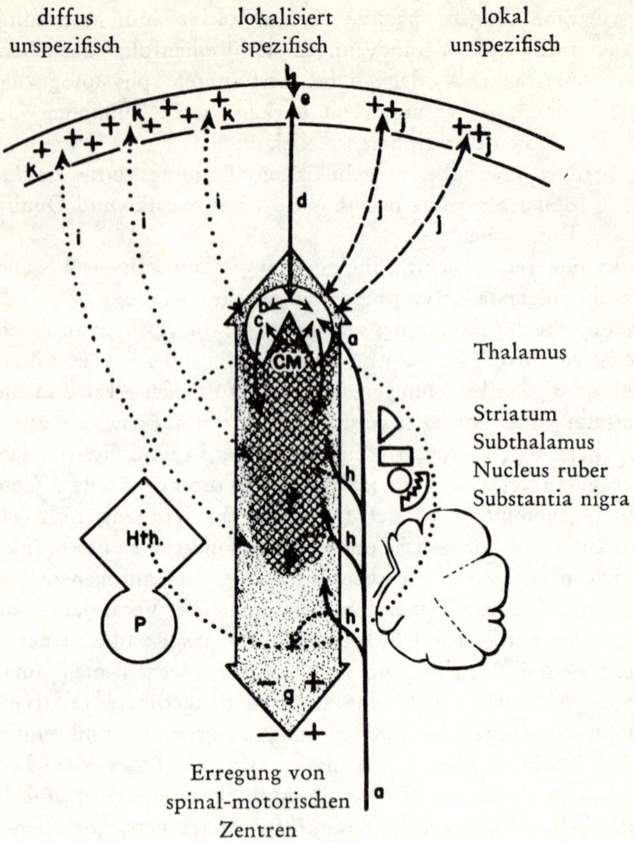

Abb. 1. Funktionale Verbindung des Retikular-Systems des Großhirns.

Thalamus: (a) Einmündung der wichtigsten sensiblen-sensorischen Bahnen; (b) intrathalamische und (c) thalamo-retikuläre Verbindungen; (d) Abgeben spezifischer sensorischer Projektionen zu (e) lokalisierten Empfangsfeldern des Kortex; diese afferenten Impulse erregen lokalisierte spezifische kortikale Antworten (zentripetale Weckreaktionen), die auf den Augenblick des Reizes begrenzt sind. (d) kortiko-thalamische Rückverbindungen.

Das Retikular-System — punktierte Felder — mit (i) seinem getrennt verlaufenden „unspezifischen" und diffusen Projektionssystem der vertikalen Hin- und Rückverbindungen mit allen kortikalen Feldern, seinen integrierenden Verbindungen zu den dazugehörigen subkortikalen Strukturen — innerhalb des punktierten Kreises — wie z. B. Corpus striatum, Nucleus ruber, Substantia nigra, Hypothalamus, Cerebellum und das (g) mesencephale Hemmungssystem.

Afferente Impulse ziehen 1) aufwärts in Form der einfachen zentripetalen Weckreaktion (k) zu allen kortikalen Feldern; 2) abwärts: Teilnahme an der Erregung von (g) den spinalmotorischen Zentren. Das thalamische retikulare System ist hochspezialisiert und kann erregen (j) durch lokale unspezifische Erregungen und (k) diffuse unspezifische Erregungen.

CM = Centrum medianum. Hth = Hypothalamus. P = Glandula pinealis.

NEUROHUMORALE ACHSE

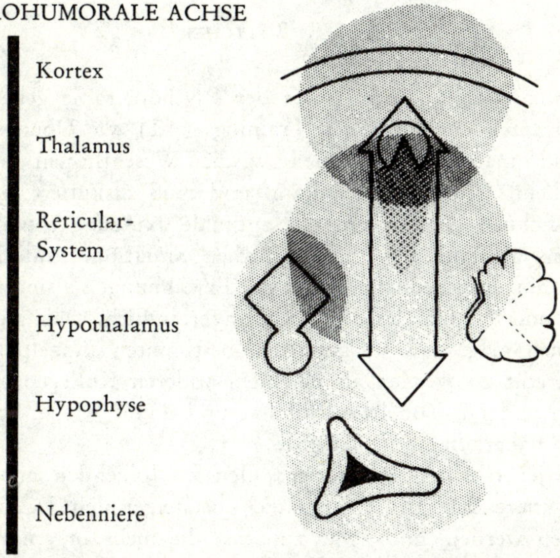

Abb. 2. Die neurohumorale Achse. Der Hypothalamus beansprucht eine koordinierende zentrale Stellung in enger Verbindung mit dem retikulären System und dem Mittelhirnsystem sowie der Hypophyse.

*

Unter den nun immer zahlreicher werdenden Veröffentlichungen soll die von BÖTTCHER herausgegriffen werden, weil es die aus der praktischen Tätigkeit wichtigen Gesichtspunkte einander gegenüberstellt. Gleichzeitig zeigt das Aufzählen der „Varianten", wie sehr bei allen psychotherapeutischen Verfahren technisches Vorgehen und anwendende Persönlichkeit eng miteinander verknüpft sind. So variiert jeder die Methode schon dadurch, daß *er* sie anwendet. Die Methode und der sie Anwendende können nicht voneinander getrennt werden. Es können auf diese Weise Antionomien entstehen, wie sie auch sonst in der Medizin nicht selten zu finden sind.

VARIANTEN IN DER ANWENDUNG DES AUTOGENEN TRAININGS[1]

Von H. R. BÖTTCHER

Wenn man sagt, in der Praxis der Psychotherapie gebe es so viele Varianten des autogenen Trainings (AT) wie Übungsleiter, so verwischt man den Unterschied zwischen Wesentlichem und Unwesentlichem: Um Varianten kann und muß diskutiert werden, denn mit ihnen geht es um die optimale Nutzung sowohl des Verfahrens als auch der therapeutischen Situation. Individuelle Nuancen hingegen bedürfen kaum der Erwähnung; sie sind unvermeidbar und gerade deshalb auch unverbindlich, wenngleich es vorkommen mag, daß sie gestatten, bestimmten Einzelpatienten besser gerecht zu werden als es einem anderen Kollegen gelingt, der einen anderen Ton bzw. Stil hat und damit wieder anderen Patienten näherkommt als der erste.

Einige jener echten Varianten sollen im folgenden mit Hilfe einer typisierenden, die Gegensätze übersteigernden Darstellung besprochen werden, und zwar zunächst die mehr organisatorisch bedingten, später die, die davon abhängen, was man als das Wesen

[1] Vortrag zum 4. Absolvententreffen des Instituts für Psychologie der Karl-Marx-Universität, 20. Oktober 1960. In: Das Deutsche Gesundheitswesen, 16, 1961, S. 708—715.

des AT betrachtet. Die Abwägung der jeweiligen Vor- und Nachteile wird dann gestatten, Synthesen zu finden.

Zuvor sei bemerkt, daß wir eine Teilnahme am AT ohne somatodiagnostische Untersuchung nicht gestatten, und zwar auch dann nicht, wenn das AT prophylaktisch erlernt und angewandt werden soll. Klinische Psychologen, die mit der Durchführung des AT beauftragt werden, müssen ihre Beziehung zum Arzt so organisieren, daß es ihnen und den Patienten stets möglich ist, den Arzt zu befragen und Kontrolluntersuchungen zu veranlassen.

1. Einzeltherapie oder Gruppentherapie

Wendet man das AT in der Einzeltherapie an, so gewinnt man den Vorteil, abwägen zu können, ob im Augenblick Gesprächs- oder Übungsbehandlung das Wichtigere ist. Alles, was an Erläuterung, an suggestiver Hilfe, an individueller Spezifizierung des Verfahrens nötig erscheint, kann auf die Gesamtsituation des Patienten abgestimmt werden. Dank des intensiven therapeutischen Kontakts erlernt auch der sehr verspannte Patient die Entspannungstechnik. Gruppenängstliche Patienten und solche, die die Gruppe durch ihr Jammern, durch stereotype Mißerfolgsberichte oder durch ihre Fixierung auf somatische Deutung funktioneller Beschwerden zu stark belasten würden, können in der Einzelstunde doch angemessen gefördert werden. Der Mißbrauch des AT als Verdrängungstechnik läßt sich bemerken und verhindern. Zeitweilige Erschwerung des Übens nach schon gehabten Erfolgen wird dank des Überblicks über die Lebenslage und die Reaktionsweisen verständlich, und beginnende organische Erkrankungen werden weniger leicht übersehen. Wenn medikamentöse Dämpfung unentbehrlich ist, erleichtert diese das Üben, und umgekehrt gestattet dieselbe Koppelung, sich auf Minimaldosen des Medikaments zu beschränken (z. B. Ruhigstellung des Herz-Nervensystems).

Die Nachteile der Einzeltherapie liegen natürlich vor allem im Zeitbedarf, es können sich aber auch noch andere Schwierigkeiten ergeben. Psychoneurotische Patienten mit starker, unterdrückter Wunschwelt binden sich zu eng an den Therapeuten, zumal dann, wenn das AT frühzeitig und zu sehr auf suggestive Weise einbezogen wird. Ein Signal dafür ist das Auftreten von Angst und Unruhe im Augenblick der vom Patienten gleichzeitig gewünschten und befürchteten hypnotherapeutischen Überwältigung. Setzt man sich doch durch, so drohen die bekannten Übertragungs- und Ablösungsschwierigkeiten. Des weiteren kann das Nebeneinander von ausdrucksbestimmter und ruhigstellender Therapie solche Patienten verwirren, die die relative Berechtigung beider Methoden nicht begreifen. Sie fragen sich: „Soll ich nun aufgewühlt oder soll ich beruhigt werden?“ und erkennen nicht, daß seelisch-inhaltlich gesehen das eine, psychosomatisch und formalphysiologisch gesehen aber auch das andere geboten ist und somit die Kombination durchaus sinnvoll ist. Man kann sich in solchen Fällen genötigt sehen, die eine oder die andere Methode auf Monate zurückzustellen.

Die Vorteile der Gruppentherapie liegen demnach zuerst in der Zeitersparnis und in der Vermeidung der eben geschilderten Komplikationen. Sie liegen ferner in positiven Einflüssen der Mitpatienten, die von ihren Erfahrungen berichten und damit das Netz der Informationen über das AT verdichten. Des weiteren ist an die emotionelle Wirkung der Gruppensituation zu denken: an den Trost, der im Nicht-allein-Leiden liegt, an die Disziplinierung und Versachlichung durch eine halböffentliche Situation, an die Ermutigung durch eine lernfreudige Gruppenatmosphäre und an wettbewerbsähnliche Anregungen des Willens zum Üben.

Die Wirksamkeit dieser Momente wird von der Größe und der Zusammensetzung der Gruppe bestimmt. Das Optimum dürfte bei einer Mitgliederzahl von 6 bis 12 Patienten liegen. Die Meinungen darüber, was maximal vertretbar sei, gehen auseinander, zumal bei der Beantwortung dieser Frage die praktische Situation an der jeweiligen Poliklinik mitspricht. Große Gruppen haben den Vorteil, daß lange Wartezeiten oder gar Abweisungen vermieden werden können. Freilich steigt damit zugleich die Zahl der Wegbleiber, was der Wertschätzung des AT bei Ärzten und Laien nicht gerade förderlich ist. Die Instabilität der großen Gruppe verschlechtert, trotz gewisser massenpsychologischer Effekte, die emotionale Beteiligung. Der Kontakt zum Therapeuten verringert sich mit der

Möglichkeit, zu Wort zu kommen, und für alle Beteiligten vermindert sich der Überblick darüber, was vorliegt und vor sich geht. Gewiß gibt es auch in sehr großen Gruppen noch erstaunlich viele Erfolge, wie sich in Gruppen von 50 und mehr Personen gezeigt hat, doch es verlangsamt sich das durchschnittliche Lerntempo. Es vermindert sich also der Gruppentherapieeffekt bei gleichzeitigem Anstieg der Verantwortlichkeit des Therapeuten. Ferner läßt sich in der großen Gruppe schlecht das unterschiedliche Können der Teilnehmer berücksichtigen. Die Automatisierung des Umschaltens bringt es mit sich, daß der Fortgeschrittene weniger Zeit und helfende Worte braucht als der Anfänger. Man sieht sich genötigt, eine Lang- und eine Kurzfassung des Trainingstextes zu verwenden, also die zu große Gruppe aufzuspalten. Um möglichst viele Vorteile der Einzelanwendung in die Gruppe zu übernehmen, muß man demnach folgern: lieber mehrere kleine Gruppen als eine große! Eine weitere Möglichkeit, die aber etwas mehr organisatorischen Aufwand kostet, ist die kursorische Durchführung. Man sammelt einige Zeit lang Anwärter und übt dann mit ihnen zwei Monate hindurch. Altpatienten, die nur zur Auffrischung des Erlernten wiederkommen, kann man in diese eigentlich geschlossene Gruppe ab und zu hereinnehmen, da ihre Erfolgsberichte die Anfänger mehr ermutigen als es durch die Versicherungen des Therapeuten geschieht. Natürlich kommen geltungsstrebige Patienten dafür nicht in Betracht. Während solcher Kurse können der Trainingstext und die Erläuterungen auf den erreichten Stand abgestimmt werden.

Ich habe während des letzten Jahres [1960] noch ausprobiert, Kleingruppen nach Syndromen zusammenzustellen, d. h., ich bestelle für eine späte Nachmittagsstunde z. B. alle Magenpatienten, die ich eben habe, vom chronischen Erbrechen über die Gastritis bis zum Ulkus. Dieses Verfahren ist besonders deshalb günstig, weil man in die Aussprache unbedenklich etwas von den psychischen Hintergründen des Symptoms hereinnehmen kann, z. B. den für nicht wenige Magenstörungen wichtigen Mechanismus: Unterdrückung des Affekts gegen die Versagung von Aneignungs-, Durchsetzungs- und Geltungsansprüchen (Glatzel 1959). Oder es kommt bei den Herzstörungen, die auf „spezifischer psychosomatischer Resonanz" (BÖTTCHER 1961) beruhen, die Unterdrükkung des Affekts gegen die Versagung von Erlebnisansprüchen zur Sprache, bei Hyperthyreotikerinnen die Geborgenheitsproblematik usw. Man spart auf diese Weise einige kostbare Einzelstunden ein. Jedoch soll der Gruppenpatient stets die Gewißheit behalten, den Übungsleiter auch unter vier Augen sprechen zu können.

2. *Nur auditiv oder auch visuell*

Der Trainingstext wird gewöhnlich gesprochen, sei es original oder mit Hilfe des Tonbandes. Das ist nötig, da der Patient beim Selberüben die helfenden Vorstellungen durch formuliertes Denken anregen soll und ihm das nur dann gut gelingen kann, wenn er auch das innere Sprechen im richtigen Sprechtempo, mit einer Art inneren Sprachmelodie, also im Grunde ausdruckshaft vollzieht. Nur so wird es Eindruck, nicht durch irgendwelches Herunterhaspeln von Sätzen.

Das Auditive dominiert demnach. Allerdings folgt daraus nicht, daß man die Übung auch noch mit schöner, ruhiger Musik verbinden solle. Denn viele unserer Patienten haben ein feines Verhältnis zur Musik und sind so gewohnt, auf Musik erlebend hinzuhören, daß sie es nicht fertigbringen, sie bloß als Geräuschkulisse zu benutzen und sich einlullen zu lassen. Eine Erziehung dazu ist wohl auch nicht wünschenswert, und zwar sowohl der Musik wegen als auch des AT wegen, das ja nicht an das gleichzeitige Erklingen von Musik bedingt-reflektorisch gekoppelt werden darf. (Etwas anderes ist das Ein- oder Ausleiten mit Musik sowie die eigentliche Musiktherapie.)

Statt dessen ist zu erwägen, ob man die Erlernung nicht durch Lektüre wesentlich erleichtern könnte. Älteren, aufgeregten Patienten, die vermutlich die Hälfte vergessen, pflege ich das Wichtigste auf einen Zettel zu schreiben. Ausländern muß man helfen, den Trainingstext in ihre Muttersprache zu übertragen, denn das Ruhen und Entspannen hat regressiven Charakter; die Zweitsprache gehört mehr zum Leistungsleben.

Was aber empfiehlt man denen, die sich mit den Zusammenhängen der Selbstruhigstellung und Entspannung beschäftigen wollen? Gewöhnlich bekommen sie das Übungsheft von J. H. SCHULTZ empfohlen, manche holen sich aus eigenem Antrieb in einer Bücherei das umfangreiche wissenschaftliche Werk. Mir scheint beides nicht ratsam. Das dicke Buch enthält viel zuviel, das Übungsheft aber zuwenig. Daraus haben manche Behandler die Konsequenz gezogen, eigene Anleitungen zu schreiben und auszuleihen. Deren Informationswert ist zwar unterschiedlich, jedoch scheint sich bei vielen Patienten außer dem Gewinn an Verständnis noch etwas anderes einzustellen: das Erlebnis, nunmehr im Bilde zu sein und sich zu konsequenten Bemühungen gleichsam verpflichtet zu haben.

3. Suggestiv oder anleitend

Da das AT auf Hypnoseerfahrungen begründet ist, liegt die suggestive Art der Anwendung nahe. Der Therapeut bringt den Patienten in einen Zustand der Passivität und Abhängigkeit, ignoriert den Eigenwillen und die selbständige Urteilsfähigkeit des Patienten, behauptet, alles Gesagte werde sich ohne jedes Zutun verwirklichen und wendet nun ziemlich grobe Übersteigerungen an, zum Beispiel der Arm sei zentnerschwer und liege angeschmiedet auf der Unterlage. Dieses Verfahren unterstützt er durch Änderung seiner Sprechweise, wobei die Größe der Abweichung vom normalen Sprechen wichtiger ist als die Art der Abweichung. Gewöhnlich kann der Patient nicht umhin, einige der gehörten Behauptungen für eingetroffen zu erachten — man streut ja auch Selbstverständliches ein, ähnlich wie man bei der Hypnosetechnik mit Fixierung der Augen nach oben/hinten selbstverständliche Ermüdungserscheinungen als vom Suggestor bewirkt hinstellt —, und hat der Patient erst einmal diese Beobachtung des Zutreffens gemacht, so ist er gegen die weiteren Behauptungen wehrlos, zumal diese den strukturell vorgegebenen Bahnen des nervalen Umschaltens in den Ruhezustand folgen.

Überträgt man das AT derart suggestiv, so hat man beinahe stets gute Anfangserfolge. Diese sind mindestens für den Aufbau des psychotherapeutischen Kontaktes nützlich. Der Patient bekommt den Eindruck, hier hilft man mir. Manchmal verschwinden außerdem die geklagten Störungen nach wenigen Sitzungen dieser Art. Aber dieses Verfahren hat meist den Haken, daß den Patienten das Üben ohne den Therapeuten sehr schwerfällt oder daß sich Mißerfolge einstellen, sobald sie sich die Stimme des Therapeuten nicht mehr vorstellen können. Sie sind geübt, sich der Führung eines anderen zu überlassen, aber sie sind nicht geübt, sich zu konzentrieren und sich selber zu führen. Das AT soll aber zu Hause und überall, nicht bloß im Behandlungsraum gelingen.

Das Gegenextrem ist die nur anleitende, sozusagen lehrhafte Form. Man erklärt dem Patienten wieder und wieder, worum es sich bei diesem Übungssystem und bei den Einzelübungen handelt, und weist ihn genau an, was er selbst zu tun hat, wann, wie, wie lange, warum er es tun soll, erörtert mit ihm seine diesbezüglichen Beobachtungen, warnt vor den üblichen Einstellungs- und Verhaltensfehlern, bespricht Mißerfolge usw. Bei diesem Verfahren, dem J. H. Schultz mehr zugeneigt ist als dem suggestiven, stellen sich die Erfolge nicht so rasch ein, sind aber dann viel verläßlicher. Der Patient gewinnt zögernd erst, mit jedem Fortschritt aber begründeter die Überzeugung, daß er sich in erheblichem Maße selber helfen kann.

Die Nachteile dieser Anwendungsform liegen in der Preisgabe des initialen Erfolgserlebnisses, ferner in ihren Ansprüchen einerseits an die Intelligenz des Patienten, andererseits an seine Willenseigenschaften, wie Geduld, Konsequenz, Durchhaltefähigkeit, Initiative. Für Beschränkte und Bequeme taugt die lehrhafte Vermittlung nicht.

Auch hinsichtlich dieses Gegensatzpaares sind Mittelwege ratsam. Man sollte sich aber bewußt sein, ob man eine Hypnotherapie durchführen oder das AT vermitteln will. Für dieses zweite ist es zweckmäßig, dem Patienten in der Einzelstunde eine kurze, lehrhafte Einführung zu geben, wobei die Betonung nicht auf dem Erklären, sondern auf dem Anleiten zum Üben liegt, und anschließend die Übung, etwa bis zur Wärme der Arme, suggestiv mit ihm durchzuführen, damit er eine Anschauung von der Sache, ein Empfindungs- und Wahrnehmungserlebnis bekommt. Dabei beschränke ich mich gewöhnlich auf die mittelstarke Suggestivität;

allerdings kommt es auch dabei unbeabsichtigt manchmal zur hypnotischen Beziehung, wenn der Patient die entsprechende Bereitschaft mitbringt. Darüber kläre ich ihn aber meist nicht auf und dosiere bei etwaigen späteren Versuchen sparsamer. Sobald der Patient die ersten Erfolge hat, gewöhnlich die Schwere, wird er in eine kleine Gruppe übernommen. Auch da kombiniert man das Anleiten und Lehren mit dem Suggerieren. Nach weiteren Fortschritten läßt sich der Übergang zu größerer Selbsttätigkeit des Patienten so gestalten, daß sich der Therapeut auf das Aussprechen der Hauptformeln beschränkt und zwischen diesen genügend lange Pausen läßt. Die Patienten werden vorher angewiesen, die Pausen mit eigener Wiederholung und persönlichen Ergänzungen zu füllen. Im Laufe des Kurses vermindert der Therapeut seinen Anteil und erhöht den des Patienten, so daß, bei normalem Lernverlauf, am Ende die Ablösung ohne Verlust des Erworbenen gelingt. (Darauf muß vor allem der ambulant tätige Psychotherapeut nicht nur im Interesse des Patienten, sondern auch im Hinblick auf seine eigene Annahmefähigkeit bedacht sein.)

4. Bildhaft oder formelhaft

Abgesehen davon, daß mit den Begriffen Schwere und Wärme das Entspannungsgeschehen bereits veranschaulicht wird, kann man vielerlei helfende Bilder benutzen. Schwer wie Blei, von einem Magneten angezogen, der Arm liegt in warmem Wasser, ein Heizkissen auf dem Bauch, Feuchtigkeit verdunstet auf der Stirn usw. bis zur sonnigen Wiese, Kopf im Schatten eines Baumes u. dgl. Solche Bildhaftigkeit steht ohne Zweifel der Suggestivtechnik näher als der belehrenden, jedoch decken sich die Gegensätze nicht, denn man kann Hypnosen auch ziemlich anschauungsarm im Stile bezwingender Kommandos einleiten und umgekehrt in die lehrhafte Form reichlich Hinweise auf Bilder aufnehmen. Soll man es?

Natürlich bezweifle ich mit dieser Frage nicht den Wert der guten Metapher. Wer die Welt der Träume kennt und wer sich in besonderen Fällen des experimentell-katathymen Bilderlebens

(Leuner) bedient, wird starke Bilder in seiner Hypnosetechnik nicht missen wollen. Aber hier geht es ja um das AT. Da scheint die sparsame Verwendung von Bildern ratsamer als die reichliche. Denn die Ruhigstellung soll auch in Situationen gelingen, in denen keine Bilderstimmung vorhanden ist. Man vermeide vor allem die Propagierung individueller Bilder, die ein kluger Patient gefunden hat. Sie mögen für ihn treffend sein. Ein anderer kann sie aber nicht wirklich reproduzieren oder sie beunruhigen ihn gar, z. B. das eigentlich sehr gute Bild: Ich bin schwer wie ein Stein und sinke tiefer und tiefer bis auf den Grund eines Sees.

Es ist besser, statt solcher Bilder weitere Sätze einzufügen, die die beim Entspannen auftretenden Empfindungen differenzierter wiedergeben, als es mit den Vorstellungen Schwere und Wärme geschieht. Man kann z. B. die Muskelentspannung als Aufgehen, Locker- und Dickerwerden der Muskeln empfinden, kann beim Üben im Sitzen das Aufgehängtsein der Arme in den Schultergelenken spüren, kann den Zug der entspannten Waden nach unten wahrnehmen usw. Die Wärme kann als Strömen, Rieseln, Kribbeln, Vibrieren in der Haut, als Füllungsempfindung vorgestellt werden. Hat man vorher über die Verbesserung der Durchblutung durch Senkung des Tonus der Gefäßwände gesprochen, so kann man unpoetische, physiologisch zutreffende Vorstellungen verwenden, z. B., daß sich die kleinen Adern öffnen, weiten, mehr vom Wärmestrom durchlassen u. ä.

Aber selbst diese Erweiterungen des bekannten Trainingstextes pflege ich nur beim Anfänger zu benutzen. Sie sollen als mitdeterminierende Nebenvorstellungen vorhanden sein und die Steuerung des Entspannungsgeschehens unterstützen, brauchen aber bald nicht mehr bewußt aktualisiert zu werden. Die Automatisierung des Umschaltens bringt eine „formelhafte Verkürzung" (E. Kretschmer) aller Abläufe mit sich, die durch pedantische Wiederholung zahlreicher Nuancen nur erschwert würde. Am Ende des Kurses erklingen nur noch die Hauptformeln, ja auch die zusammengefaßt: Beide Arme sind schwer.

5. *Stereotyp oder variabel*

Aus dieser Automatisierung folgern manche, daß die Formeln selbst, deren Reihenfolge und auch das Abfolgetempo möglichst gleichförmig gehalten werden sollten. In der Tat wird dadurch die Bildung dynamischer Stereotype des neurovegetativen Umschaltens begünstigt. Einer meiner Patienten hat noch weitergehend die Konsequenz gezogen, den gesamten Trainingstext wie ein Gedicht auswendig zu lernen, ehe er ihn anwandte.

Hier setzt aber auch sogleich die gegenteilige Auffassung ein: in Gedichten bleibt man manchmal stecken. Was dann? Vor allem bei älteren Patienten hören wir gelegentlich, daß sie einzelne Sätze vergessen oder sich in der Reihenfolge versehen, was manche veranlaßt, zu erschrecken, Mißerfolg zu erwarten oder gar schädliche Wirkungen zu befürchten. So gesehen scheint eine variable Form, wenn sie vielleicht auch ein wenig mehr Zeit bis zur Festigung braucht, vorteilhafter.

Die beste Lösung dürfte darin bestehen, zwar keine starre Form zu wählen, aber den Änderungsspielraum zu begrenzen. Wir gestatten ohne weiteres, links und rechts zu vertauschen, mehrmals die Ruheformel einzuschieben, nach der Wärmeübung nochmals Schwere zu realisieren, z. B., wenn zwischendurch die Gedanken auf eine Vorstellung abgeglitten waren, die Bewegungsantriebe weckte. Bei herzlabilen Patienten, die über heißen Kopf klagen, und Errötungsphobikern empfiehlt es sich sogar, nach der Schwere schon einmal Stirnkühle vorzustellen, damit die folgende Wärmevorstellung nicht zugleich zu Blutandrang zum Kopf führt. Jedoch halten wir an der Abfolge Ruhe, Schwere, Wärme, erst in der Peripherie, dann im Körperinnern, Abschluß mit der Kopfübung sowie an den knappen Formeln: „Der rechte Arm ist schwer“ usw. streng fest. Wir gestatten die Einbeziehung individueller Hilfsvorstellungen, sofern sie psychologisch und physiologisch richtig sind und richtig formuliert werden, fordern aber unbedingt, daß jeder Übungsschritt in die Leitformel, z. B. „Der rechte Arm ist schwer“ gefaßt und mit ihr abgeschlossen wird. Wir haben nichts dagegen, wenn der Anfänger die gesamte Übung über sich ergehen läßt, halten das sogar für vorteilhaft, beharren aber eisern auf der Forderung, daß der Patient beim Selberüben das Ganze Schritt für Schritt aus gelungenen Teilübungen aufbaut.

6. *Aktives Umschalten oder Geschehenlassen*

J. H. Schultz sagt eindringlich, daß es sich beim AT um eine konzentrative Selbstumschaltung handle. Er betont also das aktive Moment. Damit hat er sicher nicht unrecht. Da aber die Übungsaktivität als Effekt eine Inaktivität erzielen soll, gibt es in der Praxis dabei Schwierigkeiten. Die Patienten, die die Übung als ein Training in der Selbstbeherrschung auffassen, neigen dazu, mit ihren Gliedern etwas machen zu wollen. Dadurch wird jegliches Entspannen verhindert. Sie stehen sich sozusagen selber im Wege. Ein Patient sagte einmal: „Ich könnte verrückt werden: Ich kriege die Schwere nicht hinein in den Arm.“ Natürlich muß man ihm antworten, daß er sich völlig falsch verhält. Er muß sich selber, als Aktivperson, nicht in den Arm hineinbringen, sondern herausziehen. Der Arm ist ja schwer, dank seines Gewichts, nur vermag man dieses erst dann zu empfinden, wenn man den Arm los läßt, locker läßt, sinken läßt, sich selbst überläßt, so daß der Arm dann gar nicht mehr mein Arm ist, sondern eben einfach Arm, nicht mehr Werkzeug, sondern ruhendes Glied, das daliegt, als gehöre es gar nicht zu mir, wie im Schlaf.

Solche Beobachtungen haben J. H. Schultz selbst bewogen, auch das Geschehenlassen zu betonen, und Müller-Hegemann hat (1956) entsprechend abgeänderte Formeln vorgeschlagen. Nur folgern aus dieser Betonung manche Patienten, zumal die mehr suggestivtherapeutisch behandelten, daß beim AT jedes Willensverhalten vom Übel sei. Verständlicherweise klagen sie bald, daß ihnen das Training nur dann gelinge, wenn sie es eigentlich kaum benötigen. Sind sie erregt und gespannt, bedürfen sie also der Selbstruhigstellung und Entspannung, so erreichen sie nichts, da ihnen ständig die Gedanken davonlaufen. Sie bringen es nicht zu der Konzentration, die nun einmal im Selbstversuch eine unentbehrliche Voraussetzung ist.

Wiederum führt uns also die Antithetik auf eine Synthese. Hinsichtlich der Gedanken, die man als Übender zuläßt, und der Vorstellungen, die man bildet, ist durchaus Willensanspannung erforderlich. Die Kunst besteht darin, diese Leistung gegen die Unruhe und gegen inneren Widerstand zu vollbringen und trotzdem die Skelettmuskulatur völlig untätig werden zu lassen. Erforderlich ist demnach eine Differenzierung zwischen aktivierendem und hemmendem Verhalten. Erst wenn man den Vollzug dieser Differenzierung beherrscht, können die therapeutischen Wirkungen des AT unabhängig vom Therapeuten zustande kommen.

Im Gespräch mit den Patienten bezeichne ich das Erlernen dieser Übungen weder als Erweiterung der Selbstbeherrschung — dieser Begriff bleibe dem ergotrop-dynamogenen Geschehen (Hess) verknüpft —, noch als Einstellung auf Passivität — das gilt erst für das Einschlafen —, sondern nenne es eine Erweiterung der Regie über den Organismus und sich selbst. Im Begriff Regie kommt die Eigenständigkeit der organismischen Abläufe ebenso zum Ausdruck wie daß es eines kundigen und zielbewußten Einsatzes bedarf, um mitzusteuern und die gewünschte „Ensembleleistung" zu erreichen.

7. Idealistische oder materialistische Interpretation

Viele Patienten, vor allem ältere, neigen zu einer ausgesprochen idealistischen Interpretation der Wirkungsweise des AT. Man müsse sich Schwere und Wärme einbilden, dann werde beides Wirklichkeit. Der Gedanke bezwinge das Materielle. Belesene Leute kommen auf das Schiller-Wort: Es ist der Geist, der sich den Körper baut. Der Carpenter-Effekt und alles ähnliche, was man Ideoplasie, Ideomotorik, Ideorealisation genannt hat, wird ähnlich gedeutet, und neigt der Therapeut zu geheimnisvoller Suggestivtherapie, so entsteht leicht die Atmosphäre eines mystischen Zirkels, die allerhand wundergläubige Männlein und Weiblein anlockt.

Nun dürfte es in unserem Kreis keine Zweifel daran geben, daß die materialistische Interpretation, also die Begründung aus der Struktur und der Arbeitsweise des Organismus, das einzig Diskutable ist. Allerdings begegnet man hin und wieder dem Standpunkt, daß diese Interpretation in der Praxis nicht unbedingt durchgesetzt werden müsse. „Soll der Patient ruhig an das Wunder glauben, Hauptsache, er wird gesund."

Dies scheint mir kein sinnvoller, sondern ein fauler Kompromiß, und er ist auch nicht dadurch zu retten, daß man anführt, der Therapeut müsse gegenüber den Glaubenshaltungen des Patienten eine tolerante Zurückhaltung wahren. Gewiß soll man eigene unbewiesene und unbeweisbare Annahmen ungeäußert lassen; aber es ist doch wohl nötig, dort, wo Patienten mangels Wissen Ideologiethesen setzen, den dadurch entstehenden Irrtum zu beseitigen durch Mitteilung der wissenschaftlich gesicherten Zusammenhangskenntnisse.

Dagegen wehren sich zwar manche wenig denkwilligen Patienten, aber auf die Länge der Zeit gelingt es doch, eine nüchterne, sachlich fundierte Arbeitsatmosphäre auch bei ihnen durchzusetzen. Freilich scheint es mir dazu ratsam, den von J. H. Schultz zur Einführung empfohlenen Pendelversuch recht vorsichtig zu handhaben. Seine materialistische Erklärung ist etwas verzwickt, so daß sie vor allem von älteren Patienten, bei denen bei der Durchführung des Pendelversuchs allerhand magienahe Vor„erfahrungen" einklinken, gern vergessen wird.

Überhaupt scheint es mir falsch, und zwar nicht nur taktisch falsch, sondern auch sachlich ungenau, die Realisierung von Vorstellungen als den eigentlichen Mechanismus des AT zu bezeichnen. Geübte Patienten kommen mit recht wenig Vorstellungstätigkeit aus, was allerdings von dem, der die Ideorealisation für das wichtigste hält, nicht als Gegengrund anerkannt würde. (Er nähme „unbewußte Vorstellungen" zur Hilfe.) Meines Erachtens hat das Vorstellen nur Unterstützungsfunktion für das Entspannen. Es kann diese Funktion deshalb haben, weil es sich auf Entspannungsempfindungen erstreckt und weil das Empfundenwerden der Arbeitsweise eines Organs nicht gleichgültig ist für diese Arbeitsweise selbst. Dafür sei nur der eine bekannte Beleg gegeben, daß es für die Heilung einer Wunde nicht gleichgültig ist, ob der Wundschmerz empfunden oder, dank medikamentöser oder hypnosuggestiver Schmerzbeseitigung, nicht empfunden wird (Heyer u. a.).

Wenn ich hier nicht nur eine materialistische Theorie des AT, sondern auch die entsprechende Interpretation des Verfahrens in der Praxis fordere, so möchte ich jedoch nicht dahingehend mißverstanden werden, daß die Interpretation eine rein physiologische sein solle. Ein Denken, das sich der Begriffe psychosomatisch und somatopsychisch bedient, ist deshalb nicht schon dualistisch-idealistisch. Es ersetzt bei der Schilderung des jeweiligen Ablaufs die zentralnervösen Daten durch Daten aus der anderen, der psychischen Beobachtungsreihe, sagt z. B. beim Magenpatienten „Ärger" statt „zentralnervöser Erregungskonstellation" dieser und jener Art. Diese Ersetzung, die natürlich durch empirische Kriterien kontrolliert werden muß, ist keineswegs nur ein Notbehelf mangels hirnphysiologischen Wissens. Sie ist aus methodischen Gründen nötig: Nur durch sie können dem Patienten somatische Tatsachen verknüpft werden mit seinem Selbsterleben, seiner Selbststeuerung, seinem Umweltbezug, seinen Verhaltensfehlern, seinen Wünschen, Versagungen, Unterdrückungen usw.

Natürlich ist es schwerer, Erklärungen psychosomatischer und somatopsychischer Art frei zu halten von idealistischen Verfälschungen, schwerer jedenfalls, als es bei allen völlig auf Physiologie reduzierten Erklärungen der Fall ist, zumal die Sprache, mit der wir operieren, aus vergangenen Jahrhunderten stammt. Aber möglich ist es.

Lehrt man das AT so, daß Schwere und Wärme von vornherein als existent gelten und im Tätigsein, in der Erregung und in der Angespanntheit nur nicht empfunden werden, so braucht der Patient nicht einige Wochen, bis sich „die Vorstellung eines Tages realisiert", sondern hat meist schon bei den ersten Versuchen Erfolge. Denn diese Versuche kann er nun anknüpfen an das, was er über Empfindungen beim Ruhen, Entspannen, Müdesein, Geschlafenhaben und Erholtsein bereits weiß.

8. Glaubensprogramm oder Technik

Manche Patienten, die durch das AT Hilfe fanden, neigen dazu, ihre Erfahrungen weltanschaulich zu verallgemeinern, zumal sich ihnen durch das AT die psychohygienische Sicht überhaupt erst aufgetan hat. Im Extremfall errichten sie sich eine private Gelassenheits„religion", auf die sie bekennerhaft schwören und zu der für sie die Übungen selbst wie ein Ritus gehören. Sie erwähnen wohl auch die Beruhigung und Sammlung durch das Gebet und zitieren den bekannten Satz, Glaube könne Berge versetzen.

Da man nicht immer abschätzen kann, ob es sich dabei nur um eine vorübergehende Erlebniswirkung auf besonders beeindruckbare Personen handelt, ist es ratsam, rechtzeitig zu bremsen. Denn man muß verhüten, daß Eifrige hernach in ihrer Umgebung das AT als eine Art Heilsbotschaft verkünden und sich dilettantisch betätigen. Man muß ferner verhüten, daß passive Neurotiker, denen es ohnehin schwerfällt, nach dem „Realitätsprinzip" (FREUD) zu leben, mit Hilfe des AT die Fehlhaltung aufbauen, allen Anstrengungen auszuweichen und nichts mehr wichtig zu nehmen.

In solchen Fällen muß man entschieden darauf hinweisen, daß die Ruhe sinnleer und schwächend wird, wenn der Bezug auf vorhergehende und nachfolgende Tätigkeit fehlt. Man muß betonen, daß Anspannung (dem Gesunden) nur im Übermaß schadet, ansonsten aber nützt, und zwar auch dem Organismus selber. Dies kann man überzeugend aber erst dann sagen, wenn man die Anspannung als ein psychophysiologisch richtiges Verhalten unterscheidet von der Gespanntheit, die aus dem Gegeneinander von Antrieb und Hemmung, also auf konflikthafter Erregungskonstellation beruht und daher nichts nützt oder gar schadet. Nach muskulärer Anspannung tritt Entspannung leicht von selbst ein, nach psychischer Anspannung wohl etwas zögernd, jedoch schließlich auch, sofern sie nicht ungewöhnlich stark war oder trotz Ermüdung fortgeführt wurde, hingegen löst sich Gespanntheit schwer, weil sie auf dem Konflikt von Einstellungen, Überzeugungen, Haltungen, also relativ dauerhaften Festlegungen psychischer und psychosomatischer Abläufe beruht. Gegen sie ist der Erwerb des AT als einer Entspannungstechnik ratsam.

Ähnlich verhält es sich mit der Ruhigstellung. Die von außen kommenden Anregungen und Aufregungen klingen rasch ab, sofern sie nicht so stark sind, daß sie auch eine normale Verarbeitungsfähigkeit überfordern. Die Unruhe hingegen, die aus Antriebskonflikten und deren Fehlverarbeitung stammt, und die Aufregung, die sich an unbewältigten Erinnerungen, an unerfüllten Vornahmen, an versagten Wunscherfüllungen u. dgl. entzündet, schwelen lange Zeit. Gegen sie ist der Erwerb des AT als eine Technik der Selbstruhigstellung geboten.

Aber wenn man denen, die im AT nicht nur Heilung, sondern Heil suchen, das AT als eine Technik entgegensetzt, gerät man leicht ins andere Extrem: nämlich die intra- und soziopsychischen Verhältnisse, die zur Störung führten, zu übergehen und die positiven Einstellungen, die zur Erlernung und sinnvollen Anwendung jeder Technik nötig sind, ungepflegt zu lassen. Dieses Extrem vermindert nicht nur die Wirksamkeit des AT, sondern kann Patienten bewegen, erforderliche personale Umstellungen zu vertagen.

Folgende mittlere Lösung dürfte den Verhältnissen am besten entsprechen: Man vermittelt das AT als eine Technik des Umgangs mit sich selber, schafft aber auch darüber Klarheit, daß deren Wirkungsgrad nicht nur von der Geübtheit abhängig ist, sondern von der Gesamtverfassung und dem Gesamtverhalten. Solange ein schwerer innerer Konflikt unbewältigt bleibt, wird man von einer Entspannungstechnik nur eine Dämpfung seiner Auswirkungen erwarten dürfen.

Umgekehrt ist es zu begrüßen, wenn Patienten vom AT-Erlebnis her bisherige Haltungen sinnvoll korrigieren. Zum Beispiel können Neurotiker, die bekanntlich in jedem Falle auch in ihrem leiblichen Erleben und leiblichen Tätigsein gestört sind, lernen, *mit* ihrem Organismus zu leben und nicht *gegen* ihn. In den meisten Fällen kommt es zu solchen sinnvollen Verallgemeinerungen aber nur dann, wenn man das AT als eine Methode unter anderen in die gesamte Psychotherapie einbaut. Abgesehen von der prophylaktischen Anwendung erachten wir es immer nur für einen Notbehelf, wenn wir für einen Patienten therapeutisch nur so viel Zeit finden, um ihm das AT zu vermitteln.

Zusammenfassung

Von den mehrerlei möglichen Anwendungsweisen des AT scheint folgende in der ambulanten Psychotherapie bei Erwachsenen am zweckentsprechendsten: Man führt den Patienten von der Klage seiner neurotischen Symptome her anleitend ins AT ein und macht sofort suggestiv gehaltene Versuche mit ihm, ohne jedoch die hypnotherapeutische Situation anzustreben. Die Einführung kann durch schriftliche Anleitung unterstützt werden. Nach den ersten Erfolgen übernimmt man den Patienten in eine für ihn geeignete, nicht zu große Patientengruppe. Dort werden die suggestive Durchführung und das Anleitungsgespräch so kombiniert, daß der Patient nach und nach mehr Selbständigkeit erlangt. Dabei reduziert man den Trainingstext allmählich auf die Grundformeln und verzichtet auf besondere Bilder. Man erlaubt individuelle Varianten, aber nur soweit, als sie dem Normalaufbau des Verfahrens entsprechen und die Verfestigung des Übungssystems nicht erschweren. Allmählich lernt der Patient, beim Üben sein Vorstellungsgeschehen zielbewußt zu steuern und trotzdem in der Körperperipherie die Entspannung geschehen zu lassen. Soweit tiefergehende Erklärungen des Umschaltemechanismus erforderlich sind, sollen idealistische Interpretationen konsequent abgewiesen und durch vereinfachte physiologische und psychosomatische Erklärungen überflüssig gemacht werden. Ziel des Übens ist, dem Patienten eine Technik in die Hand zu geben, mit der er sich, ohne vom Therapeuten abhängig zu sein, ruhigstellen und entspannen kann, auch wenn die innere und die äußere Situation dem nicht entgegenkommen. Der Erfolg hängt aber nicht nur vom Übungsverhalten selbst ab, sondern auch von den inneren Einstellungen, auf die er bei richtiger Handhabung günstig zurückwirkt.

Nachtrag 1967

Nachgetragen sei, daß die Vermittlung in Gruppen besonders gut gelingt, wenn man ein Tonband mit der Ruhe- bis Wärmeübung einschließlich Verweilzeit und Rücknahme und — nach diesem 1. Teil und dem Gruppengespräch — 1/2 Std. später ein zweites mit der Gesamtübung (nun die ersten Stufen kurzgefaßt) verwendet. Fortgeschrittene kommen entweder weiterhin zeitig und bleiben zum 2. Teil da oder kommen erst zu diesem, je nach Bedürfnis. Nach wie vor gilt, daß der Anfänger überhören soll, was ihn noch nicht betrifft, z. B. sind wir mit der Wärmeübung immer vorsichtiger geworden, besonders bei Hypotonikern. Für sie ist die Vorstellung der Gefäßweitung falsch. Aber wir verstärken den Ruhegedanken und knüpfen ihn bewußter an alle Organbereiche und ans Ich. Fast mit jedem Patienten erarbeiten wir zusätzliche (auch rein psychologische Vornahme-)Formeln, meist in der Gruppe, was für alle zu stärkerem Einbezug neurosendynamischer Hintergründe führt. Als Übungsheft steht inzwischen H. Kleinsorge „Selbstentspannung", Fischer, Jena 1965, zur Verfügung. Bei jüngeren Patienten darf heute Wissen über geregelte Systeme vorausgesetzt werden. Darauf bezogen kann das AT verständlich gemacht werden als bewußte Einstimmung auf ein Verhalten, das Gelegenheit zu selbsttätiger Wiederfindung günstiger Regulierungen schafft, auf die gegebenenfalls gezielte Beeinflussungen aufmoduliert werden können. Taucht die Frage auf, wie das möglich sei, kann man im Sinne des beigefügten Schemas antworten. Modern informierte Patienten, besonders männliche, spricht es positiv an, sich beim Erlernen des AT in Übereinstimmung mit kybernetischen Prinzipien zu befinden. Selbstverständlich werden dadurch die einfachen unmittelbaren Hilfen, wie die

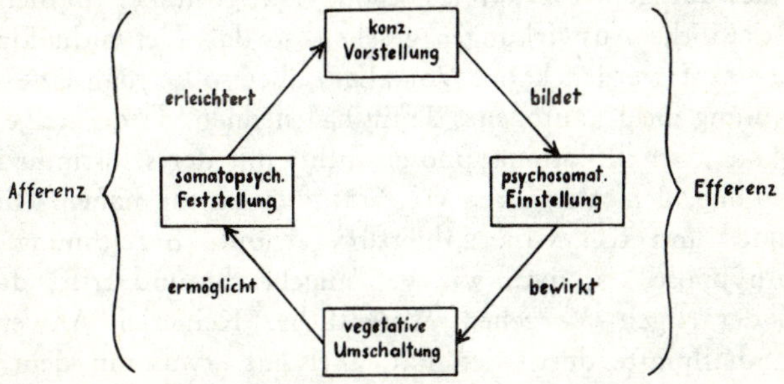

Verstärkungskreis beim autogenen Training.

Herbeiführung der besten Sitzhaltung (meist Rücken und Kopf angelehnt, nicht die „Droschkenkutscherhaltung"), das Fallenlassen der Arme auf die Oberschenkel zur Einleitung der Schwereübung, eine kurzdauernde Atemführung zwecks Erfahrung des Ruhetyps der Atmung u. ä., nicht überflüssig.

*

Die nachfolgende Arbeit von SCHULTZ muß als ein besonders aufschlußreicher Beitrag angesehen werden, weil sie wichtige klinische Gesichtspunkte enthält, wie sie auch von uns immer wieder beobachtet werden. Das gilt z. B. von der Verkennung als gymnastisches Verfahren. Dies stellt SCHULTZ hier richtig durch die Feststellung, daß „die Methode des autogenen Trainings keineswegs eine gymnastische ist, sondern eine Autohypnose bedeutet". Auch die falsche Weitergabe an Pat. wird mit Recht gegeißelt, da man sie in der Tat so ungewöhnlich häufig erlebt, ebenso wie das völlig unsachgemäße und falsch aufgebaute „begleitende Vorsprechen".

Schließlich wird hier auch die Vermittlung durch Schallplatten und Tonbänder klar und eindeutig abgelehnt. Ganz zu schweigen von den meist ganz unsachgemäßen Produkten erscheint diese von SCHULTZ damals (1961) ausgesprochene Warnung gerechtfertigt, da der „bedenkliche Mißbrauch" auch bei sachkundiger akustischer Fernvermittlung, d. h. also Schallplatte, durch den Pat. nicht zu vermeiden ist. Wir haben im Laufe langjähriger ärztlicher Anwendung des autogenen Trainings schon viele groteske, für den Pat. aber schädliche Auswirkungen gesehen, so daß hier nicht klar genug gewarnt werden kann. Vor allem aber sollte man eine solche Behandlung nicht „autogenes Training" nennen, da derartige Tonband- oder Schallplattenhypnosen nichts mit der selbstinduzierten Versenkung, dem Verfahren von SCHULTZ, zu tun haben. Die von KLUMBIES und KLEINSORGE hierfür gewählte Bezeichnung „Ablationshypnose" ist nach wie vor angebracht und trifft das bei einem derartigen Vorgehen Wesentliche. Keinerlei Anwendung einer Schallplatte durch den Pat. aber hat etwas mit dem autogenen Training zu tun. Was durch ein „begleitendes Vorsprechen" zur Beschleunigung des Lernvorganges möglich ist, ohne das auf

Selbstübung aufgebaute Verfahren des autogenen Trainings wesentlich zu verschieben, haben wir zu zeigen versucht (s. D. LANGEN, Das autogene Training in der klinischen Psychotherapie. In: „Autogenes Training, Correlationes Psychosomaticae", Hrsg. v. W. LUTHE, Stuttgart, Thieme 1965, S. 192—195).

Zur Unterstufe des autogenen Trainings gehören die ersten sechs Übungen. Daß aber — „wenn gründlich und einwandfrei gearbeitet wurde" (SCHULTZ) — auch die Beherrschung der Schwere- und Wärmeübung „das zentrale Erlebnis organismischer Umschaltung" (SCHULTZ) vermitteln kann, wird in der nachfolgenden Arbeit von SCHULTZ ebenfalls eindeutig hervorgehoben. Gerade bei zeitlich befristeter stationärer Behandlung ist das zu bejahen. Anderenfalls wird der Patient überfordert und erreicht weniger.

Wichtig ist uns ferner, daß SCHULTZ in dieser Arbeit die Umstellung der Organübungen bei Organgestörten besonders hervorhebt. Hierdurch wird die gelegentlich geäußerte Auffassung entkräftet, daß das autogene Training bei psychosomatischen Krankheiten nicht verwendbar sei (JORES).

BEDENKLICHER MISSBRAUCH DES AUTOGENEN TRAININGS[1]

Von JOHANNES HEINRICH SCHULTZ

Sobald eine ärztliche Behandlungsmethode etwas bekannter geworden ist, scheint es unvermeidbar zu sein, daß damit zugleich auch *Mißbrauch* eintritt. Er geschieht entweder in dem Sinne, daß eine Methode technisch inkorrekt angewendet und ein Ausbleiben von Erfolgen der Methode selbst zur Last gelegt wird, oder dadurch, daß irgendwelche ganz andere Maßnahmen fälschlich mit dem Namen der Methode belegt werden.

Diese allgemeine Erfahrung gilt auch für das *autogene Training*, das, nunmehr 40 Jahre alt, mehr und mehr auch in allgemein ärztlichen Kreisen bekannt wird. Es scheint daher nicht überflüssig

[1] Medizinische Welt, 1961, S. 1214—1217.

zu sein, mit einigen Worten vor den häufigsten hier vorfallenden Fehlern zu warnen. Dazu ist vor allen Dingen erforderlich, die *grundsätzliche Eigenart des Verfahrens* klar zu kennzeichnen. Bereits die Benennung der Methode hat bekanntlich allerlei berechtigte und nichtberechtigte Kritik herausgefordert. Es wurden nicht nur naheliegende Kalauer zum „autogenen Schweißen“ gerissen, sondern von ernsthaften Autoren getadelt, daß hier ein störendes Sprachgemisch vorliege. Rein philologisch ist dies durchaus zuzugeben, fragt man aber nach einer sinnhaften Begründung, so soll durch die Benennung ausgedrückt werden, daß es sich um ein vom „Selbst“ nicht vom „Ich“, also vom „autos“ ausgehendes, entwicklungshaftes — „gen“ — Geschehen handelt, zu dessen sachgemäßem und fruchtbarem Verlaufe eigene übende Arbeit, also ein „Training“ des Lernenden unbedingt erforderlich ist. Die Bezeichnung als „Training“ enthält ferner den Hinweis darauf, daß regelmäßige übende Arbeit zu den aus der Sportphysiologie und Sportpsychologie bekannten Ergebnissen führt: An ein Anfängerstadium, das mit gewissen Bemühungen verbunden ist, schließt sich gesetzmäßig ein mittleres Stadium an; hier verläuft jedes Training ohne größeren Aufwand, aber auch ohne merkbar positiven Allgemeineffekt. Erst in dem dritten Stadium wird gewissermaßen aus der „Übung“ eine „Schulung“. 1937 konnten wir („Fortschritte und Forschung“; Zeitschrift für gesamte Neurologie, Band 158) darlegen, daß diese biologischen Grundvorgänge durch jede längere und systematische Therapie, namentlich auch die psychoanalytische, unausweichlich in Gang gesetzt werden. Während sie aber hier gewissermaßen unterirdisch und meist unbemerkt und unkontrolliert ihre wichtige Rolle spielen, stehen sie bei der autogenen Arbeit klar und bewußt im Mittelpunkt.

So entspricht es bekannten wissenschaftlichen Erfahrungen, wenn psychologische Experimental-Untersuchungen von W. Luthe in Übereinstimmung mit nunmehr Jahrzehnte alter klinischer Erfahrung beweisen, daß regelmäßig durchgeführtes autogenes Training an sich zu einer inneren Lockerung und inneren Ruhigstellung führt. Unübertrefflich auch heute noch die bekannte Formulierung von G. R. Heyer: „Wer es gelernt hat im autogenen Training sich — zu — lassen wird gelassen“.

Der Untertitel des Verfahrens „Konzentrative Selbstentspannung“ verführt leicht zu dem Irrtum, als handele es sich um ein gymnastisches Verfahren, etwa im Sinne einer der vielfachen und für ihre Aufgaben so sehr brauchbaren Methode gymnastischer Entspannung. Demgegenüber muß mit großem Nachdruck betont werden, daß die Methode des autogenen Trainings keineswegs eine gymnastische ist, sondern eine *Autohypnose* bedeutet, hat sie sich doch unmittelbar aus der psychologischen Erforschung der wissenschaftlichen ärztlichen Hypnose entwickelt. Die Tatsache, daß jede in exakter Selbstbeobachtung verlaufende Hypnotisierung regelmäßig mit den typischen Empfindungen von Schwere und Wärme verbunden ist, bedeutete ja den Ausgang des autogenen Trainings, und zahlreiche Ergebnisse autogener Arbeit sind nur im Bereiche hypnosuggestiven Geschehens verständlich, so etwa Blutzucker- und Blutzellenänderungen durch erhöhte Leberdurchblutung (H. MARCHAND), Warzenbeseitigung, charakteristische Umstellung der Blutverteilung im Organismus, wie sie P. POLZIEN in seinen bekannten grundlegenden Untersuchungen nachwies, indem er zeigte, daß die Wärmeschale nach der autogenen oder hypnotischen Umschaltung um 5 bis 7 Grad wärmer, der Wärmekern um etwa 0,5° C kühler wird, und vieles andere mehr.

Für die vom Arzt oder einem sonstigen Versuchsleiter mit der Versuchsperson durchgeführte Hypnose alten Stils, die „Fremdhypnose“, ist die *entscheidende Bedeutung richtigen technischen Vorgehens* seit langer Zeit allbekannt. Es kann daher nicht überraschen, daß für die Selbsthypnose des autogenen Trainings dasselbe zutrifft; nur bei genauer Innehaltung der in nunmehr 40 Jahren erarbeiteten Technik kann mit dem bestmöglichen Erfolge gerechnet werden. Sie ist am besten durch praktische Anleitung bei einem erfahrenen Kollegen zu erwerben, da eine Unzahl von kleinen technischen Einzelheiten sich anderer Übermittlung entziehen.

Hier können nach dieser Richtung keine näheren Ausführungen erfolgen; es sei auf die soeben in 10. Auflage erschienene Darstellung verwiesen und betont, daß *grundsätzlich* stets die *Durchführung aller sechs Übungen* für die „Unterstufe“ erforderlich ist, und erst ihre volle Beherrschung Versuche der „Oberstufe“ gestattet. Ferner sei hier kurz daran erinnert, daß die organismische

Umschaltung durchaus nicht gefahrlos ist und daher nur in der Hand des erfahrenen Arztes verantwortet werden kann. Konnten doch 1923 im Anschluß an die damals herrschende Epidemie laienhypnotischer Experimente 100 zum Teil schwere Gesundheitsstörungen nach Hypnose festgestellt werden (I. MARHOLD, Berlin 1953). Es ist daher unzulässig, die autogene Arbeit an Nichtärzte abzugeben oder, was leider nicht selten geschieht, Patienten das Übungsheft zum Selbstüben mitzugeben. Die vorstehende Kennzeichnung des Verfahrens macht selbstverständlich, daß autogenes Üben eine vollkommen ungestörte, systematische „Wendung nach Innen" verlangt. Der Versuchsleiter hat nur schweigend zu kontrollieren (Tonus, Puls, Atmung) und etwa leise, kurze orientierende Fragen zu stellen. Im wesentlichen herrscht Schweigen. Verstößt der Arzt gegen diese Grundregeln, oder läßt er etwa eine Schallplatte laufen, so liegt kein autogenes Training mehr vor, sondern ein Zwischending zur Fremdhypnose alten Stiles, zum Einreden (COUÉ) oder zur Persuasion (DUBOIS), Verfahren, die ihren Ort, ihren Wert und klare Indikation verlangen, aber kein autogenes Training sind.

Wie K. SCHMITZ (Verlag Lehmann), H. KLEINSORGE und G. KLUMBIES (Ablationshypnose) zeigten, kann die wissenschaftliche ärztliche Hypnose sehr wohl an Schallplatten demonstriert oder, selbstverständlich nur individuell gestaltet, fortgesetzt werden. Die Eigenart des autogenen Trainings schließt ein solches Vorgehen aus, und es muß als sehr bedauerlich bezeichnet werden, daß unter dem irreführenden Titel „Suggestives Training" Platten in den Handel kamen, deren Autor behauptete, etwas ganz anderes zu bringen als das autogene Training, ohne dabei mitzuteilen, daß er alle autogenen Formeln wörtlich übernahm. Erfreulicherweise hat die sachverständige Kritik sich einstimmig ablehnend verhalten.

Man mißverstehe diese Bemerkungen nicht im Sinne verkalkter Schulmeisterei; kommen doch immer wieder an sich geeignete Kranke mit der Bitte um Hypnose, weil das autogene Training bei ihnen nichts helfe. Nähere Nachfrage ergibt leider sehr häufig, daß die bisherige Behandlung mit autogenem Training nichts zu tun hat. Gewiß ist den Aussagen von Kranken gegenüber Kritik am Platze. Aber wenn eine deutlich zwangsneurotische, fast wahrheitssüchtige Kranke berichtet, ihre „Behandlung" sei so verlaufen, es habe sich zunächst die Assistenzärztin ihr gegenübergesetzt und die Augen geschlossen, was aber nicht viel geholfen habe, und nach deren Abreise habe der Chefarzt sie in der Mitte eines Zimmers auf den Stuhl gesetzt, sie die Augen schließen lassen, sei immer im Kreise um sie herumgegangen und habe gesagt: „Ich bin ganz ruhig", aber auch dies habe ihr nichts geholfen, so ist die Geschichte nach meiner Erfahrung ebenso glaubhaft wie unglaublich.

So appellieren wir dringend an Verständnis und Mitarbeit unserer Kollegen hinsichtlich korrekter Übermittlung der Methode. Unentbehrlich ist ferner, vor der autogenen Arbeit eine ausreichende anschauliche und verständliche Aufklärung über Sinn und Aussichten des Verfahrens, die ja bekanntlich als „psychologische Vorbereitung" auch in der Hypnotherapie wissenschaftlicher Art von oft entscheidender Bedeutung ist.

Sechs Übungen bilden die *Unterstufe* des autogenen Trainings. Da für jede Übung zur Aneignung bei Durchschnittlichen eine Mindestzeit von zwei Wochen erforderlich ist, leuchtet ohne weiteres ein, daß selbst unter diesen günstigen Umständen die Mindestzeit für die Aneignung der Unterstufe sechsmal zwei Wochen, das heißt ein Vierteljahr ist. Schon aus diesem Grunde ist das autogene Training eine ausgesprochene Sprechstunden-Methode, denn die *Zeit klinischen Aufenthalts wird im allgemeinen 4 bis 6 Wochen* nicht übersteigen und dann oft so schwere Zustände enthalten (Operation usw.), daß auch diese Zeit nicht voll für autogenes Training ausgenutzt werden kann. Es ist daher kein Zufall, daß gerade aus Lungenheilstätten besonders gute Erfahrungen berichtet werden (Vgl. den Beitrag von Fischer-Hoppenworth in diesem Band S. 182 ff. [Anm. des Herausgebers]), verweilen doch dort die Kranken wesentlich länger und können daher wirklich gründlich trainiert werden. Sehr zu warnen ist vor der schlechten Aushilfe, Kranke in klinischer Behandlung zu beliebig gemischten Sammelgruppen zusammenzusetzen und nun ein Durcheinander der sechs Übungen etwa gar dauernd vorsprechen zu lassen. Daß unter solchen Umständen sehr geringe oder keine Erfolge zu erreichen sind, kann keinesfalls wundernehmen, bedauerlich ist nur, daß auf diese Weise das Verfahren diskreditiert wird.

Bei einem klinischen Aufenthalt von 4 Wochen sollten im allgemeinen nur die beiden ersten Übungen, Schwere und Wärme, aber diese gründlich und sachgemäß verarbeitet werden, vermitteln sie doch das zentrale Erlebnis *organismischer Umschaltung*, das im Mittelpunkt aller entsprechender Verfahren steht, bereits in erheblichem Maße, wenn gründlich und technisch einwandfrei gearbeitet wurde. Hat man es mit sehr vernünftigen und kritischen Patienten zu tun — was nichts mit „Bildung“ zu tun hat! — so kann man verantworten, die Patienten, die Schwere und Wärme sorgfältig und in individueller Anpassung erarbeitet haben, in der Woche vor der Entlassung durch ein oder zwei hypnotische Hilfen die Übungen 3—6 exakt und individuell dosiert erleben zu lassen, ihren Verlauf zu kontrollieren, besonders hinsichtlich etwaiger Störungen, und nun bei der Entlassung zu empfehlen, diese Übungen Punkt für Punkt jeweils 2—3 Wochen lang der Schwere- und Wärme-Übung anzufügen und etwaige auffällige Beobachtungen brieflich zu berichten. Befindet sich in Wohnsitznähe ein erfahrener Kollege, so enthebt die Überweisung an diesen den Krankenhaus- oder Sanatoriumsarzt der angeregten Bemühungen.

Wie betont, steht im Mittelpunkt von hypnotischen und autogenen Methoden die *Hinleitung des Kranken* auf seine eigenen Funktionen, *seine organismischen Vollzüge* im Sinne der Entspannung, verbunden mit Abkehr von der Außenwelt und „Versenkung“, wie sie ohne systematische ärztliche Kontrolle in Medidation, Yoga usw. gegeben ist. Für die Arbeit des autogenen Trainings ist es daher unerläßlich, die sechs Übungsformeln so einfach und so „leibnahe“ zu geben, wie nur immer möglich und in allen unseren Darstellungen betont. Erst auf Grund dieser im biologischen Vollzuge geschehenden Umschaltung steht es nun dem Übenden frei, individuelle Ergänzungen oder Verstärkungen anzufügen, wobei aber immer die „leibnahen“ Grundformeln entscheidend bleiben müssen. Im Verlauf der psychologischen Vorbereitung ist darauf hinzuweisen, daß betont optische oder akustische Typen durch ein bildhaftes Gestalten der Formeln einen „automatischen Ablauf“ erleichtern können, so daß die Formeln wie von einem Tonbande oder auf einem Reklamestreifen mechanisch laufen und es dem Übenden erleichtern, sachfremde, bei jedem

Gesunden auftretende Vorstellungen usw. gewissermaßen gleichgültig vorbeiziehen zu lassen. Hier berührt sich die autogene Technik mit der Monotonisierung bei der Fremdhypnose. Zurückhaltender ist die Benutzung von allgemeinen Fantasiebildern als Hilfe für die Formeln zu beurteilen. Sie führen leicht dazu, daß ein müßiges Fantasiespiel ohne geordnete innere Sammlung einsetzt. Stets muß der Übende lernen, sich passiv, aber gesammelt den selbst gesetzten inneren Erlebnissen hinzugeben und nun zu „schauen" und „entdecken". Dies gilt auch für das Erlebnis „es atmet mich", das sachgemäß niemals als Übungsauftrag gegeben, sondern vom Übenden selbst entdeckt werden soll.

Bekanntlich soll bei *Organgestörten das Störungsfeld* immer erst in der sechsten Übung angegangen werden, weil dann durch die anderen fünf Übungen bereits die organismische Umschaltung in erheblichem Maße erarbeitet ist. Für das Störungsgebiet empfiehlt sich im allgemeinen zunächst auch die Erwerbung der üblichen Formel. Beherrscht sie der Übende, so läßt der Arzt sich eine möglichst eingehende und anschauliche Schilderung der subjektiven Beschwerden im Störungserlebnis geben und leitet den Übenden nun an, in organismischer Umschaltung die gegenteilige Einstellung zu erkämpfen. Über diese mehr örtliche Umschaltung hinaus dürfte es kaum ein Krankheitsbild geben, bei dem nicht das autogen erreichbare zentrale Ruheerlebnis, die gelassene Selbstabständigkeit von günstiger Bedeutung wäre; so bleiben häufig Anfälle verschiedenster Art aus, weil sie nicht mehr durch ängstliche Erwartung ungewollt „herbeigerufen" werden.

Es wäre im Interesse der heute mit Recht in ihrer Bedeutung anerkannten Psychotherapie sehr erfreulich, wenn die vorstehenden kurzen Hinweise dazu beitragen würden, die dem autogenen Training gegenüber leider so häufigen Fehlauffassungen und Irrtümer einzuengen. Das autogene Training gehört mit Hypnose und praktischer Menschenführung zu den *aktiv klinischen Methoden der Psychotherapie*, die heute jeder Arzt beherrschen sollte. Theoretisch ist zu betonen, daß Psychotherapie keinesfalls mit Psychoanalyse, medizinische Psychologie keinesfalls mit „Tiefenpsychologie" gleichzusetzen sind. Weit über dem Gebiet der in der Tiefenpsychologie bearbeiteten Triebe, Affekte und Konflikte hinaus enthält wissenschaftliche medizinische Psychologie ein weites Feld seelischer Erscheinungen und Zusammenhänge, wie etwa die des Lernens, Übens und Vergessens bis hinunter zum „Gedächtnis des Organischen" im Sinne von HERING und SEMON und des Ausdruckes in seiner großartigen Erfassung von LUDWIG KLAGES. Sollte hier nicht eine „Schicht des Seelischen", um dieses gefährliche Bild zu benutzen, vorliegen, die noch „tiefer" liegt als „Tiefenpsychologie"? Es sei nur erinnert an „Prägungen", bei denen sorgfältigste psychoanalytische Arbeit scheitert und die oft übersehene Tatsache, daß Lesenlernen nicht nur den geistigen Besitz erweitert, sondern im Sinne des von uns herausgestellten „erworbenen Vollzugszwanges im gesunden Seelenleben" dazu führt, daß der Mensch dem Lernerworbenen macht- und wehrlos ausgeliefert ist; *muß* er doch lesen, was er zu lesen lernte, wenn er es erblickt!

*

Die nachfolgende Arbeit bringt wieder einen klinischen Beitrag zu einer wichtigen Anwendung des autogenen Trainings. Auch wir haben die Beobachtung gemacht, daß aktiv-autohypnoide Verfahren bei behandlungswilligen Alkoholpatienten, die noch keine zu starken Abbauerscheinungen haben, besonders wirksam sind (s. dazu auch D. LANGEN „Die gestufte Aktivhypnose", 2. Aufl., Thieme, Stuttgart, 1967).

ALKOHOLENTWÖHNUNG UND AUTOGENES TRAINING[1]

(Unter besonderer Berücksichtigung der „formelhaften Vorsatzbildung")

Von HILDEBRAND R. TEIRICH

Wer sich mehr als ein Jahrzehnt viele Stunden des Tages mit der Vermittlung des autogenen Trainings beschäftigt, erlebt im Rah-

[1] Die Heilkunst, 74, 1961, S. 56—59, gekürzt.

men von Einzelstunden, bzw. bei den Kursen so viel Ungewöhnliches, daß ihm die Auswahl nicht leicht fällt. Vor allem gibt es kaum einen Kurs, in dem nicht einige Teilnehmer berichten, sie hätten eine Störung verloren, die sie mir als behandelndem Arzt gar nicht mitgeteilt hatten; dazu gehören etwa Periodebeschwerden, Verstopfung, Schlafstörungen, Magenbeschwerden, Konzentrationsschwäche u. ä.

Nun, die Zahl der Erfolgsberichte ist im Laufe des letzten Jahrzehntes so groß geworden, daß es nicht sinnvoll wäre, hier über Einzelfälle zu berichten; ab und zu aber gibt es Resultate, über die man selbst doch sehr erstaunt ist. Ich denke hier etwa in jüngster Zeit an einen Kollegen, dessen durch Jahre hindurch bestehende Erektionsschwäche nach 3 Übungsstunden behoben war und blieb, oder an mehrere recht „erwachsene" Kolleginnen, die ihr erstes Kind ohne Beschwerden bekamen, obzwar sie (gerade als Landärztinnen!) besondere Angst hatten und die Möglichkeiten der gymnastischen Schwangerschaftsvorbereitung nicht gegeben waren. Eindrucksvoll war auch der Bericht eines Ingenieurs, dessen rechtes Bein bei einem Autounfall an 3 Stellen frakturiert war. Obwohl er monatelang in Gips lag, gelang es ihm, das Bein autogen so gut zu durchwärmen (Kontrolle: wie stets mit dem Hautthermometer), daß die Muskelatrophien ganz gering waren.

Ich möchte aber hier nicht interessante Fälle aus verschiedenen Gebieten anführen, sondern über die Behandlung des Alkoholismus im Rahmen des autogenen Trainings berichten; es handelt sich um eine Therapie, die sich mir bewährt hat und ich hatte Gelegenheit, die Patienten über Jahre nachzubeobachten. Die meiner Meinung nach relativ zu selten verwendete formelhafte Vorsatzbildung spielt hier eine besondere Rolle — sie hat sich mir als unentbehrlich erwiesen.

Hier darf vorausgesetzt werden, daß den Lesern der Begriff der formelhaften Vorsatzbildung geläufig ist. SCHULTZ betont, daß die Vorsatzbildung in der autogenen Versenkung wie posthypnotische Suggestionen automatisch wirken, insbesondere wenn sie ruhig und unbeirrt in den Nachtschlaf übernommen werden („Mikropsychologische Arbeit über lange Zeiträume"). SCHULTZ empfiehlt, sich die Vorsatzbildung in Leuchtbuchstaben vor das innere Auge zu stellen. Ich selbst vermittle kursweise etwa nach 6 Übungswochen den entspannten Patienten die Vorstellung einer Schultafel, die ich übrigens vorher als Diapositiv projiziere, mit der Empfehlung an die Hörer, sie mögen sich in die vertraute Schulatmosphäre hereindenken. . .[2].

Sind die Ursachen des Alkoholmißbrauches abgeklärt, so lernt der Patient die Grundübungen des autogenen Trainings und wird allmählich auf Antabus eingestellt. Nach etwa 3—4 Wochen folgt der Probetrunk, für den ich einen halben Tag reserviere und der von mir in besonderer Weise mit Apomorphin (0,01) kombiniert wird. Es handelt sich hier um einen durchaus ernstzunehmenden dramatischen Eingriff, wobei vorher der Internist zu Rate gezogen wird. Der Effekt dieser Kombination[3] ist, daß der Pat. die Wirkung des Antabus überschätzt, da ihm die Wirkung der Apomorphininjektionen (zum Unterschied von der ausführlich gegebenen Erklärung über das Geschehen im Organismus beim Zusammentreffen von Alkohol und Disufiram) nicht weiter auseinandergesetzt wird. Der Patient hat also zweifellos Angst vor jedem Alkoholgenuß, was durchaus im Sinne der Behandlung liegt — vor allem in den ersten Monaten, bis der Patient durch die psychotherapeutische Behandlung auch neues Vertrauen zu sich selbst gefaßt hat.

Die chemische Entwöhnung ist ein drastischer Eingriff und Antabus ein typisch psychosomatisches Medikament. *Eine wichtige Krücke ist aber das autogene Training mit der entsprechenden formelhaften Vorsatzbildung* — Schultz sagt dazu: „Es handelt sich darum, durch den automatischen Antrieb formelhafter Vorsatzbildung Hemmungen zu beseitigen und der normalen Reaktion Ablauf zu geben, die anscheinend unüberwindliche Abhängigkeit durch *Negierung* oder besser *Indifferenzierung* und *Gegenstellung positiver Kontraste* zu durchbrechen."

[2] Dann geht der Autor in der Originalpublikation auf die allgemeine Erlernung der formelhaften Vorsatzbildung ein. Anschließend schildert er die von ihm geübte Form der Antabusbehandlung und damit dann das hier Wesentliche.

[3] Die pharmakologischen Zusammenhänge wurden von P. Kröll erarbeitet (Dtsch. Med. Wschr. 1952. 44).

Am meisten bewährt haben sich die Formulierungen: „Alkohol gleichgültig" oder „Alkohol überwunden". Von anderer Seite vorgeschlagene Vorsatzbildungen werden meist als zu lang empfunden und können nicht bildhaft erlebt werden. Allergrößter Wert wird auch auf Stimmklang und Formulierung gelegt, da TEIRICH und TROJAN hinreichend bewiesen haben, wie entscheidend z. B. die Bedeutung eines einzigen Wortes ist. So haben Patienten etwa bei der Formulierung „Alkohol überwunden" nach einigen Übungswochen angegeben, daß allmählich ein Gefühl des Ärgers aufsteige, denn „überwunden" das hieße ja, mit dem Problem noch immer zu kämpfen . . .

Bevor ich meine „Schultafelmethode" verwendete, gaben zahlreiche Patienten an, daß sie beim Aufbau der formelhaften Vorsatzbildung in Leuchtbuchstaben (meist werden dazu Neonröhren verwendet, die von der Lichtreklame her bekannt sind) Schwierigkeiten hätten, da die Buchstaben nicht „auf dem dunklen Hintergrund des Auges" haften wollten; andere Worte bzw. Buchstaben würden sich dazwischendrängen. „Ich mußte die Leuchtbuchstaben gewissermaßen mit der Hand festhalten, sonst wäre ein anderes Wort gekommen". Hier erhebt sich natürlich die Frage: „Und was schiebt sich als Vorstellungsbild dazwischen?" Dabei ergaben sich mehrmals für Arzt und Patient peinliche Dinge. So tauchte etwa als inneres Bild statt: „Alkohol überwunden" der Satz auf: „doch sinnlos". Ein anderer Patient sah unterhalb der von ihm entwickelten Vorsatzbildung in kleiner Schrift den Satz:

„*Alkohol gleichgültig,*
aber nur für 6 Monate."

Über ähnliche, weit drastischere Erfahrungen berichtete SCHULTZ bei der Lindauer Psychotherapiewoche 1953: so hatte eine sehr streng erzogene Patientin einen schweren Schock, als sie bei der Innenbildschau mit einem eindeutig sexuellen Erlebnis konfrontiert wurde.

Bei der ganzen Behandlung, auf deren technische Einzelheiten hier nicht näher eingegangen werden kann, sehe ich es als Hauptaufgabe an, den Patienten auf die kritische Entscheidungssituation vorzubereiten, die für jeden früher oder später kommt. Erst dann erweist sich, ob die Beziehung zum Arzt genügend tragfähig ist und ob der bedingte Reflex der formelhaften Vorsatzbildung genügend eingeschliffen wurde.

So verwende ich etwa im Gespräch das Beispiel des Patienten, dessen Frau verreist und der am Abend mit seinem Wagen am Bahnhof vorbeifährt. Dabei fällt sein Blick auf die aufflammende Leuchtschrift: „Darauf einen Dujardin". In diesem Augenblick tritt wieder das Verlangen nach Alkohol auf, der Wagen wird zum Parkplatz gefahren und nun ist die Entscheidungssituation gekommen: beim wirklich gut trainierten Patienten taucht auch jetzt *automatisch* die Vorsatzbildung auf; der untrainierte Patient erliegt weit eher (obwohl ihm in der Psychotherapie die Hintergründe seines Alkoholgenusses klargeworden sind) der Versuchung: er wird sich die Flasche holen und es kommt zu einem neuerlichen Rückfall.

Überblicke ich das Patientengut der letzten 10 Jahre, das etwa 25 Patienten (davon 7 Frauen) umfaßt, so möchte ich als Therapeut, der seine Erfolge kritisch betrachtet (s. meine Arbeiten auf dem Gebiet der Behandlung von Sexualverbrechern) sagen, daß die hier geschilderte Methodik wohl eine der dankbarsten Formen psychosomatischer Therapie darstellt. (Am Rande möchte ich darauf hinweisen, daß etwa meine Erfolge mit der Kombination: Lobelin — autogenes Training bei Rauchentwöhnungen keineswegs beeindruckend waren.) Natürlich sah ich mehr oder weniger schwere Rückfälle, die aber von mir nicht dramatisiert werden. Nach STAEHELIN sind Rückfälle nicht mehr gleichbedeutend mit Mißerfolg und Unheilbarkeit: es ist wichtig, sich diesen Grundsatz zu eigen zu machen, um nicht selbst entmutigt zu werden!

Ich spreche übrigens niemals von „geheilten Trinkern", sondern ich betrachte es (wie SOLMS) als Erfolg, wenn aus einem „aktiven" ein „nichtaktiver" Trinker geworden ist. Im Sinne der Definition der Weltgesundheitsorganisation wird man besser von einer *Stabilisierung* sprechen. — Die übliche Behandlung mit Antabus nennt SOLMS kein Heilmittel der Alkoholkrankheit, sondern ein Hilfsmittel bei der Entwöhnung. Die Aussichten bei einem bestimmten (intellektuellen) Patiententyp sind durch die von mir vorgeschlagene Kombinationsbehandlung:

Antabus-Apomorphin (als Steuerregulation und nicht als Aversionsbehandlung) — *Autogenes Training* unter besonderer Betonung der *formelhaften Vorsatzbildung* günstig. Diese Therapie scheint mir durchaus eine Bereicherung der Psychopharmakologie zu sein und sollte stärker als bisher beachtet werden.

Abschließend sei noch eine immer wiederkehrende Frage beantwortet: Lohnt der große Zeit- und Kraftaufwand, die eine solche Therapie erfordert? Genügt nicht die allgemein übliche Art der Entwöhnung? — Ich möchte die Frage eindeutig bejahen. Jener Patiententyp, von dem hier gesprochen wurde, lehnt nach einer Weile die bloße Tabletteneinnahme ab — diese Form der „Trockenlegung" erscheint ihm zu mechanisch. Die seelische Unterstützung durch die hier geschilderte Methode wird aber auch innerlich akzeptiert — und kann (im günstigsten Fall) sogar eine Persönlichkeitsumwandlung erreichen.

Schlußbemerkung 1967

Überblicke ich die letzten 6 Jahre seit dem Erscheinen der Arbeit, so möchte ich sagen, daß sich die Behandlungsart, die fast unverändert weitergeführt wurde, bewährt hat. Die Zahl der männlichen Patienten ist auf über 50 angestiegen, die der Frauen auf 8. — Zwei Änderungen seien aber angeführt:

a) in den letzten 2 Jahren verwende ich statt Antabus Dipsan (LEDERLE), da die fast stets auftretende Potenzminderung nicht so signifikant ist wie bei Antabus und Dipsan in Deutschland relativ wenig in Laienkreisen bekannt ist.

b) Sehr wichtig ist die Gruppenpsychotherapie, die sich in zwei Formen gestalten läßt: entweder nehmen 1—2 Alkoholkranke an einer Gruppe „normaler" Neurotiker (7—9 Patienten) teil, die dann die Stützung durch andere Mitglieder, die bereits aus der Therapie entlassen sind, erleben. Die andere Form ist die ad hoc einberufene Gruppe, die dann *nur* aus Suchtkranken besteht. Wenn es also der „Zufall" will und etwa 2—3 Patienten ihre Entwöhnung beendet haben oder sich von auswärts zur Nachkontrolle einstellen, so werden weitere Patienten zu einer 90 Minuten dauernden Gruppenbesprechung eingeladen, die dann etwa im

Sinne der Alcoholic Anonymous verläuft (mit anschließender Nachgruppe ohne Therapeuten). Stets werden in diesem Rahmen die Erfahrungen mit dem autogenen Training, bzw. der „Gestuften Aktivhypnose" (LANGEN) genau durchbesprochen.

Noch einmal sei darauf hingewiesen, daß die Auswahl der Patienten entscheidend ist. Nur von dieser Auswahl her läßt sich die verschiedene Auffassung über die Behandlungsergebnisse zwischen dem Kliniker und dem freipraktizierenden Arzt erklären. Der erstere bleibt dieser Therapieform gegenüber oft skeptisch und zurückhaltend, da er ein völlig anderes Patientengut sieht, als der Arzt, der sich seine Kranken in der Praxis in etwa auswählen kann.

*

Die beiden nachfolgenden Beiträge schlagen erneut die Brücke zur Gruppentherapie und, was hier besonders wichtig ist, zur allgemeinen Praxis. Das autogene Training ist das in Deutschland am meisten geübte psychotherapeutische Verfahren und ist gerade in der ärztlichen Allgemeinpraxis besonders indiziert. Deswegen erscheint es dem Herausgeber wesentlich, daß hier dem praktischen Arzt ein Weg gezeigt wird, wie das autogene Training an die Patienten herangetragen werden kann.

DAS AUTOGENE TRAINING ALS GRUPPENTHERAPIE, EINE WERTVOLLE ERGÄNZUNG FÜR DIE ALLGEMEINPRAXIS[1]

Von HELLMUT BINDER

Ausgehend von dem Gedanken, dem vielgeplagten Praktiker eine wirkliche Hilfe aufzuzeigen, mit den vielen vegetativen und funktionell gestörten Patienten fertigzuwerden und vor allem über eine wirklich befriedigende Therapie zu verfügen, entstand dieser Bericht.

[1] Monatskurse für die ärztliche Fortbildung, 12, 1962, S. 7—13, gekürzt.

Das *autogene Training (AT)* ist ohne Zweifel eine wertvolle therapeutische Ergänzung, wie ich aus 10jähriger Erfahrung zu Recht sagen darf. Ich spreche hier als Allgemeinpraktiker zu Praktikern. Man erwarte deshalb von mir keine hochwissenschaftlichen Ausführungen, sondern eine Sprache und eine Anleitung, die für jeden verständlich ist. Für mich war die Begegnung mit Prof. J. H. Schultz, dem genialen Begründer des AT, im Jahre 1950 ein Wendepunkt in meiner ärztlichen Laufbahn. Nach dem persönlichen Erlernen des AT stand für mich fest, diese segensreiche Methode in meine Allgemeinpraxis mit einzubauen[2].

Es soll hier versucht werden, die Möglichkeiten und den Wert der Psychotherapie für die Allgemeinpraxis darzustellen. Und da halte ich das AT, welches wir der kleinen Psychotherapie zuordnen, für das wichtigste Basistherapeutikum. Voraussetzung für erfolgreiche Anwendung ist natürlich, daß der Arzt die Bereitschaft aufbringt, es selbst zu erlernen.

Die *Grundgedanken* des AT sind aus der Hypnose entwickelt worden. Deshalb erst einige Worte zur *Hypnose*, weil darüber so viele falsche Vorstellungen herrschen. Besonders zu bemerken ist, daß eine Hypnose nur bei vorhandener Bereitschaft des Patienten ausgelöst werden kann. Obwohl „Hypnos" Schlaf bedeutet, ist die Hypnose kein Schlaf, schon gar nicht ein Zustand, der oft vom Laien mit Narkose gleichgesetzt wird. Die Hypnose unterscheidet sich vom Schlaf dadurch, daß der Hypnotisierte, wenn auch geringgradig kritisch, alles hört und alles versteht, was der Hypnotiseur ihm sagt. Natürlich ist es möglich, die Hypnose so zu vertiefen, daß Schlaf eintritt, aber den wirklich wertvollen therapeutischen Effekt hat jene Hypnose, in der der Patient die Suggestion noch aufnehmen kann, also ein Rapport vorhanden ist. Übereinstimmend geben die Hypnotisierten nach der Hypnose an, daß sie einen sehr angenehmen Ruhezustand erlebten mit Gliederschwere und wohliger Wärmedurchflutung des Körpers. Vom Betrachter aus gesehen, bietet der Hypnotisierte das Bild eines sich

[2] In der Originalpublikation geht der Autor zunächst ausführlicher auf Sinn und Methodik des autogenen Trainings ein, was hier leicht gekürzt wiedergegeben wird, auch werden die kasuistischen Beiträge fortgelassen.

im schlafähnlichen Zustand befindlichen Menschen mit gelösten Gesichtszügen und ruhiger Atmung. Auch die Pulskontrolle ergibt einen ruhigen Ablauf der Herztätigkeit. Man kann diesen hypnotischen Zustand mit jenem vergleichen, wenn man gerade aufgewacht ist, sich noch nicht richtig in die Wirklichkeit hineinfinden kann, sich noch mit schweren Gliedern ans Bett gebunden fühlt und doch schon denken kann oder auch mit einem Zustand eines Abrutschens in eine tiefere Bewußtseinsschicht kurz vor dem Einschlafen.

Zu bemerken wären noch Leistungen, welche in der Hypnose möglich sind, die aber im Wachzustand nicht ohne weiteres ausgeführt werden können; z. B. die gesetzten Suggestionen zu schwitzen oder zu frieren, oder die Suggestion, daß das Anfassen eines an sich kalten Ofens, der als heiß suggeriert wird, nachträglich Brandblasen an den Händen erzeugt. Der eklatante Beweis einer Selbstsuggestion ist Therese Neumann von Konnersreuth, die zur Passionszeit durch eine übermäßige Erlebnisverarbeitung die Wundmale Christi an Händen und Füßen aufweist.

Diese kurzen Ausführungen über die Hypnose sind wichtig und hinweisend für das AT, denn das AT ist eine Selbsthypnose, eine Autohypnose, im Unterschied zu den soeben angeführten Fremdhypnosen.

Autogenes Training heißt wörtlich übersetzt: „Aus dem Selbst entstehende Übungen." Zitieren wir J. H. Schultz wörtlich: „So soll durch die Benennung AT ausgedrückt werden, daß es sich um ein vom Selbst, nicht vom Ich, also vom Autos ausgehendes, entwicklungshaftes ‚Gen'-Geschehen handelt, zu dessen sachgemäßem und fruchtbarem Verlaufe eigene übende Arbeit, also ein ‚Training' des Lernenden, unbedingt erforderlich ist."

Beim AT wird auch von konzentrativer Entspannung gesprochen. Das Wort Konzentration kann unter Umständen falsch aufgefaßt werden, wenn zu viele Willensimpulse hineingelegt werden. Besser ist es, von einer hinlenkenden Aufmerksamkeit zu sprechen. Beim AT handelt es sich um eine Hinwendung nach innen, um eine Art Versenkung. Lassen wir nochmals J. H. Schultz aus einem kürzlich veröffentlichten Vortrag zu Worte kommen: „Das AT ist eine physiologische Methode, welche gleichzeitig geistige und körperliche Funktionen anspricht. Das AT basiert auf kurzen

Perioden einer passiven Konzentration und arbeitet mit psychologisch-physiologisch adaptierten Wortformulierungen, welche körperliche und geistige Funktionen zu verbessern und zu normalisieren vermögen." Damit ist eigentlich alles gesagt. Trotzdem müssen wir uns mit dem Problem des Leib-Seelischen auseinandersetzen, um das AT in seiner ganzen Tiefe und vollen Wirkungsbreite zu erfassen.

Wir Ärzte sprechen ungern von Seele, weil dieser Begriff rein naturwissenschaftlich nicht genau definierbar ist. Aber eins ist sicher, daß Seele immer mit dem Lebendigen zu tun hat. Das begreifen auch unsere Patienten. Wenn der Mensch stirbt, entweicht seine „Seele", oder anders, der tote Körper ist entseelt. Die Griechen setzten Seele = Pneu = Atem. Es wäre demnach auch richtig zu sagen: „Wenn ein Mensch stirbt, haucht er seine Seele aus." Wir Ärzte sprechen in der Psychotherapie von Erlebnis oder von Erlebnisverarbeitung, die ja auch nur mit dem Leben oder mit dem geistig Lebendigen verknüpft sein kann. J. H. SCHULTZ spricht beim Menschen von einem einheitlich lebendigen Wesen, von einem beseelten Organismus. Damit wird die Wechselwirkung zwischen Soma und Psyche oder, zu deutsch, zwischen Körper und Seele anerkannt. Nun wird auch verständlich, warum über eine geistige Schulung, d. h. durch bestimmte geistige Wortformulierungen körperliche Funktionen beeinflußt werden können, und zwar vegetative und psychische, die bisher nicht ohne weiteres dem Willen unterstanden.

Hier liegt das Grundprinzip des AT. Es ist ja viel einfacher, Medikamente zu verabreichen, um ähnliche Wirkungen zu erzielen. Dabei handelt es sich aber nur um eine symptomatische Behandlung, während durch das AT kausal in das Geschehen, in das Wechselspiel der Funktionen des menschlichen Körpers eingegriffen wird. An dieser Stelle ist das Wort von der organismischen Umschaltung geprägt worden. Es handelt sich bei dem AT um einen Umschaltungsprozeß.

Die *Technik des AT* führt zu dieser organismischen Umschaltung, d. h., es sind bestimmte Voraussetzungen dazu erforderlich. Außer gewissen Wortformulierungen muß eine bestimmte Körperhaltung im Sitzen oder Liegen eingenommen werden.

Es gibt drei Übungsmöglichkeiten:

1. Den „Droschkenkutschersitz“,
2. Im Armlehnstuhl oder „Großvaterstuhl“,
3. Liegen auf einem Diwan oder im Bett.

ad 1. Beim *Droschkenkutschersitz* kommt es darauf an, den Schwerpunkt des Körpers ins Kreuz zu verlagern. Diese Übung kann auf jedem beliebigen Hocker oder Stuhl ausgeführt werden. Die Unterarme ruhen auf der Mitte der Oberschenkel. Auf keinen Fall dürfen die Ellenbogen als Stütze dienen. Der Oberkörper darf nicht abgefangen werden, sondern ist in sich zusammengesunken. Die Hände hängen an der Innenseite der Oberschenkel zwischen den Beinen herab und dürfen sich nicht berühren. Die Füße sind leicht gespreizt und ruhen mit voller Sohle auf dem Fußboden, die Kniegelenke zeigen einen stumpfen Winkel. Der Kopf wird mit dem Nacken leicht nach vorne gebeugt.

ad 2. Bei der Sitzübung im Armlehnstuhl, im sog. *„Großvaterstuhl“*, liegen die Unterarme auf der Sessellehne, die Hände hängen entweder nach vorne über die Armstütze herab oder auch nach seitlich innen. Der Nacken wird durch ein Kissen oder eine Kissenrolle abgestützt. Die Beinhaltung entspricht der beim Droschkenkutschersitz.

Diese Übung wird bevorzugt von Patienten, die eine geschädigte Wirbelsäule oder einen Bauch haben.

ad 3. In der *Liegehaltung*, bei der in der Abbildung nur der Oberkörper sichtbar ist, kommt besonders deutlich die Abwinkelung der Arme im Ellenbogengelenk zu einem stumpfen Winkel zur Geltung. Man sollte beim autogenen Training immer darauf bedacht sein, möglichst alle Gelenke in eine lockere, stumpfwinkelige Stellung zu bekommen, weil damit von vornherein Spannungsmomente vermieden werden. Sehr zweckmäßig ist das Unterschieben einer Kissen- oder Deckenrolle unter die Kniekehlen, dann fallen die Füße ganz von selbst nach außen seitwärts. Der Nacken wird wiederum durch ein Kissen bequem gelagert.

Das autogene Training baut sich in 6 Stufen auf, d. h., es handelt sich um 6 Übungen, die der Reihe nach in 1—2wöchigen Abständen erlernt werden. Begonnen wird mit der „Schwereübung“ in einem Arm. Die Erfahrungen aus der Hypnose haben gezeigt, daß als erste Teilentspannung die Gliederschwere empfunden wird, als Ausdruck der Muskelentspannung. Der Übende hat also selbst die wertvolle Kontrolle über sich, ob ihm diese Umschaltung gelingt. Als nächste Übung folgt die der Wärmeempfindung in den Gliedern als Ausdruck der Entspannung der Blutgefäße. Die Erwärmung der Gliedmaßen ist durch Hauttemperaturmessungen nachweisbar. Nach neuesten Beobachtungen sinkt bei einer wirklich tiefen körperlichen Entspannung die rektale Temperatur um einige Zehntel Grade ab. Die beiden nächsten Übungen befassen sich mit der Ruhigstellung des Herzens und der Atmung. Dann folgt die Erarbeitung der Leibwärme, d. h. die Konzentration auf den Plexus solaris (Sonnengeflecht) und als letztes die Einstellung auf den Kopf mit der „Stirnkühleübung".

Die adaptierten Wortformulierungen lauten bei geschlossenen Augen folgendermaßen:

„Ich bin ganz ruhig!"... ‚Ruhe'
„Arme und Beine sind ganz schwer!"... ‚Schwere'
„Arme und Beine sind ganz warm!"... ‚Wärme'
„Herz schlägt ganz ruhig und kräftig!"
„Atmung ganz ruhig, es atmet mich!"
„Sonnengeflecht ruhig strömend warm!"
„Stirn angenehm kühl!"

Dann „Zurücknehmen". „Arme fest! Atmen! Augen auf!"

Diese Zurücknahme ist nach Ablauf einer Gesamtübung am Tage unbedingt erforderlich. Die Übungsdauer beläuft sich auf ca. 5—7 Minuten, das ist aber individuell recht unterschiedlich. Am Abend oder bei längerer Übungsdauer, wenn dieses möglich und erwünscht ist, münden diese Übungen in den Schlaf ein. Sodann entfällt die Zurücknahme.

Nach 2—3 Monaten sind die oben angeführten Übungen erworben, sie müssen nun täglich 1—2mal so angeeignet werden, daß die Intensität der Erscheinungen immer größer und der Eintritt immer schneller wird (Umschaltung). So lernt der Organismus auf innere Konzentration in allen Systemen tief zu entspannen. Hier liegt der große Nutzen des AT und lenkt uns nun ganz von selbst auf seine möglichen Indikationen.

Vor der *Indikationsstellung* steht wie vor jeder Therapie auch in der Psychotherapie die Diagnose. Zum größten Teil sind ja unsere vegetativ-funktionellen Kranken schon einen mehrjährigen Leidensweg gegangen und haben das gesamte Rüstzeug der Diagnostik über sich ergehen lassen, bis schließlich dem Therapeuten oder auch dem Kranken die Erleuchtung kommt, daß die krankhaften Symptome gar nicht primär organisch sind, sondern daß im Hintergrund eine psychische Konfliktsituation, eine falsche Lebenseinstellung oder eine falsche Erlebnisverarbeitung steckt.

Die spastische Komponente von Störungen kann sich in den verschiedenen Organsystemen bemerkbar machen, z. B. in vasomotorischen Entgleisungen wie Migräne, Kongestionen, Akrozyanosen, Angina pectoris nervosa, Hypertonien, Dysmenorrhoen, in verschiedenen Kopfschmerzäußerungen und in Schlafstörungen. Das Globusgefühl im Halse, der Ösophagospasmus, das Asthma bronchiale sind weitere Ausdrucksformen von Spasmen. Es folgen die Verkrampfungen im Leib in Form von Magenkrämpfen, chron. spast. Obstipationen oder auch Diarrhoen.

Hier muß auch die Colitis ulcerosa erwähnt werden. Auf psychischem Gebiet sind besonders für das AT geeignet: Allgemeine Ängste, Hemmungen, Lampenfieber, Reizbarkeiten, Konzentrationsschwächen und allgemeine Leistungsschwächen, die körperlich imponieren, aber psychisch bedingt sind infolge allgemeiner Versagung. Die Fremd- und Randneurosen — im Sinne der Einteilung nach J. H. Schultz — sind aussichtsreich in der Behandlung mit dem AT; bei Schicht- und Kernneurosen wird es schon problematisch. Damit sind im großen und ganzen die wichtigsten Beschwerdenkomplexe aufgezählt, die unbedingt einem AT zugeführt werden sollten. Ergänzend wäre vielleicht noch der psychogene Pruritus zu erwähnen.

Welche *Gegenindikationen* sind nun für das AT zu beachten? Selbstverständlich ungeeignet sind sämtliche Geisteserkrankungen im psychiatrischen Sinne (Depressionen, Schizophrenien), Schwachsinnige, schwere Grade von Hysterie und alle degenerativen Erkrankungen. Bei Psychopathien ist das letzte Wort noch nicht gesprochen. Im Zweifelsfalle ist der Versuch mit dem AT anzuraten. Nach wenigen Wochen ist ersichtlich, ob der Übende auf das AT anspricht und ob bei ihm Teilentspannungen möglich und nachweisbar sind.

Zu den Grenzfällen rechnen wir die psychogenen Überlagerungen bei Organerkrankungen, wie z. B. Angstzustände nach durchgemachtem Herzinfarkt und Zustände, die durch Rückfallängste ausgelöst werden. Hier ist AT durchaus erlaubt und kann sich sehr segensreich auswirken.

Wie sind nun die *Erfolge des autogenen Trainings* bei den oben angeführten Indikationen?

In der Gruppe der *vegetativ-dystonen Beschwerden* ist eine Behebung derselben oder sehr erhebliche Besserung in ca. 65—70% zu erwarten, wie die Zusammenstellung in der eigenen Praxis bei Hirnversehrten und Spätheimkehrern ergeben hat, in Übereinstimmung mit den von J. H. Schultz nachgewiesenen Erfolgen.

Bei der Gruppe der *psychischen Beschwerden* liegen die Erfolgschancen einer Behandlung mit dem AT bei ca. 50%. Diese Erfolge sind nicht vorübergehender Art, sondern endgültig, wie die Nachkontrollen nach über 6 Jahren und mehr gezeigt haben, jedoch darf nicht verschwiegen werden, daß diese Erfolge möglich wurden, weil die überprüften Patienten auch regelmäßig über Jahre hinaus weitergeübt haben. Für den Arzt sind diese Erfolge dadurch sichtbar, daß die Patienten, die vorher regelmäßig ihre Medikamente beanspruchten, nunmehr mit sehr viel weniger Arzneien auskommen oder sie völlig entbehren können.

Schlafstörungen sind ein ganz besonders dankbares Gebiet für die Behandlung mit dem AT. Hier liegen die Erfolgsaussichten bis zu 80%.

Ein sehr dankbares Kapitel ist die Anwendung des AT — zumindest mit seinen ersten beiden Stufen der Schwere und Wärmeerarbeitung — bei *Graviden*, die nachher bei der Entbindung in der Lage sind, während der Wehenpausen die Umschaltung spontan zu erreichen, tief in die Entspannungsphase hineinsinken und so neue Kräfte sammeln für die nachfolgenden Wehen, ganz besonders in der Austreibungsperiode. Diese Schmerzherabsetzung durch das AT ist abzuleiten aus den Erfahrungen mit Hypnosen, in denen Operationen möglich sind.

Zu erwähnen ist hier auch die *hypnotische Leukotomie*, d. h., es gelingt durch Hypnosen von Kranken mit schweren Schmerzzuständen diese vom Morphium unabhängig zu machen. Hierüber hat HENGSTMANN überzeugend berichtet.

Ganz besonders sind ja im psychischen Bereich Schmerzen oft mit Ängsten verbunden. Auch hier sind wertvolle Beobachtungen bekannt, wo durch das AT Schmerzen auf ein Mindestmaß reduziert werden konnten *(Zahnbehandlungen).*

Nicht nur Abstellung von Schmerzen und Störungen sind durch das AT möglich, sondern auch *Leistungssteigerungen* durch vorsätzlichen Einbau von Sonderformulierungen, wie es der Ozeanüberquerer Dr. LINDEMANN aus Oldesloe eindeutig bewiesen hat.

Ein letztes Beispiel einer eigenen Beobachtung ist das Ergebnis der Behandlung von drei Müttern mit dem AT, deren Kinder an Enuresis nocturna litten, ohne daß ich davon Kenntnis hatte. Diese Mütter berichteten unabhängig voneinander aus verschiedenen Kursen nach Abschluß eines erfolgreichen AT, daß ihre Kinder nicht mehr nächtlich einnäßten. Ausschließlich durch die organismische Umschaltung mit Hilfe des AT bei den Müttern kam es zu einem Wandel in der Einstellung zu ihren Kindern. Die Mütter sprachen selbst von mehr eigener Geduld und konsequenteren erzieherischen Maßnahmen, die möglich wurden, weil sie ihre Probleme aus einem anderen Gesichtswinkel sahen. Das AT führt also, was durchaus nicht neu ist, außer zur Beseitigung von störenden funktionellen Symptomen zu einer Änderung der Persönlichkeit im Sinne einer Wandlung zur Selbsterkenntnis und Reifung.

Gruppentherapie

Wie stelle ich nun eine Gruppe in der Praxis zusammen, die dem AT zugeführt werden soll?

Unter den Gesichtspunkten der besprochenen Indikationen sammle ich 12—15 Patienten. Meistens sind mir diese schon länger bekannt oder sie werden mir von Kollegen überwiesen, die gemerkt haben, daß die bisherige Behandlung mit den üblichen Maßnahmen nicht weiterführte. Alle Patienten sind vorher genauestens auf ihre Beschwerden überprüft worden, ob auch keine echten organischen Schäden dahinterstecken. Der Patient wird nun von mir angesprochen, daß es außer den bisherigen Hilfen noch andere gibt, die in Richtung einer seelischen Beeinflussung liegen, und ich rate ihm, doch einmal diesen Versuch zu machen. Natürlich ist auch bereits bekannt, daß in meiner Praxis Kurse mit dem AT laufen. Die Ermutigung, sich wenigstens den ersten Abend mit den einleitenden Erklärungen über das AT anzuhören, wird fast immer akzeptiert. Es finden sich dann also einmal wöchentlich abends für ca. 1½ Stunden die für das AT ausgesuchten Patienten im Wartezimmer ein, welches durch geschickte Beleuchtung und durch bequemere Sitze mit Kissen ein wenig gemütlicher gestaltet wird.

Die Gruppe setzt sich meistens aus zwei Dritteln weiblicher und einem Drittel männlicher Patienten zusammen in einer Altersstreuung von ca. 18 bis 50 Jahren. Ich achte nur darauf, daß intelligenzmäßig nicht zu große Unterschiede bestehen. Es überwiegen weibliche und männliche kaufmännische Angestellte, mittlere und gehobene Beamte, z. B. Lehrer und überlastete Hausfrauen.

Es handelt sich also hier um eine heterogene Gruppe, d. h. um Patienten mit verschiedenen Beschwerdekomplexen, im Unterschied zu der homogenen Gruppe, die solche mit gleichartigen Beschwerdesymptomen zusammenfaßt, wie z. B. die Vasomotoriker, die Fettsüchtigen oder Schwangeren. Mein Erfahrungsgebiet beschränkt sich auf folgende Gruppen: Hirnversehrte, Spätestheimkehrer, Ärzte- und Lehrergruppen sowie auf die obenerwähnten heterogenen Gruppen in der eigenen Praxis ...

Ich spreche hier von meinen Erfahrungen mit dem AT als Gruppentherapie. Es ist gar nicht so selbstverständlich, das AT in der Gruppe üben zu lassen, denn es gibt noch genügend Nervenärzte und Psychotherapeuten, die bei der Einzelbehandlung verbleiben. Die besonderen Vorteile liegen aber für den vielbeschäftigten Praktiker bei der Gruppentherapie gegenüber der Einzeltherapie in der großen Zeitersparnis. Rechnet man nur, ganz gering bemessen, für den einzelnen eine Viertelstunde, dann kommt man bei 15 Patienten bereits auf fast vier Stunden. Mit der Gruppe entledigt man sich der Aufgabe weit wirkungsvoller in eineinhalb Stunden. Ob es hier gerechtfertigt ist, auch die finanzielle Seite zu streifen, möchte ich zur Diskussion stellen. Da die Kosten für den einzelnen in der Gruppe weit geringer sind als bei einer längeren Einzelbehandlung, ist die Gruppenbehandlung auch für den finanziell Schwachen weit eher tragbar.

Ich sehe in dem AT mit der Gruppe das Basistherapeutikum überhaupt. Die erste Hälfte des Kursus von den insgesamt acht bis zehn Abenden beschränkt sich auf das Eindringen in die Wesensart des AT mit seinen ersten drei Übungen, Schwere, Wärme und Atmung. Im Einverständnis mit J. H. SCHULTZ stelle ich die Atemübung vor die des Herzens wegen der sehr guten Erfahrungen damit bei Hirnversehrten. Immer wieder habe ich beobachtet, wie das Erlebnis der passiven Atemregulierung sich früher einbahnt als das des ruhigen Herzens. Beide Funktionen sind ja miteinander gekoppelt. In der 2. Hälfte des Kursus bespreche ich dann jeweils, welche Übungen des AT besonders geeignet sind, um bestimmte Störungen zu beseitigen, ohne auf die Symptomatik des einzelnen Teilnehmers einzugehen. Selbstverständlich wird an jedem Abend genau nachgefragt, wer evtl. Mißempfindungen bei den Übungen gehabt hat, um ja rechtzeitig falsche Übungseinstellungen zu beseitigen oder dementsprechend zu korrigieren.

Vor den sogenannten Wunderkindern des AT ist Vorsicht geboten. Es kann sich dahinter eine hysteriforme Haltung verbergen. Es empfiehlt sich, diese und andere schwierige Patienten rechtzeitig zu entfernen, damit sie die Gruppe nicht verderben. Wenn man aber vor Gruppenbeginn sorgfältig ausgewählt hat, ist dies selten notwendig. Trotzdem ist man vor Überraschungen nie ganz sicher. Andererseits ist es immer wieder erfreulich, festzustellen, wie eine Gruppe allmählich zusammenwächst und wie aufgeschlossen viele im Laufe eines Kursus werden. TEIRICH sieht in dem AT geradezu die Eingangspforte zum tiefenpsychologischen Gespräch, was natürlich für den Praktiker entfällt und dem Spezialisten überlassen werden muß. Als Praktiker und Gruppentherapeut befleißige man sich in erster Linie der notwendigen Sachlichkeit. Diese ist geradezu ein Heilfaktor für neurotische Patienten. Bei positiv eingestellten Patienten, die aber nur sehr langsam in das AT hineinkommen, mache ich gelegentlich eine Hypnose, die oft recht förderlich für den weiteren Verlauf des AT ist. Hier wäre die Erfahrungstatsache einzuflechten, daß derjenige, der jahrelang AT betreibt, zwangsläufig in die Hypnosetechnik hineinwächst.

Am Schlußabend führe ich eine selbstbesprochene Schallplatte vor, auf der neben kurzen Einführungstechniken in das AT der Wortlaut der bereits bekannten Formulierungen abläuft. Diese Schallplatte ist auf Drängen meiner Patienten entstanden. Diese Platte gebe ich nur an Teilnehmer ab, die bei mir einen Kursus gehört haben, und sie ist deshalb auch nicht im Handel erhältlich. Selbstverständlich habe ich diese Schallplatte J. H. SCHULTZ vorgelegt, der sie in dem von mir abgesteckten Rahmen durchaus billigt.

Leider existieren auch Platten im Handel, die nicht den Anforderungen entsprechen. Meine Platte dient lediglich als „seelisches Stützkorsett“ zur Wiederauffrischung und Erinnerung von bereits Gehörtem und Erlerntem. Der Übende kennt die Stimme seines Lehrers, die unter Umständen eine nicht geringe, aber durchaus erwünschte Übertragungsrolle spielt.

Ich komme zum Schluß. Wichtig ist nun, daß der Teilnehmer eines Kursus auch hinterher stetig weiterübt. Das muß man immer wieder betonen. Soweit es sich um die eigenen Patienten handelt, ist die Möglichkeit einer Nachkontrolle immer wieder gegeben. Das AT muß zum täglichen Bedürfnis werden und wird es auch, sobald nur die ersten segensreichen Auswirkungen desselben wahrnehmbar sind. Nach fünf bis sechs Monaten stellt sich beim Übenden die Gesamtumschaltung spontan ein und vertieft sich immer mehr, die Formulierungen verkürzen sich und werden zu einem allgemeinen „Fühlen“. Es kommen auch Zeiten des allgemeinen Nachlassens vor, besonders wenn fieberhafte Infekte oder echte Organstörungen auftreten. Jedoch gelingt es anschließend nach Überwindung dieser Störungen, das AT sehr schnell wieder aufzubauen.

Das AT kann nun durchaus in vorbeugendem Sinne eingesetzt werden (Prävention). Es müssen nicht immer schon krankhafte Symptome sichtbar sein. Wenn es gelingt, durch Einschaltung rechtzeitiger Entspannungen in jeder Lebenssituation die Ruhe und Gelassenheit zu bewahren, verhindert man krankmachende Spannungszustände von vornherein und bleibt gesund. Wer ständig nach dem Motto lebt: „Ich lasse mich nicht ärgern“, wer zuhören und wer abwarten kann, spart und sammelt Kräfte und wird dadurch leistungsfähiger sein als viele seiner Mitmenschen.

*

AUTOGENES TRAINING FÜR KASSENPATIENTEN[1]

Von Fritz Pensel

Mein Thema bringt eine besondere Note in die Diskussion um das autogene Training. Bisher erfaßte der Erfahrungsaustausch die Fragen der Gruppen- oder Einzelbehandlung, der klinischen oder ambulanten Behandlung. Wenn man die Möglichkeit des Einbaus des autogenen Trainings speziell in die Kassenpraxis untersuchen will, dann treten neben die methodischen noch soziologische Gesichtspunkte. So muß ich zu Beginn auf die Situation eingehen, wie sie dem praktizierenden Arzt täglich in der Sprechstunde begegnet.

Während das Krankengut unserer ärztlichen Vorfahren im wesentlichen aus organisch Kranken oder Geisteskranken bestand, haben wir es mit den sogenannten nervösen Menschen zu tun, deren Beschwerden sich vor allen Dingen in funktionellen Störungen kundtun. Die Schätzung ihres Anteils an unserem Krankengut schwankt von 25 bis zu 75%. Für diese Masse von Patienten haben wir eine Unzahl von Arzneien. Man müßte also glauben, wir wären gut gerüstet. Wie aber statistische Untersuchungen vor allen Dingen aus den USA zeigen, nehmen die psychischen Erkrankungen nicht ab, sondern zu. Die Möglichkeit einer Massenbehandlung der Bevölkerung mit psychisch wirksamen Substanzen läßt eher eine Zunahme psychiatrischer Erkrankungen erwarten.

Die medikamentöse Behandlung zeigt uns keinen Ausweg aus dem Dilemma, wenigstens nicht mit unseren heutigen Mitteln. Wenn vielfach das funktionelle Geschehen bewußt oder auch unbewußt auf ein organisches Geleis geschoben und medikamentös

[1] Die Heilkunst, 75, 1962, S. 50—53, gekürzt. — Nach einem Vortrag auf der Internationalen Herbsttagung für Ganzheitsmedizin und Naturheilverfahren in Velden/Wörthersee am 17. 9. 1960.

behandelt wird, dann ist das zwar für Arzt und Patient die einfachste, aber allerdings auch nicht die beste Lösung. Nach meinen Erfahrungen, und sie werden sich sicherlich mit den Ihrigen decken, hat man nur in seltenen Fällen aus dem Heer der einfachen vegetativen Entgleisungen bis zu den schweren Neurosen Erfolg.

Diesen Mangel an Behandlungsmöglichkeiten empfindet jeder Arzt früher oder später, wenn er immer wieder einsehen muß, daß sein übliches Rüstzeug nicht ausreicht, um seinen Patienten helfen zu können. Man muß also nach Wegen suchen, hier Abhilfe zu schaffen. Und zwar müssen es Mittel sein, die von jedem praktizierenden Arzt ohne große Vorkenntnisse sofort angewendet werden können. Es besteht kein Zweifel, daß die Anwendung psychotherapeutischer Maßnahmen im Vordergrund steht.

Als ich anläßlich einer Fortbildungstagung in einer Gruppe das autogene Training erlernt hatte, sah ich sofort eine Möglichkeit, die schon erwähnte Breitenarbeit zu betreiben. Hier sah ich auch die Möglichkeit, mit der sogenannten kleinen Psychotherapie in der Praxis zu beginnen. Und gerade für den Anfang glaube ich, daß das autogene Training ein ausgezeichnetes Mittel ist, wenn man seine reine und nur medikamentöse Therapie auf eine auch psychologische umstellen will. Dies ist um so leichter, da der Arzt gewissermaßen als Lehrer auftritt und diese Lehrhaftigkeit, wie sie GOETHE einst bezeichnet hat, wohl den meisten Menschen liegt. Außerdem kann man sich in der an das Training anschließenden Diskussion dialektisch schulen und Erfahrung sammeln.

Für den Patienten ist diese Art der Behandlung ein Ereignis. Denn was er bisher bei seinem Kassenarzt oft vermißt hat, war die Zuwendung, die er von seinem Arzt genauso erwartet, wie das Kind von seinen Eltern. Allein der Umstand, daß der Arzt gewillt ist, über das Rezept hinaus sich ihm einzeln oder in der Gruppe zu widmen, kann schon die Grundlage für eine Heilung aus seinen Ängsten und Nöten bilden.

Da die Arbeit in der Kassenpraxis im wesentlichen eine Zeitfrage ist, wie SCHNELLER übrigens kürzlich in einem sehr schönen Aufsatz bis auf die Minute berechnet hat, kann man die Qualität seiner Arbeit nur durch Zeiteinteilung und Organisation verbessern. Nicht zu Unrecht hat man dem Kassenarzt das Epitheton ornans „Der Gehetzte“ hinzugefügt. Ein Kassenarzt hat das einmal so zum Ausdruck gebracht: „Man muß sich zu Tode arbeiten, um anständig leben zu können.“

Wenn schon die Masse unserer Patienten nervös und verkrampft ist und Entspannung benötigt und man all diesen Menschen helfen will, dann geht es nicht, daß man sie einzeln in das autogene Training einführt. Dann muß man eben für diese Breitenarbeit das autogene Training in der Gruppe üben. Die Gruppenarbeit beginnt sich ja heute immer mehr durchzusetzen und die Entwicklung der ganzen menschlichen Gesellschaft geht schließlich dahin, den Menschen aus dem Einzeldasein des Idiotes in das Teamwork oder in das Kollektiv einzubauen. Aber Gruppentraining ist nicht gleich Gruppentraining. Der Unterschied liegt darin, daß dem Fachpsychotherapeuten anderes Material zur Verfügung steht, als dem Nichtfachpsychotherapeuten, d. h. hier dem Kassenpraktiker. Wenn der Nervöse, der Gemütskranke zum Facharzt kommt, dann erwartet er eine spezielle Behandlung und wird sich ihr eingliedern. Anders beim Kassenpraktiker. Die Masse unserer Patienten will kurz und schmerzlos gesund werden, d. h. möglichst ohne Untersuchung mit einem Rezept wieder das Sprechzimmer verlassen. Wenn man die Patienten zu einer zusätzlichen Behandlung bestellt, bei der sie selbst etwas zu ihrer Gesundung beitragen sollen, dann sind sie zwar für diese Zuwendung dankbar, aber nicht alle sind bereit, auf die Dauer ihr Teil dazu beizutragen. Manchen ist das viel zu umständlich, denn sie haben ja keine Zeit. Und ich halte es schon für einen großen Erfolg, wenn es gelingt, einen Teil dieser Patienten aus dieser Fehlhaltung heraus und in ein regelmäßiges Training hineinzuführen.

Nach einem kurzen Hinweis in der Sprechstunde bestelle ich dann meine Patienten mittels einer Postkarte für 19 Uhr eines bestimmten Tages. Nach meiner Erfahrung kommen zu dieser ersten Stunde alle Eingeladenen, bis auf die, die dienstlich oder anderswie verhindert sind. Während der Patient zum Fachpsychotherapeuten die Bereitschaft zur Mitarbeit mitbringt, muß ich meine Patienten in der Kassenpraxis erst von dieser Mitarbeit überzeugen und sie dauernd dazu anhalten. Deshalb muß dieser erste Übungsabend ein Erlebnis werden. Teirich hat in einem Aufsatz in der

Heilkunst schöne Beispiele dafür gebracht, wie man seinen Patienten die Grundbegriffe der Psychotherapie erklären kann. So versuche auch ich mit allen mir zur Verfügung stehenden Mitteln, meine Kursteilnehmer zu überzeugten Anhängern zu machen. Ich halte zur Einleitung einen ca. einstündigen Vortrag. Den Vortrag selbst gestalte ich so interessant wie möglich, indem ich auf die historischen, physiologischen und psychologischen Zusammenhänge des autogenen Trainings hinweise und an plastischen Beispielen klarmache, warum heute dem Menschen Entspannung nötig ist. Bevor ich dann mit dem eigentlichen Training beginne, lasse ich meine Kursteilnehmer die Einleitung zu einer Gruppenhypnose erleben. Das ist sicherlich nicht unbedingt nötig, aber ich glaube, daß es den Patienten den Anfang erleichtert. Als Übungsraum genügt das Wartezimmer. Ich habe mir allerdings später einen eigenen Raum zurecht gemacht, der sich verdunkeln läßt. An der Decke befindet sich eine blaue Glühlampe, damit es nicht völlig dunkel ist und sich die Patienten noch orientieren können. Weitere methodische Einzelheiten habe ich vor ca. 1½ Jahren in der Ärztlichen Praxis veröffentlicht. Insgesamt halte ich in 14tägigen Abständen sechs Übungsabende ab. Bei meiner sicherlich nicht kleinen Kassenpraxis habe ich wöchentlich je 2 Abende mit dem autogenen Training besetzt und bereits mehr als 70 Kurse abgehalten, d. h. mehr als 1000 Patienten an das autogene Training herangeführt.

Nun ist es leider so, daß nicht alle Patienten den ganzen Kursus mitmachen. Um die Gründe für das Fernbleiben zu ermitteln und daraus Nutzen für die weitere Durchführung des autogenen Trainings in der Kassenpraxis zu ziehen, habe ich an meine Patienten Fragebogen versandt. Trotz intensivster Arbeit hält schließlich nur ein Drittel den ganzen Kurs durch. Die Auswertung der Fragebogen ergab, daß die Masse derer, die einen Kurs nicht bis zum Ende durchhalten, schließlich das Interesse verloren haben, weil sie nicht genügend Fortschritte machten. Das liegt nach meiner Erfahrung nur an der Art des Gruppentrainings in der Kassenpraxis, nicht an der Methode. Denn im Einzelverfahren erlernen sie es ja alle. Daran ändert auch nichts, daß ich allen Gelegenheit gebe, bei auftretenden Schwierigkeiten mittels einer Hypnose eine Art Nachhilfeunterricht zu bekommen. Es ist wie beim Liedersingen auch: Ein Chor interessierter Teilnehmer erlernt das Lied schnell und macht weiter mit. Wenn ich aber x-beliebige Leute zusammenfasse, wird nur ein Teil mitmachen.

So wie die Patienten hat nun auch schon mancher Kollege das Interesse an seinen Kursen verloren, weil ihn der mangelnde Besuch nicht befriedigt. Und doch ist das autogene Training gerade in der Kassenpraxis eine außergewöhnliche Bereicherung der Therapie, wie meine Untersuchungen ergeben haben. Jeder dritte Patient lernt schließlich sich entspannen, ein Erfolg, den ich mit keinem der vielen Arzneimittel bisher erlebt habe. Diese Nervösen, die sonst unsere Sprechstunde bevölkern, werden dann zu immer selteneren Besuchern, die stolz von ihren Erfolgen berichten.

Wenn bei der Behandlung von Kassenpatienten die Gruppentherapie mit dem autogenen Training im Vordergrund steht, so nicht, weil etwa diese Art der Behandlung besonders kassenwirtschaftlich wäre, sondern weil diese Form sich besonders bewährt hat. Wenn sich auch beim Praktiker, der die Behandlung mit psychischen Mitteln in seine Therapie eingebaut hat, schließlich immer mehr Neurotiker und auch Gemütskranke ansammeln, so zählt doch die Masse der Kassenpatienten zu den Nervösen, Verkrampften, den funktionell Gestörten. Für all diese Menschen ist das autogene Training nicht nur Basistherapie oder Zusatztherapeutikum, sondern auch durch seine Einwirkung auf die Verhaltensweise dieser Menschen ein echtes Prophylaktikum. Diese Feiung des Vegetativums gegen die Überlastung in einer sinnesreizüberfüllten Welt erleichtert den Patienten sich von seinem Therapeuten wieder zu lösen. Und gerade das halte ich für eine der vornehmsten Aufgabe des Arztes: Nämlich seinen Patienten wieder auf eigene Füße zu stellen und ihn von seiner Bindung an Arzt und Arznei wieder frei zu machen. Ich erlebe immer wieder mit Genugtuung, wie einst nervöse Patienten gelegentlich nur noch mit banalen Infekten usw. zu mir in die Sprechstunde kommen, wie sie wieder selbständig und sicher in der Welt stehen. Diese Selbstsicherheit beruht auf der echten Leistung, die sie selbst vollbracht haben, mit der sie den Circulus vitiosus: Mißempfindung, Arzt, Medikament durchbrochen haben. Ein weiterer Vorteil dieses Gruppentrainings ist, daß man die schwierigeren Fälle leicht für die Einzelbehandlung aussortieren kann und daß man in Einzelbehandlung Vorbereitete dann wieder in die Gruppe zurücknehmen kann.

Zum rein Methodischen möchte ich erwähnen, daß ich mich streng an die von Professor SCHULTZ gegebenen Anweisungen halte. Das autogene Training ist in jahrzehntelanger Arbeit so ausgefeilt, daß man kaum irgendwelche Verbesserungen anbringen kann.

Nun zur wirtschaftlichen Seite.

Den Kassenarzt interessiert natürlich, was aus der Honorierung dieser zusätzlichen Arbeit wird. Der Kassenarzt ist ja nicht Einzelunternehmer, sondern gehört gewissermaßen einer Genossenschaft an, die das gemeinsam erarbeitete Honorar in Form einer Pauschale von den Kassen zugewiesen bekommt und nach einem Honorarverteilungsmaßstab verteilt. Da die Psychotherapie aber immer noch nicht kassenüblich ist — die Ersatzkassen haben seit Jahren eine Regelung versprochen, aber noch nicht herausgebracht — ist mit einer eigenen Honorierung dieser zusätzlichen Arbeit nicht zu rechnen. Aber selbst wenn gerechterweise psychotherapeutische Maßnahmen in der Allgemeinpraxis honoriert würden, käme nach meiner Erfahrung der Betreffende trotzdem niemals über den Fallkostendurchschnitt.

Es besteht nun die Möglichkeit, sich die Kurse von den Patienten selbst honorieren zu lassen. Gegen dieses Abverlangen einer Kursgebühr ist sicherlich nichts einzuwenden, heute um so weniger, da die Selbstbeteiligung von den verschiedensten Seiten immer wieder gefordert wird. Ich persönlich fordere keine eigene Bezahlung aus dem einfachen Grunde, weil ich ja selbst die Patienten bestelle. Ich bin auch der Meinung, daß die Honorierung keinen Einfluß auf den Erfolg der Therapie hat, d. h., daß die Teilnehmer intensiver mitarbeiten, wenn sie dafür bezahlen müssen.

Bei der hohen Anzahl der Sozialversicherten stellen die Kassenpatienten das Hauptkontingent für den allgemein tätigen Arzt dar. Bei der Struktur unseres Kassenwesens ist es so, daß praktisch jeder Kassenarzt überlastet ist, was zu Beginn des Jahrhunderts vielleicht nur für den vielgesuchten Arzt zutraf. Während wir einerseits durch unsere Verträge verpflichtet sind, die Versorgung der Bevölkerung sicherzustellen, werden wir durch ein unmögliches Honorierungssystem daran gehindert, durch Vorbeugungsuntersuchungen und vorbeugende Maßnahmen echte Prophylaxe zu treiben. Vom ärztlichen Standpunkt darf uns das aber nicht hindern, die nötigen Maßnahmen zu ergreifen, wenn wir auch bei unserer sehr wichtigen ärztlichen Aufgabe, nämlich Prophylaxe zu betreiben, keine Unterstützung finden. Der ganzheitlich denkende Arzt, der den Rezepthandel ablehnt und sich mit seinen naturgemäßen Methoden um den Patienten bemüht, ist schon immer seiner Aufgabe völlig gerecht geworden.

Wenn die Psycho-Hygiene durch eine Sanierung des äußeren Milieus psychischen Erkrankungen die Grundlage entziehen soll, so verhilft uns das autogene Training durch eine Sanierung des inneren Milieus zu einer persönlichen individuellen Hygiene. Ich fasse noch einmal zusammen: Der Sozialversicherte stellt heute die Masse der kranken Menschen im Sprechzimmer dar. Bei dem Mangel an Psychiatern, Fachpsychotherapeuten ist eine geregelte Versorgung der immer mehr zunehmenden psychischen Erkrankungen nicht möglich. Die kleine Anzahl interessierter und geschulter Praktiker kann diese Lücke weder zahlenmäßig noch rein fachlich ausfüllen. Es gelingt aber sicherlich, die Vielzahl der Nervösen und funktionell Gestörten durch ein frühzeitiges Erfassen mit Hilfe des autogenen Trainings aus ihrer Fehlhaltung herauszuführen, d. h., im prämorbiden Stadium zu erfassen und so eine Verschlimmerung und Manifestierung von schweren psychischen Erkrankungen zu verhindern. Von einer medikamentösen Therapie ist keine Hilfe zu erwarten. Für den Kassenarzt, der die Masse der Bevölkerung zu versorgen hat, besteht nicht nur die außerordentlich ehrenvolle Aufgabe, sondern auch die Möglichkeit, eingreifen und der Volksgesundheit einen außerordentlichen Dienst zu erweisen. Eine zentrale Lenkung der Gesundheitspolitik ist nicht zu erwarten. Hier kann zunächst nur die Initiative des Einzelnen helfen. Herrn Professor SCHULTZ gebührt das Verdienst, bereits vor mehr als 30 Jahren in vorausschauender Weise im autogenen Training ein Mittel geschaffen zu haben, das von jedem Arzt erlernt und angewendet werden kann.

*

B. Stokvis und E. Wiesenhütter haben gemeinsam die langjährigen Erfahrungen in einer Monographie „Der Mensch in der Entspannung" zusammengefaßt. Dabei wird auch das autogene Training (S. 144—161) gewürdigt und in seinen Grundzügen dargestellt.

Dann schildern die Autoren als verwandte Verfahren „das Bildern" von W. Frederking (1947), „das Bildstreifendenken" von E. Kretschmer und K. Betz (1949), „das katathyme Bilderleben" von H. C. Leuner (1955), und daraufhin etwas auführlicher die „gestufte Aktivhypnose" von E. Kretschmer. Auf dieses Verfahren soll zwar bei der Zusammenstellung von Beiträgen zum Thema „Hypnose" (geplant als Band LXVII der „Wege der Forschung", hrsg. von D. Langen) ausführlicher eingegangen werden. Hier aber sei schon darauf hingewiesen, da die gestufte Aktivhypnose in enger Beziehung zum autogenen Training steht.

AUTOGENES TRAINING UND GESTUFTE AKTIVHYPNOSE[1]

Von Berthold Stokvis und Eckart Wiesenhütter

E. Kretschmer[2] selbst (vgl. auch H. Koch[3] und D. Langen[4]) hat, indem er auf die Ausgänge von Schultz bei Vogt zurückgriff, die klinisch wichtigste Kombination des autogenen Trainings mit der Hypnose vorgenommen. Er nennt das Verfahren *„gestufte*

[1] Der Mensch in der Entspannung. Lehrbuch autosuggestiver und übender Verfahren der Psychotherapie und Psychosomatik. Hippokrates-Verlag, Stuttgart 1961, S. 162—163.

[2] Gestufte Aktivhypnose. Zweigleisige Standardmethode; im: Handbuch der Neurosenlehre und Psychotherapie. Bd. IV, München/Berlin 1959, S. 130.

[3] Gestufte aktive Hypnoseübungen nach Kretschmer. Nervenarzt 20, 1949, 138; und: Entspannungsübungen und fraktionierte Aktivhypnose. Therapiewoche 2, 1952, 160.

[4] Methodische Probleme der klinischen Psychotherapie. Stuttgart 1956; und: Die gestufte Aktivhypnose. 2. Aufl., Stuttgart, 1967.

Aktivhypnose". Er gelangte zu ihm durch das Studium der Tonussteuerung bei Katatonien, Hebephrenien, Depressionen sowie bei den leptosomen, pyknischen und athletischen Konstitutionen. Die bei ihnen feststellbaren Unterschiede in „Gespanntheit" und „Entspannungsfähigkeit" führten ihn unmittelbar zu den Vorstellungen von SCHULTZ, nämlich zu dem therapeutischen Einstieg in die „Tiefenperson" über den mit den Affekten und Gefühlen korrelierenden Muskeltonus bzw. entsprechend regulierende Übungen. Gleichzeitig wurde die über den optischen Bereich verlaufende Beziehung (Oberstufe des autogenen Trainings, Bildstreifendenken) in ihrer Bedeutung für die Erzielung des erforderlichen hypnoiden Zustandes erkannt und aktiviert. Da in den klinischen Behandlungen meist nur eine kurze Frist von wenigen Wochen gesetzt ist, wurde gerade diese zweite Seite der Übungen von vornherein stärker eingesetzt (nicht erst als Oberstufe angeschlossen), wodurch die Kombination mit der (Auto-)Hypnose das naheliegende Hilfsmittel war. Es wurde aber nicht einerseits autogenes Training geübt, andererseits hypnotisiert. Vielmehr verzichtete KRETSCHMER auf suggestive Einkleidungen. Der Patient mußte von Anfang an selbst üben. Der (auto-)hypnotische Vorgang wurde in einzelne (progressive) Stufen aufgeteilt. Zuerst trainiert so bei den „gestuften Aktivhypnosen" der Patient die beiden ersten Übungen des autogenen Trainings, die Schwere und Wärme; als dritte Stufe wird dann die der Fixierung des Fingers des Arztes (durch den Patienten) angeschlossen. Es kann dafür auch ein anderer heller Gegenstand eingesetzt werden, vor allem die Uhr, damit ein akustisch-rhythmischer Einfluß zum optischen hinzukommt und den Eintritt in den hypnoiden Zustand erleichtert. Wenn beim Übertritt in die dritte Stufe unangenehme Störungen, wie Schwindel und Übelkeit, auftreten, wird in die Wärmeübung zurückgegangen und langsam weitergeübt. Dieser hypnoide Zustand wird dazu benützt, entweder rein erzieherisch und psychagogisch — in der uns schon bekannten Weise — verbale (Auto-)Suggestionen „in die Tiefe" zu schicken, was aber in Form bildhafter Darstellungen oder schriftlicher Spruchbänder noch wirkungsvoller gestaltet werden kann, oder es werden die somato-funktionellen Sensationen und „Fehlspannungen" angegangen. Als drittes ist es möglich, die gestuften Aktivhypnosen mit psychoanalytischem Vorgehen zu koppeln. KRETSCHMER nennt das die *„zweigleisige Standardmethode“*. Während der Patient die einzelnen Stufen der Aktivhypnose lernt, wird gleichzeitig eine Art Kurzanalyse durchgeführt, welche die wesentlichen abwegigen und traumatisierenden Kindheits- und Entwicklungs-Einflüsse bloßlegt. Die auf diese Weise zunehmende Selbsteinsicht des Kranken wird verstärkt, wenn man die Ergebnisse der Kurzanalyse im hypnoiden Zustand teils appellativ, teils autosuggestiv „einflößt“ und direkte Umstimmungen erzielt. Gegenüber den Langstreckenanalysen hat dieses Vorgehen die Vorteile einer Verkürzung und der geringeren „Übertragung“ auf den Arzt, die ja beim jähen Abschluß erst gelöst werden müßte. Es ist selbstverständlich, daß tiefsitzende „Charakterneurosen“ in so kurzer Zeit doch nicht zu einer tiefgreifenden und anhaltenden „Wandlung“ zu bringen sind.

*

Eine besonders interessante Arbeit ist die nachfolgende von TROJAN. Er hat in weiteren Untersuchungen über den stimmlichen Ausdruck unter anderem des Hypnotherapeuten berichtet. Zwar spielt das gesprochene Wort bei dem autogenen Training nur eine ganz untergeordnete Rolle, da aber in der Praxis doch häufig ein „begleitendes Vorsprechen“ durchgeführt wird, um den Lernvorgang des Patienten zu beschleunigen, ist es wohl gut, sich auch über die Prinzipien der Stimmführung anregen zu lassen.

DIE ROLLE DES STIMMLICHEN AUSDRUCKS UND DER SPRACHE IM AUTOGENEN TRAINING UND BEI VERWANDTEN HETEROGENEN METHODEN[1]

Von FELIX TROJAN

In seinem Buch „Das autogene Training“ sagt J. H. SCHULTZ: „Ist die Versuchsperson in entsprechender Haltung mit geschlos-

[1] Die Heilkunst, 75, 1962, S. 113, 114, 117, 118.

senen Augen zur Arbeit bereit, so leiten wir sie zunächst an, sich auf eine allgemeine Stimmungsformel einzustellen, indem sie sich die Worte ‚ich bin ganz ruhig' so nachdrücklich wie möglich *vergegenwärtigt.* Dabei ist Rücksicht auf den *psychologischen Typus* zu nehmen."

Schon aus dieser Stelle, die der Autor in der Folge noch unterbaut, geht klar hervor, daß beim autogenen Training der Stimmklang keine wesentliche Rolle spielt. Denn die „Anleitung" durch den Arzt tritt durchaus zurück hinter der eindrucksvollen Vergegenwärtigung durch den Patienten und bei dieser könnte höchstens — bei Vertretern des akustischen und des sprechmotorischen Typs — von Schallvorstellungen oder von einem Mitflüstern die Rede sein. Anders verhält es sich, wenn der Arzt mit freier Verwendung der Texte des autogenen Trainings Hypnosen, bzw. Suggestionen durchführt, also unmittelbar zum Patienten spricht. H. R. Teirich hat eine Reihe von Tonbandaufnahmen dieser Art — größtenteils aus der Schule Professor H. Kleinsorges — gesammelt und mir freundlicherweise zur Verfügung gestellt.

Was nun zunächst die *sprachliche Formulierung* betrifft, sei im folgenden eine Analyse der vorgestellten bzw. gesprochenen Worte in Hinblick auf die allgemeinen Gesetzlichkeiten der Sprachentwicklung und der Abbauerscheinungen der Sprache versucht. Die Grundlagen dafür hat Friedrich Kainz im zweiten Bande seiner „Psychologie der Sprache" (2. Auflage 1960) geliefert. Er hat in diesem Bande die Entwicklungsgesetzlichkeit der Sprache u. a. aus dem Material der Sprache der Primitiven, der Aphasiker, der Geisteskranken und der Schwachsinnigen sowie der Dämmer- und Ausnahmezustände herausgearbeitet. In einer Besprechung des Werkes habe ich sodann die darin aufgewiesenen „Unveränderlichen" oder „Invarianten" in neun Punkten zusammengefaßt. Davon kommen für die hier gestellte Aufgabe die folgenden fünf in Betracht:

1. Während frühe Sprachstufen eine Wirksamkeit der Ausdrucksmittel bevorzugen, d. h. Gebärden, Mimik und stimmlichen Ausdruck mit der sprachlichen Äußerung verbinden und Wiederholungen sowie Rhythmisierungen lieben, stützen sich späte allein auf die intellektuelle Bedeutung der Sprachzeichen.

2. Im Sinne des sogenannten „Organonmodells“ der Sprache treten zuerst expressive, dann imperativisch-appellierende Äußerungen auf, später der Bericht und zuletzt die Frage.
3. Nach dem „Strukturmodell“ der Sprache gehen Einwortsätze den Mehrwortsätzen und unter diesen die ungeformten (d. h. flexionslose Wörter nacheinander reihenden) den geformten voraus.
4. Bloße Beiordnung (Parataxen, z. B. und-Verbindungen) und Aufzählung ist älter als Unterordnung (Hypotaxen) und Zusammenfassung zu höheren Begriffen.
5. Die Vorliebe für das Konkrete, Anschauliche geht durch alle Früh- bzw. Abbaustufen invariant hindurch.

Was nun die Sätze des *autogenen Trainings* betrifft, so zeigen sie eine deutliche Hinneigung zu den Strukturgesetzlichkeiten der Frühstufen. Dies bezeugt: die Wiederholungstendenz („Der rechte Arm ist ganz schwer“, etwa 6mal), die Verwendung von Befehlssätzen („Arme frei!“, „Tief atmen!“, „Augen auf!“), die Zurücknahme bestimmter ungeformter Mehrwortsätze zu Einwortsätzen („Ruhe — Schwere“), das Fehlen aller Unterordnungen und die alleinige Verwendung von Konkreta, freilich auch solcher propriozeptiver Natur.

Wesentlich stärker noch treten regressive Züge in der sprachlichen Gestaltung der *Stimmaufnahmen* hervor, in denen Ärzte und Psychologen den Patienten auf Grund der Texte des autogenen Trainings unmittelbar ansprechen. Mir liegen Aufnahmen von Dr. Bauer, Dr. Lemke und Dr. Rudolf — alle drei aus der Universitätspoliklinik Jena, Vorstand Prof. Dr. H. Kleinsorge — und eine von Dr. Teirich, Freiburg im Breisgau, vor. Die Zusammengehörigkeit der ersten drei Aufnahmen läßt sich bis in die Wahl der Worte und der bildlichen Wendungen hinein verfolgen. Gleichwohl bestehen doch zwischen den einzelnen Sprechern deutliche konstitutionsbedingte Unterschiede, wie eine stimmdiagnostische Analyse aufzeigen könnte. Für die hier zu lösende Aufgabe kann freilich von diesen Differenzen abgesehen werden, ebenso wie von der Tatsache, daß Dr. Teirich nicht der Jenaer Schule angehört. Es gibt sich dann für alle vier Sprecher die folgende sprachliche Charakteristik. Durchwegs wird von einer rein synsemantischen Darstellung, d. h. einer solchen, die sich allein auf die intellektuelle Bedeutung der Sprachzeichen stützt, abgegangen und dem stimmlichen Ausdruck (auf den später noch genauer eingegangen werden soll) ein beachtlich großer Spielraum eingeräumt. In sprachlicher Hinsicht besteht eine besondere Neigung zu Wortwiederholungen. Dafür einige Beispiele. Dr. Bauer: „Sie spüren wie die Augen müder werden, immer müder und müder werden Sie dabei, die Augenlider zucken schon, so, so schwer werden die Augenlider, so schwer, unendlich schwer und müde ..." Dr. Rudolf: „Sie liegen ganz ruhig und bequem, ganz ruhig liegen, ganz ruhig atmen ..." Dr. Lemke: „Sie spüren, wie die Augen immer müder werden, wie die Augen brennen und die Oberlider werden schwer und schwerer ..." Dr. Teirich: „Ich bin ruhig, bin gelockert, gelöst, enthemmt. Ganz ruhig. Beide Arme schwer, bleischwer, ganz ruhig und entspannt ..." Bei allen Sprechern herrscht der evokative Behauptungssatz vor, daneben finden sich echte Befehlssätze und zuweilen auch Ausrufsätze. Fragesätze fehlen gänzlich. Obwohl hier durchgehends — im Gegensatz zu den Texten des autogenen Trainings — der geformte Mehrwortsatz herrscht, begegnen doch Unterordnungen nur ausnahmsweise (so bei Vergleichen und gelegentlichen Relativ- und Konsekutivsätzen). Dagegen ist die aufzählende (enumerative) Darstellung, die ein typisches Primitivzeichen ist, häufig, z. B. Dr. Bauer: „Die Beine werden leicht und gelöster, die Muskeln wieder spannkräftig ... Eine angenehme Frische durchströmt die Beine, den ganzen Körper und auch Ihren Kopf, die Müdigkeit, die Schläfrigkeit verschwindet, nichts ist mehr da von Müdigkeit und Schläfrigkeit ..." Durchgehend herrscht auch eine Vorliebe für das Konkrete, das womöglich durch Bilder bereichert wird: Die Beine liegen wie Holzklötze da oder gar wie mit Bleikugeln angefüllte Bleiröhren, die Gedanken fliegen wie Vögel dahin, verschwinden wie ein Wölkchen in der Ferne, sie sind klar wie Kristall.

Nun zum stimmlichen Ausdruck! Dieser wird, und zwar international, von gewissen konventionellen Einflüssen abgesehen, gleichartig, durch eine Reihe von physiologischen Generatoren hervorgebracht, von denen der wichtigste die vegetative Tonussteuerung der phonischen Muskulatur (einschließlich der der Atmung) ist und deren polare Extreme als „Schon"- und „Kraftstimme" bezeichnet wurden. Der Zusammenhang des stimmlichen Ausdrucks mit dem vegetativen Nervensystem ist experimentell, und zwar interferometrisch, pupillometrisch und elektrodermatographisch aufgewiesen worden. Einige der elektro-akustischen Kriterien wurden in Zusammenarbeit mit F. WINCKEL festgestellt. Die Schonstimme entspricht der trophotrop-endophylaktischen Funktionsrichtung im Sinne von W. R. HESS, die Kraftstimme der ergotropen. Ein Beispiel für die Schonstimme: „Ach, ist das schön, sich einmal so richtig auszuruhen und an nichts mehr denken zu müssen!" Und eines für die Kraftstimme: „Schauen Sie, daß Sie hinauskommen, Sie unverschämter Mensch Sie! So eine Frechheit ist mir noch nie in meinem Leben untergekommen!" Die Schonstimme ist durch erweichte Einsätze, leichte Schwellklänge, niedrigen muskulären Tonus, gleichmäßig ruhige, wenig frequente Atmung, Vorherrschen des vokalischen Elements und Legatoführung gekennzeichnet; die Kraftstimme dagegen durch verhärtete Einsätze, hohe Muskelspannung, eine mehr stoßweise vor sich gehende Atmung bei kräftiger Beteiligung der Expirationsmuskulatur, Vorherrschaft des Konsonantismus und Staccatoführung[2].

Weitere Generatoren des stimmlichen Ausdrucks sind: der Gegensatz von Rachenweite und -enge, der sich von der Nahrungsaufnahme, bzw. vom Brechakt herleitet und parallel zu den Verkostungsgesten (dem mimischen „süßen" und dem „bitteren" Zug) zum allgemeinen stimmlichen Ausdruck von Lust und Unlust geworden ist. Ferner der Registermechanismus beim Sprechen, d. h. der Unterschied von Brust- und Kopfstimme, bzw. von deren Anteilen an der Bildung der voix mixte. Die Bruststimme kann Männlichkeit, Erwachsenheit, Imponiergehaben und Triebhaftigkeit versinnbildlichen, die Kopfstimme dagegen Weiblichkeit und Kindlichkeit, Angst sowie Richtung auf das rein Geistige, ja auch das Metaphysisch-Religiöse (schon die Schamanen verwenden im Verkehr mit Geistern die Kopfstimme!). Auch seien hier noch die Spuren gesamtkörperlicher Bewegungen im stimmlichen Ausdruck

[2] In der Originalpublikation folgen die Abbildungen von vier Sonagrammen, auf die hier verzichtet wird.

erwähnt. Sie sind in besonderem Maße dem Einfluß der Konvention unterworfen. So langt etwa der Europäer bei der Bitte nach dem begehrten Gegenstand (was sich auch im Tonfall dann noch ausprägt, wenn die leibliche Bewegung nicht mehr wahrnehmbar ist) Der Ostasiate aber kreuzt statt dessen vielfach bittend die Arme auf der Brust.

Für die Analyse der Stimme des Hypnotiseurs sind alle diese sowie die hier nicht erwähnten Generatoren des stimmlichen Ausdrucks von Bedeutung. Indes genügt es für die gegenwärtige Aufgabe, den Gegensatz von Schon- und Kraftstimme heranzuziehen. Er ist auch darum hier von besonderem Interesse, weil an ihm eine Parallele zum autogenen Training aufgezeigt werden kann. Während nämlich diese Steuerung der Stimme ursprünglich sicherlich nur unwillkürlich im Zusammenhang mit affektiven Erregungen vor sich ging, wurde sie im Laufe der Entwicklung immer mehr der Willkür unterworfen, und zwar nicht nur erst hinter der Maske des Theaters, sondern auch schon der des Alltags.

Es wurde vorhin gesagt, daß für frühe Sprachstufen eine Wirkungstotalität der Ausdrucksmittel charakteristisch sei und diese auch den stimmlichen Ausdruck miteinschließe. Tatsächlich verwenden unsere Sprecher den Gegensatz von Schon- und Kraftstimme mit großer Deutlichkeit. Dabei wird ausdrucksrichtig die Beruhigung und Entspannung durch die Schonstimme angestrebt, — das Zurücknehmen, das Aussprechen von Persönlichkeitsformeln sowie jede Manifestation des ärztlichen Willens im Interesse des Patienten durch eine allerdings nur gemäßigte Annäherung an die Kraftstimme unterstrichen. Mit einer bestimmten Bewegungsspur nähert sich ihr auch der Ausdruck der Schwere. Als Ideal ist eine Stimmgebung zu betrachten, in der sich Schon- und Kraftstimme mit wechselndem Anteil verbinden, so daß noch in der Schonstimme das Willensmoment und in der Kraftstimme das Wohlwollen zu spüren ist. Daß bei unseren Stimmproben (und ein Gleiches findet sich auch sonst vielfach bei Stimmaufnahmen von Hypnotiseuren) die Schonstimme als Ausdruck einer biologisch tieferen Schicht die Kraftstimme bei weitem überwiegt, spricht wieder zugunsten der Anschauung, daß dadurch eine Regression im Patienten ausgelöst werden soll. Schon ARISTOTELES hat ja die „Nährseele", die der trophotropen Funktionsrichtung entspricht, als „prótē psyché", als tiefste Schicht der Seele angesehen.

Nun zwei Beispiele zur Schonstimme! Dr. Lemke: „So schlaff, so müde alles, besonders der Kopf, so müde, so müde!" und Dr. Bauer: „So müde werden Sie nun, ach so müde, so schläfrig sind Sie geworden, Sie schlafen, Sie schlafen immer tiefer noch ein, Müdigkeit, Schläfrigkeit erfüllt Sie ganz ..." Demgegenüber zwei Bandproben zu der, wie gesagt, hier nur gemäßigt auftretenden Kraftstimme! Dr. Teirich: „Alles, was ich Ihnen nun sage, setzt sich durch, verwächst und verwurzelt mit Ihrem Unbewußten, ist nicht mehr zu vergessen, ist nicht zu verdrängen ...!" und Dr. Bauer: „Wo Sie auch hingehen, überall begleitet Sie diese innere Ruhe, die Ihnen solche Sicherheit verleiht, daß Sie gar nichts mehr von den bisher bestehenden Störungen merken werden, sie sind gar nicht mehr vorhanden und treten gar nicht mehr auf ...!"

Zusammenfassung

Sowohl die Sprachanalyse wie die des stimmlichen Ausdrucks erweisen den regressiven Charakter der untersuchten Texte bzw. Stimmaufnahmen. Das Ziel des autogenen Trainings und der damit verwandten heterogenen Methoden liegt bekanntlich darin, Funktionen, die der willkürlichen Steuerung im allgemeinen entzogen sind, durch organismische Umschaltung einer solchen Steuerung zu unterwerfen und dadurch Ichperson und Tiefenperson in bezug auf bestimmte, gestufte Aufgaben zu einer funktionellen Einheit zu verschmelzen. Da die Bereitschaft der Ichperson vorauszusetzen ist, hängt die Erreichung dieses Zieles von der Reaktion der Tiefenperson ab. Diese ist aber offenbar durch die Formenwelt sprachlicher und stimmlicher Tiefschichten am besten ansprechbar.

*

RELIGIÖSE INTERFERENZPHÄNOMENE BEIM AUTOGENEN TRAINING, IHRE BEURTEILUNG UND VERMEIDUNG[1]

Von Hans Gödan

Es begegnen uns im Zusammenhang mit dem autogenen Training drei verschiedene Typen religiöser Interferenz:

1. Es kommt zur Auslöschung des Trainingserfolges. Der Patient hat zwar richtig verstanden, worum es geht. Aber es fällt uns an ihm ein eigenartiges Sich-Sperren auf, als hätte er Angst, daß er sich auf gefährliches Gebiet begibt. Er wundert sich selbst darüber und kann uns daher keine Antwort geben, warum er sich so verhält. Vielmehr: *Es* verhält sich so. Und das Training hinterläßt jedesmal ein Unbefriedigtsein.

Geht man auf solche Patienten näher ein, so entdeckt man, daß es sich um tief religiöse Menschen handelt, deren Religiosität sich am besten mit dem Ausdruck „Gott und die Seele" beschreiben läßt. Ihrem Wesen und ihrer Erziehung nach sind sie bis in ihr Unbewußtes von der Göttlichkeit ihrer Seele so durchdrungen, daß bei jedem psychotherapeutischen Versuch Schwierigkeiten auftreten. Die Patienten sind sich dessen oft selbst nicht bewußt. Ja, sie betonen, wie gern sie doch „alles richtig machen möchten". Mir ist das besonders an einem recht gewissenhaften Patienten aufgefallen, der sehr unglücklich darüber war, daß ihm im autogenen Training nicht das gelingen wollte, was andere erreicht hatten. In einem eingehenden Gespräch über sein Verständnis der Seele zeigte sich, daß er in großer Angst lebte, seiner Seele könne etwas geschehen. Als Richtschnur seines Lebens habe er sich ein Wort Jesu gewählt, das er immer wieder in der Lutherübersetzung zitierte: „Was hülfe es dem Menschen, so er die ganze Welt gewönne und nähme doch Schaden an seiner Seele?" (Matth. 16, 26).

Es gibt viel mehr Patienten, die ihr Seelenverständnis an diesem Wort orientieren, als wir annehmen. Auch ihnen kann psycho-

[1] Zeitschrift für Psychotherapie und medizinische Psychologie 13, 1963, S. 96—101, gekürzt.

therapeutisch geholfen werden, sobald dies erforderlich ist. Ärztliche Psychotherapie wird niemals echte religiöse Anliegen erst niederwalzen oder zu planieren versuchen, um sich selbst dann dort anzusiedeln. Aber sie wird zu prüfen haben, ob die religiösen Widerstände des Patienten, die bewußten und die unbewußten, eine wirkliche Grundlage besitzen, ob sie auf Mißverständnissen beruhen und ob sie gesund sind. Nicht die subjektive Einstellung des Arztes ist hier entscheidend, sondern die Glaubensnorm, nach der sich der Patient zu richten glaubt. Hier müssen wir Bescheid wissen.

2. Ein zweiter häufiger Typ religiöser Interferenz, die trotz richtiger beziehungsweise nach korrigierter Auffassung des Seelischen stören kann, besteht in der Furcht, das autogene Training könne das Gebet verdrängen. Der Patient stellt dann fest, daß durch ein rite durchgeführtes autogenes Training mancherlei Ängste einfach verschwunden waren, die er sonst zu Gebetsanliegen machte. Anstatt sich darüber zu freuen, daß sein Seelenleben entstört ist, beunruhigt es ihn, daß durch eine ärztlich verordnete und gelehrte Methodik mehr erreicht wurde als durch sein Gebet.

Ein Arzt, der hierauf sagen würde, Beten helfe eben nicht oder zumindest weniger als eine psychotherapeutische Behandlung, würde die seelische Not seines Patienten vermehren oder ihn zutiefst verletzen; und außerdem zeigte er eine recht gefährliche Unwissenheit auf dem Gebiet des religiösen Lebens und seiner Vorgegebenheiten. Das gleiche Urteil gilt für die entgegengesetzte Einstellung des Therapeuten: Kürzlich gestand mir ein sehr ängstlicher Patient, der im Training nicht vorankam, er habe schwere Skrupel, seitdem ihm ein Arzt kategorisch erklärt habe: „Das autogene Training ist das Gebet der Gottlosen." Erst nachdem dieser gezielt eingebrachte iatrogene Fremdkörper behutsam entfernt worden war, machte der Patient schöne Fortschritte.

3. Man kann beobachten, daß während des autogenen Trainings bis dahin latente religiöse Gefühle freigesetzt werden, die alles verfälschen können. Die Patienten üben mit solcher Hingabe, daß sie unmerklich in eine pseudoreligiöse Übung hineingleiten, bei der sie zwar von dem Numinosen gepackt sind, im übrigen aber zunehmend schlechtes Gelingen der einzelnen Übungen beklagen.

Eine meiner Patientinnen, eine überzeugte Christin, berichtet bei zunehmend schlechtem Gelingen der Übungen, daß sie das Gefühl hätte, nach dem Training „Amen" sagen zu müssen. Da habe sie dann „es mit der Angst zu tun bekommen". Sie möchte sich „doch nicht selbst erlösen".

Wer versucht ist, das autogene Training mit „Amen" zu schließen, erwartet außerdem unbewußt mehr von ihm, als es zu leisten vermag. Dies traf im vorliegenden Fall auch zu; die Patientin erwartete eine Lebenskorrektur allein durch das Training. Aber das autogene Training kann dem Menschen keine Entscheidungen abnehmen und keine Werte vermitteln. Es kann helfen, Entscheidungen seelisch auszuhalten und für echte Werte wieder offen und erlebnisfähig zu werden. Dies wurde im Gespräch erarbeitet. Die Realisierung, die im autogenen Training erfolgt, beruht auf vorhandenen Kräften der Seele. Es kann aber nie geistige Realitäten aus dem Nichts erschaffen, selbst wenn die Vorsatzformeln noch so geschickt gewählt werden. Diese Unterscheidung scheint mir nicht immer streng getroffen zu werden, und zwar zum Schaden des Patienten und des Arztes.

Daher kann das autogene Training keine geistige Welt aufbauen. Es kann das Leben des Patienten sehr wesentlich unterstützen und seine Vitalität wecken. Es kann aber nie „des Lebens Leben", wie Goethe den Geist einmal nennt, ersetzen, vertreten oder gar erschaffen.

Aus den besprochenen religiösen Interferenzerscheinungen beim autogenen Training lernen wir grundsätzlich:

Um religiöse Patienten vor Unruhe und vor Fehlhaltungen beim autogenen Training zu bewahren und ihnen die therapeutischen Möglichkeiten dieser Methode nicht zu verschließen, muß der Arzt nicht nur das religiöse Gefühlsleben dieser Patienten richtig deuten, sondern er muß auch die objektive Glaubenswelt kennen, aus der sie kommen. Für unsere Kultur ist dies der christliche Glaube. Diese Kenntnis bedeutet nicht eine Vermischung von Medizin und Theologie, sondern eine Bewahrung des religiösen Patienten vor Beunruhigung, Skrupeln und Mißerfolgen. Sie garantiert ein wesentlich saubereres Arbeiten, als wenn der Arzt im konkreten Fall seine persönliche religiöse Meinung sagt und sich damit tröstet, daß das, was theologisch falsch ist, ärztlich richtig sein könnte. Wir bedenken viel zu wenig, daß dort wo der spezifisch christliche Patient bei therapeutischem Vorgehen in religiöse Nöte gerät, ihm nicht ein persönlicher Rat des Arztes hilft, auch wenn er subjektiv noch so ehrlich und ernst gemeint ist, sondern er will wissen, wie sich das ärztliche Handeln an seiner Seele mit dem objektiven Glaubensinhalt verträgt, aus dem er lebt. Mit anderen Worten: er will wissen, was objektiv richtig ist.

Darum müssen wir unterscheiden zwischen der subjektiven religiösen Glaubenshaltung einerseits, die eine Funktion der individuellen Seele ist und die gesund oder krank, schwach oder kräftig sein kann, und dem objektiven Glaubensinhalt andererseits, der für den Christen eindeutig extra nos vorgegeben ist. Darin ist der christliche Patient erzogen. Es werden viele Fehler begangen, indem religiöses Empfinden, das der Psyche eigen ist, und der geistige Akt der Aneignung jenes extra nos durcheinandergeworfen werden.

Es kann nun eine Diastase zwischen Glaubenshaltung und Glaubensinhalt eintreten, aber ebenso kann der Inhalt durch die Haltung überwuchert werden. Das autogene Training kann hier helfen, daß wieder eine Harmonie hergestellt wird. Es kann die Glaubenshaltung sowohl entkrampfen als ermöglichen. Aber man soll nicht versuchen, am Glaubensinhalt herumzubasteln, ihn für den jeweiligen Patienten passend zu machen. Wir versuchen doch auch nicht, die Sonne zu bewegen oder ihren Aufgang zu verhindern, wenn uns ein Patient wegen einer Lichtdermatose aufsucht.

Es ist gerade für den christlichen Patienten, der mit einer religiös bedingten Fehlhaltung die erforderlichen psychotherapeutischen Maßnahmen behindert, eine große Befreiung, wenn der Arzt ihn belehrt, daß der Glaubensinhalt, auf den er sich beruft, von seiner subjektiven seelischen Haltung und dem, was an seiner Seele helfend geschieht, genauso wenig abhängig ist, wie die Existenz der Sonne davon, ob ich sie sehen kann oder will, ob ich blind bin oder meine Augen bedeckt sind, oder ob ich mich an einem finsteren Ort befinde. Nicht die Sonne muß ich bewegen, sondern ich selbst muß mich bewegen lassen.

Dieser Vergleich gibt dem Arzt noch eine andere Hilfsvorstellung an die Hand: Wir begegnen immer wieder Patienten, deren psychische Struktur zeitweise oder immer die starke Einstrahlung eines bewußt gemachten objektiven Glaubensinhaltes nicht verträgt. Hier dürfen wir auf dem Gebiet des Seelischen sozusagen Jalousien herunterlassen, wobei wir immer wieder dem Patienten gegenüber betonen werden, daß die Sonne trotzdem sein Leben trägt. Wir erleben dann sogar einen besseren geistigen Zugang der betreffenden Patienten zu den objektiven Werten, der ihnen vorher infolge zu starker „Insolation" ihrer Seele verwehrt war.

*

Der nachfolgende Beitrag von MOSEBACH zeigt, wie sehr das autogene Training von der rein körperlichen Ebene des menschlichen Daseins bis weit in den personalen Bezirk hineinragt, wenn es von Menschen angewandt wird, die bereit sind, sich neuen inneren Dimensionen zu eröffnen. Der Leser kann daraus noch Rückschlüsse ziehen, wie der Weg zur Meditation offenliegt.

DAS AUTOGENE TRAINING IM RAHMEN DER „ANTHROPOLOGISCHEN" PSYCHOTHERAPIE[1]

Von HEINZ MOSEBACH

Im autogenen Training ist mehr enthalten, als man bei dem üblichen Vorgehen in der Neurosenbehandlung im allgemeinen erwartet und zur Anwendung bringt. Dies zu zeigen ist der Sinn der folgenden Ausführungen. Kurz gefaßt ist das Ergebnis: Leibverwandlung ist Weltverwandlung. Öffnet man seinen Patienten Empfinden und Erleben für diese Tatsache, so können sie zu Einsichten und Haltungen kommen, die wesentlich weiter helfen, als es eine reine Symptombehandlung zunächst beabsichtigt. Die gemeinte Erweiterung hat vieles gemeinsam mit der „reinen Gebärde", die Graf DÜRCKHEIM lehrt. Die wesentliche Parallele be-

[1] Herrn Prof. Dr. Walther Amelung, Königstein/Taunus, zum 70. Geburtstag. In: Praxis der Psychotherapie, 9, 1964, S. 1—11, gekürzt.

steht in der Möglichkeit, das „primordiale Mitsein“ wieder zu erlangen oder mehr und mehr in das Erleben einzutreten, nicht als Fremdling in dieser Welt zu sein. An die Stelle weiterer theoretischer Ausführungen soll zunächst eine konkrete Fallschilderung treten[2].

E. R., ein 28jähriger Bankangestellter, wurde mit dem autogenen Training behandelt. Er fühlte sich seit über 10 Jahren gehemmt und seit einem „Nervenzusammenbruch“ zwei Jahre vor Behandlungsbeginn, der mehrwöchige klinische Behandlung notwendig machte, eindeutig seelisch abnorm, krank. Nach der Entlassung aus der Klinik wurde R. von kompetenter Seite psychoanalytisch behandelt. Er brach nach 9 Monaten die Behandlung ab, da er auch nur Ansätze eines Erfolges nicht zu erkennen glaubte und schließlich seinen Zustand für unkorrigierbar hielt. In den letzten Jahren zeigte er zunehmend qualvoll erlebte Menschenscheu. Mit 16 Jahren war diese Scheu schon einmal deutlich dagewesen; sie zwang den Patienten damals, den Besuch der höheren Schule abzubrechen. Patient fühlte sich dann zwei Jahre lang während der Banklehre etwas freier, doch traten im Laufe der folgenden Jahre, mit Höhepunkt in den Monaten vor Antritt der Behandlung, zahlreiche Symptome wieder bzw. neu auf. Der Patient schilderte seinen Zustand so: Er leide den ganzen Tag an heftigem, quälendem Spannungsgefühl. Er erwache schon mit einem unguten Gefühl, als ob der Tag nur Schweres bringen könne. Auf dem Wege zum Bahnhof fühle er sich von den vorbeifahrenden Auto- und Radfahrern beobachtet. Er meine, daß man seinen Gang und seine Art zu grüßen irgendwie komisch finden könne. Fahre er selbst einmal mit dem Auto, dann fühle er sich von den Fußgängern argwöhnisch beobachtet, ob er nicht vielleicht etwas Besseres sein wolle. Schwer erträglich sei der Gang den Bahnsteig entlang, oder mit Bekannten in einem Abteil zusammenzusitzen. Oft spüre er, wie sich beim Mustern der Abteile sein Nacken verkrampfte, da er fürchte, aus jedem Abteilfenster angesprochen zu werden. Im Abteil selber vergrabe er sich hinter einer Zeitung, fürchte sich bei jeder Station, daß jemand hereinkomme und ihn anspreche, was auch ziemlich häufig vorkomme, da er schon seit 10 Jahren mit dem gleichen Zug fahre und die meisten Mitfahrenden sich im Laufe der langen Zeit irgendwie kennten. Im Büro atme er zunächst auf, doch beginne sehr bald die alte Spannung von neuem. Er wage kaum von seinen Akten aufzusehen, weil er dann unter Umständen befürchten

[2] Sie soll hier in Form von Auszügen aus der Originalpublikation wiedergegeben werden.

müsse zu sehen, daß die Sekretärin ihn mustere. Wieder fürchte er, daß er dann vielleicht dumm dreingeschaut habe, daß sie vielleicht seinen Eifer belächele, jedenfalls ihn anspreche und er eine Antwort nicht wisse. Am schlimmsten sei es beim Mittagessen im Kasino. Etwa eine Stunde vorher werde er schon unruhig, könne sich nur noch mit Mühe seiner Arbeit widmen. Er fürchte sich, durch den sehr weiträumigen Kasinosaal zu gehen, wo er sich den Blicken aller ausgesetzt fühle. — Er stagniere nach ausgezeichnetem Start in der Bank beruflich nun schon seit Jahren, habe die Teilnahme an weiterbildenden Kursen abgelehnt, weil er sich in einer neuen Umgebung menschlich kaum zurechtfinden könne, während er sich sehr viel anspruchsvolleren Aufgaben rein von der Sache her durchaus gewachsen fühle. Auch sei er in den letzten Monaten zunehmend in seinem privaten Leben vereinsamt. Seine Altersgenossen in seinem Heimatort seien entweder verheiratet oder hätten Interessen, die er nicht mehr teile, neue Freunde könne er sich nicht mehr gewinnen.

Der Patient wurde mit dem autogenen Training behandelt. Die 6 Grundübungen beherrschte er in etwa 4 Monaten.

Es gelang sehr bald, außerhalb der aufgegebenen Übungszeiten Teilentspannungen durchzuführen. Diese konnte er allmählich durchgehend in seinen Tag einbauen. Bei zunehmender Beherrschung hat sich inzwischen die Symptomatik weitgehend verloren. Der Patient fühlt sich entschieden freier und gelöster. Er nimmt an einem Fortbildungskursus teil und ist beruflich aufgestiegen.

Die Entspannung, vom Patienten sehr exakt und fleißig geübt, erbrachte nun eine Reihe von Erkenntnissen, die ich nachstehend schildern will.

Es war der Patient selbst, der unter dem allmählichen Fortschreiten der Übungen bemerkte, daß seine ihm so fatale Spannung mit seinem Verhältnis zur Welt zusammenhing. Er fand selbst heraus, daß er den ganzen Tag in der Wirklichkeit viel mehr Kraft vergeudete, als es notwendig gewesen wäre.

Die Übungen wurden zunächst nicht mit gezielten Formelbildungen vorgenommen; es kam uns auf den Erwerb der reinen Technik an. Nach etwa 2 Monaten berichtete der Patient beiläufig, es gehe ihm zwar noch nicht besser, doch falle ihm auf, daß er sich jetzt in Entspannung, so gut sie ihm eben gelinge, ohne besondere Angst und Spannung vorstellen könne, daß er im Zuge sitze oder das Kasino durchquere — Gedanken, die er bisher nicht ohne Angst und „fliegende Hitze" habe denken können. Er habe bisher auch Gedanken an ihm unbehagliche Situationen gemieden, trotzdem hätten sie sich ihm immer wieder aufgedrängt. Patient wurde daraufhin angewiesen, sich in den Übungen jetzt doch einmal absichtlich bisher Gefürchtetes vorzustellen. Seine ersten Erfahrungen schilderte er nach einem weiteren Monat:

Im stillen Kämmerlein habe er jetzt seine Schwierigkeiten sozusagen „in der Hand“. Kämen zu Hause Vorstellungen, bei denen er sich im Eisenbahnzug oder im Büro sehe, ließe sich in der Übung Angst beseitigen. Er sehe und erlebe sich dann weitgehend ruhig. Wenn er die Übung unterbreche, könne er die Angst sogar wiederkommen lassen. Das letztere habe ihn auf den Gedanken gebracht: Wenn er in der Übungssituation Angst kommen oder verschwinden lassen könne, er seine Angst sozusagen „mache“, liege die Vermutung nahe, daß auch im Alltag in gefürchteten Situationen die Angst ihn nicht mehr von irgendwoher anfliege, sondern daß er sie auch hier „mache“. Grundsätzlich besteht offensichtlich zwischen Vorstellung und realer Situation kein Unterschied, beides verursacht ja die gleiche Spannung, oft mit nur geringem Intensitätsunterschied. Wenn die Angst also mit der „Haltung“ zusammenhänge, die er jeweils einnehme, habe er jetzt zum erstenmal Hoffnung, auch seine Schwierigkeiten zu überwinden, wenn er ihnen mit der rechten Haltung begegnen lerne.

Patient wurde nun angewiesen zu beobachten, ob sich über das Wesen der „Haltungen“, der „richtigen und der unzweckmäßigen“, Aussagen machen ließen. Er solle sich in sie vertiefen, sie bewußt erleben, sozusagen über den Sinn der leiblichen Haltung „meditieren“.

Wenn er seine Haltung in verschiedenen, ihn bedrängenden Situationen nun näher zu erspüren versuche, dränge sich ihm folgendes auf: Sie habe offensichtlich immer Sinn, wolle ihn zu Angriff oder Vermeidung zwingen. Es werde ihm klar, daß seine Ängstlichkeit oder Scheu nicht einfach eine Eigenschaft seiner Person sei, mit der er sich abzufinden habe. Sondern im gegebenen Fall aktualisiere sich aus einer Grundhaltung heraus eine bestimmte Tendenz, die er bei der „Meditation“ seiner Spannung nun erkenne und benennen könne. So handele es sich um Flucht oder Sich-verbergen-Wollen, wenn er im Büro gespannt dem vermeintlich ihn forschend betrachtenden Blick der Sekretärin nicht zu begegnen wage. Er wisse jetzt, daß er sich nicht nur verhalte, „als ob“ er fliehe, sondern sein Leib fliehe wirklich, die Spannung, das Unruhig-auf-dem-Stuhl-Hin-und-Herrutschen sei wirklich Flucht. Die Situation quäle so, weil die Flucht ja nicht zum drangvoll ersehnten Ergebnis führe, sondern vergeblich sei. Kein Wunder, daß in dieser Lage der zum Ausharren verdammte „dableibende“ Teil seiner Person, sein Geist, der sich an etwas Objektiveres, eine Bilanz z. B., anzuklammern versuche, machtlos sei, daß er sich nicht konzentrieren könne und die Arbeit schleppend langsam vorangehe.

Nun werde ihm klar, wie seine Haltung, die ja „Handeln“ sei, sein Gegenüber verwandeln müsse. Wenn er Fliehender oder Sich-verbergen-Wollender sei, *müsse* z. B. die Sekretärin ja Verfolger oder überlegen forschender Betrachter sein, der auf seine Schwächen lauere. *Er* sei es, der durch seine Haltung aus der offensichtlich harmlosen Sekretärin einen Verfolger mache, sie also mit Überlegenheit ausstatte. Wenn er sich die Intensität seiner qualvollen Spannung vergegenwärtige, müsse die Überlegenheit, die er dem Gegenüber supponiere, riesengroß sein.

Nach etwa einjähriger Behandlung beherrschte der Patient die autogene „Umschaltung“. Er konnte nun die Übung in den Alltag hineinnehmen und schlagartig entspannen. Nach einem weiteren halben Jahr berichtete er, daß die Übung jetzt seinen ganzen Tag durchziehe, er übe eigentlich täglich nur noch einmal, nämlich immer. Selbst bei angespannter Arbeit, beim Schreiben oder beim Vortrag vor seinem Chef verlasse ihn Schulter- und Nackenentspannung mit intensivem Wärmegefühl in dieser Region jetzt fast nie mehr. Bewußt nahm er die geschilderten Erfahrungen nun in seinen Arbeitstag hinein. Anfänglich nahm er Situationen, die ihn besonders ängstigten, noch am frühen Morgen in einer Art „Prämeditation“ vorweg. Bald wurde dies überflüssig. Die neugewonnene Haltung reichte aus, zu sichern, und führte immer stärker zu einem neuen Lebensgefühl. Die Erfahrungen dieser Behandlungsphase waren im wesentlichen diese: Als er erst einmal begonnen habe, sich den Blicken der anderen auszusetzen, sich „darzubieten“, das auf ihn Zukommende „anzunehmen“, indem er die „Haltung“ eines „sich Darbietenden“, eines „Annehmenden“ verwirklichte, habe er in einer anderen Wirklichkeit zu leben begonnen. Zunächst habe er einen fundierten Schatz an Erfahrungen sammeln können, daß ihm niemand tatsächlich übelwolle, ja daß es eigentlich niemandem aufgefallen war, wie linkisch und gehemmt er nach seiner Überzeugung sich bisher betragen habe. Er sei ganz fest davon überzeugt gewesen, daß man ihm seine Hemmungen hätte ansehen müssen, da er sie ja täglich und stündlich „gesehen“ hätte an den Reaktionen der anderen. Unzählige Beobachtungen hätte er dafür anführen können, daß man ihn entweder kalt, feindselig, verächtlich, gleichgültig oder — für ihn noch ärgerlicher — sehr von oben herab mit jovialem Wohlwollen behandelte, jedenfalls ihm zeigte, daß man ihn nicht für voll nehme. Er sei zunächst verblüfft gewesen, daß diese für ihn gesicherten Beobachtungen gar nicht zuträfen. Im Gegenteil, entweder habe man ihn überhaupt nicht beachtet oder sich ihm gegenüber indifferent oder freundlich verhalten. Im Laufe der fortschreitenden sicheren Beherrschung des autogenen

Trainings habe er weitere Klarheit darüber gewonnen, was er in der Entspannung eigentlich „tue" mit sich und seiner Umgebung.

In den letzten Behandlungswochen wurde begonnen zu fragen, ob die Möglichkeiten der Entspannung nun ausgeschöpft seien. Der Weg der Übungen hat von Flucht und Abwehr zum „Sich-darbieten-Können", zum „Ruhig-bei-den-Dingen-bleiben-Können" geführt. In der „Meditation" seiner Spannung hat er diese als Handlungsansatz, nämlich Flucht, erfahren. Er hat „leiblich" gefühlt, was es heißt, in „Ruhe" bei den Dingen zu sein. Daraus erwächst nun schon oft ein entschiedeneres Handeln, da er weiß, daß die Welt sich keineswegs seinem Tun in und an ihr entzieht oder sich verweigert und gegen ihn wendet, sondern daß auch sie sich seinem Handeln darbietet.

Wachsendes Vertrauen in sich und in die Welt sind die Aufgaben, die er sich stellt. Auch die Haltung des Vertrauens als furchtlos vollzogene Expansion müsse sich doch leiblich darstellen lassen, jetzt noch bewußt vollzogen in der Hoffnung, daß auch sie später einmal „eingefleischt" werde wie früher die Fluchthaltung. Er versucht sich vorzustellen, wie ein solch „praktizierendes" Vertrauen sich als leiblicher Zustand erfühlen lasse. Weltzugewandtheit schwebt ihm vor. In der Haltung müsse eine „Hinzubewegung" spürbar werden, jetzt nicht nur Gebärde des Imponierens oder eines Ausbruchs, sondern als ruhig erfüllte stetige Zuwendung. Suche er in seinem Leben nach Vergleichbarem, wo eine solche Zuwendung als Haltung gefühlt wurde, denke er an die Sehnsucht, die ihn im Büro oft in der Erinnerung an geliebte Landschaften befallen habe. Die Sehnsucht sei als mächtiger Sog dorthin erlebt worden, durchaus spürbar, als ein „Halb-schon-dort-Sein", noch hier, aber auch schon dort. Oder er habe vor Jahren sich einmal in eine Mitarbeiterin verliebt, ohne sich ihr aus übergroßer Scheu (wie auch anderen Mädchen gegenüber) erklären zu können. Da er gewußt hat, daß seine Gefühle ihm also keinerlei Risiko einbrachten, sei er dem Mädchen gegenüber furchtlos gewesen. An manchen Tagen hat es ihn kaum auf seinem Stuhl gelitten, so sei leibhaft ein motorischer Drang auf sie hin dagewesen. Seine Gedanken und Empfindungen wie seine Blicke seien in einer stetigen „Hinzu"-Bewegung begriffen gewesen, Auge und Gedanken hätten wie körperlich getastet und gestreichelt. Diese „Hinzu"-Bewegung also gelte es auf die Welt hin zu verwirklichen.

So habe er in der Prämeditation beides getan, die Liebe zur Welt in sich gestärkt, indem er sich in der Entspannung in einen Zustand versetze, dem er sich auch gewachsen fühle, zugleich aber sich konkrete Situationen vorgenommen.

Die Übertragung dieser Haltungen in den Alltag wurde die Aufgabe der letzten Wochen, er wandte sie Menschen und Dingen gegenüber in gleicher Weise an. Früher schob er, in der Kreditabteilung einer Großbank tätig, die Prüfung schwieriger Bilanzen oft lange vor sich her. Die vertrauende, liebende „Hinzu-Bewegung" zur Sache bewirkte jetzt eine Bearbeitung ohne Zögern. Die Einsicht, daß er trotz Angst seine beruflichen Probleme noch immer hat meistern können, wenn auch oft verspätet und daher unter Druck und Vorwürfen seiner Chefs, hat zwar viel geholfen, mehr aber, daß er jetzt die rechte Zeit für die Erledigung wahrnehmen konnte. In der Eisenbahn gelang es ihm jetzt, mühelos *Mit*reisender zu sein und unbefangen ein Gespräch zu beginnen. Er konnte jetzt seinem cholerischen Chef widersprechen, von sich aus Verbesserungsvorschläge machen. Er begann, das Risiko zu lieben, aber das war im Grunde eine Aussage auf seiner überwundenen Verhaltensebene; er selbst war als Person nicht mehr riskiert.

Die Symptome, über die er zu Beginn der Behandlung klagte, waren behoben. Gemessen am Verhalten der durchschnittlichen Menschen, die ohne besondere Hemmungen zu arbeiten und zu genießen vermögen, fühlte er sich gesund. Er hat aber die begründete Hoffnung, daß gerade die Perspektiven des letzten halben Jahres der Behandlung bei weiteren Bemühungen zur Inbesitznahme von noch mehr „Welt", zu gesteigerter Gesundheit führen.

Fassen wir einige wesentliche Punkte des Berichtes zusammen und fügen wir einige Folgerungen an:

Bei Behandlungsbeginn gingen Erwartungen und Hoffnung von Patient und Therapeut kaum darüber hinaus, es würden sich mit dem autogenen Training lästige körperliche Begleiterscheinungen, wie Herzklopfen, Erröten, Schwitzen, mildern bzw. abstellen lassen. Die Unterstufe des autogenen Trainings wurde rite geübt. Patient erlernte sie verhältnismäßig rasch. Es kam ihm zu Hilfe, daß er seit Jahren Jiu-Jitsu und Judo trieb, also anders als die meisten Neurotiker ähnlicher Symptomatik in gewisser Weise „leibverbunden" und körperlich gewandt war. Die genannten Sportarten hatten in ihm auch ein Empfinden für Spannung und Entspannung geweckt, er hatte jedenfalls im Bereich seiner Kampfübungen ein Gefühl für adäquaten nuancierten Kräfteeinsatz bekommen. So kam er nach etwa 3 bis 4 Monaten Behandlungsdauer darauf, daß die „Spannung" direkt etwas aussage über sein Verhältnis zur Welt. Bald begann er, konkrete Beobachtungen zu machen.

Was er im Laufe einer fast dreijährigen Behandlung mitteilte, ist Inhalt des vorgelegten Berichtes. Es versteht sich, daß der Therapeut zu formulieren half und Anregungen zu weiteren Beobachtungen gab. So gibt der Bericht nicht ein Protokoll im exakten Sinn, sondern er ist Niederschlag eines sich durch die gesamte Behandlungszeit hindurchziehenden Gesprächs. Bei der Fülle der in den letzten Jahren erschienenen kasuistischen Literatur über das autogene Training erscheint vielleicht zunächst ein weiterer Fallbericht überflüssig. Das Verfahren ist längst eine res iudicata. Daß es sich um eine hochwirksame Behandlungsmethode handelt, ist kaum noch angezweifelt. Zudem ist das autogene Training von seinem Begründer J. H. SCHULTZ praktisch und theoretisch so exakt aufgebaut, daß es fast so aussieht, als bliebe seinen Nachfolgern kaum noch etwas zu tun übrig. Und doch gibt das vom Patienten mit Evidenz Erlebte einen Beitrag zum besseren Verständnis der therapeutischen Wirkung der Methode und ihrer möglichen Breite. Der Patient hat beim Üben am eigenen Leibe das „In-der-Welt-Sein", die gestaltskreisartige unlösbare Verflochtenheit des Menschen mit seiner Welt, noch einmal entdeckt. Es scheint jedoch sicher, daß beim autogenen Training dieser Zusammenhang, mit der „Veränderung" des Leibes auch eine Veränderung der Welt zu vollziehen, immer wirksam ist, selbst wenn die Übungen in dieser Hinsicht ganz unreflektiert vollzogen werden, wirksam also — unentdeckt — auch in Fällen, in welchen das Behandlungsziel lediglich die Beherrschung gestörter Funktionen einer umschriebenen Organregion ist. Es kann aber bei Neurosen eine bewußte und gezielte Berücksichtigung der aufgezeigten anthropologischen Zusammenhänge die Wirksamkeit der Therapie mit dem autogenen Training steigern.

In vielen Fällen wird die „große Vernunft des Leibes" (NIETZSCHE meinte dieses schöne Wort freilich etwas anders, als es hier zu verstehen ist) tatsächlich der „leise mahnenden Stimme des Intellekts" (FREUD) überlegen sein. Verf. hat jedenfalls in den letzten Jahren bei mehreren unter diesem Gesichtspunkt behandelten schweren Neurosen diese Erfahrung gemacht.

Beim autogenen Training handelt es sich um konzentrative Selbstentspannung (SCHULTZ). Spannung ist eine Grundstimmung des Daseins. „Ohne Spannung wäre nichts . . . Spannungsloses Sein wäre Nicht-Sein“ (Stokvis-Wiesenhütter: Der Mensch in der Entspannung, S. 22/23). Sie ist sozusagen ein Urprinzip des Lebendigen. In der „Haltung“, im „Verhalten“ erreicht die Spannung die eigentlich menschliche Dimension. Um was es sich bei der Haltung im einzelnen handeln möge, ohne Spannung wäre sie nicht. Von gespannter oder entspannter Haltung sprach man, lange bevor es eine Psychologie als moderne Wissenschaft gab, wenn man damit auch einen Sonderfall von Haltung bezeichnen wollte.

Welche Einzelbefunde nun beim Neurotiker erhoben werden können, welche besonderen pathogenetischen Momente die spezielle Ausprägung seiner Neurose auch bewirkt haben mögen, die Symptomatik (Depression, Zwang, Angst, funktionelle Körperstörung) steht nur mit einer Teilstruktur seiner Neurose in Zusammenhang. *Immer* ist seine „Haltung“, ist sein Weltverhältnis gestört. Neuerdings wird immer deutlicher, daß jede Neuroseform stets mit einer genau „passenden“ Welt und Selbstauslegung sowie „mit einer dazugehörigen Umweltstruktur korrespondiert“ (Haseloff: Über Aufbau und Bedeutung psychosomatischer Störungen. Wissen und Praxis 5, 1958). Diese „Weltauslegung“ meinte genau unser Patient, wenn er von „Haltung“ sprach. Die sich unter der Behandlung ändernde „Haltung“ war es, die bewirkte, daß aus einer andrängenden eine indifferente, schließlich eine Welt wurde, in der man gern zu leben vermag. Die Haltung interpretiert die Welt, macht die Welt, „ist“ die Welt.

Freilich ist die vom Patienten gemeinte Haltung nicht ganz mit „Welt“, auch nicht mit seiner Welt identisch. Die Meditation seines Leibes, wie er ihn als „Kampfleib“ (Zutt), Fluchtleib etc., als Totalität erfuhr, bedachte im wesentlichen seine Gliedmaßen, d. h. diese wurden als besonders kennzeichnend für seine Haltung erfahren; sie drängten sich, Übergewicht beanspruchend, auf. Seine Ruhelosigkeit war, wie er es gelegentlich ausdrückte, Dominieren der Arme und Beine über den Kopf. Der Weltausschnitt, der hier erfahren wurde, war Welt, so weit wie sie, im archaischen Sinne, sich kinetisch gibt und ebenso erlebt wird. „Die bestimmten Konturen, die wir einem Gegenstand zuschreiben, sind nichts als der Umriß einer bestimmten Art Einfluß, sie enthalten den Plan unserer möglichen Handlungen, die unserem Auge wie durch einen Spiegel zurückgeworfen wird, wenn wir die Flächen und Kanten der Dinge wahrnehmen“ (BERGSON: Schöpferische Entwicklung 1928). Die Haltung nahm wahr, fixierte und rief hervor das rein physiognomische Verhältnis zu Dingen und Menschen. Die Fluchthaltung verlieh der Welt eine andrängende Physiognomie; diese bewirkte Flucht. Die Verbergenshaltung machte aus dem Gegenüber einen überlegenen Beobachter und führte zu Vermeidung und „Verbergen“, die Haltung des ständig Wachsam-sein-Müssen, das „Auf-dem-Quivive-Sein“, machte aus der Welt ein Wesen, das unberechenbar zu jeder Zeit angreifen könnte, und führte ständig Abwehrhaltung herbei. Der zu harte Zugriff auf Dinge und Menschen macht aus der Welt einen Stoff, der sich nicht bereitwillig formen läßt, von sich aus zu keinerlei Konzessionen bereit und nur in frontalem Anrennen zu bewältigen ist. So fiel das schroffe Wesen des Patienten auf; er rannte überall, wenn er aus seiner Reserve heraustrat, offene Türen ein. Für ihn war nun überzeugend, wie er in der Entspannung das Entstehen seines „Weltentwurfs“ in statu nascendi beobachten konnte. Er erfuhr evident, daß es nur wegen seiner inkarnierten neurotischen Haltung, die rationalisiert worden war, „auffallender, eindrücklicher und darum überzeugender war, zu sehen, wie es mir zustößt, als zu beobachten, wie ich es mache“ (C. G. JUNG, Einleitung zum Tibetanischen Totenbuch). Nun gelang immer zuverlässiger die Entlarvung des „es stößt mir zu“ als ein „ich mache es“. Damit wurde seine fixierte Welt aufgesprengt, die „Umwelt“ im Sinne BUYTENDIJKS geworden war, in der in bestimmten Situationen fast nur mehr automatisch reagiert werden konnte.

Aus der Fallschilderung geht deutlich hervor, wie der Patient es lernte, in der Entspannung ruhig bei den Dingen zu bleiben. Diese Haltung ist zu interpretieren als Ansatz zur Wiedergewinnung einer „unmittelbaren, kreatürlichen, ursprünglichen Verbundenheit“ (BALLY). Zweifellos ist der Verlust der ursprünglichen mitweltlichen Harmonie, des „primordialen Mitseins“ (BINSWANGER) eine der, wenn nicht die Grundlage aller Neurosen. Durch die Behandlung wurde die Möglichkeit einer Expansion ohne Angst in einer jetzt offenen Welt gegeben.

Mit diesen Ausführungen soll das autogene Training nicht irgendwie verbessert werden. Im Gegenteil zeigt der Behandlungserfolg bei E. R., wie großartig der Wurf ist, der J. H. SCHULTZ mit dem autogenen Training gelang. Die Methode kann nicht nur zu Offenheit führen, sie ist selbst „offen". Sie vermag nicht nur Sichtweisen der modernen anthropologischen Medizin und Psychotherapie in sich aufzunehmen, sondern diese bestätigen nur wieder die Richtigkeit des Ansatzes von J. H. SCHULTZ. Über Symptombeseitigungen hinaus ist es möglich, das autogene Training in jenen Seele, Geist, Leib und Welt umspannenden Raum zu stellen, welchen die heutige Anthropologie für jede wahrhaft personale Psychotherapie als unerläßlich ansieht.

*

Die nachfolgende eigene Arbeit hat ihren Ursprung in folgendem: Allen psychotherapeutischen Methoden liegt die Gefahr inne, daß sie sich verselbständigen und dadurch verabsolutieren. Die Verbindungen zu anderen, ähnlich gelagerten Verfahren verblassen dann. Zum zweiten hängen psychotherapeutische Methodik und Situation, in der sie durchgeführt werden, innerlich so stark zusammen, daß schon hierdurch Varianten eines Verfahrens sich entwickeln. So hatte der nachfolgende, auf dem 1. Internationalen Kongreß für Hypnose in Helsinki im April 1964 gehaltene Vortrag den Zweck, die doch nur scheinbaren Unterschiede aufzuzeigen und in Wirklichkeit klarzumachen, wie ähnlich beide Verfahren sind. Die Ähnlichkeit ist jedenfalls größer als der Unterschied. Dieser ist mehr bedingt durch die Situation, in der ein „übender Weg zur Autohypnose" praktiziert wird.

AUTOGENES TRAINING UND GESTUFTE AKTIVHYPNOSE

EIN VERGLEICH[1]

Von DIETRICH LANGEN

SCHULTZ gebührt das Verdienst, als erster einen übenden Weg zur Autohypnose beschrieben zu haben. Auch die schließlich zur gestuften Aktivhypnose führenden Untersuchungen KRETSCHMERS[2] reichen auf anderen Linien weit zurück. Ihre Wurzeln liegen in der während und nach dem ersten Weltkrieg praktizierten und mit gezielten Signalreizen arbeitenden einseitigen aktiven Reizmethode — genannt *Protreptik* — zur Behandlung der damals häufigen, schweren psychogenen motorischen Lähmungen, ferner in den konstitutionstypologischen Forschungen über die Tonusprobleme und in dem Bedürfnis nach dem Umbau der Hypnosetechnik. Mit diesen eigenen Erfahrungen und Anliegen nahm KRETSCHMER das autogene Training von SCHULTZ auf, wodurch eine besonders fruchtbare Verbindung dieser beiden großen, vorwiegend naturwissenschaftlich-biologisch orientierten psychotherapeutischen Psychiater fruchtbar wurde.

KRETSCHMER greift bei seiner 1946 erstmals beschriebenen „gestuften Aktivhypnose" die ersten beiden Übungen des autogenen Trainings, d. h. also die Schwere- und Wärmeübung, auf. Klinische Notwendigkeiten und hierbei wieder die zeitliche Gebundenheit, vor allen Dingen der klinischen Psychotherapie, lassen es in vielen Fällen geboten sein, den Übungsweg der „völlig schweigenden Innenwendung" zu verlassen und durch ein sparsames Begleitsprechen den Lernvorgang zu beschleunigen. Daß dies möglich ist, ohne damit den von SCHULTZ mit Recht für besonders wichtig gehaltenen autogenen Charakter der Übung zu verlassen,

[1] Nach einem Vortrag auf dem 1. Internationalen Kongreß für Hypnose in Helsinki, April 1964. In: Medizinische Klinik, 60, 1965, S. 348 bis 350, gekürzt.

[2] KRETSCHMER, E.: Dtsch. med. Wschr. 71 (1946), 281. In: Handbuch d. Therapie, Bd. IV, München, Berlin 1959.

haben die eigenen Erfahrungen gezeigt. Es ist dabei aber methodisch wichtig, sich auf den Übungsstand des einzelnen bzw., wenn in Gruppen geübt wird, auf den am wenigsten Forgeschrittenen einzustellen und die Konzentrationen natürlich, untheatralisch, monoton wiederholend sowie ohne Ausschmückung an die wörtlichen Formulierungen zu halten. Ebenso wie SCHULTZ möchte ich mich in bezug auf die gestufte Aktivhypnose von den Schallplatten distanzieren, weil sie auch dieses Verfahren zu sehr in Richtung auf Heterohypnose verlagern. Bei Patienten mit einem überdurchschnittlichen Idioplasievermögen, d. h. also vorwiegend hysterisch-strukturierten Menschen, empfiehlt es sich, auch dieses sparsame Begleitsprechen zu vermeiden.

Hat der Patient sich die Generalisation des Schwere- und Wärmegefühls prompt und sicher erarbeitet und gelingt es ihm schon auf die Stichworte von „Ruhe — Schwere — Wärme" eine Selbstversenkung zu erzielen, so wird bei der gestuften Aktivhypnose eine Fixierübung der Augen durchgeführt. Hierdurch entsteht der größte Unterschied zum autogenen Training.

Als weitere Unterschiede zwischen autogenem Training und gestufter Aktivhypnose müssen hervorgehoben werden:

1. Bei der gestuften Aktivhypnose werden die *Viszeralübungen* weggelassen. Auch ohne die spezielle Konzentration einer Herz-, Atem- und Abdominalübung kommt es zu den analogen klinischen Befunden einer Bradykardie, einer Versenkungsatmung und Abdominaldurchwärmung. Zu ähnlichen Feststellungen kommt SCHULTZ, wenn er mit Blick auf die Atmung betont, daß die „Innere Selbständigkeit des Atemrhythmus" durch die Atemformel gefördert werden kann, die im gelungenen Training oft spontan erreicht wird. Allerdings darf diese Formel nie als „Aufgabe gesetzt werden, sondern muß einer organischen Selbstentwicklung entfließen ..."[3]. Dies kann analog zu den anderen Übungen gesetzt werden, da sie alle in Richtung der trophotropen Gesamtumschaltung liegen. (LUTHE spricht in diesem Zusammenhang von einem „psychobiological shift to a trophotropic state"[4].)

[3] SCHULTZ, J. H.: Das autogene Training, 11. Aufl., Stuttgart 1964.

[4] SCHULTZ, J. H., W. LUTHE: Autogenic training, New York—London 1959.

2. Die *Fixierübung* wird bei der gestuften Aktivhypnose vorweggenommen: Wie bekannt, wird beim autogenen Training beim Übergang von der Unterstufe zur Oberstufe allerdings auch selbsttätig eine Fixierübung von der Versuchsperson eintrainiert. Bei der gestuften Aktivhypnose wird diese mehr in Anlehnung an die reine Heterohypnose mit dem Arzt gemeinsam geübt, allerdings ohne verbal-suggestive Führung des Patienten. Nach dem hypnoiden Augenschluß werden die gleichen Stichworte vorgesprochen, denen sich der Patient bisher auch weiterhin bei seiner Selbstübung hingegeben hat. Viele Mitteilungen von Versuchspersonen sprechen von einer Intensivierung des Schwere- und Wärmegefühls, von dissoziierten Erlebnissen und partiellem Wachsein und mehreren anderen, aus der Hypnoseliteratur wohlbekannten Erlebnissen. Diese geben Hinweise auf die stufenweise sich intensivierende Hypnosetiefe, so daß eine spezielle Kontrolle, wie bei der Heterohypnose, nicht notwendig ist. Inwieweit die von vielen angenommenen Verbindungen der Augenmuskelkerne mit dem Schlaf und anderen hypothalamischen Zentren für die Vertiefung des Hypnoids tatsächlich verantwortlich zu machen sind, kann bis heute nur vermutet, aber noch nicht als vollkommen gesichert angesehen werden.

3. Die *„formelhaften Vorsatzbildungen"*, die beim autogenen Training zwar zu den wichtigen Leistungen der Unterstufe gehören, erfahren bei der gestuften Aktivhypnose eine weitere Ausgestaltung in Richtung auf „wandspruchartige Leitsätze". Durch diese rückt die gestufte Aktivhypnose etwas mehr in die Richtung *meditativer Verfahren.* Die Vergegenwärtigung eines derartigen Leitsatzes, dessen Aufbau von mir ausführlich beschrieben wurde, intensiviert den zirkumskripten Überwachheitskern bei gleichzeitiger Bewußtseinsentleerung.

4. Bei der gestuften Aktivhypnose wird methodisch bewußt ein *analysierender Arbeitsgang* parallel geschaltet, bis am Ende einer derartigen zweigleisigen Behandlung dann beide Wege zusammengeführt und die Ergebnisse der Analyse in die Versenkungsübung mit hineingenommen werden. Schon dadurch nehmen die wandspruchartigen Leitsätze einen größeren Raum ein als die formelhaften Vorsatzbildungen des autogenen Trainings. Viel-

leicht ist dies auch ein Grund, weshalb nach dem generalisierten Schwere- und Wärmeerlebnis und der darauf erfolgenden Einstellung auf den wandspruchartigen Leitsatz sich das Hypnoid ebenso vertieft wie bei der Konzentration der Viszeralübungen.

5. In der ärztlichen Tätigkeit ist schließlich noch folgender *Unterschied* von praktischer Wichtigkeit: Bei der Behandlung psychosomatischer Erkrankungen, speziell des Respirations- und Kreislaufsystems, kommt es nach der entsprechenden Organübung des autogenen Trainings nicht selten zu paradoxen Reaktionen, weshalb JORES sogar die Anwendung des Trainings für kontraindiziert ansieht. Uns hat sich deshalb vor einem die Regularisierung der gestörten Funktion anstrebenden Weiterüben eine spezielle Indifferenzhaltung der gestörten Organfunktion gegenüber als besonders angebracht empfohlen. Neuerdings empfiehlt SCHULTZ beim autogenen Training eine Umstellung der einzelnen Viszeralübungen bei gestörten Organfunktionen, wobei diese erst zuletzt eintrainiert werden sollen.

Zieht man das Fazit aus diesem Vergleich, so sind die Unterschiede geringfügig gegenüber den Gemeinsamkeiten, so daß es häufig der persönlichen Eigenart des einzelnen Arztes überlassen bleibt, ob er der einen oder der anderen Form dieser aktiven Autohypnose sich zuneigen möchte. Das zentrale Anliegen beider Verfahren ist es jedenfalls, den Patienten zu einer selbsttätigen, d. h. autogenen Übung und damit zu einer über längere Zeit hingehenden Selbstversenkung anzuregen.

*

Die dann nachfolgenden Arbeiten sind aus einem vor kurzem erschienenen Sammelband herausgesucht worden, weil sie die modernen Bemühungen aufzeigen, den bisher nur schwer faßbaren Vorgang der „organismischen Umschaltung“ nach SCHULTZ, bzw. den der „psychobiologic shift to a trophotropic state“ (LUTHE) zu objektivieren.

DAS VERHALTEN DES ELEKTROENCEPHALOGRAMMS WÄHREND DES AUTOGENEN TRAININGS[1]

Von A. und K. Jus

In den polygraphischen Studien über das autogene Training konzentrierte sich unsere Aufmerksamkeit auf die gleichzeitig aufgezeichneten physiologischen Vorgänge. Die Reihenuntersuchungen ermöglichten es uns, die Entwicklung dieser Vorgänge während der verschiedenen Stadien des autogenen Trainings zu studieren und die Werte zu vergleichen, die sich auf kurzfristig und langfristig Trainierende bezogen (3, 6, 7, 11). Wir fingen mit einem eingehenden Studium jeder der aufgezeichneten Vorgänge an, d. h. des Elektroencephalogramms (EEG), des Elektrokardiogramms (EKG), des Pneumogramms (PG) und des Elektrodermatogramms (EDG). Einige Beziehungen zwischen EEG, EKG, PG und EDG während verschiedener Stadien des autogenen Trainings wurden aufgezeichnet und ausgewertet.

In dieser Abhandlung soll über EEG-Befunde berichtet werden. Unsere Untersuchungen sind an 15 normalen Erwachsenen im Alter von 25—36 Jahren durchgeführt worden. Jede Versuchsperson wurde mindestens 8mal geprüft, die Mehrzahl von ihnen 12—16mal im Laufe des autogenen Trainings durch mehrere Monate hindurch. Die klassische Technik des autogenen Trainings von Schultz wurde in jedem Falle angewandt.

Folgende Probleme sollen hier diskutiert werden:

a) Beziehungen zwischen dem Ruhe-EEG und elektroencephalographischen Änderungen während des autogenen Trainings;
b) Beziehungen zwischen elektroencephalographischen Veränderungen und der Länge der vorangegangenen Trainingszeit;

[1] The Structure and Reactivity of the Electroencephalogram during Autogenic Training. In: Autogenes Training — Autogenic Training — Le Training Autogène. Correlationes Psychosomaticae. Herausgegeben von Wolfgang Luthe. Stuttgart, Georg Thieme Verlag 1965, S. 12—14; aus dem Englischen übersetzt von D. Langen.

c) Das Verhalten des Elektroencephalogramms während des autogenen Trainings im Vergleich zum normalen Ruhe-EEG;

d) Beziehungen zwischen elektroencephalographischen Veränderungen während des autogenen Trainings und Änderungen, die während des hypnotischen Zustandes oder des Schlafes zur Beobachtung kommen; und

e) Beziehungen zwischen den während des autogenen Trainings auftretenden „paroxysmalen Befunden" und entsprechenden Erscheinungen bei Epileptikern.

a) Wir fanden zwei Hauptformen des Kurvenbildes des EEG (5), die die Beobachtung von Rohmer und Israel (1957, 1958) bestätigen. Bei Versuchspersonen mit ausgeprägtem Alpha-Rhythmus im EEG wurde der regelmäßige Alpha-Rhythmus mit verhältnismäßig gleichmäßiger Spannung von einem Alpha-Rhythmus mit wechselnder, d. h. bedeutend zunehmender Spannung gefolgt. Danach erfolgt eine Periode von wechselnden (fractioned) Alpha- und wahllosen Teta-Wellen, zuerst in den vorderen Hirnpartien und später generalisiert, aber immer auf einem Hintergrund von Alpha-Wellen. Das war für einige Versuchspersonen das letzte Stadium der Entwicklung. Das Stadium von Spindel- und K-Komplexen dagegen zeigten nur einzelne Versuchspersonen. Beim Auftreten von Teta-Wellen teilte der Übende gewöhnlich, aber nicht immer, ein Schweregefühl mit. Im Stadium der generalisierten Teta-Wellen wurden Wärmeerlebnisse mitgeteilt.

Bei Versuchspersonen mit vorherrschenden Beta-Wellen und schwacher Alpha-Wellen-Produktion verlief die Kurve zuerst durch ein Stadium von langsam wachsender Häufung der Alpha-Aktivität. Dann folgte der Kurvenabschnitt, der oben für den Abschnitt der allgemeinen Teta-Aktivität beschrieben wurde (1, 2, 3, 4, 5, 6, 7).

Es gab einen Unterschied zwischen dem EEG bei Versuchspersonen mit ruhender Beta-Aktivität und solchen mit einem reichlichen Alpha-Rhythmus. Die Entwicklung war im ersten Fall langsam, im zweiten Fall schneller. Die beschränkte Zahl der Beobachtungen erlaubte es uns jedoch nicht, endgültige Feststellungen zu treffen. Eine andere Beobachtung war die: Bei Versuchspersonen mit schwachem Alpha-Rhythmus hörte die Entwicklung im EEG im Stadium der verallgemeinerten Teta-Aktivität auf. Bei unseren Versuchen erreichten diese Versuchspersonen nie das Stadium des K-Komplexes und der Spindel-Akivität. Versuchspersonen mit reichlichem Alpha-Rhythmus erreichten dieses Stadium in einigen Fällen, in anderen Fällen das letzte Stadium der Kuve, nämlich das einer generalisierten Teta-Aktivität. Auch hier erlaubte die beschränkte Zahl der Beobachtungen noch nicht, endgültige Schlußfolgerungen zu ziehen.

b) Bei allen Längsschnittuntersuchungen war zu finden, daß die EEG-Stadien immer schneller auftreten, die kennzeichnend für das Gefühl der Schwere und Wärme sind.

Wenn wir das Verhalten der Übenden und die Entwicklung des EEG-Bildes als eine durch die Umwelt und andere Reizmittel hervorgerufene Antwort in der experimentellen Situation des autogenen Trainings verstehen, so ist die Beschleunigung dieser Antwort eine Veränderung, wie sie im Verlauf von Experimenten mit erlernten Reaktionen [auch „bedingte Reflexe“ genannt (der Übersetzer)] beobachtet werden kann. Die klinischen Beobachtungen verschiedener Autoren unterstützen diese Feststellungen über den Unterschied der Reaktionen bei kurz und lang trainierenden Teilnehmern (1, 3, 11).

c) Die Untersuchungen wurden hauptsächlich über das Auftreten langsamer Wellen beim EEG durchgeführt. Schon durch die Untersuchungen wurde die Entwicklung des autogenen Zustandes selbst beeinträchtigt, auch dann, wenn die Versuche äußerst zurückhaltend durchgeführt wurden, um mögliche Veränderungen im Zustand des Bewußtseins zu erfassen. Die beobachteten Reaktionen auf dem Hintergrund langsamer Wellen aber waren niemals vom Alpha-Typ, sondern entsprachen mehr den aufsteigenden Weck-Reaktionen (arousal reaction) im ersten Stadium des Schlafes. Der Reiz provozierte die Alpha-Aktivität auf dem Hintergrund langsamer Wellen oder in einigen Fällen die von Spindel- oder K-Komplexen. Weck-Reaktionen wurden auch beobachtet, als die Versuchspersonen, entsprechend der vorher gegebenen Instruktion, mit einer leichten Fingerbewegung das Gefühl der Schwere oder Wärme anzeigten. Das war eine Reaktion sowohl auf propriozeptive Reize als auch auf das zweite Signalsystem nach Pawlow, das im Bewußtsein der Versuchsperson deutlich wurde, obwohl unmittelbar vor der motorischen Zeigereaktion nichts gesagt wurde.

d) Obwohl die EEG-Kurven während des autogenen Trainings stark dem Zustand der Schläfrigkeit oder dem des ersten Stadiums des normalen Einschlafens ähnelten, berichteten die Kursteilnehmer, daß sie nicht schliefen. Das Festhalten an der passiven Konzentration während der Übung war hier eine Bedingung für den schläfrigen Zustand. Bei Annahme eines „Wach-Schlaf-Kontinuums" gibt es offenbar ein charakteristisches Stadium, das am zweckmäßigsten als „autogener Zustand" („autogenic state") bezeichnet wird und von Geissmann, Jus und Luthe beschrieben wurde. Die Gefahr, „hinüberzugleiten" auf das andere Ende der Reihe, d. h. zu schlafen, ist in allen solchen Zuständen vorhanden, wo keine passive Konzentration auf die Formeln des autogenen Trainings aufrechterhalten wird. Die passive Konzentration ist gleichzeitig ein Schutz gegen das Hinübergleiten in den „wachen" Zustand, gekennzeichnet durch das EEG-Bild des Wachseins. Dieses „Hinübergleiten" in einen schläfrigen oder unterwachen Zustand kommt viel häufiger bei kurzfristig als bei langfristig Trainierten vor. Diese sind somit besser in der Lage, den „autogenen Zustand" länger aufrechtzuerhalten.

Es gibt einen bestimmten Unterschied zwischen dem Elektroencephalogramm während des autogenen Trainings und dem während der Hypnose. In der Hypnose haben wir keine Entwicklung des Elektroencephalogramms in Richtung einer allgemeinen Teta-Aktivität oder Spindel- oder K-Komplexe beobachtet.

e) Pathologische EEG-Kurven wurden bei unseren Versuchspersonen nicht beobachtet. Die Möglichkeit einer Beziehung zwischen Befunden bei den verschiedenen Formen der Epilepsie, bei autogenen Entladungen (8) und autogenen Abreaktionen wurde von Luthe und seinen Kollegen studiert (3, 8, 9, 10, 11). Das beruht auf der Beobachtung von paroxysmal auftretenden Teta-Wellen („teta bursts") im hinteren Temporalpol.

Zusammenfassung

In zusammengefaßter Form berichten die Autoren über Ergebnisse elektroenzephalographischer Untersuchungen an 15 normalen Vpn. Es wird auf folgende Punkte eingegangen: (a) Beziehungen zwischen dem Ruhe-EEG und elektroenzephalographischen Änderungen während des autogenen Trainings, (b) Beziehungen zwischen elektroenzephalographischen Veränderungen und der Länge der vorangegangenen Trainingszeit, (c) die Reaktivität des EEG während des autogenen Trainings im Vergleich zur Reaktivität im normalen Ruhe-EEG, (d) Beziehungen zwischen elektroenzephalographischen Veränderungen während des autogenen Trainings und Änderungen, die während des hypnotischen oder physiologischen Schlafes zur Beobachtung kommen, und (c) Beziehungen zwischen den während des autogenen Trainings auftretenden „paroxysmalen ‚bursts'" und entsprechenden Erscheinungen bei Epileptikern.

Literatur

(1) Geissmann, P.: Recherches physiologiques concernant le Training Autogène. Cah. Psychiat. 16/17 (1962), 217.

(2) Geissmann, P., C. Noel: Electroencephalographic study with frequency analysis and polygraphy of Autogenic Training. Proceedings of the Third World Congress of Psychiatry, Montreal 1961. Vol. III. University of Toronto Press, Toronto 1963.

(3) Geissmann, P., A. Jus, W. Luthe: Neurophysiologic and psychophysiologic aspects of the autogenic state. Proceedings of the Third World Congress of Psychiatry, Montreal 1961. University of Toronto Press, Toronto 1963, Vol. III.

(4) Heimann, H., T. Spoerri: Elektroencephalographische Untersuchungen an Hypnotisierten. Mschr. Psychiat. Neurol., 4 (1953), 261.

(5) Israel, L., F. Rohmer: Variations électroencéphalographiques au cours de la relaxation autogène et hypnotique. In: La relaxation. Ed. par P. Aboulker, L. Chertok, M. Sapir. Expansion Scientif. Francaise 1958 p. 88.

(6) Jus, A., K. Jus: Etude polygraphique de la relaxation. Rev. Méd. psychosom., 2 (1960), 179.

(7) Jus, A., K. Jus: Polygraphic study of Autogenic Training. Proceedings of the Third World Congress of Psychiatry, Montreal 1961. Vol. III. University of Toronto Press, Toronto 1963.
(8) Luthe, W.: The clinical significance of various forms of autogenic abreaction. Proceedings of the Third World Congress of Psychiatry, Montreal 1961. Vol. III. University of Toronto Press, Toronto 1963.
(9) Luthe, W.: The psychophysiologic and clinical significance of Autogenic Discharges and various forms of Autogenic Abreactions. Jap. J. Hypn., 7 (1962), 3.
(10) Luthe, W.: Signification clinique de diverses formes d'abréactions autogènes. Rev. Méd. psychosom., 4 (1962), 311.
(11) Luthe, W., A. Jus, P. Geissmann: Autogenic State and Autogenic Shift: Psychophysiologic and Neurophysiologic Aspects. Acta psychother. Basel., 11 (1963), 1.
(12) Schultz, J. H., W. Luthe: Autogenic Training. A. Psychophysiologic Approach in Psychotherapy. Grune & Stratton, New York 1959.

*

ZUR FREQUENZANALYSE DES ELEKTROENCEPHALOGRAMMS VON VERSUCHSPERSONEN WÄHREND DES AUTOGENEN TRAININGS[1]

Von P. Geissmann

Einleitung

Im Rahmen von Untersuchungen, die in der Psychiatrischen Klinik in Straßburg (Prof. Kammerer) und im Laboratorium für Elektroencephalographie (Prof. Rohmer) der Neurologi-

[1] Étude de l'analyse des fréquences de l'électroencéphalogramme des sujets sous Training Autogène. In: Autogenes Training — Autogenic Training — Le Training Autogène. Correlationes Psychosomaticae. Herausgegeben von Wolfgang Luthe. Stuttgart, Georg Thieme Verlag 1965, S. 15—17; aus dem Französischen übersetzt von Mireille Nicklaus-Dubucq.

schen Klinik in Straßburg (Prof. THIEBAUT) (2, 3, 4) durchgeführt wurden, wurden wir veranlaßt, die elektroencephalographischen Kurven von Versuchspersonen zu studieren, die das autogene Training anwenden. Diese Kurven wurden einer automatischen Frequenzanalyse unter Verwendung eines automatischen Frequenzanalysators vom Typ Lysograph (ALVAR) unterzogen. Die bei dieser Analyse gesammelten Informationen wurden entweder durch eine Kurve oder automatisch in der Form einer optischen kathodischen Integration nach der Spectrovarmethode erarbeitet.

Die Untersuchungen wurden an 20 Personen vorgenommen, alles Ärzte oder Psychotherapeuten, die das autogene Training nach SCHULTZ trainierten und in der allgemeinen Praxis anwenden. Hier werden die durch das Standardelektroencephalogramm erzielten Ergebnisse nicht behandelt.

Ergebnisse

Die Ergebnisse der Frequenzanalyse sind folgende:

1. Es gibt normalerweise bei den Versuchspersonen, die wir sonst untersucht haben, langsame Schwankungen der Alpha-Frequenz, die Spindeln von 10 bis 20 Sekunden bilden. Diese Spindeln sind selbstverständlich eine besondere, durch den Lysographen deutlich gewordene Erscheinung. Sie entsprechen nicht dem, was man üblicherweise als Alpha-Spindeln bezeichnet.

Während der Entspannungsübungen und etwa eine Minute nach ihrer Beendigung verzeichnet man eine beträchtliche Verlängerung dieser Spindeln (Abb. 1) bis zu 30, 40 oder sogar 60 Sekunden. Dieses Experiment führte uns zu der Annahme, daß die Spindeln kein Artefact sind. Von der Entspannung aus gesehen, deuten sie auf eine Herabsetzung der Zerstreubarkeit im autogenen Training.

2. Gleich am Anfang der Ruhepause macht die Analyse eine Verschiebung der Alpha-Hauptfrequenz erkennbar (Abb. 1). In den meisten Fällen nimmt diese Hauptfrequenz um eine Einheit zu, manchmal nimmt sie erst ab und dann gegen Ende der Übung

wieder zu. Wenn, wie in den meisten Fällen, die Alpha-Hauptaktivität der Versuchspersonen nicht streng monorhythmisch ist, sondern aus zwei oder mehreren Frequenzen besteht, erlebt man eine Zusammenballung („Condensation") (Abb. 2) der Frequenzen, so daß die Kurve monorhythmisch wird.

3. Man verzeichnet eine Zunahme der Hauptfrequenzmenge während der Übung, ob sie nun zu- oder abgenommen hat, im Vergleich zu ihrem vorherigen Verlauf.

Diskussion der Ergebnisse

1. Die Zunahme der Hauptfrequenz der Alpha-Frequenz erfolgt trotz einer scheinbaren Abflachung der Standardkurve. Wenn diese Verflachung nun einer desynchronisierten Aktivität entspräche, hätte man im Gegenteil mit einer Abnahme der Alpha-Aktivität mit gleichzeitiger Erhöhung des Prozentsatzes der schnellen Frequenzen rechnen müssen. Da diese Erscheinung nicht eintritt, darf man annehmen, daß es sich während des autogenen Trainings nicht um eine desynchronisierte Aktivität, sondern um eine für die Übung charakteristische Erscheinung handelt.

2. Die Alpha-Frequenzen verschieben sich meistens zu höheren Frequenzen. Selbst wenn diese Verschiebung einige Minuten lang abwärts tendiert, verlassen wir nie den Alpha-Bereich. In keinem Augenblick wurde auf den Kurven eine langsamere Subalpha- oder sogar Theta-Tätigkeit festgestellt. Diese Beobachtungen rechtfertigen unsere Annahme, daß es sich bei dem autogenen Training nicht — wie manchmal behauptet wurde — um Schläfrigkeitszustände handelt. Im Gegenteil kann man die Verschiebung zu Frequenzen, die höher liegen als die Alpha-Hauptfrequenz, mit Beobachtungen vergleichen, die Das und Gestaut (1) über die schnellen Rhythmen bei Versuchspersonen in einem Zustand von Yoga-Trance gemacht haben. Diese Ergebnisse erlauben die Annahme, daß die autogene Versenkung mehr Ähnlichkeit mit einem Zustand der Ekstase als mit dem der Schläfrigkeit hat.

Die Frequenzanalyse des Elektroencephalogramms von Versuchspersonen im Zustand der Entspannung durch das autogene

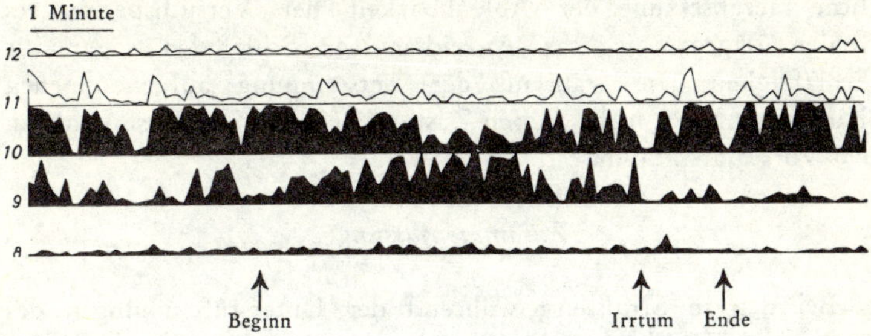

Abb. 1. Kurve einer normalen 30jährigen Versuchsperson während einer 10 Minuten dauernden Standardentspannungsübung des autogenen Trainings. Man beachte die Verschiebung der Frequenzen auf 9 c/s, dann 10 c/s, sowie die Erweiterung der Spindeln.

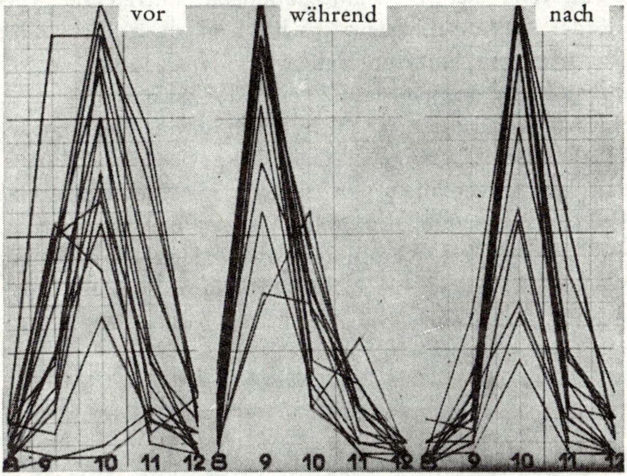

Abb. 2. Kurve einer normalen 30jährigen Versuchsperson zwei Minuten vor, während und nach der Standardentspannung des autogenen Trainings. Zusammenballung der Alpha-Frequenz auf 9 c/s, dann 10 c/s.

Training ermöglicht es, die durch die EEG-Standardkurven erhaltenen Ergebnisse zu präzisieren. Die Kurven zeigen eine beträchtliche Herabsetzung der Ablenkbarkeit der Versuchsperson, es fehlen dagegen jegliche Anzeichen für Schlaf, ja sogar für Schläfrigkeit. Die während der Entspannung aufgenommenen Kurven erinnern mehr an den Zustand bei einer Art Ekstase als an ein Vorschlafstadium.

Zusammenfassung

Bei den in Straßburg während der Unterstufenübungen des autogenen Trainings an 20 Vpn. durchgeführten elektroencephalographischen Untersuchungen wurden Frequenzanalysen mit Hilfe eines automatischen Frequenzanalysators vorgenommen. Hierbei wurden folgende Ergebnisse gewonnen:

a) eine beträchtliche Verlängerung langsamer Spindeln der α-Aktivität;
b) eine während der Unterstufenübungen eintretende Verschiebung der α-Hauptfrequenz nach oben, d. h. Erhöhung der α-Hauptfrequenz um eine Einheit.

Die Ergebnisse weisen darauf hin, daß sich die Änderungen weder aus desynchronisierter Aktivität noch aus Phänomenen des Vor-Schlafstadiums zusammensetzen. Die gewonnenen Kurven zeigen, daß bei Abwesenheit von Schlaf oder Somnolenz eine beträchtliche Herabsetzung der Ablenkbarkeit der Vp. eintritt. Die während des autogenen Trainings gewonnenen Hirnstromkurven weisen eher auf einen besonderen Versenkungszustand als auf einen Schlafzustand hin.

Literatur

(1) Das, N. N., H. Gastaut: Variations de l'activité électrique du cerveau, du cœur et des muscles squelettiques au cours de la méditation et de l'extase yogique. Conditionnement et réactivité en E.E.G. Masson 1957, p. 211.

(2) Geissmann, P.: La relaxation, recherches électro-encéphalographiques. Rev. Méd. psychosom., 4 (1962) 1.

(3) ISRAEL, L., F. ROHMER, P. GEISSMANN: Variations E.E.G. au cours de la relaxation autogène et de l'hypnose. La Relaxation. Expansion Scientifique Française. IIIème Edit.
(4) ROHMER, F., L. ISRAEL: L'E.E.G. dans le Training Autogène. Rev. neurol., 96 (1957), 559.

*

ZUM ELEKTROENCEPHALOGRAMM VON VERSUCHSPERSONEN WÄHREND DES AUTOGENEN TRAININGS[1]

Von P. GEISSMANN

Zahlreiche Laboratorien haben Gelegenheit gehabt, die EEG-Aktivität von Versuchspersonen während der Ausübung der Standardübungen des autogenen Trainings zu studieren. Die dabei festgestellte *Unterschiedlichkeit der gewonnenen Ergebnisse* ist unserer Meinung nach durch verschiedene Faktoren bedingt:

1. Die Methode der Entspannung scheint nirgends dieselbe gewesen zu sein — nicht einmal im Rahmen des autogenen Trainings nach SCHULTZ. Einmal erfolgt eine einfache passive Konzentration auf die Schwere oder die Anwendung der beiden ersten Standardübungen oder der sechs Übungen der Unterstufe. Oder es wird eine Konzentration auf eine formelhafte Vorsatzbildung oder eine mehr oder weniger verbale Formulierung, wie den Wunsch zu schlafen, geübt.

2. Die Versuchsleiter sind in verschiedenem Grad bei den Entspannungen aktiv gewesen oder selbst ganz passiv geblieben.

3. Die Versuchspersonen waren gesund, oder sie waren Neurotiker (sogar Epileptiker). Ferner schwankten die Trainingszeiten

[1] Étude de l'électroencéphalogramme des sujets sous Training Autogène. In: Autogenes Training. Autogenic Training. Le Training Autogène. Correlationes Psychosomaticae. Hrsg. von WOLFGANG LUTHE. Stuttgart, G. Thieme 1965, S. 18—21; aus dem Französischen übersetzt von Mireille Nicklaus-Dubucq.

bei den einzelnen Untersuchern. Einzelne Versuchspersonen hatten weniger als drei, andere mehr als 6 Monate trainiert.

4. Die Geräte und die Umgebung waren verschieden und begünstigten mehr oder weniger die Abschaltung.

Ergebnisse

Nach diesen Einschränkungen wollen wir nun zuerst Autoren zitieren, welche keine EEG-Veränderungen feststellen konnten, wie HEIMANN und SPOERRI (6).

Andere Autoren, so z. B. FRANEK und THREN (3), entdeckten Veränderungen in der Frontalregion. Die Anfangsphasen der passiven Konzentration erzeugten eine Blockierung der Alpha-Wellen, die durch schnelle Rhythmen ersetzt worden sind. Nach einer oder 2 Minuten passiver Konzentration und gleichzeitig mit der Wärmerealisierung erschienen die Alpha-Wellen wieder und wurden langsam vorherrschend. Die Autoren verzeichneten auch eine beträchtliche Zunahme der Amplituden der Alpha-Wellen, die bis zu 80 Mikrovolt erreichen können.

MICHAUX, LELORD, LAUZEL und WINTREBERT (14), die beim Kind die Entspannung durch passive Bewegungen studierten, schilderten eine klare Synchronisation der Kurven. Sie beschreiben im Laufe der Untersuchung Zeichen, die bei der ersten Schlafstufe, die abwechselnd auf der wahlweise von der Entspannung betroffenen Gegend überwiegen.

HIRAI (7) beschrieb im Verlauf der Zen-Meditation EEG-Veränderungen während der konzentrativen Entspannung und beobachtete eine Verlangsamung der Alpha-Wellen mit einer Verschiebung zu den Theta-Frequenzen.

DELAY, BURGER und VERDEAUX (1) schilderten im autogenen Training ebenfalls Vorschlafbilder als Folge der Übung. Ihre Arbeit stützte sich auf „die hypnagogische Phase, wo das Bewußtsein seine Wachsamkeit langsam verliert und die Bilder, die dem Schlaf vorausgehen, passiv und automatisch werden“. Sie wiesen auf die Objektivität des Vorschlafzustandes hin, der durch eine vorsatzmäßig auf den Schlaf abzielende Formulierung erreicht wurde.

Dongier und Barolin (2) haben bei epileptischen Kindern eine elektroenzephalographische Verschlechterung verzeichnet, die allem Anschein nach auf das autogene Training zurückzuführen ist.

A. Jus und K. Jus (11, 12) entdeckten bei 12 normalen Versuchspersonen, die mit der Schultzschen Methode seit mehr sel vom Alpha- zum geteilten Alpha-Rhythmus, dann frontale Theta-Wellen vermischt mit einem Alpha-Rhythmus. Dann wechseln Alpha- und Theta-Wellen noch stärker, um am Ende jedesmal zum Stadium der Spindeln und der K-Komplexe zu gelangen. Die Autoren stellten außerdem fest, daß im Stadium der frontalen Theta-Wellen die Versuchsperson das Zeichen der Schwere, im generalisierten Theta-Stadium dagegen die Zeichen der Wärmerealisierung erlebten. Dieselben Autoren weisen ferner auf eine beträchtliche Schwächung des psychogalvanischen Reflexes während der Standardübungen hin. Gleichzeitig reagierten die Versuchspersonen nicht mehr auf gleichgültige Stimuli, blieben aber doch für differente Stimuli empfänglich.

Rohmer und Israel (9, 15), dann Israel, Rohmer und Geissmann (10) studierten das EEG von 24 normalen Versuchspersonen, die mit der Schultzschen Methode seit mehr als 6 Monaten vertraut waren, während der 6 Standardübungen des autogenen Trainings. Die Ruhekurven waren alle normal. Einige flache und desynchronisierte Kurven deuten auf ein Auftreten des Alpha-Rhythmus während der Entspannung sowie nach der Übung hin. Die Desynchronisation erfolgt im allgemeinen gleich bei der ersten Übung. Von dem Augenblick an, bei dem die Alpha-Wellen wieder in Erscheinung treten, werden bei allen Versuchspersonen die Befunde wieder ähnlich. Man registrierte 2 verschiedene Typen von Veränderungen im Verlauf der Übungen:

1. Wenn die Versuchspersonen gut entspannt zu sein scheinen, was hauptsächlich der Fall ist während der generalisierten Wärmeübungen und der des Plexus solaris, verzeichnet man eine Amplituden-Verringerung der Alpha-Aktivität, die vollkommen zu verschwinden scheint. Es handelt sich nicht um eine desynchronisierte Aktivität, da die Alpha-Wellen nur langsam verschwinden und durch eine Oscillation von Theta-Wellen um die Basislinie herum

(oscillations thêta de la ligne de base) ersetzt werden. Bei gut trainierten Versuchspersonen braucht diese Art der Veränderung 10 Sekunden bis zu einer Minute.

2. Es erscheinen auf den Kurven ebenso in den Zeiten scheinbarer elektrischer Ruhe wie auch in denen, während der die Alpha-Wellen deutlich werden, paroxysmale und etwas überspannte Kurvenelemente von kurzer Dauer (1/2 bis 1 Sekunde); ihre Art ist je nach der Versuchsperson verschieden, bei einer und derselben Person bleibt sie aber konstant. Diese Veränderungen sind vor allem in den parieto-temporalen Regionen deutlich. Diese Beobachtungen wurden durch EEG-Frequenzanalysen (4, 8) nachträglich ergänzt.

Diskussion der Ergebnisse

Die von A. Jus und K. Jus geschilderten Veränderungen bei Versuchspersonen, die die Entspannung weniger als drei Monate geübt haben, gleichen nach der Auslegung dieser Autoren physiologisch dem Vorschlaf (Schlummer). Dies entspricht einem Hemmungszustand, der, sich selbst überlassen, in einen Schlafzustand übergehen kann. Gewisse EEG-Kurven hatten Rohmer und Israel bereits 1957 zu dieser Hypothese geführt. Das plötzliche Auftreten generalisierter Theta-Wellen oder ein K-Komplex, bzw. das Sichtbarwerden von Schlafspindeln, spricht für ein Schlummerstadium. Es wird herbeigeführt durch die Stimmung, die Übung des Trainings oder auch durch gewisse Abwehrhaltungen: Der Schlaf wird als Mechanismus der Verteidigung; die Versuchsperson flüchtet in ihn, um sich nicht der für das Training charakteristischen Passivität hinzugeben. Nach der Übung durchgeführte Explorationen von Versuchspersonen, die derartige typische Kurven geboten hatten, zeigten deutlich das Vorhandensein eines Schlummerzustandes, der nichts mit der Umschaltung des autogenen Trainings zu tun hatte. Das generalisierte Auftreten von Theta-Wellen muß unterschieden werden von einer Abflachung der Basislinie, bei der nur einzelne Theta-Wellen auftreten, die wir bei exakt durchgeführten Entspannungen beobachtet haben.

Wie wir bereits hervorgehoben haben, entsprechen diese Interpretationen denen von Delay, Verdeaux und Burger, die gerade diesen Schlummerzustand untersuchten.

Übrig bleibt noch das Verständnis für die Bedeutung der von Israel, Rohmer und Geissmann festgestellten Veränderungen. Die Abflachung der Kurve durch Anfälle und das Auftreten von kurzen anfallsartigen temporalen Theta-Wellen rufen eine funktionelle Veränderung der cerebralen Aktivität hervor. Diese stimmt überein mit Befunden beim autogenen Training, so z. B. mit den „autogenen Entladungen“ von Luthe. (Vgl. die neurophysiologischen Hypothesen, die in der entsprechenden Arbeit. von Luthe und den bereits erschienenen Artikeln 5 und 13 aufgeworfen sind.)

Setzt man diese EEG-Befunde mit den sichtbaren funktionellen Veränderungen der Temporalgegend in Beziehung zu den EEG-Befunden bei Neurotikern und Hysterikern, so stellt man fest: Diese Kranken zeigen oft schon spontan die elektroencephalographischen Befunde, wie man sie bei anderen während des autogenen Trainings sieht. Gegenwärtig ist es aber noch nicht möglich, anhand der encephalographischen Angaben darüber hinausgehende Schlüsse über neurophysiologische Vorgänge zu ziehen. Somit kann durch den gegenwärtigen Stand der wissenschaftlichen Befunde lediglich gesagt werden, daß auch encephalographisch etwas geschieht. Weitere Untersuchungen sind im Gange.

Festhalten aber kann man, daß während der Übung des autogenen Trainings etwas geschieht, das sich cerebral nachweisen läßt. Die Phänomene sind physiologisch, umkehrbar, nicht pathologisch und können von jedem hervorgebracht werden. Die erlebten Zustände während des autogenen Trainings sind keine Einbildungen, sondern beruhen auf Änderung der Hirnfunktion, die bei der Übung auftritt.

Zusammenfassung

Im Mittelpunkt dieses Beitrages steht eine Gegenüberstellung verschiedener während des Schultzschen autogenen Trainings durchgeführter elektroencephalographischer Untersuchungen.

Gewisse Untersuchungen wurden an Personen, die das autogene Training weniger als drei Monate geübt hatten, oder an Vpn, die auf vorsatzmäßigen Schlaf abzielende Formulierungen benutzten, durchgeführt. Bei diesbezüglichen Untersuchungen wurden Schlaf- oder Somnolenzzustände objektiviert.

Die Ergebnisse anderer Untersuchungen zeigten funktionelle Veränderungen in den Hirnstromkurven, die mehr spezifischer Art waren.

Im Zusammenhang mit entsprechenden Befunden bei gewissen Neurosen mögen diese elektroencephalographischen Befunde als Ausgangsbasis zur Formulierung neurophysiologischer Hypothesen hinsichtlich der durch das autogene Training bedingten Hirnfunktionsänderungen dienen.

Literatur

(1) Delay, J., A. J. Burger, G. Verdeaux, J. Verdeaux: L'endormissement dans le training autogène. Son contrôle polygraphique. Soc. d'E.E.G. de Langue Française, décembre 1961. Rev. neurol.

(2) Dongier et Barolin: Communication personnelle.

(3) Franek, B., R. Thren: Hirnelektrische Befunde bei gestuften aktiven Hypnoseübungen. Arch. Psychiat. Nervenkr., 181 (1950), 360.

(4) Geissmann, P., C. Noel: Electroencephalographic study with frequency analysis and polygraphy of autogenic training. Proc. IIIrd World Congr. of Psychiatry, Montréal 1961. Vol. III, 468 University of Toronto Press, Toronto 1963.

(5) Geissmann, P., A. Jus, W. Luthe: Neurophysiologic and psychophysiologic aspects of the autogenic state. Proc. IIIrd World Congr. of Psychiatry, Montréal 1961. Vol. III, 464, University of Toronto Press, Toronto 1963.

(6) Heimann, H., T. Spoerri: E.E.G. Untersuchungen an Hypnotisierten. Mschr. Psychiat. Neurol., 4 (1953), 261.

(7) Hirai, T.: An E.E.G. study of the Zen meditation. E.E.G. changes during concentrated relaxation. Psychiat. Neurol. jap., 62 (1960), 76.

(8) Israel, L., P. Geissmann, C. Noel: Modifications des rythmes E.E.G. au cours de la relaxation, observées à l'analyse de fréquence. Ier Congrès de Médecine Psychosomatique. Vittel 1960. Rev. Méd. psychosom., 2 (1960), 133.

(9) Israel, L., F. Rohmer: Variations E.E.G. au cours de la relaxation

autogène et hypnotique. In: La Relaxation. L'Expansion Scientifique Française, Paris 1958, p. 89.
(10) ISRAEL, L., F. ROHMER, P. GEISSMANN: Variations E.E.G. au cours de la relaxation autogène et de l'hypnose. In: La Relaxation. L'Expansion Scientifique Française, IIIème Edit., Paris 1964.
(11) JUS, A., C. JUS: Polygraphic study of autogenic training. Proc. IIIrd World Congr. of Psychiatry, Montréal 1961. Vol. III, 473. University of Toronto Press, Toronto 1963.
(12) JUS, A., C. JUS: Etude polygraphique de la relaxation. Ier Congrès de Médecine Psychosomatique. Vittel 1960. Rev. Méd. psychosom., 2 (1960), 179.
(13) LUTHE, W., A. JUS, P. GEISSMANN: Autogenic State and Autogenic Shift: Psychophysiologic and Neurophysiologic Aspects. Acta psychother. (Basel). 11 (1963), 1.
(14) MICHAUX, L., G. LELORD, J. P. LAUZEL, H. WINTREBERT: La relaxation chez l'enfant par le mouvement passif. Etude E.E.G. Rev. Méd. psychosom. 3 (1961), 53.
(15) ROHMER, F., L. ISRAEL: L'E.E.G. dans le training autogène. Rev. neurol., 96 (1957), 559.

*

Der Abschluß dieser Zusammenstellung, die den „Weg des autogenen Trainings“ aufzeigt, soll aus dem Vorwort entnommen sein, das W. LUTHE als Herausgeber einer Beitragsammlung verfaßt hat, die unter dem Titel „Autogenes Training-Correlationes Psychosomaticae“ 1965 beim Verlag Georg Thieme in Stuttgart erschienen ist.

VORWORT ZU „AUTOGENES TRAINING“[1]

Von WOLFGANG LUTHE

Diese internationale Ausgabe ist JOHANNES HEINRICH SCHULTZ zum 80. Geburtstag gewidmet. Zum 20. Juni 1964 ging zugleich

[1] Autogenes Training — Autogenic Training — Le Training Autogène. Correlationes Psychosomaticae. Herausgegeben von WOLFGANG LUTHE. Stuttgart, Georg Thieme Verlag 1965, S. V.

mit den Glückwünschen der tief empfundene Dank vieler Ärzte und Patienten aus aller Welt nach Berlin.

Fünfzig Autoren haben in diesem Buch versucht, die für den gegenwärtigen Entwicklungsstand des autogenen Trainings charakteristischen Perspektiven in klinischer Anwendung, Forschung und Theorie der psychophysiologischen Methode aufzuzeigen.

J. H. Schultz hat das autogene Training von den ersten Phasen der empirisch begründeten klinischen Anwendung vor vier Jahrzehnten zu einer international anerkannten und wissenschaftlich gesicherten Methode der Psychotherapie entwickelt. Klinische und experimentelle Befunde sowie die aktive Mitarbeit unzähliger Patienten haben zu dieser Entwicklung beigetragen und dem Begründer der Methode wie dem autogenen Training selbst eine hervorragende Stellung im Rahmen der Medizin gesichert.

Die Richtigkeit und der therapeutische Wert der zunächst auf klinischer Beobachtung und therapeutischem Scharfsinn aufgebauten Einzelheiten der klassischen Form des autogenen Trainings hat sich im Laufe von 40 Jahren durch eindrucksvolle klinische Erfolge und verschiedene, in den letzten 15 Jahren durchgeführte experimentelle Untersuchungen der Methode immer wieder bestätigt.

Die in einigen Beiträgen zum Ausdruck kommenden Unterschiede in der Anwendung gewisser Modifizierungen der klassischen Form des autogenen Trainings sowie eine Reihe von Hypothesen bedürfen einer sorgfältigen klinischen und experimentellen Prüfung. Die für eine internationale Ausgabe charakteristischen Unterschiede der wissenschaftlich orientierten Gedankenführung und des methodischen Vorgehens mögen den kritischen Leser zu vielfältigen Betrachtungen anregen.

DEUTSCHSPRACHIGE BIBLIOGRAPHIE VON 1927 BIS 1964 ÜBER AUTOGENES TRAINING

Zusammengestellt von Godula Düsterbehn
unter Mithilfe von Bibliotheksrat Dr. H. Bode und D. Langen

1927

1. Schultz, J. H.: Über rationalisiertes autosuggestives Training (autogene Organübungen). (Bericht über d. 2. allg. ärztl. Kongr. f. Psychotherapie i. Dresden 1927, Leipzig, Hirzel 1927, S. 289—296.)

1928

2. Schultz, J. H.: Autogenes Training (Dtsch. med. Wschr. 54, 1928, S. 1200).

1929

3. Schultz, J. H.: Autogenes Training (Med. Welt 3, 1929, S. 1686 bis 1688).
4. Schultz, J. H.: Gehobene Aufgabenstufen im autogenen Training (Ber. 4. allg. ärztl. Kongr. Psychother. 1929, Leipzig, Hirzel 1929, S. 106—113).

1930

5. Schultz, J. H.: Über das autogene Training. Leipzig: Kabitzsch 1930, S. 319—338 (Würzburger Abhandlungen aus dem Gesamtgebiet der Medizin, 26).

1931

6. Schultz, J. H.: Autogenes Training (Bericht 6. allg. ärztl. Kongr. Psychother. 6, 1931, S. 114—118).

1932

7. Heun, E.: Autogenes Training (Biol. Heilkunst 13, 14, 1932, S. 525; 1933, S. 135—138, 567—569, 712—729).

8. Schultz, J. H.: Das autogene Training (Konzentrative Selbstentspannung). Versuche einer klinisch-praktischen Darstellung, Leipzig, Thieme, 1932.

9. Schultz, J. H.: Autogenes Training (Arch. Psychiatr. Nervenkr. 96, 1932, S. 288—294).

1933

10. Heun, E.: Autogenes Training (Physiatrie. Naturärztl. Rundschau 5, 1933, S. 162—168).

11. Heun, E.: Über das autogene Training (Fortschr. Med. 51, 1933, S. 526—535, 574—578, 626—632).

12. Heun, E.: Über das autogene Training (Z. ärztl. Fortb. 30, 1933, S. 574—578).

1934

13. Schultze-Niemann, M.: Kasuistik des autogenen Trainings (Dtsch. med. Wschr. 60, 1934, S. 1883).

1935

14. Schultz, J. H.: Übungsheft des autogenen Trainings, Leipzig, Thieme, 1935.

1936

15. Schultz, J. H.: Übung und Schulung als biologische Grundprinzipien der Psychotherapie (Z. Neurol. Psychiatr. 158, 1936, S. 384 bis 402).

1938

16. Heugel, D.: Autogenes Training als Erlebnis. Protokoll einer psychologischen Entwicklung, Leipzig, Hirzel, 1938 (Zentralblatt für Psychotherapie, Beiheft 2).

1939

17. Becker, H. W.: Schlußwort zum Thema „Autogenes Training" des Prof. J. H. Schultz (Psychiatr.-neurol. Wschr. 41, 1939, S. 412).

1940

18. Schultz, J. H.: Das autogene Training und seine Anwendung (Jahreskurse ärztl. Fortb. 31, Mai 1940, S. 17—21).

1947

19. Wegscheider, K.: Gruppenbehandlung mit dem autogenen Training (Bericht Kongr. Neurol. Psychiatr. Tübingen 1947; Tübingen, Alma Mater 1948, S. 27—32).

1949

20. Dorlöchter: Probleme bei der Behandlung kindlichen Bronchialasthmas mit autogenem Training (Mschr. Kinderheilk. 136, 1949, S. 187).
21. Dorlöchter: Probleme bei der Behandlung kindlichen Bronchialasthmas mit autogenem Training (Mschr. Kinderheilk. 97, 1949, S. 210—212).
22. Kühnel, G.: Verbindung von autogenem Training und Psychoanalyse (Nervenarzt 20, 1949, S. 77—81).
23. Trautwein, H.: Das autogene Training in der Behandlung des Asthma bronchiale (Ärztl. Forsch. 3, 1949, S. 489—492).

1950

24. Laberke, J. A.: Die vegetativen Neurosen und das autogene Training in der klinischen Medizin (Ther. Gegenw. 1950, S. 4—11). (Med. Klin. 45, 1950, S. 945—949, S. 982—986, S. 1012—1015.)
25. Schultz, J. H.: Das autogene Training in der Allgemeinpraxis (Med. Klinik 45, 1950, S. 1012—1015).
26. Schultz, J. H.: Das autogene Training (Wien. Z. prakt. Psychol. 2, 1950, S. 139).

1951

27. Betz, K.: Gruppentraining und Bilderleben (Z. Psychother. med. Psychol. 1, 1951, S. 71—76).
28. Kretschmer, W.: Die meditativen Verfahren in der Psychotherapie (Z. Psychother. med. Psychol. 1, 1951, S. 105—113).
29. Schultz, J. H.: Häufige Fehlerquellen bei Anwendung der Unterstufe des autogenen Trainings (Vorträge d. Lindauer Psychotherapiewoche 1, 1950, S. 171—178; Stuttgart, Hippokrates 1951).
30. Schultz, J. H.: Neue Literatur zum autogenen Training (Z. Psychother. med. Psychol. 1, 1951, S. 86—92).
31. Schultz, J. H.: Zum Problem der „Somatisierung" besonders in Hypnose und autogenem Training (Psychol. Rundschau 2, 1951, S. 204—212).

1952

32. Kleinsorge, H.: Gezieltes Gruppentraining (Ther. Gegenw. 1952, S. 44).
33. Siebenthal, W. v.: Eine vereinfachte Schwereübung des Schultzschen autogenen Trainings (Z. Psychother. med. Psychol. 2, 1952, S. 135—144).
34. Wegscheider, K.: Autogenes Training (Dtsch. med. J. 3, 1952, S. 403—404).
35. Zacharias, P.: Gebet und Entspannung. Hesychastische Mystik und autogenes Training (Weg zur Seele 4, 1952, S. 1—7).

1953

36. Altmann, H.: Autogenes Training bei einer Erkrankung an Keuchhusten (Z. Psychother. med. Psychol. 3, 1953, S. 74—75).
37. Fischer-Hoppenworth, G.: Das autogene Training in der Behandlung der Lungentuberkulose (Z. Psychother. med. Psychol. 3, 1953, S. 62—73).
38. Kröner, W.: Konzentrative Selbstentspannung. Das autogene Training von J. H. Schultz (Volksgesundheit 1953, S. 321—324).
39. Mies, H.: Untersuchungen über die „vegetative“ Umstimmung im Training (Acta neuroveg. 8, 1953, S. 149—157).
40. Schultz, J. H.: Autogene psychische Hygiene. In: M. Pfister-Ammende, Geistige Hygiene. Basel, Schwabe 1953.
41. Schultz, J. H.: Autogenes Training und Entbindung (Münch. med. Wschr. 95, 1953, S. 151).

1954

42. Korff, E.: Praktische Erfahrungen mit dem autogenen Training (Psychol. Hefte Siemens-Studiengesellsch. prakt. Psychol. 1954, Nr. 1, S. 10—11).
43. Kröner, W.: Die Oberstufe des autogenen Trainings (Volksgesundheit 1954, S. 196—198).
44. Thomas, K.: Die Bedeutung des autogenen Trainings für den Badearzt (Z. angew. Bäder-Klimaheilk. 1, 1954, S. 137—143).
45. Thomas, K.: Autogenes Training bei Blinden (Weg zur Seele 6, 1954, S. 170—174).

1955

46. Schultz, J. H.: Gesundheitsschädigungen nach Hypnose und auto-

genem Training (Vorträge 5. Lindauer Psychotherapiewoche 1954, S. 163—170; Stuttgart, Thieme 1955).

47. FRIEDEMANN, A.: Autogenes Training bei Blasenstörungen (Psychother. 1955, S. 58).
48. GLASER, H.: Badekur und autogenes Training (Arch. physik. Ther. 7, 1955, S. 187—189).
49. HILD, S.: Das autogene Training in der Hand des praktischen Arztes (Med. Mschr. 9, 1955, S. 164—166).
50. POLZIEN, P.: Die Änderung der Temperaturregulation bei der Gesamtumschaltung durch das autogene Training. Ein physikalischer Nachweis des hypnotischen Zustands (Z. ges. exper. Med. 125, 1955, S. 469—481).
51. POLZIEN, P.: Temperaturregulation beim autogenen Training (Dtsch. Ges. inn. Med. Kongr. 1955).
52. SCHULTZ, J. H.: Seelische Gesundheit und autogenes Training (Geistige Hyg. 1955, S. 447—456).
53. THOMAS, K.: Autogenes Training, Gebet und Meditation (Wege zum Menschen 7, 1955, S. 211—215).

1956

54. AHLBRECHT, W.: Autogenes Training und Psychoanalyse (Z. psychosom. Med. 2, 1956, S. 222).
55. AHLBRECHT, W.: Zur Anwendung des autogenen Trainings und der hypnotischen Behandlungsmethoden (Z. psychosom. Med. 2, 1956, S. 126—131).
56. BESELIN, O.: Warzenentfernung im autogenen Training (Psychotherapie H. 2, 1956, S. 114).
57. BINDER, H.: Autogenes Training bei Hirnversehrten (Psychother. 1, 1956, S. 212—215).
58. BURMEISTER, H.: Diagnose einer Pankreatitis durch frühzeitiges Erleben einer Headschen Zone im autogenen Training (Psychother. 1, 1956, S. 99—101).
59. FRIEDEMANN, A.: Das autogene Training bei Enuresis und seine Störung durch unangepaßtes Verhalten der Umgebung (Psychother. 1, 1956, S. 58—61).
60. JASTRAM, J.: Atembeobachtungen im autogenen Training (Psychother. 1, 1956, S. 181—182).
61. KENTER, H.: Erfahrungen mit dem autogenen Training in der Behandlung des Cor nervosum (Psychother. 1, 1956, S. 177 bis 179).

62. Kotowski, H.: Über die Veränderungen der eigenreflektorischen Erregbarkeit durch den Jendrassikschen Handgriff und die Schwereübung des autogenen Trainings nach J. H. Schultz. Diss. med. Freiburg i. B., 1956 (Mschr.).
63. Müller-Hegemann, D.: Einige Modifikationen des autogenen Trainings (Nervenarzt 27, 1956, S. 266—270).
64. Oles, M.: Autogenes Training bei Kindern und Jugendlichen (Psychiatr. Neurol. med. Psychol. 8, 1956, S. 76—78).
65. Prill, H. J.: Das autogene Training zur Geburtsschmerzerleichterung (Psychother. 1, 1956, S. 165—177).
66. Rohracker, H.: Mikrovibration bei psychischen Spannungen und Entspannungen (autogenes Training). (Wiener Z. Philosophie, Psychologie, Pädagogik 6, 1956, S. 62.)
67. Ruck, F.: Autogenes Gruppentraining in der Poliklinik (Psychiatr. Neurol. med. Psychol. 8, 1956, S. 38—44).
68. Scholz, W.: Über Erfahrungen mit autogenem Training bei Schizophrenen (Psychother. 1, 1956, S. 179—181).
69. Stokvis, B.: Die Bedeutung des autogenen Trainings für die psychosomatische Medizin (Psychother. 1, 1956, S. 48—53).
70. Stolze, H.: Das autogene Training und die psychische Funktion der Organe (Psychother. 1, 1956, S. 102—105).
71. Wendt, H.: Über Methode und Praxis des autogenen Trainings (Psychiatr. Neurol. med. Psychol. 8, 1956, S. 38, 44).
72. Zumpe, L.: Über eine durch autogenes Training erzielte Normalisierung des Reflexverhaltens bei Areflexie der unteren Extremitäten infolge aktiver Muskelspannung (Psychother. 1, 1956, S. 45 bis 47).

1957

73. Alberts, M.: Autogenes Training bei Schulschwierigkeiten (Psychotherapie 2, 1957, S. 166).
74. Clauser, G.: Wesen und Wirkung des autogenen Trainings (Therapiewoche 8, 1957—1958, S, 558—561).
75. Kotowski, H.: Über Veränderungen der eigenreflektorischen Erregbarkeit durch den Jendrassikschen Handgriff und die Schwereübung des autogenen Trainings nach J. H. Schultz (Pflueger's Archiv ges. Physiol. 246, 1957, S. 387—398).
76. Lüdemann, F.: Protokoll über eine Übung im autogenen Training (Psychother. 2, 1957, S. 59).
77. Luthe, W.: Das autogene Training in der konservativen Therapie der Hämorrhoiden (Z. Psychother. med. Psychol. 7, 1957, S. 155 bis 161).

78. Luthe, W.: Zur psychotherapeutischen Verlaufskontrolle durch projektive Tests bei autogenem Training (Lindauer Psychotherapiewoche, Stuttgart, Hippokrates 1957, S. 159).

79. Maas, G.: Psychotherapeutische Erfahrungen unter besonderer Berücksichtigung des autogenen Trainings in der Tuberkulose-Heilstätte (Tuberkulosearzt 11, 1957, S. 633—639).

80. Prill, H. J.: Erfahrungen mit dem autogenen Training bei funktionellen Schwangerschaftsbeschwerden (Med. Klin. 52, 1957, S. 28 bis 30).

81. Salfield, D. J.: Autogenes Training eines Kindes mit Depersonalisation (Psychother. 2, 1957, S. 232—235).

82. Schaetzing, E.: Hypnose und autogenes Training (Zbl. Gynäk. 79, 1957, S. 358).

83. Schmidt, H.: Das Tonband als Helfer beim autogenen Training in der Gruppe (Psychother. 2, 1957, S. 241—243).

84. Schultz, J. H.: Aktuelles zum autogenen Training (Psychother. 2, 1957, S. 85—86).

85. Schultz, J. H.: Über eine auffallende Änderung des Leiberlebens im autogenen Training (Psychother. 2, 1957, S. 52—54).

86. Schultz, J. H.: Neuere Erfahrungen auf dem Gebiet des autogenen Trainings (Psychol. Rundschau 8, 1957, S. 255—257).

87. Schultz, J. H.: Zur Technik autogener Asthmatherapie (Psychother. 2, 1957, S. 113).

88. Schultz, J. H.: Über einige gruppenpsychotherapeutische Erfahrungen im autogenen Training (Z. diagn. Psychol. Persönlichkeitsforschg. 5, 1957, S. 236—243).

89. Stolze, H.: Psychologische Gefahren bei der Gruppenarbeit mit dem autogenen Training (Psychother. 2, 1957, S. 228—231).

90. Thomas, K.: Autogenes Training bei Blinden (Psychother. 2, 1957, S. 161—166).

91. Weber, K.: Autogene Selbstklärung (Psychother. 2, 1957, S. 227).

1958

92. Altmann, H.: Sozialisierung eines psychopathischen Jugendlichen durch autogenes Training und spezielle formelhafte Vorsatzbildungen (Psychother. 1958, S. 133—142).

93. Binder, H.: Das autogene Training aus der Sicht des praktischen Arztes (Landarzt 34, 1958, S. 1053—1056).

94. Binder, H.: Praktische Winke zum AT (Psychother. 3, 1958, S. 93 bis 95).

95. Brankel, O.: Sinn und Grenzen des autogenen Trainings im Rahmen der Stotterbehandlung (Folia phoniat. 10, 1958, S. 112).

96. Ehrhardt, H.: Kombinierte Behandlung mit dem autogenen Training und analytischer Psychotherapie (Psychother. 3, 1958, S. 214 bis 219).

97. Friedemann, A.: Autogenes Training eines Schizophrenen (Psychother. 3, 1958, S. 145—148).

98. Hattingberg, I. v.: Beobachtungen über die Möglichkeiten und Grenzen des autogenen Trainings bei extrapyramidalen motorischen Störungen (Psychother. 3, 1958, S. 198—210).

99. Hengstmann, H.: Hypnose und autogenes Training (Psychother. 3, 1958, S. 150—160).

100. Kaufmann, F.: Autogenes Training und buddhistische Versenkung (Psychother. 3, 1958, S. 99—104).

101. Luthe, W.: Experimentelle Untersuchungen über den Einfluß des autogenen Trainings auf die Atmung (Z. Psychother. med. Psychol. 8, 1958, S. 89—97).

102. Luthe, W.: Zur psychotherapeutischen Verlaufskontrolle durch projektive Tests bei autogenem Training (Vorträge 7. Lindauer Psychotherapiewoche 1957, S. 159—168; München, Lehmann 1958).

103. Prill, H. J.: Erfahrungen mit dem autogenen Training zur Geburtsschmerzerleichterung (Geburtsh. Frauenheilk. 18, 1958, S. 74 bis 81).

104. Rösner, K.: Einführung in die Psychotherapie im Rahmen der Inneren Medizin mit der Praxis des autogenen Trainings und der Hypnose (Wiss. Z. M. Friedrich-Schiller-Univ. Jena. Math.-Nat. R. 7, 1958, S. 193—201).

105. Salfield, D. J.: Trainingsmethoden in der Kinderpsychiatrie (Med. heute 7, 1958, S. 154—160).

106. Schenk, T.: Das autogene Training in der Behandlung von Asthmakranken (Psychother. 3, 1958, S. 148—150).

107. Schultz, J. H.: Autogenes Training und sportliche Höchstleistung (Psychother. 3, 1958, S. 34—38).

108. Schultz, J. H.: Gymnastik und autogenes Training (Therapiewoche 8, 1957—1958, S. 233—234).

109. Schultz, J. H.: Spezielle Fragen der Anwendung des autogenen Trainings in der Musiktherapie (Musik in d. Medizin 1958, S. 113 bis 118).

110. Teirich, H. R.: Autogenes Training und Musik (Heilkunst 71, 1958, S. 337—343).

111. Thomas, K.: Autogenes Training in der Lebensmüdenbetreuung (Psychother. 3, 1958, S. 211—212).
112. Wiegmann, H.: Über die Erfahrungen mit dem autogenen Training im Rahmen stationärer Behandlung (Psychother. 3, 1958, S. 171—184).
113. Wohlfahrt, H.: Über die Wirkung von hypnagoger Konzentration und Gestaltsassoziation im AT auf den Heilungsprozeß steriler Wunden im besonderen (Psychother. 3, 1958, S. 188—198).

1959

114. Beckmann, P.: Der Spaziergang als autogenes Training (Naturarzt 81, 1959, S. 252—254).
115. Callens, M.: Phantomglied und autogenes Training (Prax. Psychother. 4, 1959, S. 167).
116. Diesing, M.: Die Indikation des autogenen Trainings bei Schulversagern (Prax. Psychother. 4, 1959, S. 158—166).
117. Heidrich, R.: Über einige Erfahrungen mit dem autogenen Training und der Hypnose in Lehre und Praxis (Gesundheitswesen 14, 1959, S. 902—906).
118. Hengstmann, H.: Hypnose und autogenes Training (Ärztl. Prax. 11, 1959, S. 1690—1695).
119. Kohlrausch, W.: Autogenes Training und Gymnastik (Prax. Psychother. 4, 1959, S. 171—173).
120. Krauss, E.: Untersuchung über die in der Selbstbeobachtung gegebenen somatischen und psychischen Erscheinungen in unterwachen und versenkungsartigen Zuständen. Diss. phil. Tübingen 1959 (Mschr.).
121. Meier, O.: Das Anliegen der Psychotherapie in der Allgemeinpraxis, autogenes Training als Basismethode (Schweiz. Rundschau Med. 48, 1959, S. 1199—1203).
122. Naber, R.: Seltene Wirkung des autogenen Trainings (Z. Psychother. med. Psychol. 9, 1959, S. 205—206).
123. Pankow, G.: Autogenes Training und Psychoanalyse (Z. Psychosom. Med. 1959, S. 191).
124. Pensel, F.: Das autogene Training (Ärztl. Prax. 11, 1959, S. 733, 749—750).
125. Rösner, K.: Einführung in die Psychotherapie im Rahmen der Inneren Medizin mit Praxis des autogenen Trainings und der Hypnose (Landarzt 35, 1959, S. 202—203).
126. Schultz, J. H.: Das autogene Training (M'kurse ärztl. Fortbild. 59, 1959, S. 91—95).

127. SCHULTZ, J. H.: Das autogene Training. In: Handbuch der Neurosenlehre IV, München/Berlin, Urban & Schwarzenberg 1959, S. 153—210.

128. SCHULTZ, J. H.: Zur Kasuistik des autogenen Trainings (Prax. Psychother. 4, 1959, S. 167—170).

129. SCHULTZ, J. H.: Schlaf. In: Handbuch der Neurosenlehre und Psychotherapie II, München/Berlin, Urban & Schwarzenberg 1959, S. 568—579.

130. SCHULTZ, J. H.: Übungsheft für das autogene Training (konzentrative Selbstentspannung). Stuttgart, G. Fischer, 10. Aufl. 1959.

131. STRESEMANN-DENINGER, E. B.: Autogenes Training zur Bekämpfung des Schnupfens (Z. Psychother. med. Psychol. 9, 1959, S. 122 bis 123).

132. THOMAS, K.: Das autogene Training in der ärztlichen Lebensmüdenbetreuung (Prax. Psychother. 4, 1959, S. 77—90).

133. THOMAS, K.: Autogenes Training gegen Verkrampfung (Volksgesundheit 1959, S. 142—144).

1960

134. HILLER J. (u. a.): Experimentelle Untersuchungen über den Einfluß des autogenen Trainings auf die Erholung (Psychiatr. Neurol. med. Psychol. 12, 1960, S. 417—420).

135. HOCHHUTH, H.: Ergebnisse psychoprophylaktischer Geburtsvorbereitung in der Universitäts-Frauenklinik Gießen aus den Jahren 1954—1958. Diss. med. Gießen 1960 (Mschr., Dass. Ausz. Gießen 1958: Klein. 1 Bl.).

136. SCHULTZ, J. H.: Das autogene Training. Stuttgart, Thieme, 10. Aufl. 1960 (1. Aufl. 1932).

137. STOLZENHAIN, P.: Erfahrungen mit der psychoprophylaktischen Methode zur Vorbereitung auf die Geburt. Diss. med. Magdeburg 1960 (Mschr.).

138. THOMAS, K.: Das autogene Training in der ärztlichen Lebensmüdenbetreuung (Prax. Psychother. 5, 1960, S. 77).

1961

139. BINDER, H.: Autogenes Training auf Schallplatten (Prax. Psychother. 6, 1961, S. 124—127).

140. BINDER, H.: Kasuistische Beiträge zur Behandlung der Enuresis nocturna durch autogenes Training der Mütter (Prax. Psychother. 6, 1961, S. 182—184).

141. Blunk, W.: Neuraltherapie und autogenes Training (Hippokrates 32, 1961, S. 516—518).

142. Böttcher, H.: Varianten in der Anwendung des autogenen Trainings (Dtsch. Gesundheitswesen 16, 1961, S. 708—715).

143. Borelli, S.: Veränderungen der Hauttemperatur unter dem Einfluß des autogenen Trainings. In: Handbuch der Neurosenlehre V, München/Berlin, Urban & Schwarzenberg 1961, S. 331—332.

144. Goebel, Elisabeth: Sinn und Zweck des „autogenen Trainings" (Zahnärztl. Mitteilungen 51, 1961, S. 379).

145. Kruse, G.: Erfahrungen mit dem autogenen Gruppentraining in der Poliklinik (Z. ärztl. Fortb. 55, 1961, S. 245—246).

146. Marchand, H.: Autogenes Training — wozu? (Heilkunst 74, 1961, S. 343—345).

147. Meyer, J.: Aus der Literatur der letzten Jahre über das autogene Training (Acta psychother. 9, 1961, S. 379—392).

148. Prill, H. J.: Das autogene Training in der Geburtshilfe und Gynäkologie (Heilkunst 74, 1961, S. 437—444).

149. Schultz, J. H.: Das autogene Training (Heilkunst 74, 1961, S. 1—6).

150. Schultz, J. H.: Bedenklicher Mißbrauch des autogenen Trainings (Med. Welt 1961, S. 1214—1217).

151. Schultz, J. H.: Zur medizinischen Psychologie autogener Bilderschau (Acta psychother. 9, 1961, S. 111—116).

152. Schultz, J. H.: Das Übungsheft des autogenen Trainings. Stuttgart, Thieme, 11. Aufl. 1961 (1. Aufl. 1935).

153. Teirich, H. R.: Alkoholentwöhnung und autogenes Training (Heilkunst 74, 1961, S. 56—59).

154. Thomas, K., H. Heyck (u. a.): Auffallende Wirkungen des autogenen Trainings bei Hirnverletzten (Berl. Med. 21, 1961, S. 195—196).

155. Wendt, H.: Das autogene Training (Heilberufe 13, 1961, S. 202 bis 204).

1962

156. Alberts, M.: Autogenes Training mit Kindern und Jugendlichen (Prax. Psychother. 7, 1962, S. 70—76).

157. Barolin, G. S. u. M. Dongier: Autogenes Training (Wien. Z. Nervenheilk. Grenzgebiete 19, 1962, S. 88—98).

158. Binder, H.: Das autogene Training als Gruppentherapie, eine wertvolle Ergänzung für die Allgemeinpraxis (M'kurse ärztl. Fortb. 12, 1962, S. 7—13).

159. LANGEN, D.: 10 Jahre klinische Erfahrung mit autogenem Training und gestufter Aktivhypnose (Z. Psychother. med. Psychol. 12, 1962, S. 213—218).

160. MÜLLER-HEGEMANN, D. u. Ch. KOHLER-HOPPE: Über neuere Erfahrungen mit dem autogenen Training (Psychiatr. Neurol. med. Psychol. 14, 1962, S. 97—104).

161. PENSEL, F.: Autogenes Training für Kassenpatienten (Heilkunst 75, 1962, S. 50—53).

162. RECHENBERGER, H. G.: Über die Technik zur individuellen Gestaltung formelhafter Vorsatzbildungen im autogenen Training (Prax. Psychother. 7, 1962, S. 7—10).

163. SCHULTZ, J. H.: Was ist autogenes Training? (Hippokrates 33, 1962, S. 974—976).

164. SCHULTZ, J. H. u. W. LUTHE: Formelhafte Vorsatzbildungen (Acta psychother. 10, 1962, S. 419—427).

165. STEINIG, K. H.: Multidimensional diagnosis and therapy in speech neuroses (Arch. Ohr. Nas. Kehlkopfheilk. 180, 1962, S. 816—822).

166. STOJANOW, W. u. R. HEIDRICH: Das EEG während des autogenen Trainings (Psychiatr. Neurol. med. Psychol. 14, 1962, S. 13 bis 18).

167. TEIRICH, H. R.: Entspannung durch das autogene Training (Beiträge zur Physiotherapie 1, 1962, S. 59—66).

168. TROJAN, F.: Die Rolle des stimmlichen Ausdrucks und der Sprache im „autogenen Training“ und bei verwandten Methoden (Heilkunst 75, 1962, S. 113—118).

1963

169. GÖDAN, H.: Religiöse Interferenzphänomene beim autogenen Training, ihre Beurteilung und Vermeidung (Z. Psychother. med. Psychol. 13, 1963, S. 96—101).

170. HATTINGBERG, I. v.: Die Bedeutung des autogenen Trainings in der Neurologie (Ärztl. Prax. 15, 1963, S. 1194, 1197, 1199).

171. HENGSTMANN, H.: Das autogene Training und seine Stellung in der Psychotherapie (Ärztl. Prax. 15, 1963, S. 995—1002).

172. KOLDEWEY, G. u. K. WEGSCHEIDER: Autogenes Training bei der Behandlung von Enuretikern (Z. Psychother. med. Psychol. 13, 1963, S. 27—31).

173. KURTH, W.: Hypnose und autogenes Training bei Kindern und Jugendlichen (Ärztl. Prax. 15, 1963, S. 729—731).

174. LANG, O.: Autogenes Training als Kurz-Kurs bei Sozialversicherten (Heilkunst 76, 1963, S. 121—126).

175. Polzien, P.: Die Objektivierung von Hypnose und autogenem Training (Ärztl. Prax. 15, 1963, S. 1249—1250).

176. Luthe, W. (u. a.): Autogenic state and autogenic shift psychophysiologic and neurophysiologic aspects (Acta Psychother. 11, 1963, S. 1—13).

177. Staewen, C. u. H. Binder: Zur Diskussion der Schallplatte für das autogene Training (Prax. Psychother. 8, 1963, S. 171—174).

178. N. N.: Autogenes Training bei der Enuresis (Ärztl. Prax. 15, 1963, S. 2249).

1964

179. Alnaes, R.: Das autogene Training in Norwegen (Ärztl. Prax. 16, 1964, S. 2228).

180. Binder, H.: Erfahrungen über Gruppentherapie mit dem autogenen Training in der Praxis (Therapiewoche 14, 1964, S. 263 bis 265).

181. Binder, H.: Kasuistischer Beitrag zum Farbensehen im autogenen Training (Prax. Psychother. 9, 1964, S. 11—12).

182. Binder, H.: Seminar über Gruppentherapie mit dem autogenen Training. München, Lehmann 1964 (Seminare f. d. ärztl. Fortbild.).

183. Harth, K.-L.: Über autogenes Sigmatiker-Training (Deutsche Stomatologie 14, 1964, S. 44—65).

184. Kruse, G.: Erfahrungen mit dem autogenen Training bei Kindern (Dtsch. Gesundheitswesen 19, 1964, S. 400—402).

185. Kurth, W.: Autogenes Training bei Kindern und Jugendlichen (Psychiat. Neurol. med. Psychol. 1964, Beiheft 3, S. 74—79).

186. Mosebach, H.: Das autogene Training im Rahmen der „anthropologischen" Psychotherapie (Prax. Psychother. 9, 1964, S. 1—11).

187. Schultz, J. H.: Das autogene Training. Konzentrative Selbstentspannung. Stuttgart, Thieme, 11. Aufl. 1964.

188. Wegscheider, K.: Über einige Erfahrungen mit dem autogenen Training bei der Behandlung von Alkoholkranken (Prax. Psychother. 9, 1964, S. 178—182).

189. Wegscheider, K.: Prof. J. H. Schultz's „autogenes Training" (Eutonie 1964, S. 127—133).

190. N. N.: Eutonie. Haltung und Bewegung in psychosomatischer Sicht. 14. ausgew. Beiträge. Ulm, Haug 1964.